Lyall Watson
Das geheime Leben der Dinge
Warum Computer und Autos ein Eigenleben führen

Lyall Watson

Das geheime Leben der Dinge

Warum Computer und Autos ein Eigenleben führen

Crotona

Titel der amerikanischen Originalausgabe:
The Nature of Things:
The Secret Life of Inanimate Objects
© Andrew Lyall-Watson 1992
Destiny Books, Rochester, Vermont 05767

Deutsche Ausgabe:
1. Auflage 2015
© Crotona Verlag GmbH & Co.KG
Kammer 11 • D-83123 Amerang • www.crotona.de

Übersetzung aus dem Amerikanischen: Karl Friedrich Hörner
Umschlaggestaltung: Annette Wagner
unter Verwendung von © 127818608
jörg röse-oberreich – shutterstock.com

Druck: C.H. Beck • Nördlingen

ISBN 978-3-86191-063-3

Für Charles Fort,

den Kenner unerklärlicher Phänomene, der sein Leben damit verbrachte, Berichte über ungewöhnliche Ereignisse zu sammeln. Tausende seiner unbequemen Funde legte er in Gestalt von vier raffinierten Büchern auf den Türschwellen der Wissenschaft ab. Und sein Werk wird fortgeführt.

Fortianer in vielen Ländern der Erde tragen Aufzeichnungen von Ereignissen zusammen, die sich jeglicher verstandesmäßigen Erklärung entziehen, und damit zu dem unerschrockenen Bemühen ihres Gründers bei, die Wirklichkeit davor zu bewahren, einer allzu engen Definition zum Opfer zu fallen.

Mein Dank gebührt dem britischen Landesverband dieser trotzigen Nicht-Organisation, der die *Fortean Times* veröffentlicht, und insbesondere deren Herausgeber Bob Rickard, der das Archiv seiner Zeitschrift für mich plünderte.

L.W.

* * *

Danksagung

Der Verfasser dankt Grafton Books, einem Haus der Verlagsgruppe Collins, für die Erlaubnis, ein Gedicht von ee cummings zu zitieren.

* * *

Inhalt

Einführung

Die Sache ist nämlich die …

… dass wir ein Problem haben.

Wir haben unseren eigenen Rahmen gesprengt. Wir haben uns Gedanken gemacht und dabei Wege gefunden, beträchtlich mehr als nur eine Elle zu unserem Format beizutragen.

Es fing ganz einfach an, vielleicht mit einem Kristall oder einem Werkzeug, aber dann dauerte es nicht mehr lange, bis wir unseren Körper mit einem höchst erstaunlichen Aufgebot neuer Anhängsel geschmückt hatten – mit Organen, die der Erfüllung aller unserer Bedürfnisse dienen sollten. „Man beobachte", schrieb Samuel Butler,

> einen Menschen, der mit dem Spaten arbeitet: Sein rechter Unterarm ist künstlich verlängert, und seine Hand ist zu einem Gelenk geworden. Der Griff des Spatens gleicht der Kugel am Ende des Oberarmknochens; der Stiel ist der zusätzliche Knochen und das längliche eiserne Blatt die neue Form der Hand, die es ihrem Besitzer ermöglicht, die Erde in einer Weise zu bearbeiten, deren seine eigene Hand nicht fähig ist.[32] *

Wir haben uns befreit von den Beschränkungen der organi-

---

*   Die Nummern der Fußnoten beziehen sich auf die Werke in der Bibliographie.

schen Evolution und sind Teil eines anderen, sehr viel schnelleren Evolutionsprozesses geworden. Zähne und Klauen wurden verstärkt – wir haben Klingen und Raketengeschosse –, Fell und Haar wurden optimiert durch Außenorgane wie Mäntel und Regenschirme. Unsere Gestalt und Erscheinung verändern wir je nach Alter und Jahreszeit, und unsere Sinne verstärken und erweitern wir nach Bedarf. Wir haben Gliedmaßen entwickelt, die nicht mehr mit unserem Körper verbunden sind, sondern von diesem getrennt in der Welt herumliegen. Unser Zugriff auf sie ist nicht so sehr durch naturgegebene Befähigung bestimmt und begrenzt durch Zufälligkeiten wie Geburt und Wohlstand. So besitzen wir nun außerordentliche Fähigkeiten, um die Erde auf den Kopf zu stellen – doch ist dies eine Macht, deren Beherrschung uns zusehends entgleitet.

Butler war sich dieser Gefahr bereits vor über einem Jahrhundert voll bewusst. „Der Mensch", schrieb er, „ist ein maschinenartiges Säugetier." Und er ist von seinen Werkzeugen in hohem Grade abhängig: „Wenn man alle Maschinen auf einmal vernichtete … würden wir wohl innerhalb von sechs Wochen ausgestorben sein." – „Sogar seine Seele", warnte Butler, „verdankt der Mensch den Maschinen, sie ist ein Fabrikat der Maschine … Aber das ist eben die Tücke der Maschinen: Sie dienen, um zu herrschen."[32]

Vorläufig dienen Maschinen nur, wenn sie selbst bedient werden; aber schon heute sind bereits mehr Menschen damit beschäftigt, sich um Maschinen zu kümmern, als um Ihresgleichen. Die Dinge sind aus dem Ruder gelaufen, und dies zuweilen in bedenklichem Maße.

WIMEX ist der Codename des Weltweiten Militärischen Befehls- und Leitsystems (Worldwide Military Command and Control System, WWMCCS)[*], eines riesigen Computernetzes, das siebenundzwanzig Zentren des Nordamerikanischen

---

[*] Die korrekte, aber unaussprechliche Abkürzung ist WWMCCS, deshalb entschied man sich für „Wimex". (Anm.d.Ü.)

Verteidigungskommandos NORAD miteinander verbindet. Das Wimex wird offiziell vom Pentagon geführt, doch es ist dermaßen komplex, dass sein tatsächliches Leistungsvermögen nicht nur nicht bekannt, sondern vermutlich auch gar nicht zu erfassen ist. Bei mehreren Gelegenheiten hat Wimex ohne Befugnis oder irgendeinen erkennbaren Grund entschieden, dass die Sowjetunion einen Angriff auf die Vereinigten Staaten unternommen habe. So erklärte Wimex am 3. Juni 1980 einseitig den Krieg, alarmierte rund um den Globus die Kommandozentralen für Atomwaffen und mobilisierte die ganze militärische Maschinerie, die für Vergeltungsschläge notwendig ist – bis sie von denkenden und handelnden Menschen mit Gewalt gestoppt wurde. Drei Minuten und vierzehn Sekunden nach Beginn eines Prozesses, der in einen dritten Weltkrieg geführt haben könnte.[305]

Doch es sind nicht nur Computer, die ein Eigenleben zu besitzen scheinen. Im Jahre 1978 bemerkte die Politesse Patty Jackson in Bloomington, Illinois, dass bei einem geparkten Auto die Scheinwerfer leuchteten. Sie ging auf das Fahrzeug zu, um sie abzuschalten. Doch sowie sie den Türgriff berührte, sprang der Wagen von selbst an und suchte das Weite; er überwand eine Betonschwelle und fuhr quer über den Parkplatz. Der Zündschlüssel befand sich zu diesem Zeitpunkt in der Hand der Eigentümerin, Sandra Zikus, die gerade aus einem Schönheitssalon kam und entgeistert mit ansah, wie ihr fahrerloses Auto auf die Main Street von Bloomington zupreschte. In den folgenden Minuten wechselte der durchgebrannte Chevrolet drei Mal in den fließenden Verkehr und wieder zurück auf den Parkplatz, bis er sich im Zuge einer heißen Verfolgungsjagd mit einem Streifenwagen der Polizei zum Selbstmord zu entschließen schien und geradewegs in einen entgegenkommenden Lastwagen fuhr. „Es war wie eine unheimliche Szene aus einem Horrorfilm", sagte der Polizist Edwin O'Farrell, der schließlich die Anstoß erregenden Scheinwerfer abschaltete, indem er ihre Verbindung zur Batterie durchtrennte. Sein Kollege, Michael Leary, beschlagnahmte den Wagen und ermahnte vorsichtshalber die Abschleppfirma, sicherzustellen, dass das Fahrzeug nicht entkäme, bevor die Gutachter es untersucht hätten. Was hier schiefgegangen war, konnte nie festgestellt werden.[274]

Gelegentlich tanzen Maschinen auch auf sinnvollere Weisen aus der Reihe, und dann wird zum Beispiel ein Telefonnetz zum Lebensretter: Im Jahre 1985 verwählte sich Kris Tamer – oder sie wurde falsch verbunden – und geriet nicht an ihre Kollegin, sondern an eine um Luft ringende Stimme am anderen Ende der Leitung. Die „falsche Nummer" gehörte Alex Johnson, der gerade eine Herzinsuffizienz erlitt und zu geschwächt war, um selbst nach Hilfe zu telefonieren, aber eben noch die Kraft hatte, der Anruferin seine Adresse zu nennen. Diese „falsche Verbindung" rettete ihm das Leben, denn Kris wusste genau, was zu tun war; sie war Büroleiterin einer Reha-Klinik in Detroit.[360]

Von Zeit zu Zeit verschwören sich Zufälligkeiten, um selbst alltäglichen Objekten den Anschein von fast eigensinnigem Verhalten zu geben. Im Sommer 1979 verbrachte der fünfzehnjährige Robert Johansen viel Zeit beim Angeln im Oslo-Fjord – vergeblich. Eines Abends jedoch zog er einen zehnpfündigen Dorsch aus dem Wasser, nahm seinen Fang mit nach Hause und präsentierte ihn voller Stolz seiner Großmutter in Larkollen. Thekla Aanen bereitete den Fisch für die Familie zum Abendessen zu, und als sie seinen Magen öffnete, kam ein kostbarer Brillantring ans Licht – ein Familienerbstück, das sie selbst verloren hatte, als sie drei Jahre zuvor im Fjord schwimmen war.[290]

Solche Dinge beschäftigen mich, nicht als Einzelfälle, sondern als Teile eines ganzen Spektrums seltsamer Vorkommnisse, die, zusammengenommen, ein ebenso faszinierendes wie beunruhigendes Muster bilden.

Ich bin Biologe und wurde als solcher ausgebildet, das Lebendige vom Nichtlebendigen zu unterscheiden, die Parameter und Kennzeichen des Lebens zu erkennen und meine Aufmerksamkeit auf organische Systeme einer gewissen Komplexität zu beschränken. Alles Übrige hieß entweder „Geologie" oder „Anorganische Chemie", die in anderen Fakultäten gelehrt wurden und mich im Großen und Ganzen nichts angingen.

Aber es ist nicht mehr möglich, Bereiche so eindeutig abzugrenzen. Das Leben, so scheint es, ist nicht so einfach zu definieren. Und „Dinge", selbst solche, die gänzlich anorganisch und fraglos unbeseelt sind, verhalten sich zuweilen, als wären sie lebendige, gelegentlich sogar empfindende Wesen.

Ich habe mir darüber schon einige Zeit Gedanken gemacht, und diese Gedanken manifestieren sich nun in den Worten, die folgen. Diese sind alle die Meinen, doch sie sind geprägt von den Gedanken aus einer anderen Quelle – dem außerordentlichen Geist von Ion Will. Ich weiß, dieser Name klingt unwahrscheinlich*, aber „er" existiert wirklich – und sei es nur als eine Art von intellektuellem Trugbild, das ich in einer Bar auf Madagaskar kennenlernte. Er ist einer von jenen seltenen Menschen, die fähig sind, alte Dinge auf überraschende, neue Weise zu betrachten. Schon bald stellte ich fest, dass ein Spaziergang mit ihm war, als träte man in ein anderes, gleichsam paralleles Universum ein, in welchem alltägliche Wörter und Dinge von einer Lebendigkeit angesteckt wurden und durchdrungen waren, und in dem man nichts mehr für selbstverständlich halten konnte. Er bringt Dinge zum Leben.

Gemeinsam heckten wir den Aufbau dieses Buches aus, das seine leichteren, eher phantastischen Momente haben mag, doch im Kern eine Abenteuerreise ins Land der Ideen ist. Diese kreisen alle um die Vorstellung, dass es uns – weitgehend

---

* ausgesprochen wie *iron will* (engl.: „eiserner Wille"); Anm.d.Ü.

unbewusst – gelungen ist, eine neue und konkurrierende Form des Lebens zu erschaffen. Die Organe dieser neuen Kreaturen sind anorganisch, doch in jeder anderen Hinsicht scheinen sie alle die gewöhnlichen Erfordernisse des Lebendigen zu erfüllen. Dies tun sie, weil wir darauf bestehen und oft genug wortreich darauf drängen. Kurzum, sie sind benutzerfreundlich – und mit diesem Ziel ersonnen. Ein Ergebnis ist, dass wir unsere Computer heute PC's nennen – das P steht für „persönlich" oder „Personal" – und ihnen Namen geben wie Apple oder aus dem Tierreich. Wenn wir sie auf die Welt bringen, so geschieht dies in „Generationen", und wir füttern sie nicht mit Sauerstoff, sondern mit dessen Entsprechung, elektrischer Energie, die wiederum erzeugt wird – und beides, Generationen und Erzeugen, sind Begriffe, die mit Fortpflanzung zu tun haben. Dann sind wir überrascht, wenn sich herausstellt, dass diese merkwürdigen Instrumente „Perioden" haben und die Neigung, sich häufiger schlecht oder daneben zu benehmen, wenn der Mond voll oder die Sonne ungewöhnlich aktiv ist.

Auf einer Ebene fördern wir solche Unabhängigkeit und legen die Saat der anorganischen Evolution durch die unbewusste Inszenierung uralter Riten, die die Möglichkeit einer anderen Art von Gewahrsein bestätigen. Der Oberrabbiner von Israel versammelt die Truppen seines Landes und segnet feierlich deren Panzer, bevor er sie in die Schlacht auf den Sinai schickt. Der kunstvolle Papierdrache in Hongkong liegt leblos da, bis ihm von einem Angehörigen der königlichen Familie in einem symbolischen Schöpfungsakt seine Augen gemalt werden. Das Schiff in seiner Werft auf dem Clyde ist nur eine stählerne Hülle, bis es von einer Hebamme mit blumengeschmücktem Hut zu Wasser und ins Leben gelassen wird und ein Personalpronomen erhält. Es ist kein Zufall, dass eine solche Taufe mit Wein durchgeführt wird, einem Symbol für Blut oder Samenflüssigkeit.

Wenn man einmal anfängt, über diese Dinge nachzudenken, wird es immer offenkundiger, dass jeder Aspekt unserer Beziehungen zu Geräten und Maschinen durch eine Art von vorstädtischem Schamanismus abgesichert ist, der irgendwann einmal bewusst ersonnen wurde, um dem Unbelebten – Leben zu verleihen. Unsere Uhren haben Gesichter und Hände*, und unsere Roboter haben Beine und Arme, wo Getriebe und Räder vielleicht geeigneter gewesen wären. Derlei Anthropomorphismus ist leicht zu verstehen, da er den Maschinen, die heute einen großen Teil unserer Lebens bestimmen, ein beruhigend menschliches Antlitz verleiht. Aber es ist an der Zeit, dass wir erkennen, wie weit dieses Delegieren von Macht und Verantwortung bereits gegangen ist – an der Zeit, einige tausend Jahre zurückzublicken, dorthin, wo dies alles begann, und vorwärts zu schauen, vielleicht ein Jahrzehnt oder so, wohin dies alles zu führen scheint.

Davon handelt *Das geheime Leben der Dinge*. Es zeigt einen Blick auf die Bewegung, die wir in die Welt der Dinge eingebracht haben, bietet den ersten Entwurf einer Naturgeschichte des Ungewöhnlichen und enthält einige warnende Worte im Hinblick auf die Konsequenzen, die wir auf dem Weg des Zauberlehrlings möglicherweise zu gewärtigen haben.

Für mich persönlich ist es ein ungewöhnliches Buch, weil es des biologischen Mutterbodens und der Destillation wissenschaftlicher Entdeckungen ermangelt, die einen großen Teil meines bisherigen Werkes prägen. Die Besonderheit der Recherchen hat es dieses Mal notwendig gemacht, dass ich mich weitgehend auf Quellen wie etwa die *News of the World* und den *National Enquirer* stützte, welche normalerweise nicht als wissenschaftlich gelten. Aber die Information, die ich benötigte, ist noch in keiner anderen Form zugänglich. Nur wenige Wissenschaftlicher – und keine akademischen Fachzeitschrif-

---

*   engl. face (Zifferblatt) bzw. hand (Zeiger) – Anm.d.Ü.

ten – nehmen das Thema ernst. Ich tue es, und damit sah ich mich gezwungen, auch mit Material zu arbeiten, das bestenfalls anekdotischer Natur ist und mir zuweilen das ein wenig unbehagliche Empfinden vermittelte, bloßgestellt zu sein und vielleicht gelegentlich einer Neigung zur Leichtfertigkeit nachzugeben.

Doch trotz der unvermeidbaren Unzulänglichkeiten dieser Quellen und Daten bin ich nach wie vor beeindruckt von der Konsistenz, die ich hier feststelle – und überzeugt, dass es sich hier um eine Geschichte handelt, die erzählt werden muss. Es gibt große Lücken in dieser Erzählung und Zusammenhänge, die nicht zwingend verifiziert werden können, aber ich glaube, dass wir Hebammen für die Materie geworden sind, ohne uns dessen bewusst zu sein, und an der Geburt einer neuen Form des Lebens mit ihren eigenen Bedürfnissen und Ideen beteiligt sind – eine Möglichkeit, die wir alle in der Tat sehr ernst nehmen sollten.

Lyall Watson
Ballydehob, Irland

**Die Dinge sind im Sattel
und reiten uns.**

Ralph Waldo Emerson, 1844

1

Vom Wesen der Dinge

„Nehmen wir einmal an", sagte Ion Will, „dass Menschen eine Aura haben."

So macht er das immer. Als wäre sie ein unschuldiges Kaninchen, stellt er eine Idee in den Raum, vergewissert sich, dass sie meine Aufmerksamkeit anzieht, und dann lässt er seine Meute wilder Jagdhunde los.

„Gehen wir davon aus, dass dieses Feld, oder was es auch sein mag …", er machte vage und zugleich abschätzige Gesten mit einer Hand, „durch Emotion verstärkt werden kann. Und räumen wir die Möglichkeit ein, dass unter bestimmten Umständen etwas von dieser Energie auf einem Objekt zurückbleibt, das durch Nähe oder sogar durch eine tatsächliche Berührung darauf übertragen wurde. Damit wäre das Objekt sozusagen markiert, wie durch einen emotionellen Fingerabdruck."

Diese Idee war nicht neu, aber es war definitiv keine, die ich in Antananarivo von einem Mann in einem weißen Anzug zu hören erwartete, der eine derangierte Zigarette rauchte, die er als „uuch, pflanzlich!" bezeichnete. Wir gingen durch den Zoma, den Markt, der jeden Freitag die Straßen und Plätze der madagassischen Hauptstadt mit einem Wald weißer Schirme schmückt. Diese beschatteten Verkaufsstände, die beladen waren mit Früchten, Gewürzen, toten Fischen, lebendem Geflügel und Haufen rostiger Ersatzteile, die man an jedem anderen Ort kurzerhand weggeworfen hätte.

Nachdem wir uns durch Zufall in einer Bar getroffen hatten, wanderten wir auf die Avenue de l'Indépendance, um die Anblicke und Gerüche der Menge zu genießen. Irgendein unwiderstehlicher Impuls veranlasste mich, eine der langen Treppen hinauf zu steigen, die die Hauptarkaden mit dem alten Stadtviertel Tsaralalana verband. Auf jedem Treppenabsatz waren Vanille-Verkäufer und Schrotthändler, die ihre Waren säuberlich arrangiert feilboten, und zwischen einer Vielzahl von Sprungfedern und gebrauchten Zündkerzen, die an einer Wand aufgereiht hingen, entdeckte ich – meine Armbanduhr. Sie war vor drei Wochen aus meinem Hotelzimmer im rund hundertfünfzig Kilometer entfernten Antsirabe verschwunden. Ich war froh, ohne peinliche Fragen das bescheidene Lösegeld bezahlen und mir den alten Freund wieder an den Arm binden zu können. Es war mein offenkundiges Entzücken über die unerwartete Wiedervereinigung, die Ions Bemerkung über die «Aura» ausgelöst hatte. Doch er hatte noch mehr bereit.

„Angenommen", fuhr er fort, „jene Energie, die ihre Spur auf einem Gegenstand zurücklässt, ist eine Art von Lebenskraft, die bewirken kann, dass Dinge – besonders von Menschenhand geschaffene Dinge –, irgendwie Leben nachahmen können. Je komplexer das Artefakt ist, desto komplexer wird wahrscheinlich auch sein Verhalten sein. Und es gibt wenige Dinge, mit denen wir enger verbunden sind, die komplexer sind als eine Armbanduhr."

Er blieb unvermittelt stehen und fixierte mich mit einem Blick, den ich noch gut kennenlernen sollte. Er erinnerte mich stark an die „glühenden Augen", die der alte Seemann[*] auf die Hochzeitsgäste richtete. Bei Ion pflegte dieser Blick eine seiner ungeheuerlichen Ideen anzukündigen.

„Vielleicht ist es gar kein Zufall, dass Sie und Ihre Uhr wieder zusammenfinden sollten. Falls das Aurafeld existiert, dann

---

[*]   in der Ballade von Samuel Coleridge (Anm.d.Ü.)

ist es wohl am stärksten zwischen den Menschen und jenen Dingen, die ihnen am meisten bedeuten. Solche Gegenstände werden vielleicht irgendwie Teil ihrer Eigentümer. Gewissermaßen verzaubert. Ja, Sie würden staunen, wie häufig verlorene Gegenstände wie dieser von sich aus, ohne irgendeine bewusste Anstrengung ihres Besitzers, ihren Weg zurück finden. Oft überwinden sie weite Entfernungen oder Zeiträume, und manchmal kehren sie an bedeutsamen Terminen oder Jahrestagen zu dem Ganzen zurück, von dem sie einst ein wichtiger Teil waren. Sie sollten einmal einen Blick in die *Forteana-Archive**[*] werfen."

Dies tat ich. Und es ist wirklich frappierend.

Heimkehr der Dinge

Jahrelang trug Mrs. M. Coyle aus Glasgow eine Sixpence-Münze als Glücksbringer in ihrem Geldbeutel. Doch 1971, einen Tag bevor sie in Urlaub fuhr, gab sie ihn versehentlich aus. Das ärgerte sie. Aber sie hätte sich nicht zu beunruhigen brauchen. Zwei Tage später erhielt sie bei einem Einkauf in einem kleinen nordirischen Dorf dieselbe Münze im Wechselgeld zurück; sie hatte sie früher deutlich mit ihren Initialen markiert.[257]

Colin Hill fuhr 1976 nach Torquay in der Grafschaft Devonshire in Urlaub, wo er am Hafen ankam, als gerade Sporttaucher aus dem Meer stiegen. Sie hatten eine Brille gefunden, die er sieben Jahre zuvor, bei seinem letzten Aufenthalt dort, verloren hatte.[270]

Der Hafenmeister von Newport in Monmouthshire fuhr mit Braut auf Hochzeitsreise nach Dawlish, Devonshire. Ihre einwöchige Reise trübte nur der Verlust eines sehr geschätzten

---

[*] „Forteana" wird in einschlägiger engl. Lit. als Synonym für Phänomene und Ereignisse verwendet, die der Aufnahme in die Fort-Archive würdig sind. (Anm. d. Ü.)

goldenen Armbands beim Baden im Meer. Achtundzwanzig Jahre später kehrten sie zu einer „zweiten Hochzeitsreise" wieder, und als sie von ihren Liegestühlen aus zusahen, wie die Flut sich zurückzog, bemerkten sie ein Glitzern wie von Gold an der Wasserlinie. Gemeinsam gingen sie hin, um es genauer in Augenschein zu nehmen – und entdeckten, dass es eben jenes Armband war.[338]

Verrückt, nicht wahr? Doch die Liste ist noch viel, viel länger; und die Zufälle häufen sich, wenn sich die betreffenden Dinge durch Seltenheit und Sammlerwert auszeichnen. Sind diese Objekte brav, weil sie zu ihren früheren Besitzern zurückkehren? Mag sein. Ihr Zeitgefühl jedenfalls ist oft untrüglich.

Geoff Slater aus Haverfordwest in Wales testete im Garten einen Metalldetektor und fand dabei einen goldenen Ehering. Anhand des Feingehaltsstempels konnte er das Stück zurückverfolgen und brachte es Viv Stoddard, die gut dreißig Kilometer entfernt in Milford Haven lebte und entzückt war, diese Wiedervereinigung genau an ihren zwanzigsten Hochzeitstag zu feiern.[338]

Es gibt Fälle, in denen Metalldetektoren sich selbst zu übertreffen scheinen und sich mehr wie Hightech-Wünschelruten verhalten. Ein Gerät war maßgeblich daran beteiligt, dass ein Schatz zurückgegeben werden konnte – zehn Jahre, nachdem er an einem Picknickplatz verlorengegangen war. So wurde Pat Knapton aus Humberside in England genau an ihrem fünfzehnten Hochzeitstag mit ihrem Trauring wiedervereinigt.[330]

Manchmal ist die wirkende Kraft eher menschlich als mechanisch, doch der Zeitpunkt nicht weniger außergewöhnlich. Brenda Rawson verlor 1961 ihren mit einem Brillanten geschmückten Verlobungsring am Strand in Lytham St. Annes in Lancashire. 1979 erhielt sie ihn zurück, nachdem Christopher Firth, ihr Mann, gebeten worden war, einen lange verlorenen

Cousin John aufzuspüren, um eine Erbschaft mit ihm zu teilen. John Firth wurde in der benachbarten Grafschaft Yorkshire entdeckt. Im Laufe einer zwanglosen Unterhaltung über Lancashire erwähnte er, dass ihm sein letzter Besuch dort vor achtzehn Jahren besonders in Erinnerung geblieben sei, weil er am Strand einen Ring gefunden habe. Es war der damals verlorene Ring, wie die Markierung des Juweliers bewies; gefunden hatte ihn unter Hunderttausenden, die den Strand in jenem Sommer bevölkerten, ausgerechnet die einzige Person, die jemals in die Situation geraten konnte, ihn zurückzugeben.[287]

Die bei weitem am häufigsten berichtete Art der Rückkehr eines Wertgegenstands wird durch die Vermittlung eines Fisches ermöglicht. Ein Beispiel aus jüngerer Zeit ist das Erlebnis von John Cross aus Newport News in Virginia. Er verlor einen Ring, als er während eines Sturms 1980 den Hampton Roads überquerte. Zwei Jahre später tauchte das Schmuckstück im Bauch eines Fisches auf, der ihm in seinem Lieblingsrestaurant in Charlottesville serviert wurde.[324]

Es ist nicht allzu überraschend, dass Fische von hellen, funkelnden Gegenständen angezogen werden. Angler machen sich dieses Verhalten bei der Gestaltung ihrer erfolgreichsten Köder zunutze. Doch es gibt ein Element in all diesen Berichten von heimkehrenden Objekten, das eine Bedeutung zu besitzen scheint, die über die eines unwahrscheinlichen Zufalls hinausgeht. Es gibt Hinweise auf mythische Verbindungen und Andeutungen einer Art von unbewusster menschlicher Beteiligung. So findet sich in den volkskundlichen Überlieferungen fast jeder Nation eine eigene Version der Geschichte, nach der ein Ring in einem Fisch gefunden wurde.

Polykrates, der Tyrann von Samos, opferte seinen goldenen Smaragd-Siegelring, indem er ihn ins Meer warf; im Bauch eines Fisches erhielt er ihn zurück. – Der heilige Mungo, Bischof und Patron der schottischen Stadt Glasgow, rettete den Ruf einer verheirateten Frau, die verdächtigt wurde, ihren Ring nicht verloren, sondern einem Liebhaber geschenkt zu haben. Der Bischof betete die Nacht hindurch und bat schließlich darum, dass der erste Fisch, der am nächsten Morgen im Fluss Clyde gefangen würde, direkt auf seinen Tisch gebracht werden solle. Im Leib des Fisches befand sich der verlorene Ring. – Nachdem Bischof Gerbold aus seinem Palast in Bayeux vertrieben wurde, warf er seinen Bischofsring entrüstet ins Meer und zog sich in eine Einsiedelei zurück. Kurze Zeit später wurde ein Fisch gefangen, in dessen Magen sich der Ring befand. Die Bruderschaft, die den Bischof vertrieben hatte, war sehr beeindruckt und setzte ihn wieder in sein früheres Amt ein.[150]

Abgesehen von ihrer Neigung, glänzende Gegenstände zu schlucken, hat es mit den Fischen die Bewandtnis, dass sie sehr symbolträchtig von Mutterschaft und Mutterleib sprechen – „aus dem alle Schätze fließen" –, und so überrascht es nicht, dass wir sie an der Wiederherstellung der Ganzheit und bei Wiedervereinigungen beteiligt finden. Solche archetypische Verstärkung muss als Ermutigung wirken, von diesen Ereignissen zu berichten, da sie ihnen bis heute große Glaubwürdigkeit verleiht und alten Mythen neues Leben in den Zeitungen von heute schenkt.

Ein Beispiel wurde in der *New Sunday Times* von Malaysia herausgestellt: Drei Wochen nach dem Untergang der philippinischen Fähre *Don Juan*, im Jahr 1980, von deren Passagieren noch über hundert als vermisst galten, wurden Dutzende von Fischen gefangen, die Schmuckstücke im Magen trugen.[304]

Ich habe nur einige wenige Fälle aus den umfangreichen Forteana-Akten ausgewählt. Wie häufig solche Berichte immer wieder aus weit voneinander entfernten Orten dazukommen, ist eindrucksvoll. Ion Will könnte recht haben. Wurden so einfache Dinge wie Armbänder und Ringe, Münzen und Brillen durch anhaltenden und engen Kontakt mit einem lebenden Organismus einmal „aufgeladen", sind sie vielleicht irgendwie verändert und unterscheiden sich von anderen Objekten ihrer Art. Indem wir sie wertschätzen, ihnen einen Wert zumessen, tritt eine Veränderung ein – auch der Art, wie sie mit dem Rest der Welt auf irgendeine subtile, aber bedeutsame Weise interagieren.

Betrachten wir ein letztes Beispiel. Das Ziel des Golfspiels besteht darin, den Ball mit so wenigen Schlägen wie möglich in ein bestimmtes Loch im Boden zu versenken. Gemessen an diesem Kriterium allein, ist Scott Palmer aus San Diego in Kalifornien der erfolgreichste Golfspieler der Welt. Er hat vielleicht niemals ein wichtiges Turnier gewonnen, aber in neun Monaten des Jahres 1983 erzielte er achtzehn Mal ein Hole-in-One[*], und weitere fünfzig Male traf er den Flaggenstock mit dem ersten Schlag. Der *Golf Digest,* der solche Dinge verfolgt, berichtet, dass die Länge der achtzehn Bahnen durchschnittlich 191 Meter beträgt und vier der erfolgreichen Schläge an vier aufeinanderfolgenden Tagen im Oktober jenes Jahres zu verzeichnen waren. Die Wahrscheinlichkeit, dass ein gewöhnlicher Mensch das Loch vom Abschlag aus auf diese Entfernung trifft, schätzen sie auf 1 : 33616. Ich bin überrascht, dass die Chance nicht noch geringer ist, denn ein Ball, der wahllos abgeschlagen wurde, dürfte theoretisch mit gleicher Wahrscheinlichkeit überall innerhalb des Umkreises um den Ausgangspunkt landen. Aber Golf ist natürlich kein wahlloses Geschehen. Ein Hole-in-One bleibt ein unwahrscheinliches Ereignis, doch Geschicklichkeit und Absicht beeinflussen die Chance. Begünstigend sind ferner das gewählte Grün und die Flagge, die das Ziel markiert, und so gewinnt ein bestimmter Punkt in jenem Rasenstück eine ganz spezielle Bedeutung, die ihn von jedem anderen Flecken Gras unterscheidet. Dieses Loch übt eine Anziehungskraft auf den Ball aus und holt ihn schließlich ein, ganz gleich, wie vieler Schläge es bedarf, um

---

[*]   Einlochen mit dem ersten Schlag (Anm.d.Ü.)

ihn dorthin zu schaffen. Der Spieler weiß es, und alle, die diesen Vorgang gerade beobachten, wissen es. Sie werden zu Beteiligten an einer Verschwörung, die die Wirklichkeit verzerrt und die Wahrscheinlichkeit eines bestimmten Ergebnisses erhöht. Dem Ball geben sie damit faktisch die Richtung vor. Damit stellen sie auf geheimnis-, aber wirkungsvolle Weise eine Verbindung zwischen Ball und Loch her.

Verzeihen Sie mir diese phantasievolle Nebenbemerkung, ich erlaube sie mir nicht ohne Grund. Ein wichtiges Stück Information habe ich Ihnen vorenthalten. Die interessanteste Tatsache bei Scott Palmers außerordentlicher Glückssträhne ist, dass er alle seine achtundsechzig Wunderschläge bis auf einen mit dem gleichen bemerkenswerten Ball erzielte, einem Spalding Top Flite XL No. 2 „von so derber Kompression, dass er selbst nach neun Monaten beinahe täglichen Gebrauchs nicht einmal ein Stirnrunzeln der Missbilligung verdient hatte".[337] Andere Golfer, die Scott als einen sonst in jeder Hinsicht unauffälligen Spieler kannten, der immer noch Stunden bei dem örtlichen Profigolfer nahm, begannen neidische Blicke auf den speziellen Ball zu werfen. Ein Enthusiast bot ihm mehr als zehntausend Dollar dafür. Hier handelt es sich offenbar nicht mehr bloß um einen kleinen Ball. Der Ball ist mehr geworden als die gewöhnliche Kombination aus Plastik und Gummi und was man sonst heutzutage in Golfbälle steckt. Er ist zu einem Objekt geworden, das einem bestimmten Ziel gewidmet ist. Das Objekt ist unvollständig, solange es nicht sein Ziel erreicht hat, und bleibt rastlos, bis es sein Zuhause in dem Loch findet, bis es sozusagen wieder „ganz" wird.

Wir haben es hier mit etwas nicht nur Magischem, sondern „Heiligem" zu tun, „heilig" in dem strengen Sinne des Wortes, das zuerst gebraucht wurde, um zu beschreiben, was „heil" ist, das heißt gesund und intakt. Wie es scheint, sprechen wir gerade über einen Talisman; dieses Wort geht auf die griechische Wurzel *telesma* zurück, das heißt Erreichung, Erfüllung und

Vollendung. Mit anderen Worten, es geht um etwas, das nicht von sich aus, sondern in Beziehung zu Dingen existiert, und das wohl eine Neigung haben mag, auf eine eigene, spezielle Weise Vollendung anzustreben.

Dies ist in der Tat eine schwere Bürde an Symbolik für einen kleinen Golfball, aber die Idee ist wichtig, und sie führt uns auf ein ganz neues Gebiet. Was als vorübergehende Kuriosität begann – das Schicksal von Dingen, die verlorengingen und wiedergefunden wurden –, ist zu etwas viel Fundamentalerem geworden. Es hat mich an einen Punkt gebracht, an dem ich anfing, aufmerksamer über das genaue Wesen der Beziehung – und der Unterscheidung – zwischen beseeltem Leben und unbeseelter Materie nachzudenken.

Nackte Gene

Was Leben ist, lässt sich unmöglich definieren. Schon viele haben versucht, eine Liste aufzustellen mit wesentlichen Merkmalen wie Wachstum, Stoffwechsel, Bewegung und Fortpflanzung – um dann früher oder später über Ausnahmen zu stolpern. Arbeiterbienen und Frauen nach den Wechseljahren zum Beispiel sind zwar offensichtlich lebendig, jedoch außerstande sich fortzupflanzen – was zu dem unausweichlichen Resümee führt, dass „manche wesentlichen Merkmale des Lebens anscheinend weniger wesentlich sind als andere". [203] Wörterbücher helfen mit Definitionen des Lebens als der „Zeit zwischen Geburt und Tod" auch nicht weiter. Das Beste, was wir tun können, ist, vielleicht zu akzeptieren, dass *Leben* ein sehr verschwommener Begriff ist. Gleichwohl ist dies für sich ein wichtiger und aufschlussreicher Gedanke. Computer, die die Feinheiten der Sprache und des Verhaltens von Menschen simulieren müssen, werden bereits mit Schaltungen ausgerüstet, die mit Fuzzylogik, also „unscharfer Logik", arbeiten und unbestimmte Antworten hervorbringen können statt eines gewöhnlich eindeutigen binären Ja oder Nein. Solche Verschwommenheit erfordert eine gewisse Komplexität sowohl in der Konstruktion als auch im Design. Dies mag wohl das einzige Merkmal des Lebens sein, das wirklich universell ist. Lebewesen sind kompliziert. Sie sind auch hoch organisiert. Aber es scheint absolut nichts zu geben, das von ihnen zwingend verlangt, dass sie organisch sind.

Unter all denen, die sich Gedanken über den Ursprung und die Evolution des Lebens gemacht haben, scheint mir eine Stimme sowohl mit Autorität als auch mit Originalität zu sprechen. Sie gehört Graham Cairns-Smith, dem Dozenten für Chemie an der Universität Glasgow. Er allein – und dies seit mehr als zwanzig Jahren – hat einen Guerillakrieg gegen den Mainstream des Evolutions-Denkens geführt, welches das Leben als das einzigartige Produkt eines langen und rein biochemischen Prozesses herausstellt und davon ausgeht, dass dieser Prozess mit einem sehr außergewöhnlichen Ereignis begonnen haben müsse.

Cairns-Smith betrachtet die Art eines Ereignisses, das notwendig ist, um die molekularen Bausteine des Lebens hervorzubringen, und kommt zu dem Schluss, dass es tatsächlich *so* außergewöhnlich sein muss, dass es keinesfalls zufällig eingetreten sein kann. Das Problem ist, dass organisches Leben Gene benötigt, die aus DNS bestehen, welche wiederum aus Ketten von vier komplexen Molekülen aufgebaut ist, die wir als Nukleotide bezeichnen. Jedes dieser Glieder in der Kette besteht aus einer geordneten Folge von mehr als dreißig Atomen, die auf eine bestimmte Weise miteinander verbunden sind. Cairns-Smith schätzt, dass zur Konstruktion jedes solchen komplexen Moleküls mindestens 140 einzelne biochemische Ereignisse notwendig sind, die zudem alle in der richtigen Reihenfolge eintreten müssen. Die Wahrscheinlichkeit, dass dies geschieht, entspricht etwa derjenigen, mit der bei 140 aufeinanderfolgenden Würfelvorgängen jedes Mal eine Sechs erscheint. Das ist eine Sechs, die einhundertvierzig Mal mit

sich selbst multipliziert wird, was eine Zahl von ungefähr 10.
000.000.000.000.000.000.000.000.000.000.000.000.000.000
.000.000.000.000.000.000.000.000.000.000.000.000.000.000
.000.000.000.000.000.000.000.000 ergibt. Diese Anzahl von
Versuchen ist notwendig, um das einzige erfolgreiche Ergebnis zu erzielen. Selbst wenn Sie seit Beginn der Erdgeschichte
jede Sekunde einmal gewürfelt hätten, könnten Sie bis heute
nur etwa 1.000.000.000.000.000 Würfelversuche geschafft haben. Um der richtigen Anzahl von Würfen auch nur irgendwie
näher zu kommen, brauchten Sie mehr Würfel, als es Elektronen im bekannten Universum gibt. Ergo folgert Cairns-Smith
durchaus angemessen: „Die Zeit reichte nicht aus, und die
Welt war nicht groß genug."[34]

Es muss also eine andere Erklärung geben.

Denken wir einmal, schlägt Cairns-Smith vor, an einen einfachen steinernen Rundbogen. Als Erfindung revolutionierte er
einst das Bauen, und sogar noch in der Hightech-Zeit von heute hat er etwas Magisches an sich. Es ist eine paradoxe Struktur, die sich ganz allein stützt und trägt, aber unmöglich zu begreifen ist, wenn man sich vorstellt, dass sie allmählich, Stein
um Stein, aufgebaut wurde. Die Lösung des Rätsels lautet: Da
fehlt etwas. Kein Bogen kann ohne Gerüst gebaut werden. Sobald er aber fertig ist, geben die Steine einander Halt, und das
Leergerüst kann vollständig entfernt werden. Die Biochemie,
sagt Cairns-Smith, ist auch eine Struktur und gleicht einem
vieldimensionalen Bogen, in welchem jeder Teil von allen anderen abhängig ist. Diese Komplexität bleibt völlig unerklär-
lich, solange man davon ausgeht, dass nicht mehr daran sei,
als das Auge sieht: „Mit Sicherheit gab es ein ‚Gerüst'. Bevor
sich die vielfältigen Bausteine der gegenwärtigen Biochemie
gegenseitig tragen konnten, mussten sie sich von etwas anderem tragen lassen."[35] Dieses „etwas andere", so der visionäre
Chemiker und Molekularbiologe, war nichts anderes als das
Gefüge der Erde selbst, nämlich gewöhnliche Tonminerale.

Kristalle sind regelmäßige geometrische Formen, die spontan zu entstehen scheinen und sich dann auf gleichbleibende Weise replizieren. Kristalle im Ton sind sogar noch lebensähnlicher, da sie sich zu komplexen Schichtstrukturen fügen, die die Fähigkeit besitzen, sich weiterzuentwickeln. Sie wachsen und verändern sich, nehmen dabei andere Moleküle in ihre Struktur auf und sprechen auf Veränderungen in ihrer Umgebung an, indem sie neue Muster und Tricks finden und anwenden. In einem sehr realen Sinne praktizieren sie die Kunst des Überlebens, bei welchem die „Tauglichsten" weiterhin mehr von ihrer eigenen Art produzieren. Mit anderen Worten: Tonminerale wachsen von selbst, fügen sich selbst zusammen und vermehren sich selbst. Ihre Kristalle sind winzige „nackte Gene", die von der Maschine Erde am laufenden Band produziert und nach sehr unterschiedlichen Funktionen sortiert werden. Jedes Bröckchen Lehm oder Sand, jede Art von Erde oder Gestein unterscheidet sich in Porosität, Transparenz und Leitfähigkeit, je nach seinen Bestandteilen. Aber sie alle sind einfache Membranen, rudimentäre Behälter – eine Art von „Glaswaren", wenn Sie wollen –, in denen sich komplexere Chemie ereignen kann und stattfindet.

Dies ist das fehlende Gerüst. Hier haben sich Aminosäuren zusammengefunden, anfänglich zu rein strukturellen Zwecken als Mittel, um nützliche Metalle für einen „anspruchsvolleren" Ton in Lösung zu halten, später aber im eigenen Interesse. Sie wurden allmählich immer unabhängiger von den verhältnismäßig schwerfälligen Tonen und entwickelten sich weiter zu dem, was Cairns-Smith als ein „raffiniertes, hauptsächlich aus Luft und Sonnenlicht aufgebautes Superleben" beschreibt.[34]

In diesem Licht betrachtet, wird die Frage nach dem Ursprung des Lebens auf der Erde zu einem Zweig einer Mineralogie mit Standesdünkel, wie unser allererster Vorfahre, und geht zurück auf einen winzigen Tonkristall. Das Schöne an dieser Einsicht ist, dass sie eine hübsche Brücke über die Kluft zwischen den anorganischen und den organischen Welten schlägt und damit zeigt, wie sich Organismen, die auf einem genetischen Material basieren, zu solchen entwickeln können, die auf einem anderen beruhen. Deshalb können die separaten Fasern eines Seils, solange sie einander überlappen, ein Zusammenhängendes bieten, ohne vom einen Ende bis zum anderen zu reichen.

Diese Vorstellung erinnert uns auch anschaulich daran, dass unser genetisches Material, das derzeit wohl DNS sein mag, nicht immer DNS gewesen zu sein braucht, denn Information ist nicht an Substanz gebunden. Botschaften können in Büchern, auf Bändern oder einem Dutzend anderer Formen von Speichermedien transportiert werden, die alle aus sehr unterschiedlichen Materialien bestehen. Unser Wissen und Gewahrsein sind, wie es scheint, ganz und gar nicht ausschließlich auf die weiche Komplexität der organischen Chemie beschränkt. Wir sind viel enger verwandt und viel subtiler verbunden mit der anorganischen Welt, als wir uns je vorstellten. Daher sollten wir vielleicht nicht überrascht sein, wenn Beweise für sonderbare Interaktion auftauchen. Was mich wieder auf meine seltsame Datenbank zurückbringt, auf jene verlockenden Blicke auf Ungewöhnliches, das sich knapp unter der Oberfläche des alltäglichen Lebens ereignet, aber bis heute nur in der Publikumspresse Glaubwürdigkeit fand und berichtet wurde.

Im Sommer 1977 verbrachte Ralph Loffert, Vizepräsident einer Fluglinie, mit seiner Familie die Ferien auf Hawaii. Sie besuchten den Vulkan-Nationalpark auf der Hauptinsel, und jedes der vier Kinder sammelte Lavasteine von den Hängen des Mauna Loa als Andenken. Kaum eine Woche später, als sie bereits wieder zu Hause in Buffalo, New York, waren, begann einiges schiefzugehen. Der vierzehnjährige Mark verstauchte sich einen Knöchel, zog sich beim Fußballspielen einen Knorpelriss im Knie zu und brach sich wenig später beim Hockeyspiel einen Ellbogen. Sein zwölfjähriger Bruder

Danny brach beim Fußballtraining die linke Hand und zerrte sich einen Augenmuskel, als er durch den Wald lief und einen Zweig streifte. Der elfjährige Todd zerschmetterte sich einen Arm beim Basketball, wurde mit einer akuten Blinddarmentzündung ins Krankenhaus gebracht, brach das andere Handgelenk bei einem Sturz in der Turnhalle und verrenkte sich einen Ellbogen. Die siebenjährige Rebecca fiel von der Schaukel und brach sich dabei zwei Zähne ab; als diese gerade repariert waren, fiel sie hin und schlug sich die gleichen Zähne erneut ab.[280] Dianne Loffert erinnerte sich, dass ein alter Mann auf Hawaii sie ermahnt hatte, keine Steine von dem Berg zu entfernen, um nicht die Göttin zu beleidigen, die dort lebte. Sie hatten darüber gelacht, aber nach dieser Serie von Unfällen packten sie die Steine in einen Karton und schickten sie zu einem Bekannten auf den Inseln mit der Bitte, sie am Fuße des Berges zu verstreuen. Bei den drei jüngeren Kindern gab es keine weiteren Missgeschicke, doch Mark kugelte sich die Schulter aus, zog sich eine klaffende Wunde am Oberschenkel zu und verbrühte sich seine Hand schwer. Auf Befragen gestand er, dass er drei der Steine in seinem Zimmer behalten hatte; sobald auch diese wieder an ihrem Bestimmungsort waren, hörte der Albtraum auf.[283]

Allison Raymond aus Richmond Hill, Ontario (Kanada), hatte weniger Glück. Kurz nachdem sie mit ihren steinernen Souvenirs aus Hawaii zurückgekehrt war, brach ihr Sohn ein Bein und entwickelte eine schwere Erkrankung der Bauchspeicheldrüse; ihre Mutter starb an Krebs und ihr Mann kam bei einem Frontalzusammenstoß ums Leben. Auch sie erfuhr kein weiteres Ungemach, nachdem sie die Steine zurückgeschickt hatte.[286]

Das Büro des Nationalparks auf Hawaii erhält inzwischen durchschnittlich vierzig Päckchen pro Tag mit steinernen Souvenirs, die die Menschen nicht länger um sich haben wollen. Die meisten dieser zweitausend Pfund Unglücksbringer, die im Laufe eines Jahres eingehen, trägt keine Absenderadresse. Eine Sendung aus jüngerer Zeit kam von dem Holzhändler Nixon Morris aus El Paso in Texas, der von Blitzeinschlägen berichtete, von einem Sturz vom Dach, Brüchen von Hüfte und Oberschenkel, einer Enkelin mit einem Armbruch und einer Ehefrau mit einer langwierigen Erkrankung. Die Unglücksserie gipfelte schließlich darin, dass sich die Katze der Familie unter der Motorhaube schlafen gelegt hatte und beim Starten des Fahrzeugs schwere Verbrennungen erlitt, so dass sie auf einer Seite das Fell verlor.[314]

Zur Verteidigung dieser ungeheuerlichen Geschichte und meines Ausfluges „über die Grenzen der nüchternen Wahrscheinlichkeit hinaus" muss gesagt werden, dass Berge überall Gegenstand menschlicher Verehrung sind. Mehr als jedes andere Naturphänomen scheinen sie Ehrfurcht und Aberglauben anzuregen. Der Mount Everest ist in seiner Heimat bekannt als Chomo-Lung-Ma („Muttergöttin des Universums") und Nanda Devi, der zweithöchste Berg Indiens, als „Mutter des Ganges". Der Olymp ist Heim und Thron der Götter des klassischen Griechenlands, der mythische Berg Meru ist Sitz der zahlreichen Gottheiten des Hinduismus. Die Pyramiden und Zikkurate des alten Ägyptens, Babylons und Mittelamerikas waren künstliche Berge, hohe und heilige Stätten, die der Mensch seinen Göttern erbaute, wo das Land von Natur aus flach war. Bei Einweihungsriten spielen überall symbolische Aufstiege in einen „siebten Himmel" eine Rolle, der auf einem magischen Berg verortet wird. Die Heimat der Vulkangöttin Pele ist der Mauna Loa auf Hawaii.[123] Pele, so heißt es, wache eifersüchtig über ihre Substanz und räche sich mit harter Bestrafung an jenen, die es wagen, etwas von ihrem heiligen Gestein zu entfernen. Viele, die dort gedankenlos Souvenirs sammelten, haben Beispiele dieses Fluches kennengelernt – oder alsbald selbst erlebt. Die meisten jüngeren Geschichten dienen als Mahnung und beginnen damit, dass die

Warnungen als Geschwätz oder Unsinn abgetan wurden; sie enden jedoch mit: „Ich wünschte, ich hätte sie ernst genommen", oder: „Ich bin ja nicht abergläubisch, doch..." Und es gibt alle Anzeichen für eine soziale Infektion in einer Welle von Zeitungsberichten, die sich um die Publizität drehten, die der Loffert-Fall 1978 auf sich zog. Aber es wäre verkehrt, alle solche Berichte als bloße Hysterie abzutun. Manche Steine scheinen tatsächlich so etwas wie ein Brennpunkt zu sein, auf den lange Reihen von Zufallsereignissen zurückweisen.[284]

Mitten in Augusta, Georgia, steht ein großer glatter Pfeiler, an dem dereinst, so sagt man, Menschen angebunden und ausgepeitscht wurden. Dieser Stein ist alles, was von dem alten Sklavenmarkt übrig blieb, der einige Jahre nach Abschaffung der Sklaverei in der zweiten Hälfte des 19. Jahrhunderts von einem Tornado dem Erdboden gleichgemacht wurde. Die Stadtväter beschlossen, den Sklavenstein als Denkmal an einen anderen Platz zu versetzen, doch die ersten beiden Arbeiter, die ihn von der Stelle zu bewegen versuchten, starben noch am selben Tag an einer geheimnisvollen Vergiftung. Tags darauf machten sich zwei andere Freiwillige ans Werk, doch der Pfeiler fiel plötzlich um und begrub einen von ihnen unter sich, der andere starb an einem Herzschlag. Als Jem Thomas, der Oberwerkmeister, nach weiteren Freiwilligen rief, meldete sich keiner mehr. „Dann mache ich die Sache eben selbst!", entschied er. Doch er hatte den Stein nur wenige Fuß weit bewegt, als der Fluss Savannah über seine Ufer trat und den Platz überschwemmte, dabei ertranken drei Personen. Jem bekam eine Lungenentzündung, an der er wenige Tage später starb.[322] Anfang des 20. Jahrhunderts schmiedete man neue Pläne zur Verschönerung der Stadt Augusta, und wieder erging die Order, den Stein zu versetzen. Die Ängstlichen schüttelten den Kopf und prophezeiten unheilvolle Konsequenzen, doch die Arbeiter nahmen die Sache in Angriff. Die beiden ersten wurden von einem Blitz erschlagen. Dann kam ein fahrender Händler in die Stadt, der die Warnungen ignorierte und seinen Stand direkt neben dem Pfeiler aufbaute; noch in derselben Woche ereilte ihn der Tod. Dem Fahrer des ersten Automobils, das Augusta 1910 erreichte, war nicht mehr Glück beschieden: Er kam ums Leben, als sein Wagen geradewegs an den Pfeiler krachte. In den 1940er Jahren starben vier weitere Personen, als ihr Auto ins Rutschen kam und gegen den Stein schlingerte. 1951 übernahm ein Bauunternehmer namens Hiram Schaff, der sich rühmte, nicht abergläubisch zu sein, den Auftrag zur Entfernung des Steines: Er fiel die Treppe hinab und brach sich das Genick, bevor er die Arbeit beginnen konnte. Seitdem hat keiner mehr den Versuch unternommen, den Sklavenstein zu versetzen.

Andere Steine scheinen zugänglicher zu sein.[279] Der amerikanische Anthropologe Kirk Huffman kaufte 1984 eine Sammlung ritueller Steine von einer der äußeren Inseln von Vanuatu im Südpazifik. Sie sollen dort früher von einem Priester und Wahrsager gebraucht worden sein. Huffmann nahm sie mit in die Hauptstadt Port Vila, wo er als Kurator des Kulturzentrums und Museums arbeitete, legte sie in seine Schreibtischschublade und dachte nicht mehr an seine Neuerwerbung. Doch in den folgenden drei Monaten brachte Huffmann nur noch sehr wenig zustande. Er fühlte sich teilnahmslos, ständig schläfrig und so schwach, dass er gezwungen war, tagelang im Bett zu verbringen. Ärzte im Krankenhaus von Port Vila machten jeden Test, der ihnen zur Verfügung stand, konnten aber nichts Krankes an ihm finden. In seiner Verzweiflung wandte sich Huffman schließlich an einen *kleva,* einen eingeborenen Heiler, um Hilfe. Für Aviu Koli bedurfte es nur eines Blickes, um festzustellen: „Sie sind krank wegen der bösen Steine in Ihrem Schreibtisch im Museum. Lassen Sie mich deren Kraft ausschalten." Koli holte die Steine herbei und setzte sich feierlich neben das Bett des Anthropologen, dabei trug er sein gewöhnliches T-Shirt und Shorts. Rhythmisch klopfte er mit einem eigenen Stein auf die drei kleinen Steine. Dann brachte er ein „heiliges Blatt" hervor, wischte damit drei Mal über die Steine, sagte: „Das war's" – und ging.

„Soweit ich weiß, hatte Koli die Steine nie zuvor gesehen, und ich habe sie ihm gegenüber bestimmt nicht erwähnt", sagte Huffman später. „Aber sobald er mit seinem Ritual fertig war, begann ich mich besser zu fühlen. Am nächsten Tag war ich wieder bei meiner Arbeit und fühlte mich wohl. Und dabei ist es seitdem geblieben. Die Ärzte im Krankenhaus können sich das nicht erklären. Ich kann es ebenfalls nicht erklären, aber ich stelle es auch nicht in Frage!"[341]

Ich fühle mich gezwungen, zumindest eine Note skeptischer Besorgnis zu registrieren. Plötzliche Remissionen und wundersame Heilungen sind notorisch schwierig zu beurteilen. Und in Fällen wie diesem ist das Beweismaterial stets flüchtig. Selbst wenn es eine Gelegenheit gegeben haben mag, das Geschehen zu beobachten, als und wie es sich ereignete, ist es doch zweifelhaft, dass irgendwelche Messungen, die wir vornehmen, irgendwelche Labortests, die wir durchführen könnten, im Stande wären, irgendeinen signifikanten Unterschied im Zustand der drei Steine vor und nach der Behandlung durch den *kleva* zu benennen. Gleichwohl trägt dieser Zwischenfall – zusammen mit zahllosen anderen, ähnlichen – in einer Vielfalt von Kulturen zu einem weit verbreiteten und hartnäckigen Glauben bei, dass wir subtilen Einflüssen unterworfen seien, welche unbeseelten Objekten in unserer Umgebung entspringen oder durch sie vermittelt werden, und dass wir durch rituelle Praktiken, Beten oder einfach „Denken" die Art jener Wirkung auf uns verändern können.

Der erste Teil dieser Annahme erfreut sich starker wissenschaftlicher Unterstützung. Wir wissen zum Beispiel, dass der Granit von Cornwall ein ungewöhnlich hohes Maß an Hintergrundstrahlung abgibt, die, wie sich gezeigt hat, zu genetischen Veränderungen beiträgt, was dem Begriff Halbwertszeit* einen fast unheimlichen Anstrich gibt. In Wales ist die Häufigkeit von Lungenkrebs weitaus höher bei Männern, die in Steinbrüchen gearbeitet und den kleinkörnigen Schiefer produziert haben. In Devonshire wird das Vorkommen von Magenkrebs direkt mit bestimmten Häusern und der Gesteinsart assoziiert, aus der sie gebaut wurden. Und so weiter. Es kann nur wenig Zweifel daran bestehen, dass uns anorganische Substanzen, die es in unserer Welt zuhauf gibt, auf vielfältige Weisen belasten, mit mentalen ebenso wie mit physischen Konsequenzen. Doch der zweite Teil der Annahme bleibt strittig: Die Möglichkeit, dass wir darauf antworten[230] und das steinerne Schweigen brechen könnten.

Aber ist es denn so ungeheuerlich? Mündliche Überlieferung, Brauchtum und religiöse Praxis und Glauben überall auf der Welt deuten an, dass es dies nicht ist, und verweisen in den meisten Fällen auf – Stein. Überall auf der Erde leben Menschen, die Steine als Glücksbringer und lebendig betrachten, als segenverheißend oder schädlich, als prophetisch und heilend, und damit sprechen sie ihnen Kräfte und Neigungen zu, die man mit unbeseelten Objekten normalerweise nicht assoziiert. Es ist vielleicht gar nicht überraschend, dass wenigstens ein schmales Bächlein von Zeugnissen und Belegen zu Gunsten solcher alten Überzeugungen zu rinnen beginnt, während wir gerade im Begriff sind, in eine immer größere Abhängigkeit von und Hörigkeit auf Silizium und anderen „seltenen Erden" zu geraten.

Die Steinzeit hat in Wirklichkeit nie aufgehört.

---

*   engl. half-life – „halbes Leben" (Anm.d.Ü.)

Lebendiger Stein

Eine der nachhaltigsten Erinnerungen aus meiner Kindheit ist der Tag, an dem ich mein erstes Steinwerkzeug fand. Ich war neun Jahre alt und allein in der südafrikanischen Karoo unterwegs, wo ich eine steinige Halbwüste mit Sukkulenten und flachen Hügeln durchstreifte. Die Sonne stieg bereits höher, aber der Tag war noch frisch und kühl, und die Luft war von einem Duft und einer Klarheit, die sie heute einfach nicht mehr zu besitzen scheint. Ich war in der Morgendämmerung hinausgegangen, um zu sehen, ob ich das Nest von einem Rotnackenlerchen-Paar entdecken könnte, die mich seit Tagen zu verspotten schienen, doch die Vögel waren nirgendwo zu sehen. Also behielt ich die Hände warm in den Taschen meiner kurzen Hosen und spazierte frohgemut übers Land und wendete mit der Schuhspitze hin und wieder einen Stein um. Und plötzlich war es da, so augenfällig und fehl am Platze wie Arthur Clarkes legendärer Monolith auf dem Mond.

Halb eingebettet in dem Bodenbelag aus rostfarbenen Kieseln lag das allerschönste Etwas, das ich je gesehen hatte. Es war ungefähr fünfzehn Zentimeter lang, tropfenförmig und mit bemerkenswerter Präzision zu einer derart vollendeten Symmetrie gehauen, dass es nur von Menschenhand geschaffen sein konnte. Das Ding war von einer warmen goldbraunen Farbe wie Bernstein, und es hatte die Art von Glanz – man nennt es „Wüstenlack" –, wie sie nur Wind, Sonne und Zeit aufbringen können. Ich wusste augenblicklich, was es war, und berührte es sanft mit den Fingerspitzen, um mich zu vergewissern, dass es real war. Behutsam löste ich es vom Boden, wischte den roten Lehm von der Unterseite und wog das Artefakt zum ersten Mal in meiner Hand. Es schmiegte sich so natürlich in meine Handfläche, dass alle meine Finger wie von selbst ihren Platz in kleinen Aussparungen fanden, die im perfekten Abstand und passender Breite an einer Seite des

Steins ausgeschlagen waren, während mein Daumen sich um einen Vorsprung legte, der, wie ich später erfuhr, Schlagbuckel genannt wird. Als ich dieses Handwerkzeug wog – denn um etwas anderes konnte es sich unmöglich handeln –, durchfuhr mich wie ein Schlag ein Erkennen, wie es der unmittelbare Kontakt mit einem Kunstwerk auszulösen vermag.

Jeder erfahrene Antiquitätenhändler kennt dieses Gefühl. Es klingt irgendwo tief in unserer Brust an und löst eine Resonanz aus, die uns ergreift. Doch dies geschieht nur in Anbetracht oder bei der Berührung des Echten, und mein Fundstück war fraglos echt. Ich wusste über jeden Zweifel erhaben: Ich war der erste Mensch, der diesen Faustkeil berührte – nach jenem, der ihn vor einer halben Million Jahre angefertigt und gebraucht hatte. Hier war eine direkte, ununterbrochene Verbindung zwischen uns, wie ein Kanal, der durch die Substanz des Steines führte und mich die Präsenz jenes Anderen so stark spüren ließ, als könnte ich ihm die Hand schütteln. Einen kleinen Widerhall jenes Zaubers erlebe ich auch jetzt, weil ich den Faustkeil immer noch bei mir habe; er liegt auf meinem Schreibtisch.

Seit damals habe ich Hunderte von prähistorischen Stätten in Afrika, Australien und Mittelamerika kennengelernt, die ich abgegangen bin oder auf denen ich gearbeitet habe. Ich habe Hackmesser, Hackbeile, Schaber, Klingen und Splitter aus Feuerstein, Hornstein, Quarzit, Dolerit und Schiefer aus Dutzenden verschiedener Steinzeit-Industrien gehandhabt und gelernt, sie von zufälligen Formen zu unterscheiden, die von Wind oder Wasser gestaltet wurden, durch Bodenkriechen, Vergletscherung oder rasche Temperaturwechsel. Es gibt einen gemeinsamen Faktor, der sich wie ein roter Faden durch all diese Untersuchungen zieht. Ich weiß, dass ich ohne Zögern oder Zuhilfenahme mikroskopischer Analysen die echten, von Menschenhand geschaffenen Artefakte von jenen Steinen zu unterscheiden vermag, die durch das Einwirken von Naturkräften entstanden sind. Ich kann dies mit großer Treffsicherheit tun – manchmal sogar mit geschlossenen Augen –, einfach indem ich das Objekt einen Augenblick in der Hand halte. Natürlich gibt es wissenschaftlichere Vorgehensweisen. Ich greife darauf zurück, wenn ich muss, doch sie sind zeitaufwendig, stehen im Feld selten zur Verfügung und dienen am Ende nur dazu, das zu bestätigen, was ich mit absoluter Gewissheit bereits in dem Moment erfuhr, als ich ein Werkzeug in die Hand nahm, in das jemand einst seine Kreativität, Kunstfertigkeit und Sorgfalt hineingab.

Prähistorische Pfeilspitzen und Werkzeuge wurden schon immer mit besonderem Respekt betrachtet. Die Angelsachsen lebten in Furcht vor dem „Elfenpfeil" und dem „Elbenschuss" und vergruben diese wieder, kaum dass sie sie gefunden hatten. In Teilen Kontinentaleuropas werden solche Funde als Donnerkeile bezeichnet, geschätzt und gesammelt, manchmal auch in Wasser gekocht, um Tränke zu brauen, die angeblich heilsam wirken bei der Behandlung von Krankheiten an Mensch und Vieh. Im Nahen Osten wurden sie durchbohrt und als Amulett getragen, und in Afrika zählten sie zu den „Knochen" im Wahrsage-Instrumentarium des Medizinmanns.

Steine, die sich einige Zeit in Menschenhand aufgehalten haben, scheint es nach mehr davon zu verlangen. Die exquisiten sogenannten Lorbeerblatt-Klingen aus Flintstein aus Solutré in Südfrankreich sind so fein gearbeitet, dass sie mir viel zu zerbrechlich scheinen, um jemals als Werkzeuge oder Waffen gedient zu haben. Ich bezweifle, dass es jemandem gelingt, eine der „singenden Klingen" aus honigfarbenem Chalzedon der Azteken zu berühren, ohne die Kraft zu spüren, die einen solchen Kontakt zu einem fast religiösen Erlebnis macht. Mancher Stein scheint die Gabe zu besitzen, Energie zu speichern und freizusetzen. Der Stein ruft nach unserer Aufmerksamkeit, er birgt Echos und löst Erinnerungen aus auf eine Weise, die individuelle Stücke „heilig" erscheinen und durch größere und formellere Arrangements einen starken Geist des Ortes wirken lassen. Menhire, Steinreihen, Steinhügel, Steinkreise und Hügelgräber zieren die Erdoberfläche wie Akupunkturpunkte auf einer uralten Landkarte. Jede dieser Stätten war einst Ziel und Sammelpunkt für Andacht und Pilgerschaft, und den stärksten von ihnen scheint bis heute ein Rest von dieser weit zurückreichenden rituellen Vorgeschichte anzuhängen, was selbst zufälligen Besuchern ein Empfinden von etwas Besonderem vermittelt.

Dieses Gewahrsein ist immer weit verbreitet gewesen, doch es blieb verdeckt und schien ungeeignet als Gegenstand wissenschaftlicher Diskussion – bis zu einem glücklichen Zwischenfall in Großbritannien Anfang der 1970er Jahre. Ein Zoologe auf der Suche nach Schlafplätzen der Fledermäuse spürte mit einem Ultraschall-Detektor Hufeisennasen nach und war kurz vor Anbruch der Morgendämmerung überrascht, auf ein kräftiges und regelmäßiges Signal zu stoßen, das von einer Gruppe von Menhiren kam. Er suchte das Gebiet nach Anzeichen von Leben ab, fand jedoch nichts und wandte sich mit dem befremdenden Eindruck ab, dass die Megalithe selbst der Ursprung des pulsierenden Klanges waren, den sie bei Sonnenaufgang auf ähnliche Weise hinaussangen, wie es die kolossale Memnon-Statue im antiken Theben zu tun pflegt. Ich habe es selbst gehört: Kurz vor der Morgendämmerung ist dort ein durchdringendes Summen zu vernehmen, ein Brustton eher als ein Kehlklang, der von dem Stein ausgeht und an Höhe gewinnt, wenn die Statue von den ersten Strahlen der Sonne getroffen wird. Dieses Phänomen könnte von einer Energie – möglicherweise piezo-elektrischer Natur – herrühren, die sich aufbaut, wenn sich die Steinsubstanz erwärmt. Es ist bekannt, dass manche Felsen dies von Natur aus tun. Vielleicht kann man andere dazu bringen, sich ebenso zu verhalten, und sie so formen, dass der Klang verstärkt wird?

Solche Möglichkeiten erforschte zwischen 1978 und 1982

das Dragon Project, eine informelle Gruppe von Wissenschaftlern, die sich für ungewöhnliche Energien interessierten. Mit Hilfe von hochempfindlichen Breitband-Ultraschall-Detektoren und Geigerzählern untersuchten sie eine Reihe von megalithischen Stätten und stellten fest, dass sie an vielen dieser Orte Messungen erzielten, die nicht im Sinne von Streustrahlung oder weißem Rauschen zu erklären waren. Manche Plätze, etwa die Rollright Stones in Oxfordshire, erwiesen sich als der Ursprung jahreszeitlicher Signale, die an den meisten Tagen in der Morgendämmerung einen deutlichen Höhepunkt erreichen, jedoch innerhalb von Steinkreisen, die die Gruppe als „Zirkel der Stille" bezeichnete, überhaupt nicht wahrgenommen werden konnten.[185]

Seit damals hat sich Don Robins, der Festkörperchemiker im Dragon Project, eingehender mit dem Themenkomplex Energie-Speicherung und Transformation durch anorganische Materialien beschäftigt. Er geht aus von der Entdeckung, dass man mit Hilfe von Röntgenstrahlen die Symmetrie und Muster innerhalb der atomaren Struktur von Kristallen sichtbar machen kann. Auf diese Weise betrachtet, besteht jedes anorganische Element anscheinend aus einem typischen dreidimensionalem Gerüst oder Gitter aus Atomen, dessen präzise Architektur von der Reinheit des Elements abhängig ist. Perfekte Strukturen sind selten, und vorhandene Verunreinigungen stören das Muster und die elektrische Balance einer Substanz dergestalt, dass sie instabil wird und damit empfänglich für Anpassungen durch die Umgebung. Dieser sogenannte „Defektzustand" bietet also die Voraussetzungen dafür, dass von außen kommende Information eingefangen und gespeichert werden kann. Die Situation entspricht genau derjenigen der DNS, bei welcher strukturelle Fehler oder Mutationen ermöglichen, dass die Moleküle genetische Veränderungen aufnehmen und weitergeben. Robins spricht von einer „aberranten Energie im Herzen des Kristalls" und dem Verdacht, dass diese als eine rudimentäre Form eines anorganischen Gedächtnisses funktionieren könnte.[186]

Alle Materie ist Störungen durch die natürliche Strahlung aus einer Vielzahl von Quellen ausgesetzt. Sie verwandeln manche Moleküle in eine Art von atomarem Schutt; dabei wird eine Masse freier Elektronen abgegeben, die die unterschiedlichsten Schicksale erleiden. Manche gehen gänzlich verloren, aber zumindest einige wenige werden in den Energiewirbeln gefangen, die die kristalline Architektur umgeben – auf weitgehend die gleiche Weise, wie manche hohe Gebäude Luftströmungen hervorzubringen scheinen. Schon bald beginnen unreine Kristalle – wie schlecht gestaltete Hochhaustürme –, aufgrund der seltsamen Musik dieser wilden Geister zu pulsieren. Diese Schwingungen können eingefangen und für Tausende von Jahren festgehalten werden. Unter bestimmten Umständen jedoch lassen die Kristalle sich überreden, ihre Energien und die darin geborgenen Informationen auf Verlangen freizugeben.

Diese Eigenschaft einer bestimmten Art von Kristall, nämlich des Siliziums, liegt unserer ganzen Elektronik-Industrie zugrunde. Erst Silizium macht die Herstellung von Transistoren, Mikrochips und Halbleitern möglich. Dazu nimmt man ein reines Material und „belebt" es mit einem genau kalkulierten Maß an Verunreinigung. Don Robins schlägt nun vor, alles Gestein, das letzten Endes weitgehend kristallinen Aufbaus ist, als eine Art von Makrochip zu betrachten – als ein natürliches, wenn auch etwas planloses elektronisches System, das im Stande ist, Energien zu speichern und später, unter den richtigen Umständen, wiederzugeben.

Mir gefällt diese Vorstellung. Sie scheint die Richtung zu einer Antwort auf viele bis dato offene Fragen zu weisen. Worauf sonst stützte sich der weit verbreitete Glaube an die Möglichkeit, dass gewisse Steine oder bestimmte Gesteinsarten Kraft übermitteln können? Der Protest der Ureinwohner zwang 1981 die Bergbaustadt Tennant Creek, in Nordaustralien, einen dreißig Tonnen schweren Felsen zurück zu transportieren, den man von einer eindrucksvollen Formation namens „Murmeln des Teufels" entfernt hatte, die neben einem der heiligen Traumpfade des Warramunga-Stammes liegt.[312] Im antiken Griechenland stand an einem ähnlichen Zentrum des Lebens und Glaubens der Stein Omphalos*, der Ursprung aller Dinge, in Delphi, dem Heiligtum der Gebärmutter**. Die Israeliten nannten ihren Felsen Beth-El, das „Haus Gottes", und bewahrten ihn im Tempel auf dem Zionsberg in Jerusalem auf. Der Stein im Nabel der römischen Kultur befand sich auf der runden Feuerstelle des Tempels der Vesta. Die Zehn Gebote des Alten Testaments wurden in Stein gemeißelt, und Christus baute seine Kirche symbolisch „auf diesen Felsen"***. Die angelsächsischen Könige von England wurden auf geheiligten Steinen an Orten gekrönt, deren Namen noch an jenen Brauch erinnern, zum Beispiel Kingston upon Thames****. Die Heiligkeit der britischen Monarchie beruht bis heute zum Teil auf einer Krönung, die auf einem Thron durchgeführt wird, dessen Sitz den berühmten Krönungsstein (Stone of Scone) enthält.[196]

Der heilige Stein der islamischen Welt ist der kleine schwarze Meteorit der Kaaba in Mekka, die „rechte Hand Gottes auf Erden", der von Priestern gehütet wird, die „Söhne der alten Frau" genannt werden. Um Segen zu erlangen, ziehen die Pilger zur Kaaba und umkreisen den Stein auf genau vorgeschriebene Weise, nämlich im Gegenuhrzeigersinn, gegen den normalen Lauf der Sonne. Warum? Vielleicht weil dieser Weg stehende Kraftlinien schneidet und irgendeine Art von Energie

---

*   griech. „Nabel" (Anm.d.Ü.)
**   griech. *delphys* (Anm.d.Ü.)
***   Der Name Petrus ist die latinisierte Form des griechischen *petros* („Fels"); Anm.d.Ü.
**** „Königstein an der Themse" (Anm.d.Ü.)

oder Resonanz erzeugt. Es könnte durchaus von Bedeutung sein, dass buddhistische Pilger ihre geheiligten Stupas im Uhrzeigersinn umschreiten; sie gehen mit dem Fluss, folgen dem Pfad des geringsten Widerstandes auf Wegen, die ihrer Religion gemäßer sind.

In jedem solchen Fall im Laufe der Geschichte scheint die Grundannahme die gleiche zu sein: Stein kann unter bestimmten Umständen mehr werden als die Substanz, aus der er besteht.

Manche Steine scheinen sich sogar von selbst zu bewegen. Im Jahre 1975 war ein Bauer in Cotswold überrascht zu entdecken, dass sein Gerstenfeld über Nacht mit Tausenden von lästigen kleinen Steinhäufchen dekoriert worden war. „Ein Mensch hätte ein ganzes Leben gebraucht, um sie anzulegen", sagte Peter Lipiatt von der Widden Hill Farm in Gloucestershire. Lokale Naturforscher verbürgten sich: „Kein britischer Vogel tut so etwas." Das British Museum vermutete: „Das einzige britische Säugetier, das kleine Steinhäufchen baut, ist der gewöhnliche Pfadfinder." Die Pfadfindervereinigung weist jegliche Verantwortung weit von sich – und das Mysterium bleibt ein ungelöstes Rätsel. Solche Dinge passieren aber weiterhin und bestärken die schwerwiegenden Verdächtigungen von Gärtnern überall, die ihre gehegten Rosenbeete plötzlich mit unerwarteten Steinen gespickt finden. Erdböden sind in so mancher Hinsicht wie lebende Gewebe und haben vielleicht Gewohnheiten, die wir erst ansatzweise zu erahnen beginnen.

In der nordwestlichen Ecke des Death Valley in Kalifornien ist ein trockenes Seebett, bekannt unter der Bezeichnung Racetrack Playa[*]. Es gibt viele solche Gebiete in jener Gegend, doch dieses unterscheidet sich von den anderen: Die Felsen in dieser Ebene – manche von ihnen sind bis zu dreihundert Kilo

---

[*]   „Rennbahn-Playa" (= Salztonebene) – Anm.d.Ü.

schwer – scheinen sich von der Stelle zu bewegen. Niemand konnte sie je dabei beobachten, aber von Zeit zu Zeit begeben sie sich an einen anderen Platz und hinterlassen auf ihrem Weg dorthin eine Spur, eine Rille von bis zu tausend Metern Länge. Ich besuchte diesen Ort im Laufe der Zeit mehrere Male und gewann den Eindruck, dass die Playa möglicherweise weniger fest ist, als es den Anschein hat, und dass sie vielleicht hin und wieder neue Felsbrocken an die Oberfläche schafft, die wie Brocken in einem Topf voll siedenden Haferbreis auftauchen. Gleichwohl steht außer Frage, dass sich die Felsen an der Oberfläche fortbewegen. 1974 maß ich eine Spurrille, die sich über fünfundfünfzig Meter erstreckte. Die Beschaffenheit solcher Rillen lässt darauf schließen, dass die Steine wandern, wenn der Untergrund nass oder vielleicht von einer hauchdünnen Eisschicht bedeckt ist, und die Logik verlangt, dass sie von starken Winden angetrieben werden müssen. Das Problem ist aber, dass keiner der rastlosen Felsen – nicht einmal kleinere, rundere Exemplare – jemals rollt, und dass sich viele von ihnen in unterschiedliche Richtungen bewegen.[250]

Wandernde Steine sind ein häufiges Element von Poltergeist-Phänomenen. Ich bin Dutzenden solcher Vorkommnisse in verschiedenen Ländern nachgegangen und habe eine Reihe von Steinen untersucht, die angeblich durch Fenster geworfen worden waren oder plötzlich im Inneren geschlossener Räume aufgetaucht sind. Ich besitze noch einen kleinen Stein aus Indonesien, der mich an der Brust traf, nachdem er quer durch eine leere Hütte geflogen war. Ich bin überzeugt, dass derlei Phänomene mit der Anwesenheit eines Individuums unter starkem emotionalen Stress zusammenhängen, in den meisten Fällen eines Heranwachsenden. Im Sinne einer physikalischen Erklärung habe ich jedoch nichts anzubieten – außer der Beobachtung, dass die fraglichen Steine angesichts der tatsächlichen Geologie vor Ort oft etwas fremd anmuten.[233]

Der größte sich selbst bewegende Stein, über den ich einen

Bericht fand, töfete 1981 David MacLagen, einen Wissenschaftler, der für das Australische Strahlungslabor an einem Projekt in Arnhem Land* arbeitete. Die Queensland Minengesellschaft war sehr erpicht darauf, ein reiches Uran-Vorkommen in der Nähe von Nabariek auszubeuten und hatte einen Pachtvertrag mit den Grundbesitzern, traditionellen Ureinwohnern, ausgehandelt. Das Abkommen beschränkte den Abbau und die Vermessungsarbeiten sowie auch die Beförderung aller Arbeitskräfte zu dem klar definierten Bereich des Lagers und verbot ausdrücklich jegliches Betreten der angrenzenden heiligen Stätte, dem „Traumplatz der grünen Ameise". MacLagen wusste, dass dieser Ort tabu war, aber am Tag vor der Öffnung der Mine ging er mit einem Kollegen trotzdem dorthin. Was dann genau passierte, ist nicht klar, aber noch bevor sie den als heilig geltenden Bezirk tatsächlich erreichten, fiel ein mächtiger Felsbrocken auf sie herab: MacLagen selbst wurde zermalmt, William Karkin steckte fünf Stunden lang unter dem Felsen fest.[309]

Möglicherweise gibt es eine Verbindung zu einem Vorfall im westaustralischen Pumphrey, wo im Jahre 1957 fünf Tage lang Steine um einen eingeborenen Landarbeiter herabregneten – selbst als dieser dann, zusammen mit zwei weiteren Zeugen, in einem geschlossenen Zelt untergebracht wurde.[248] Aber solche persönlichen Anschläge beschränken sich keinesfalls auf das andere Ende der Welt. 1973 flüchteten sich am Skaneateles-See im Hinterland von New York zwei Angler in ihr Auto, um einem Regen immer größerer Steine zu entkommen. Als sie einige Meilen weiter anhielten, um sich umzuziehen, wurden sie erneut attackiert, und schließlich zum dritten Mal, als sie an einer Bar am Wegesrand eine Pause einlegten, um sich ein dringend benötigtes Getränk zu gönnen. Das Bombardement durch „gewöhnliche Steine", wie es die Geologen der Universität von Syracuse später nannten, hielt an, bis die beiden sich vor einem ihrer Häuser trennten.[262]

Herabregnende Steine sind in den Forteana-Akten an der Tagesordnung. Deren Begründer, Charles Fort, verzeichnet mindestens vierzig Fälle, in denen Steine unterschiedlicher Größe und Form, einzeln und in Schauern, glatt und beschriftet, heiß und kalt, im Freien und innerhalb von Gebäuden überall auf der Erde auf Menschen herabfielen. Er zieht aus diesen Vorkommnissen keine Schlüsse, sondern zitiert genüsslich den bedeutenden französischen Chemiker Lavoisier – der auf die Erde fallende Meteoriten kategorisch ablehnte, da es „keine Steine am Himmel" gebe – und beschreibt in hämischer Detailtreue die genaue Beschaffenheit einer Anzahl gefallener Steine, die eindeutig weder meteorischen noch vulkanischen Ursprungs waren.[71]

Viele dieser Überlieferungen sind anekdotischer Art. Die Beispiele, die ich zitiere, stammen großenteils aus Zeitungsberichten und werden, soweit möglich, durch meine eigene Erfahrung bestätigt. Es handelt sich also um Beweise, die auf Hörensagen beruhen – und dafür bitte ich nicht um Entschuldigung. Die Ereignisse sind außergewöhnlich, aber sie wiederholen sich und kommen in vielen Nationen und allen Generationen vor; die Berichte darüber sind derzeit in keiner anderen Form erhältlich. Sie alle aber durchzieht wie ein roter Faden das Empfinden, dass Gestein anscheinend etwas mehr Leben birgt, als die Wissenschaft für möglich hält.

Vor der Nordwestküste Irlands, nicht weit von da, wo ich lebe, ist ein windumtoster Felsen namens Tory Island. Diese Insel ist ein kahler, unwirtlicher Ort; es gibt dort verstreute Haufen aus Steinen, die einst die bienenstock-ähnlichen Zellen der Mönche von St. Columban waren, die in der nun zerstörten Kapelle gemeinsam beteten, und einen heiligen Brunnen, einige wenige Steinhäuschen und einen berühmten heiligen Stein. Es ist ein schroffer Monolith oder *gallaun,* der von Ferne an eine menschenähnliche Gestalt mit ausgestreckten Arm erinnert, der den Inselbewohnern als Geheimwaffe dient. Wenn sie bedroht werden, versammeln sie sich auf den Klippen und richten ihn auf die Marodeure, Steuereintreiber und anderen Erscheinungsformen der Piraterie aus. Und das, so beteuern sie, versage nie: Es beschwört Unheil auf den Eindringling herauf. Einen großen Erfolg erzielte man gewiss am 22. September 1884, als ein britisches Kanonenboot, das im Auftrag eines gierigen Grundeigentümers die spiegelglatte See überquerte, um rückständige Abgaben einzuholen. Aus heiterem Himmel kam ein Sturm auf und richtete HMS *Wasp* binnen Minuten zugrunde; alle fünfzig Mann Besatzung ertranken.[319]

Die Geschichten sind Legion, möglicherweise Legende, und doch haben sie etwas an sich, das bei mir eine Resonanz erzeugt. Die Errichter von Megalithen und Erbauer von Erdwerken nahmen sehr viel Mühe auf sich, um Orte zu markieren und zu dekorieren, die sie für Zentren der Kraft und des Schutzes hielten. Sie transportierten riesige Steine – manche von ihnen wogen mehr als fünfzig Tonnen – über viele Meilen schwierigen Terrains. Dann umgaben sie diese Steine mit einem landschaftlichen Umfeld, das gestaltet und strukturiert war und ihren Glauben reflektierte. Wer solche Stätten selbst kennengelernt und erlebt hat, vermag kaum die Augen vor der Möglichkeit zu verschließen, dass jene Architekten früherer Zeiten sowohl für Energien in der Natur empfänglich waren als auch Veränderungen in ihnen wahrnahmen, die sie selbst durch ihre Arbeiten mit Steinen herbeiführten. Die Entdeckungen im Dragon Project zeigen recht deutlich, dass sich elektromagnetische und mechanische Kräfte an manchen prähistorischen Stätten eigenartig verhalten, und dass solche Anomalien mit den Steinen selbst direkt verbunden sind.

Es ist interessant, dass unsere erste instrumentelle Wahrnehmung solcher Eigentümlichkeit einer Maschine zu verdanken ist, die Laute aufspüren sollte; und es ist faszinierend, aus jüngsten Entdeckungen in der Mikroelektronik zu erfahren, dass die Muster im Inneren des Kristallgitters von Schallwellen fast ebenso leicht gestört werden wie durch elektrische Energie. Wie Don Robins zeigt, sind manche Kristalle, so auch Bergkristall, zufällig natürliche akusto-elektrische Verstärker. Auf einmal erscheint es wundervoll passend, dass unsere Beziehung zu speziellen Steinen immer so klangvoll gewesen ist, so großzügig begleitet wurde von rhythmischen Zeremonien und Liedern, so geschmückt und getragen von wiederholtem Gesang und Gebet. Als ob wir schon immer und bereits ohne die Erkenntnisse von Pythagoras Variationen über die „Musik der Sphären" geübt hätten, echte Rock-Konzerte.[*] Musik könnte in der Tat der Schlüssel zu einem ganzen Spektrum von Interaktionen zwischen den Welten der organischen und der anorganischen Materie sein.

Kristallene Klarheit

Im ersten Satz seines Buches *Variationen* formuliert Yehudi Menuhin bereits dessen Grundgedanken: „Musik schafft Ordnung aus dem Chaos: Denn der Rhythmus bringt das Auseinanderstrebende zur Einmütigkeit, die Melodie setzt das Zusammenhanglose in Zusammenhang, und die Harmonie macht das Unverträgliche verträglich."[146] Dieser große Musiker ist Erbe einer Tradition, die auf dem Mythos von Amphion aufbaut, dem Sohn des Zeus, der seine Lyra so lieblich spielte, dass sich die großen Steine von Theben, ihren Tönen gehorchend, zu Mauern fügten. Und auf Geschichten von Pyramiden, die mit der Hilfe von Gesang und Lied errichtet wurden; von einer Alchemie des Klanges, den Zauberer und Barden hervorbrachten, die Steine tanzen machten, Wasser beruhigten und wilde Tiere zähmten.[84]

---

[*]   engl. *rock* = Fels, Gestein (Anm.d.Ü.)

Musik ist – um es so einfach wie möglich zu definieren – zusammenhängender Klang. Sie steht zum zufälligen Geräusch in der gleichen Beziehung wie ein Laserstrahl kohärenten Lichtes zum blendenden Flimmern von der Oberfläche der sommerlichen See. Jene sind phasengleich und koordiniert, diese sind es nicht. Während das Licht von der Wasseroberfläche nur blendet, kann der Laserstrahl so präzise gebündelt und ausgerichtet sein, dass man mit seiner Wirkung eine in Ablösung begriffene Netzhaut an der Augenrückseite wieder befestigen oder einen Topf Wasser in tausend Meilen Entfernung zum Kochen bringen kann. Die Quellen der Energie können identisch sein. Der Unterschied liegt in dem Grad der Ordnung. Ich kann nicht anders, als von der Tatsache beeindruckt zu sein, dass der erste Laser entstand, indem man inkohärentes Licht durch das geordnete Kristallgitter eines Rubins ausrichtete.

Bereits das Wort Kristall birgt ungewöhnliche Regelmäßigkeit und Symmetrie. Es wurde erstmals verwendet, um das stabile Gitter zu beschreiben, das entsteht, wenn sich Silizium- und Sauerstoffatome verbinden, um die auffallend geraden Kanten und glatten Flächen des Bergkristalls zu bilden. Dies ist eines der am reichlichsten vorkommenden Minerale der Welt und wächst, wo immer die Gegebenheiten es zulassen, zu seiner typischen sechseckigen Form mit Gitterwinkeln von stets nahezu sechzig Grad. Allem Anschein nach wurde der Bergkristall von den Menschen fast seit dem ersten Kontakt angenommen, gehütet und geschätzt als eine Form von verfestigtem Licht oder „heiligem Eis".[63]

In Ägypten wurde Bergkristall bereits vor fünftausend Jahren gefördert, von den Menschen von Ninive und Kreta in Form von Linsen bewahrt, einem der zwölf Stämme Israels als Talisman zugeteilt und von den Römern zu zeremoniellen Objekten, Gefäßen und Pokalen verarbeitet. Plinius der Ältere bemerkte etwas missbilligend: „Auch die Kristalle sind ein

Gegenstand des Wahnsinns; so kaufte vor nicht vielen Jahren eine nicht einmal reiche Hausmutter einen einzigen Napf für hundertfünfzigtausend Sesterzien."[176] Dies entspricht einer Investition von über 40.000 Euro für ein schickes Schöpfgefäß und spiegelt die Tatsache wider, dass es wohl kaum je ein Volk gegeben hat, das kostbare Kristalle nicht suchte und wertschätzte als Talismane, Regenmacher, Instrumente zum Wahrsagen oder Symbole für Wahrheit, Klarheit und Transparenz. Heute gibt es, ausgehend von den Vereinigten Staaten und anscheinend gestützt auf die überlebenden Traditionen und Praktiken der Indianer, eine neue, kommerzielle und weitgehend unkritische Welle der Begeisterung für Bergkristalle. Liebessteine, Friedenssteine, Reichtumssteine, Kraftsteine, Anhänger und Pendel. Kleine Steine für das Auto und große Brocken für die Inneneinrichtung sind in jeder Stadt zu kaufen. Es werden Seminare angeboten über Energie-Ausgleichen und Kristall-Implantate, Kristalldiagnose und -therapie, Zusammenhänge zwischen Edelsteinen und Strahlen, Kristall-Taufzeremonien und rituelle Gesänge. Bücher werden haufenweise veröffentlicht über die okkulte Bedeutung, die planetarischen Einflüsse und die psychische Kraft der Edelsteine. Sie bedienen ein breites Spektrum von Bedürfnissen zwischen dem schlichten *Jetzt habe ich meinen Bergkristall. Was fange ich damit an?* bis hin zum esoterischen *Kristalle und die Schlüssel des Henoch.* Das Joy Lake Mountain-Seminarzentrum in Kalifornien bietet sogar einen Magisterabschluss im Fach „Heilen mit Bergkristallen" an.[152]

Der Bergkristall liegt genau an der entscheidenden Nahtstelle zwischen uns und dem Reich der Steine, und es ist wichtig, dass wir die soziale Signifikanz und die wissenschaftlichen Implikationen der Sucht verstehen. Die derzeitige Obsession wurzelt deutlich tiefer als die Mode der Handschmeichler, die die Vereinigten Staaten vor rund zehn Jahren ergötzte, doch es ist noch äußerst schwierig, die Industrie der neuen Kristallzeit zu beurteilen – außer als die späte Blüte einer bunten Sammlung sehr alter Glaubensüberzeugungen, die uns in einer neuen und eleganten Form präsentiert werden. Don Robins beschönigt diese Zeiterscheinung als weiteren Beweis für die „komplexen Geflechte des Zaubers, der mit dem Stein einhergeht".[186] Ich habe versucht, ihr Gerechtigkeit widerfahren zu lassen, aber nach meinem zögerlichen Eintauchen in die umfangreiche und verwirrende neue Literatur tauchte ich mit nur gerade genug greifbaren Fakten daraus hervor, um einige wenige, einfache Schlüsse zu ziehen.

Kristalle funktionieren als Wandler, die Energie von einer Form in eine andere umformen und verwandeln. Besonders Bergkristalle verhalten sich wie Kondensatoren, indem sie Energie in einer Form speichern, die später entladen werden kann. Einige wirken auch als Multi-Schwingungserzeuger und sind in der Lage, mit einem breiten Spektrum von Frequenzen umzugehen. Alle diese Eigenschaften sind real genug, um sich für industrielle Nutzanwendungen zu eignen.

Ein Aspekt ist den meisten Lehren der jüngsten Edelsteinkunde gemeinsam, nämlich die Anweisungen dazu, wie Kristalle zu versorgen und zu pflegen sind. Ein kürzlich erworbener Stein, so heißt es, sei zu „klären" oder zu reinigen, vorzugsweise durch direktes Sonnenlicht oder eine ultraviolette Leuchte. Auch das Waschen eines Kristalls kann effektiv sein, entziehe ihm aber, so wird gewarnt, die „lichte emotionale Energie", so dass er danach als Hilfe gegen die „dunkleren Gedankenformen" möglicherweise unwirksam sei. Es gibt interessante Parallelen zu überlieferten Ansichten über die Kraft von Wasser, in welchem ein Kristall aufbewahrt worden ist, doch am Ende gibt es nur ein attraktives Weizenkörnchen Wissenschaft unter all der bergkristallinen Spreu. Auch Marcel Vogel, der siebenundzwanzig Jahre lang als Chemiker in der Forschung bei IBM tätig war, widmete seine Aufmerksamkeit der Kristallenergie. Seine sorgfältigen Experimente zeigen, dass Wasser, solange es nicht allzu rein ist, als Elektrolyt wirken und Ladung von einem Kristall aufnehmen kann, mit dem es in Berührung kommt. Messungen mit einem Spektrofotometer, einem Instrument zum Vergleichen von Lichtstrahlung, zeigen Veränderungen in dem „atomaren Fingerabdruck" des Wassers vor und nach einer solchen Einwirkung. Im gegenwärtigen Stadium kann man unmöglich zuverlässige Aussagen darüber machen, was solche Veränderungen bedeuten könnten, doch die Tatsache, dass sie existieren und nachverfolgt werden können, bietet zumindest einen möglichen Mechanismus für den Einfluss von Kristallen auf lebende Dinge – welche weitgehend aus Wasser einschließlich weniger zusätzlicher Verunreinigungen bestehen.[225]

Die Zusammensetzung der verschiedenen Edelsteine ist wohlbekannt. Bergkristall ist Siliziumdioxid. Geben wir etwas Eisen und Zeit dazu, erhalten wir Amethyst. Geben wir Wasser hinzu, erhalten wir eine der Varietäten des Opals. Saphire sind Aluminiumoxid mit einer Spur Eisen; Rubine brauchen etwas Chrom. Und so weiter. In keinem Aspekt dieser elementaren Chemie gibt es etwas, das Behauptungen erklärt oder rechtfertigt, Rubine seien bei der Behandlung von Bluthochdruck wirksam, Amethyste schützten Lungen und Kehle, Saphire seien gut bei Kreislaufproblemen oder Opale besäßen eine spezifische Affinität zur Zirbeldrüse. Aber noch merkwürdigere Dinge sind geschehen; und die Tatsache, dass Diamanten als einzige unter den Edelsteinen aus reinem Kohlenstoff bestehen, könnte etwas mit ihrer langen und mannigfaltigen Verbindung mit lebenden Organismen zu tun haben.

Diamanten sind im Grunde kristalline Kohle, tief in der Erde in ungeheurer Hitze und unter gewaltigem Druck geschmiedet und in vulkanischen Eruptivschloten an die Oberfläche befördert. Die Bezeichnung dieser Steine geht auf das griechische *adamas* zurück, das „unbesiegbar" bedeutet und wohl eine frühe Anspielung auf die geologische Kraftprobe ist, bei der der Diamant auf einer Härteskala den höchsten Wert aller Materialien erzielt. Die Wertschätzung der Steine reicht bis ins steinzeitliche Afrika zurück, wo ein Schürfer mit einer mechanischen Schaufel in einer Diamantenmine in Transvaal kürzlich achteinhalb Meter schlammigen Deckgesteins umgrub – nur um zu entdecken, dass schon jemand vor ihm dort gewesen war. Eine gut vier Meter breite Grube reichte durch den darunter liegenden Schotter bis auf das Grundgestein. Auf diesem antiken Boden fand sich eine Sammlung von Steinwerkzeugen zwischen dem Bruchgestein, welches nicht nur sorgfältig sortiert und abgestuft gelagert, sondern auch völlig frei von Diamanten war.[232]

Der wichtigste historische Fundort von Diamanten waren die Schwemmlandgebiete von Golkonda in Indien, auch die Heimat eines tiefblauen, herzförmigen Juwels, das als Unglücksdiamant berüchtigt wurde. Man sagt, dieser Stein sei von einem Dieb aus dem Auge eines heiligen Götterbildes gestohlen worden. Es gilt als sicher, dass er 1669 von dem französischen Reisenden Jean Baptiste Tavernier nach Europa gebracht und an Ludwig XIV., den Sonnenkönig, verkauft wurde. Dessen Nachfolger, Ludwig XVI., schenkte ihn Marie Antoinette. Nachdem beide 1793 auf der Guillotine hingerichtet wurden, verschwand der Diamant. In Amsterdam tauchte er wieder auf, wo er neu geschliffen und erneut gestohlen wurde. Der Dieb nahm ihn nach London mit und beging dort 1830 Selbstmord. Dann gelangte der Stein in die Hände einer Bankiersfamilie namens Hope. Doch er blieb nie lange bei einem Besitzer und wurde wiederholt Gegenstand großer Streitigkeiten und Prozesse, bis er 1901 an einen französischen Zwischenhändler verkauft wurde. Jacques Colet nahm sich noch vor Ablauf eines Jahres das Leben, und der Diamant ging an den russischen Fürsten Iwan Kanitowski, der ihn Mademoiselle Ladré lieh, einem Bühnenstar im Pariser Revuetheater *Les Folies Bergères*. Als die Tänzerin bei ihrem Auftritt am nächsten Abend den Stein trug, wurde sie auf der Bühne von einem früheren Liebhaber erschossen. Fürst Iwan wurde kurze Zeit später von Revolutionären erstochen.

Der nächste Besitzer war Simon Montharides, ein griechischer Juwelier, der mit seiner Kutsche samt Frau und Kind über eine Klippe stürzte, während er noch über ein Geschäft mit dem türkischen Sultan Abdul Hamid II. (Sultan Abd-al-Hamid, auch „Abdul der Verdammte") verhandelte, der wegen seiner Massaker an den christlichen Armeniern als der blutrünstige „Rote Sultan" bekannt wurde. Abdul wurde kurz darauf abgesetzt, der Diamant 1910 von Cartier in Paris an die amerikanische Erbin Evalyn Walsh McLean verkauft. Sie trug den Hope-Diamanten ständig, bis ihr neunjähriger Sohn von einem Auto totgefahren wurde, ihre fünfundzwanzigjährige Tochter an einer Überdosis Schlaftabletten starb und ihr Mann sich in einer psychiatrischen Anstalt zu Tode trank. Als McLean 1947 an einer Lungenentzündung starb, gelangte der Stein in treuhänderische Verwahrung für ihre sechs Enkelkinder, bis deren jüngstes das fünfundzwanzigste Lebensjahr vollendet hätte. Die Familie erwirkte eine Auflösung der Treuhänderschaft und verkaufte das Schmuckstück, um Forderungen und Schulden gegen ihr Vermögen auszugleichen. Im Dezember 1967 wurde wieder eine Evalyn McLean tot zu Hause in Dallas gefunden: Es war die jüngste ehemalige Miterbin des Diamanten – und kurz nach ihrem fünfundzwanzigsten Geburtstag.[173]

Solche Legenden von Unglücken und frühem Tod neigen dazu, eine selbsterfüllende Qualität zu gewinnen und Unglück für diejenigen anzuziehen, die in einen vermeintlichen Fluch verwickelt sind. Doch es gibt eine interessante Fußnote zu der Geschichte des verhängnisvollen Hope-Diamanten. Er gehört heute der Smithsonian Institution in Washington, D.C., die ihn 1965 dem Forschungslaboratorium von DeBeers in Johannesburg lieh. Dort fanden Wissenschaftler heraus, dass das seltene tiefe Blau des Hope-Diamanten daher rührt, dass sich an mehreren entscheidenden Punkten in der Struktur seines Kristallgitters anstelle von Kohlenstoffatomen Bor-Atome befinden – mit der Folge, dass der Hope ein starker elektrischer Halbleiter ist.[150]

Halbleiter besiedeln ein besonderes Reich zwischen Metallen (echten Leitern) und organischen Molekülen (elektrischen Isolatoren). Wie die Bezeichnung schon sagt, leiten Halbleiter Elektrizität nicht immer. Sie können angeregt werden, als Leiter zu dienen, nicht nur durch elektrische Energie, sondern auch durch Reize, die mit Wärme, Licht und Druck einhergehen. In dieser Hinsicht sind sie unserem Nervensystem sehr ähnlich. Unsere feinen Sinne sind von Informationen abhängig, die in Form von Wärme-, Licht- oder Druck-Reizen kommen, aber die Meldung über all diese Reize wird umgewandelt und auf den Nervenbahnen auf die gleiche Weise weitergeleitet wie binäre elektrische Signale, die im Gehirn auf eine noch weitgehend geheimnisvolle Weise kodiert werden. Der einzige offensichtliche Unterschied zwischen natürlichen Nerven und künstlichen Halbleitern ist, dass erstere flüssig sind und letztere fest. Aus seiner Sicht als Festkörper-Chemiker gelangt Don Robins zu einigen überaus faszinierenden Vermutungen.[186]

Wir sind, meint er, an unsere Umgebung – an unsere Gebäude, Steine und Artefakte – durch eine Rückkopplungsschleife gebunden, die die Energien beider miteinander verbindet. Wir sind die „Kinder des Steins". Wir können nicht nur eine elektronische Spur auf Kristall und Stein prägen, sondern unter bestimmten Umständen auch die Freigabe dieser „lithischen Erinnerung" auslösen. Robins glaubt, dass die Koppelung meistens akustischer Art ist und es zu einer Aufzeichnung kommt infolge von strukturierten Tonsignalen wie jenen, die von ritueller Musik, Gesang, Gebet, Tanz, Applaus und Lied erzeugt werden. Dies könnte die spezielle Atmosphäre erklären, jenes Empfinden von etwas Sakralem, das Tempel und

Kathedralen, Schreine und Menhire auslösen können und das sehr oft auch noch fortbesteht, wenn diese baulichen Anlagen längst schon Ruinen sind.

Kurz bevor ich dies niederschrieb, hörte ich ein Radio-Interview mit einem Schauspieler, der sich an einer archäologischen Rettungsaktion an einer Fundstelle in Southwark beteiligte, die schon bald wieder durch den Neubau eines Büroblocks zugedeckt werden sollte. Dies ist die Gegend von London, wo Shakespeare lebte und arbeitete, und der Platz ist bekannt als der Ort des Rose-Theatres, in dem einst *Titus Andronicus* uraufgeführt wurde. Shakespeare selbst wirkte bei jener Produktion mit. Als der Schauspieler niederkniete und Steine in den Mauern des alten Gebäudes berührte, war er zu Tränen gerührt vor Ehrfurcht und Andacht, genau das Material anzufassen, von dem einst die Stimme seines Meisters widerhallte.

Robins ist besonnen genug, nicht anzudeuten, dass die eingefangene Energie auf irgendeine Weise menschlichem Geist vergleichbar geordnet sei. Sie ist nicht kreativ oder bewusst, gleichwohl aber trägt sie ein Muster, das eine bestimmte Gemütsverfassung beeinflussen oder herbeiführen kann. Mit anderen Worten, in der Gegenwart solchen Gesteins können wir „Echos der Vergangenheit" wahrnehmen, die uns zu einer bestimmten gedanklichen Bilderwelt führen könnten, vielleicht sogar zur Halluzination bei einem Individuum oder selbst zu einer kollektiven Illusion. Mit diesem Konzept nähern wir uns der Schwelle zu der Vorstellung von einem unbewussten Mechanismus, der eine Erklärung bieten könnte für die lange Geschichte des Glaubens an Gespenster und Spukerscheinungen, an Märchenwesen und sonderbare Empfindungen, der alten Angst vor unheilbringenden Schmuckstücken und des Vertrauens auf Dinge, die im Inneren einer Kristallkugel zu sehen sein sollen.

Es kann kein Zufall sein, dass einige der Steine, die als Glücksbringer am begehrtesten waren, Turmaline gewesen sind – dereinst als „Aschemagnet" bekannt –, oder Bernstein, den die Griechen sogar *elektron* nannten. Beide weisen deutliche elektrische Eigenschaften auf. Oder dass man Magnetsteinen oder Erzen wie Hämatit und Magnetit überall besondere Bedeutung nachsagt, da sie genügend Eisenoxid enthalten, um eine magnetische Anziehungskraft auszuüben. Oder dass die häufigste Reaktion auf jeden ansprechenden Stein der starke Impuls ist, die Hand auszustrecken und ihn zu berühren. Der Begriff „Prüfstein" ist zum Synonym für einen Vergleichsmaßstab geworden, anhand dessen andere Dinge gemessen werden können. Schließlich hat die allen Menschen innewohnende Sehnsucht nach Greifbar-Heiligem so viel Tribut gefordert, dass Stonehenge, die Sphinx und Teile des Parthenons durch Zäune vor gierigen Händen geschützt werden mussten.

Nicht weit von der Gegend, wo ich mein erstes Steinwerkzeug gefunden habe, gibt es einen Granitfelsen, der so gesprungen ist, dass sein oberer Teil nur an wenigen Punkten aufliegt. Schlägt man ihn an, gibt dieser Teil des Felsens einen wunderbar klaren und klingenden Ton von sich, der meilenweit zu hören ist. Schlägt man mit dem Hammer auf je einen von drei speziellen Punkten, die inzwischen aufgrund der Jahrhunderte menschlicher Aufmerksamkeit deutlich erkennbar sind, singt der Fels sehr wohllautend die Töne G, B oder C, drei Elemente einer harmonischen Reihe, die auf dem gleichen Grundton basiert. Sie zu spielen – und sei es nur so unvollkommen, wir es mir als Kind möglich war – kann ein sehr tiefgreifendes Erlebnis sein.

Es gibt etwas Numinoses an allen großen Steinen und an Orten wie dem Ayers Rock in Australien, der von Natur aus Resonanz auslöst – eine Eigenschaft, die sie mit allen Höhlen, Grotten, Pfeilern und Kieselsteinen überall gemeinsam besitzen, die „magische" Qualitäten aufweisen. Die Lithomanie ist eine menschliche Obsession. Menschen überall achten und verehren, lieben und sammeln eine erstaunliche Vielfalt von Steinen. Dabei handelt es sich nicht nur um Dinge wie Jade, Alabaster und Türkis, die offensichtlich einen visuellen Reiz besitzen. Wir bereichern und schmücken unser Leben mit allen möglichen Steinen, von Handschmeichlern bis hin zu Grabplatten, und sollten nicht überrascht sein, wenn einige dieser Dinge, die wir mit unserer Aufmerksamkeit bedenken, schließlich echte emotionelle Fingerabdrücke tragen, die erst ermöglichen, das sich anorganische und unbeseelte Dinge auf allerhand erstaunlich lebensähnliche Weisen verhalten.

2

Vom Ursprung der Dinge

„Ich habe wenig Geduld für wirre Dogmen", erklärte Ion Will. Das ist einer der Züge, die ich an ihm mag. Er redet nicht lange um den heißen Brei herum, sondern liegt auf der Lauer nach streunenden Ideen, reitet sie ohne Sattel, soweit ihre Hufe sie tragen, und macht sich dann furchtlos zu Fuß auf den weiteren Weg.

„Die Dinge sind in Bewegung. Die Beweise dafür sind überall, selbst als feste Bestandteile unserer Sprache. Wir sind umgeben von Ideen, die Fleisch geworden sind."

Tatsächlich saßen wir gerade an einem wackeligen Café-tisch im Nordjemen und waren umgeben von schwerbewaffneten Männern. Ich muss diese Gelegenheit nutzen und mit Ion sprechen. Er führt ein eigentümliches Leben, das sich auf etwas mysteriöse Weise auf einen Verlag in einer italienischen Enklave am Luganersee stützt. Aber da keiner, den ich kenne, jemals irgendetwas gesehen hat, das in Campione veröffentlicht worden war, nehme ich an, diese Firma dient als Fassade für etwas Ruchloses, und stelle keine Versuche an, der Sache weiter nachzugehen. Was auch immer es ist, das er tut: Er ist ständig auf Reisen, und geheimnisvolle Postkarten aus exotischen Orten zugrunde legend, arrangiere ich meine Bewegungen so, dass sie sich mit den seinen kreuzen, c/o der jeweiligen Postlagernd-Adresse. Ich hatte ihn im alten Sanaa gefunden, high vom starken Kaffee und einem Bällchen wiedergekauter Blätter, das man dort *qat* nennt. Seit unserem ersten kurzen

Treffen auf Madagaskar bin ich seinem Rat gefolgt und habe die Forteana-Archive in London besucht. Dies erwies sich in der Tat als ein surreales Erlebnis. Ich war sowohl fasziniert von der chaotischen Datensammlung als auch ein wenig frustriert durch den fortianischen Brauch, das gefundene Material einfach zu präsentieren und es anderen zu überlassen, ihre Schlüsse daraus zu ziehen. Ion war weitaus befriedigender. Ein Mann nach meinem Herzen. Er war allzeit bereit, Informationen als Sprungbrett für alle Spielarten schamloser Spekulation zu nutzen.

„Ich stelle den Antrag", verkündete er großspurig der staunenswerten Marzipan-Fassade der Ali-Abdolmoghni-Straße, „Metaphern als lebendige Dinge zu betrachten. Sie sind Scheiben der Wahrheit, Indizien der menschlichen Fähigkeit, das Universum als einen kohärenten Organismus zu visualisieren. Beweis für unsere Befähigung, nicht nur ein Ding in einem anderen zu sehen – wie Blake die Welt in einem Sandkorn erschaute –, sondern selbst die Natur der Dinge zu verändern. Sobald eine Metapher als Tatsache akzeptiert ist, tritt sie ein ins Reich der Mythologie – aber sie kann auch eine Existenz in der realen Welt annehmen. Sie kann eine *Metaform* werden."

Ion liebt die Wortspielerei.

„Denken Sie darüber nach. Es gibt eine Menge guter Beispiele. Die Namen, die wir Dingen geben, haben weitreichende Auswirkungen. Nehmen wir die Kampfflugzeuge im Zweiten Weltkrieg als Exempel. Ist es überraschend, dass die Kämpfe über England von *Spitfires* und *Hurricanes* gewonnen wurden? Gegen sie hatte die 'Mister Smith' – die *Messerschmitt* – doch nie eine Chance. Aber mit der *Focke-Wulf* hatte die RAF[*] Schwierigkeiten, nicht wahr? Und im Pazifik belegten die Amerikaner den Feind mit einem Fluch, indem sie seine Kampfflieger 'Zero' nannten, also zu Nullen machten. Ich bin

---

[*]   Royal Air Force, brit. Luftwaffe (Anm.d.Ü.)

sicher, dass dies nicht der korrekte japanische Name des Flug-
zeugtyps war. Und in jüngerer Zeit ... sehen Sie nur, was mit
dem Raumschiff passierte, das die NASA arrogant genug war,
*Challenger** zu nennen. Ist es denn zu glauben? Welch unvor-
stellbare Anmaßung! ‚Seht her, ihr Götter, hier kommen wir!‘
Das war ein Fall von unverschämtem und maßlosem Stolz, Nemesis** auf völlig unnötige Weise herauszufordern. Sie hätten
bei sicheren und nicht provozierenden Namen bleiben sollen
wie *Columbia* und *Enterprise.*“

Wir beobachteten, wie ein Paar weißgekleideter Männer vorüberging, die Schultern über Kreuz mit Patronengurten behängt; am Gürtel trug jeder einen Dolch mit einem kunstvoll
geschnitzten Griff aus Rhinozeros-Horn. Ich erinnerte mich,
von einem lokalen Brauch gehört zu haben, welcher verlangt,
dass ein Bräutigam seine Waffe, den Beweis seiner Männlich-
keit, in den Hauptbalken des Hauses steckt, das, vorbereitet
und parfümiert, wie es einer Braut obliegt, auf das Ende der
Hochzeitszeremonie wartet. Wir sind umgeben von Symbolen,
von Dingen, die mehr sind, als sie scheinen, und wirklich manche ehrfurchtgebietende Lasten tragen.

Ion war mir, wie gewöhnlich, einige Schritte voraus. „Ich
habe das Empfinden“, sinnierte er, „dass die Wissenschaft
vielleicht alles von hinten aufgezäumt hat. Sie sagen, dass Lin-
né die Natur gezähmt habe, indem er den Lebewesen Namen
gab; mir aber scheint es, dass Namen viel mehr sind als be-
queme Bezeichnungen oder nützliche gesellschaftliche Übereinkünfte. Tatsächlich strukturieren und ordnen Wörter die
Wirklichkeit neu, machen sie zu einem Teil unseres Erlebens.
Das Benennen ist ein machtvoller und magischer Akt. Es gibt
jedem Ding einen 'Griff' und einen Status, durchaus unabhängig von seiner Funktion. Ich frage mich, ob wir die Welt
vielleicht selbst erfinden, wenn und indem wir so vorgehen.

---

* „Herausforderer“ (Anm.d.Ü.)
** griech. Göttin des gerechten Zorns, Rachegöttin (Anm.d.Ü.)

Haben denn alle diese subatomaren Teilchen bereits existiert, bevor die Physiker daran gingen, nach ihnen zu suchen?"

Da tat er es wieder. Lenkte mich ab – in eine neue Richtung. Und so machte ich mich auf, um mit den Leuten im CERN über Leptonen, Hadronen und Quarks zu sprechen – alle die Träume, aus denen die Materie besteht.

Dinge erfinden

Trotz der Quantensprünge in unserer Technik hat bis heute noch niemand ein Atom tatsächlich gesehen. Dessen ungeachtet sprechen Physiker selbstbewusst über seine Untergliederung in Hunderte subatomarer Teilchen; und diese Zahl wird immer größer, um etwa zwei pro Monat. In verwirrender Vielfalt kommen und gehen kurzlebige Wesenheiten mit skurrilen Eigenschaften wie „Geschmack", „Merkwürdigkeit" und „Charme" wie Geister in der Alice-im-Wunderland-Welt des Atomkerns. Dieses überreiche Angebot bringt selbst die Wissenschaftler dazu, häretische Fragen zu stellen wie: „Sind diese Dinge tatsächlich Teil der Natur – oder haben wir sie erfunden?"[109]

Das Erfinden begann im 19. Jahrhundert, als Wissenschaftler, statt sich damit zu bescheiden, sich Materie als einen gleichmäßigen, zusammenhängenden Stoff vorzustellen, zu einem Konzept zurückkehrten, das von den Griechen in der Antike erstmals eingeführt worden war. Materie, beschlossen sie, bestehe aus sehr kleinen, unteilbaren – griechisch: *atomaren* – Einheiten. Von dieser Annahme ausgehend, identifizierten Chemiker bald über hundert verschiedene Atomarten. Dies war hübsch, aber umständlich, da es bedeutete, dass jede Art von Materie ihre eigenen Grundbestandteile benötigte. Also griff Anfang des 20. Jahrhunderts jedermann erleichtert nach Ernest Rutherfords Vorschlag, dass ein Atom aus einem dichten Kern positiv geladener *Protonen* bestehe, der von einer wechselnden Zahl von negativ geladener *Elektronen* umgeben sei, und dass die Balance zwischen ihnen bestimme, zu welchem Element ein Atom gehöre. In den 1930er Jahren bedurfte es nichts weiter als der Entdeckung eines dritten Teilchens – ganz ohne irgendeine Ladung –, um einige Diskrepanzen minderer Bedeutung auszugleichen. Dies war das *Neutron,* und mit ihm hatte die Wissenschaft die drei Grundbausteine, die sie benötigte, um fast alles zusammenzusetzen. Es ist jedoch wichtig, sich darüber im Klaren zu sein, dass diese Partikel nicht in irgendeinem gewöhnlichen Sinne existieren. Sie sind nicht wie Staubkörnchen. Sie sind rein mathematische Wesenheiten und nicht so sehr durch das definiert, was sie sind, als durch das, von dem man glaubt, dass sie es tun. Da sich das Glauben in Bezug auf das Verhalten der Materie in den vergangenen fünfzig Jahren verändert hat, wurde es notwendig, mit jeder Änderung neue Formeln einzuführen, neue mathematische Kreaturen, die die theoretischen Lücken füllten.

Je nebulöser ein Konzept, so scheint es, desto umfangreicher ist die Maschinerie, deren es bedarf, um seine Existenz zu demonstrieren. Und bald griff die Wissenschaft tief in die internationalen Kassen, um eine Reihe der größten Forschungs-Instrumentarien zu bauen, die es je gab. Das eine im CERN, die Großforschungseinrichtung der Europäischen Organisation für Kernforschung an der Schweizer Grenze, ist ein typischer Vertreter dieser Art. Man nennt es ein Super-Protonen-Synchroton, und es besteht aus einem kreisförmigen unterirdischen Tunnel von rund 2,2 Kilometern Durchmesser mit einem Ring mächtiger Elektromagnete. Sie lenken und beschleunigen ausgewählte Protonen, bis diese schnell genug unterwegs sind, um mit einem anderen Atom zu kollidieren, das sie dabei zerschmettern. Von Hochgeschwindigkeitskameras wird die Kollision in einer speziellen Kammer aufgezeichnet, in der Partikelströme kurze Dampfspuren hinterlassen, aus denen man Rückschlüsse auf ihre Art und Eigenschaften zieht.

Die erste Anwendung solcher Beschleuniger führte zu unangenehmen Resultaten. Die Partikelströme benahmen sich so schlecht, dass sich die Wissenschaft gezwungen sah, einen Sündenbock zu erfinden, der die Schuld daran zu tragen hatte. Es wurde vorgeschlagen, dass es ein geheimnisvolles Extra geben müsse, das weder Ladung noch Masse besaß, etwas so Substanzloses, dass es mit Materie kaum interagieren würde und selbst auf einem Weg durch hundert Lichtjahre massiven Bleis kaum eine Ablenkung erführe. Der italienische Physiker Enrico Fermi hatte diesem mutmaßlichen Teilchen bereits 1931 den Namen *Neutrino* gegeben, doch es dauerte bis 1959, dass es schließlich „entdeckt" wurde. Die Wissenschaft brauchte ein Vierteljahrhundert, um diesem flüchtigen Neuankömmling genügend konkrete Eigenschaften zuzuteilen, damit er sich materialisierte – was er erst tat, als der Beweis für seine Existenz bereits eine genügend große Zahl der akzeptierten Aspekte der Wirklichkeit angenommen hatte. Dann tauchte er plötzlich auf wie ein Schachtelmännchen und fand schließlich genügend Leute, die an seine Existenz glaubten.

In das CERN ist nur schwer hineinzugelangen. Befindet man sich einmal in einer Führung, ist es schwierig, die schweizerische Zurückhaltung aufzubrechen, die um die riesigen Anlagen herum gewachsen ist. Beide stehen in keinem Verhältnis zu der Materie, die sie untersuchen. Aber wenn Sie die Physiker außerhalb ihres Dienstes überraschen, werden sie über die Implikationen ihrer Arbeit sprechen. Jeder, mit dem ich mich dort ausgetauscht habe, räumte eine gewisse Besorgnis ein in Bezug auf die Flut neuer Teilchen, die dem Neutrino folgten. Einer beschrieb sie sogar als „Manifestationen", was andeutet, dass ihre Existenz vielleicht etwas dem Bewusstsein geschuldet ist und nur im Rückblick manifest gemacht werden kann, wie die Erinnerung eines Traumes. Ein anderer sagte: „Wann immer in einem Experiment anderswo ein neues Teilchen auftaucht, versuchen wir natürlich auch alles, um nach ihm Ausschau zu halten. In den meisten Fällen finden wir es genau da, wo wir die ganze Zeit schon hingesehen hatten. Doch man könnte schwören, das es vorher nicht da gewesen war!" Die Zweifel bleiben bestehen, weil alle Methoden des Aufspürens Menschenwerk sind, und weil beim Nachspüren immer die Möglichkeit besteht, dass wir genau das erschaffen, was wir zu finden suchen.

Das Problem bei subatomaren Teilchen ist, dass sie in rein physikalischen Begriffen nur wenig Realität besitzen. Manche sind leicht, manche schwer, manche stabil, manche flüchtig; sie tauchen auf und verschwinden; sie unterscheiden sich in Masse und Ladung, in Dauer und Intensität. Ihre einzige Über-einstimmung ist das, was in der Poesie des mathematischen Symbolismus aufscheint; und dieser leitet sich meistens von rein kreativem und originellem Denken ab, unabhängig von mechanischer Information aus der äußeren Welt. Ideen werden wie Samen in den Geist des Menschen gesät und haben die Neigung zu wachsen, selbst wenn sie im Widerspruch zu aller existierenden Evidenz stehen. Manche von ihnen scheinen ge-nügend angeborene Energie zu besitzen, um einen Beweis für ihre eigene Wirklichkeit zu liefern. Der Wunsch nach solcher Bestätigung mag sogar zu offenkundigen physikalischen De-monstrationen führen – und nicht nur in der Welt der reinen Physik.

Zum Beispiel in der Kirche von Castelnau-de-Guers in Süd-frankreich: Dort kniete an Ostern 1974 Abbé Caucanas vor dem Altar. Sein Geist war erfüllt von Gedanken an die Lei-densgeschichte des Herrn, als er auf der weißen Serviette, die die Hostien bedeckte, ein Gesicht Gestalt annehmen sah. Als er laut aufschrie, drängte die Gemeinde nach vorn, und viele bezeugten später, ein Gesicht gesehen zu haben, weitgehend so, wie der Abbé es beschrieb, „das rechte Auge geschlossen, das linke geöffnet. Die Nase war verletzt und geschwollen, der Ausdruck war voller Schmerz." Als der Abbé fünfzehn Minuten später das Tuch abnahm, um den Gottesdienst fortzusetzen, verschwand das Antlitz.[150]

Religiöse Überzeugung liefert genau die richtigen Voraussetzungen für die Erschaffung solcher gemeinschaftlicher Erlebnisse, und es gibt zahllose Beispiele von Gruppen, die beteuern, die Jungfrau Maria, den Buddha oder einen verstorbenen örtlichen Weisen gesehen zu haben, oder glauben, eine entsprechende Vision erlebt zu haben.

Es gibt säkulare Versionen ähnlicher Phänomene im wiederkehrenden Auftauchen des Ungeheuers von Loch Ness, einem Phantomtier, dem Bigfoot, einem Yeti und UFO-Erlebnissen. Sie alle können real genug sein, um unter Hypnose oder durch elektronische Vernehmung plausible Zeugenaussagen zu liefern. Für manche von ihnen gibt es sogar fotografische Beweise. Im Dezember 1929 starben zwei beliebte Besatzungsmitglieder des amerikanischen Schiffes *SS Watertown* bei einem Unfall an Bord und wurden auf See bestattet. Ab dem folgenden Tag und während der ganzen übrigen Zeit der Reise waren ungeachtet vielfach wechselnder Witterungs- und Meeresbedingungen Bilder der Verunglückten in den Wellen längsseits des Schiffes zu sehen. Auf einem Foto, das seinerzeit von Deck aus aufgenommen wurde, sind sie bis heute noch deutlich zu erkennen.[253]

Das meinte Ion mit Metaformen – Ideen, die eine Existenz in der realen Welt anzunehmen scheinen.

Kein ehrlicher Wahrnehmungspsychologe vermag Ihnen genau zu sagen, was „Sehen" bedeutet, und wenige werden in Frage stellen, dass die zuordnenden Regionen in unserem Gehirn selbstständig Muster hervorbringen können, die eine anscheinend objektive Sinneswahrnehmung liefern – ein Vorgang, der uns erlaubt, etwas zu sehen, das „nicht tatsächlich da ist". Unter normalen Umständen zum Beispiel arbeiten die linken und rechten Hälften des menschlichen Kleinhirns in Übereinstimmung. Über das sie verbindende Corpus callosum werden Signale sehr schnell zwischen beiden Seiten ausgetauscht, so dass die Wahrnehmung anscheinend gleichzeitig ist. Eine Idee, die in der rechten Gehirnhälfte entsteht, manifestiert sich augenblicklich auch in der linken, die ihrerseits keinen Grund hat anzunehmen, dass der Gedanke an irgendeinem anderen Ort ersonnen worden ist. Die Übertragung der Information zwischen den beiden Seiten erfolgt – wie der rasche Wechsel von einem Bild im Kinofilm zum nächsten – zu schnell, als dass wir sie bewusst wahrnehmen könnten. Obwohl wir zwei verhältnismäßig unabhängige Gehirne haben, sind wir uns nur einer Identität bewusst. Falls und wenn zwischen zwei separaten Individuen eine irgendwie ungewöhnliche Übermittlung stattfindet, wird sich also aller Wahrscheinlichkeit nach jeder Organismus dieses Vorgangs persönlich als eines subjektiven, eigenen Erlebnisses erfreuen und ihn nicht als irgendwie von außen kommend wahrnehmen. Es ist sogar möglich, dass sich viel von dem, was wir so gern als normales, alltägliches Erleben registrieren, bei näherer Betrachtung als eher außergewöhnlich erweisen könnte. Vielleicht sogar als metaformal.

Auf fast jeder Ebene der Physiologie vollbringen wir Wunder der Koordination und Wahrnehmung, über die selbst die anerkannten Experten wenig oder nichts zu sagen wissen. Da lauern biologische Gespenster hinter jeder Ecke der wundervollen Maschinerie des Lebens, und ich habe den Verdacht, dass eines der mächtigsten von ihnen unsere Fähigkeit ist, die Welt um uns herum direkt zu beeinflussen. Ich beginne zu glauben, dass es möglich sein könnte, dass sich eine Idee – besonders wenn sie mit Überzeugung bedacht wird oder auf einer unbewussten Ebene reichlich Raum einnimmt – so etwas wie ihre eigene, unabhängige physische Realität manifestiert.

Wie sonst erklärt sich die Tatsache, dass einer der größten Eisblöcke, die jemals vom Himmel gefallen sind, am 2. April 1972 in der Burton Road von Manchester, England, auf die Erde herunterkrachte – und zwar genau vor die Füße eines

Physikers, der das Problem der Eisbildung durch Blitzschläge erforschte und sich darüber den Kopf zerbrach?[89] Oder die Tatsache, dass es am 27. Oktober 1947 in Marksville, Louisiana, zur Frühstückszeit vier Arten Fisch regnete, einschließlich eines 23 cm langen Barschs (Micropterus salmoides) – und zwar rund um einen Ichthyologen, der dort gerade zu Besuch war?[10]

Normalerweise neigen wir nicht dazu, übereilt direkte Zusammenhänge zwischen solchen Vorfällen und den davon betroffenen Menschen zu sehen; unsere Denkweise, die sowohl die Wissenschaft als auch den gesunden Menschenverstand prägt, sträubt sich dagegen. Die Sprache, die wir gebrauchen, um Ereignisse zu beschreiben, spiegelt dies wider. Wir sagen: „Ein Mann betrachtet einen Eisbrocken." Das scheint oberflächlich ganz einfach, aber die Syntax verbirgt eine Heerschar von Vorannahmen. Die vertraute Reihenfolge Subjekt - Prädikat - Objekt impliziert, dass das Subjekt – in diesem Fall der Mann in Manchester –, eine separate Wesenheit ist; die Verb-Aktion des „Betrachtens" entsteht im Subjekt und ist zugleich auf dieses beschränkt. Das Objekt – jener extravagante Eisbrocken – ist vom Subjekt räumlich getrennt als eine andere, separate Entität; es ist in seiner Beschaffenheit gleichermaßen fixiert und folgt seinen eigenen Regeln. Wenn jedoch die neue Physik recht hat, dann ist diese Sicht allzu vereinfachend und irreführend. Was wir über jenes Geschehen in der Burton Road sagen sollten, ist Folgendes: „In einer ungeteilten Bewegung, die jene Abstraktionen betrifft, die wir uns als 'Mann' und 'Eisbrocken' zu bezeichnen angewöhnt haben, findet Beobachtung statt." Dies ist zugegebenermaßen umständlich, aber es kommt der Wahrheit näher: Dinge sind auf komplexe Weise miteinander verbunden, und es ist unmöglich, jemals völlig objektiv zu sein.

In der Praxis wissen alle guten Wissenschaftler aus Erfahrung, dass der einzige Weg zum Erlernen einer subtilen neuen Technik darin besteht, das Labor zu besuchen, in dem sie

erfunden wurde. Wie die Kontroverse über die „kalte Fusion"
gezeigt hat, erzählen veröffentlichte Berichte nie die ganze
Geschichte. Sie lassen all die kleinen Rituale aus, die geheimen Zauber- oder Beschwörungsformeln und unbewussten
Prozeduren, die die neue Technik zum Funktionieren bringen – und es fast unmöglich machen, sie anderswo zu replizieren. Martin Fleischmann und Stanley Pons vermochten
in dieser speziellen Situation nicht zu helfen, indem sie ihren
ursprünglichen Bericht vor einer Pressekonferenz erstatteten.
Aber sogar als Einzelheiten ihres Prozederes zum Erreichen
einer Fusion in einem Reagenzglas bei Zimmertemperatur
zugänglich wurden, gab es noch reichlich Spielraum für Va-
riation und Konfusion. Über hundert Forschungsgruppen rund
um den Globus versuchten, die Ergebnisse von Fleischmann
und Pons zu wiederholen. Die meisten scheiterten, aber einige Gruppen in Italien, Brasilien, China, Japan und Nordkorea
berichteten vielversprechende Resultate – fast als ob Erfolg
direkt proportional wäre zum Mangel an Vorurteil gegen ein
positives Resultat.

Der britische Physiologe Bruce Charlton sagt:

> Jeder, der eine gewisse Erfahrung mit Techniken wie
> dem Radioimmunassay* besitzt, wird wissen, dass Be-
> sorgnis oder Reizbarkeit im Wissenschaftler ihren Weg
> in den Variationskoeffizienten finden wird. Erwarten Sie
> *niemals,* dass Dinge funktionieren: Sie müssen so tun,
> als ob Ihnen die Ergebnisse gleichgültig wären. Wenn
> Sie zulassen, dass Stolz oder Ehrgeiz dazwischengeraten,
> wird eine vorher belastungsfähige und akkurate Untersu-
> chung plötzlich versagen. Und niemand wird je heraus-
> finden, warum dies so ist.

---

* RIA (Labormethode zur quantitativen Bestimmung kleinster Substanz-
mengen); Anm.d.Ü.

Deshalb trägt er an schwierigen Tagen immer seine Lieblings-Krawatte mit Paisley-Muster – für den Fall, dass dies wirklich einen subtilen, aber entscheidenden Einfluss ausübt. Allzu häufig ist es nur ein sehr schmaler Grat zwischen neuer Wissenschaft und alter Magie. Beide sind – vielleicht aus sehr gutem Grund – durchzogen von Ritual und Aberglauben.[39]

Organische Brücken

Falls solche Verbindungen zwischen Geist und Materie tatsächlich existieren und von Wissenschaftlern und Magiern manipuliert werden, sollte es inzwischen Anleitungen darüber geben, wie man die besten Resultate erzielt. Und es gibt einige. Die älteste und am höchsten geschätzte ist die Praxis des Opferns.

Lange bevor das Kreislaufsystem beschrieben und verstanden wurde, hatte man bereits beobachtet, dass ein Blutverlust zu einem Verlust an Vitalität führte. Blut musste also die Lebens-Essenz sein, und Leben, so nahm man an, könnte man mittels eines Quantums von diesem magischen Ingrediens spenden oder übertragen. So kam es zu der Praxis der Aborigines, eine Vene zu öffnen, um Blut auf einen symbolischen Stein-*Tjuringa** tropfen zu lassen und damit die Beschleunigung und Zunahme von Totem-Tieren wie dem Känguru sicherzustellen. Bei der Ratifizierung des mosaischen Bundes mit Gott wurde das Blut eines Opferstieres auf dem Altar versprengt. In vielen Teilen von Afrika ist es nach wie vor tabu, die ersten Früchte zu nehmen, bevor die Vitalität der ganzen Ernte durch ein Blutopfer auf den Feldern garantiert ist.[107]

Alle diese Bräuche gehen davon aus, dass Blut das belebt, rechtswirksam macht oder aktiviert, worauf es vergossen wird, indem es das Tote zum Leben erweckt. Die Opfer oder Blut-

---

* Objekt mit religiöser Bedeutung (Anm.d.Ü.)

spender waren stets männlich. Sie sind es noch heute. Wenn in Westafrika ein neues Haus oder ein Schrein gebaut wird, tötet man einen Hahn und legt seinen Körper in das Haupt-Pfostenloch. In Griechenland vergossen Steinmetze einen rituellen Blutstropfen in das Fundament eines neuen Hauses. Bauherren und Architekten überall nehmen an Richtfest-Zeremonien teil, wenn sich ein Projekt seiner Vollendung nähert. Wenn man bedenkt, dass zu solchen Rituale symbolische Opfer in Gestalt von vergossenem Rotwein gehören – oder das tatsächliche Köpfen eines Ziegenbocks –, dann zeigt sich eine Zweideutigkeit des Begriffes „Richtfest".

Bei der Arbeit an einem Londoner Tudor-Haus wurde 1963 eine zugemauerte Nische gefunden, die die Körper von vier jungen Hähnen enthielt; zwei von ihnen waren geköpft, die beiden anderen lebend eingemauert worden. Auch Katzen wurden bewusst eingemauert – zuweilen mit einer Maus oder einem Vogel zur Gesellschaft –, einmal auch im Dach einer Kirche, die von Sir Christopher Wren 1691 restauriert wurde.[147] Andere organische Zaubermittel, die in Gebäuden versteckt waren, sind alte Schuhe – an mehr als siebenhundert Plätzen zwischen der Türkei und Australien, aus einem Zeitraum zwischen dem 13. Jahrhundert und 1935.[213] Es sind durchweg Schuhe von Männern, sie gehörten vermutlich den Baumeistern und wurden stets mit großer Sorgfalt versteckt. Manche von ihnen wurden rituell markiert oder mit mystischen Symbolen bewusst verunstaltet, und einige wenige, etwas verstörende Exemplare enthalten noch die Füße ihrer Eigentümer.

Es ist interessant, wie häufig Gebäude, Schiffe, Straßen und Brücken auch noch in unserer Zeit menschlichen Blutzoll zu nehmen scheinen, wenn sich die Arbeit an ihnen dem Ende nähert; es hat fast den Anschein, als verlangten sie ein angemessenes Opfer. Führungskräfte in der Baubranche kennen dieses Phänomen als die „last day injuries" – Personenschäden am letzten Tag. Die mündliche Überlieferung erinnert sich an eine Vielzahl von Geschichten von vermissten Arbeitern, deren Leichen erst auftauchten, als die Schiffe auf dem Schrottplatz zerlegt oder Brückenpfeiler beziehungsweise Widerlager durch Erdbeben oder Flut zerstört wurden. Dann werden die Toten entdeckt und die Erklärungen gefunden in den Gesprächen über Arbeiter, die in ihren Mittagspausen in die Hohlräume von doppelwandigen Tankern oder zu einem Unterstand in hölzernen Verschalungen krochen, um ein wenig zu schlafen, kurz bevor die letzten Nieten eingebracht werden oder der erste Beton eingegossen wird. Es ließ nichts Gutes ahnen, wie häufig Teenager aus den umliegenden Dörfern verschwanden, als sich in den 1960er Jahren die Brückenbauten über den Fluss Klang in Malaysia der Vollendung näherten. Wie lebendig der Opfer-Gedanke bis heute geblieben ist, zeigten Arbeiter am aktuellen Projekt des Tunnelbaus unter dem Ärmelkanal, die kürzlich den Tod von zwei ihrer Kollegen beklagten. Sie räumten ein, auch etwas Erleichterung zu empfinden, dass „dieses Mistding schließlich Blut geschmeckt hat".

Die immer sehr pragmatischen Römer rechtfertigten häufige Blutverluste auf ihren Baustellen mit der Behauptung, Blut stärke den Mörtel. Vielleicht tat es das auch. Die Bläschen im lufthaltigen Beton sind oft ungleichmäßig verteilt und schlecht durch die umgebende Zementpaste gebunden, mit der Folge, dass das Material porös und rissig wird. Doch eine Firma im französischen Aiguillon hat angekündigt, einen neuen Zementtyp auf den Markt zu bringen, der nicht nur wasserfest sei, sondern vierzig Prozent leichter und stärker. Die Bläschen in ihrem Produkt haben eine einheitlich kristalline Hülle und sind dank zweier gewöhnlicher kolloidaler Wirkstoffe und einer geheimen Zutat gleichmäßig verteilt. Bei Letzterer, so sickerte durch, handele es sich um ein natürliches Ingrediens – getrocknetes Tierblut.[396]

Ich habe bereits angedeutet, dass wir auf Dingen, mit denen

wir in Berührung kommen, anscheinend etwas hinterlassen können, was einem emotionellen Fingerabdruck gleichkommt, auch wenn dies häufig unbewusst geschieht. Nun möchte ich diesen Gedanken einen Schritt weiter entwickeln mit der Behauptung, dass eine solche Übertragung von Energie oder Information am leichtesten stattfindet, wenn es ein mitfühlendes Medium gibt – was Ion Will als „organische Brücke" bezeichnet. Diese Vermittler können buchstäblich organisch sein, wie im Falle von Blut, das gebraucht wird, um einem geheiligten Gegenstand Macht und Autorität zu verleihen. Sie können teilweise symbolisch sein, wie der Abendmahlswein, der in einer christlichen Messe für das vergossene Blut steht. Oder sie können gänzlich symbolisch sein und ein organisches „Original" nur im Namen oder in der Gestalt repräsentieren, wie zum Beispiel Lehm in Form einer Voodoo-Puppe. In jedem Fall dienen sie der gleichen Funktion, indem sie die Übertragung der notwendigen Energie erleichtern.

Profis – Magier, Spieler, Wissenschaftler und Priester – gebrauchen die Brücken bewusst als Mittel, um die notwendigen Kanäle zu öffnen. Amateure erreichen manchmal unbewusst die gleichen Resultate, sei es durch Zufall oder einfache Wiederholung. In beiden Fällen dienen die Brücken anscheinend als auslösende Mechanismen, die der Phantasie freies Spiel lassen und die lebendige Energie beflügelt auf deren Weg schicken.

Unser tägliches Leben ist voll von offensichtlichen Beispielen organischer Brücken in Aktion. Speichel ist das entscheidende Medium beim „Spucke-Polier-Ritual", mit dem wir Objekte scheinbar auf Hochglanz bringen und tatsächlich in Wert und Anmutung steigern wollen. Denken Sie an „Muskelschmalz" oder an „Schweiß und Tränen", mit denen wir schwierige Aufgaben schmieren. Beobachten Sie einen Glücksspieler, der versucht, die Chancen zu seinen Gunsten zu beeinflussen, indem er auf seine Würfel spuckt oder pustet.

Lauschen Sie den Motorsport-Enthusiasten, wenn sie über ein altes Auto sprechen, das sie „aufladen", indem sie den Motor „anpusten". Und stimmen Sie sich ein auf den unvergleichlichen Klang einer großartigen Violine. Die Geigerin Anne-Sophie Mutter spielt gewöhnlich in einem schulterfreien Abendkleid. Diese markante Entblößung ist zu einem Markenzeichen geworden, doch sie ist nicht nur eine ausgefallene Idee. „Mit der Violine auf meiner Haut ist der Klang so viel besser", behauptet sie. „Da ist nichts, das die Schwingungen dämpft. Der persönliche Kontakt ist unvergleichlich." Das ist eine herrliche organische Brücke, und der Katzendarm der Saiten[*] unter ihren Fingerspitzen bietet eine weitere. Doch es gibt eine sogar noch subtilere und wichtigere organische Brücke im Instrument selbst: Es ist eine Stradivari.[385]

Zwischen 1666 und 1737 baute Antonio Stradivari mindestens 550 Geigen, 50 Cellos und 10 Bratschen. Der Londoner Experte Peter Biddulph schreibt darüber: „Es macht einen verrückt: Sie sind alle verschiedenen, doch sie sind alle perfekt. Er hat es vollkommen richtig gemacht, über sechshundert Mal." Jedes überlebende Instrument hat einen Abstammungsnachweis und einen Namen, wie die „Toskanische Medici" (Viola) von 1690 und die herrliche „Firebird" aus der Goldenen Zeit von 1718. Aber alle Hörenden sind sich darin einig, dass alle Stradivaris unverwechselbar sind und jede einzelne von überragender Qualität ist, was die Art und Weise beeinflusst, wie die Menschen sie spielen. Biddulph vergleicht eine Stradivari mit einer exzellenten Kopie von Pierre Sylvestre aus Lyon aus dem Jahr 1840:

Betrachen Sie die Strad. Da sehen Sie ein Stück Architektur, wie eine große Kirche. Jede Kurve, jede Form, alle Proportionen – vollendet. Betrachen Sie eine Ecke,

---

[*] Phantasie des Verfassers: Anne-Sophie Mutter verwendet keine Darmsaiten! (Anm.d.Ü.)

wie die ganze Bewegung hier zusammenkommt. Sie ist lebendig, die Art, wie sich die Flammenlinien des Holzes tatsächlich zusammen mit den Formen *bewegen*. Hier kommt alles auf die wunderbarste Weise zusammen. Nun betrachten Sie die Kopie – eine sehr gute Kopie, in der Tat. Aber es ist nur ein Stück Holz. Es ist tot.[375]

Stradivari wurde im norditalienischen Cremona geboren[*], in der Heimat der Familien Amati und Guarneri, die seinerzeit die besten Streichinstrumente der Welt herstellten. Doch Stradivari ging seinen eigenen Weg, und im Alter von zweiundzwanzig Jahren stellte er selbst die meisterliche Kunst der Familien Amati und Guarneri in den Schatten. Er war nicht nur ein unübertroffener Zeichner, Konstrukteur und Schnitzer – die Intarsien und die Schnecke seiner Violinen waren unverwechselbar gestaltet –, sondern er schien vom Holz mehr zu verstehen als jeder andere Handwerker. Es heißt, er sei ein leidenschaftlicher und liebevoller Mann gewesen und habe jede fertige Violine einen Monat lang in seinem Schlafzimmer gehabt, bevor er sie lackierte. Dort lagen die Instrumente und nahmen die Energien von zwei glücklichen und aktiven Ehen auf, deren zweite bis zum Tode des Meisters im Alter von dreiundneunzig Jahren dauerte. Dies allein wäre schon schwer zu kopieren. Doch anscheinend gab es auch ein Geheimrezept für den Lack, mit dem er seine Instrumente bestrich.

Der Physiker Colin Gough von der Universität Birmingham hat mehrere Stradivaris untersucht und glaubt, dass der Lack für ihren speziellen Klang eine entscheidende Rolle spiele, gibt aber zu, dass die Wissenschaft Schwierigkeiten hat, das Wie und Warum zu bestimmen. Die Rezeptur war anscheinend auf der Einbandinnenseite der stradivarischen Familienbibel notiert gewesen, die schon vor langer Zeit vernichtet wurde – und

---

[*]   Geburtsort unbekannt, aber † daselbst. (Anm. d. Ü.)

damit auch das Geheimnis des „verlorenen Lacks von Cremona". Alle bisherigen Versuche, ihn zu analysieren, haben sich als fruchtlos erwiesen, obwohl zwischen den zu erwartenden Ingredienzien anscheinend Partikel von etwas sind, das fein gemahlenes Chitin sein könnte, vielleicht aus Insektenflügeln, sowie geheimnisvolle Spuren organischer Verbindungen, die Schlafzimmer-Niederschläge sein könnten aus dem Atem des Meisters, aus Schweiß oder Pheromonen.

Solche persönlichen Spuren eignen sich am besten für den Bau organischer Brücken, die den Zauber der alten Stradivari-Kreationen in unsere Zeit tragen kann und es Musikern, die jene legendären Instrumente besitzen, heute ermöglichen, gewissermaßen über sich selbst hinaus zu spielen. Der britische Geiger Nigel Kennedy reist mit der Stradivari „La Cathédrale" und erwähnte etwas Geschichtlich-Historisches, was das allgemeine Empfinden verstärkt, dass alle diese erstaunlichen Instrumente ein eigenes Leben haben. „Sie sind emotionelle Objekte", sagt er, „jedes mit einer eigenen Persönlichkeit. Und ich sage Ihnen etwas Interessantes: Am besten spielen sie in den Hügeln in der Nähe von Cremona."[117]

Es gab Stimmen, die den Verdacht äußerten, Antonio Stradivari müsse mit dem Teufel im Bunde gewesen sein. Wäre er in irgendeinem anderen Berufszweig tätig gewesen, hätte man ihn wahrscheinlich auf dem Scheiterhaufen zu Tode gebracht. Er war gewiss ein Zauberer, der seine unnachahmliche Magie in die Instrumente legte, die er anfertigte. Dabei führte er die Technik seiner Zeit zur Vollendung und gab ihr darüber hinaus etwas Besonderes, Zusätzliches, noch sehr schwierig zu Definierendes.

Der Animismus, die älteste aller Religionen, lehrt, dass alle Dinge zwei Aspekte haben. Der eine ist äußerlich und objektiv, „real" in dem Sinne, dass er durch die gewöhnlichen Sinne wahrgenommen werden kann. Der andere ist nicht wahrnehmbar, außer vielleicht für besonders begabte Menschen. Die

These lautet nun, dass die Möglichkeiten zur Manipulation und Kontrolle der Welt in erster Linie von unserer Fähigkeit abhängen, den zweiten Aspekt zu beeinflussen, den *animus,* die nicht wahrnehmbare Seite der Wirklichkeit. Solche Einflussnahme kommt gewöhnlich zum Tragen beim Einsatz verschiedener Arten von sympathischer Magie; die Sprache ist schon immer eine der mächtigsten von ihnen gewesen. Die echte Beschwörung mag eine aussterbende Kunst sein, doch Erinnerungen an ihre Macht und ihren Einfluss finden wir noch in Schimpfwörtern und Flüchen und im modernen Slang.

Metaphern sind Anrufungen der Metaform. Warum sonst würde der Großrabbiner von Israel über den Panzern seiner Armee beten? Oder ein wohlbekannter britischer Vikar an einer alljährlichen Zeremonie teilnehmen, um die versammelten Motorräder der örtlichen Hell's Angels zu segnen? Was sonst könnte es angebracht erscheinen lassen, einem Auto, das nicht anspringen will, oder eine Maschine, die die erwartete Leistung „verweigert", einen raschen Tritt zu versetzen? So hat sich in vielen Bereichen des Alltags ein Empfinden erhalten, dass Leben irgendwie übertragen werden kann. Die tanzenden Löwen, die am chinesischen Neujahrstag in vielen Städten auf die Straßen gehen, sind tote Gestalten, gleichgültig wie viele Menschen bereitwillig in die farbenprächtigen Kostüme schlüpfen – bis eine prominente Persönlichkeit überredet werden kann, sie zum Leben zu erwecken, indem sie in die vorher weißen Augen schwarze Pupillen malt. Wenn in Japan gewählt wird, bereiten die politischen Parteien eine traditionelle Siegespuppe vor, ein Maskottchen, das in jeder Hinsicht vollständig ist – aber es hat nur ein Auge. Das andere wird erst hineingemalt, wenn die Stimmen ausgezählt sind und der Sieg sicher ist; dadurch wird das Bild zum Leben erweckt. Keine Fischer-Prau* verlässt einen Strand auf Bali, bevor der

---

* malaysisches Segelboot (Anm.d.Ü.)

Eigentümer ein lebendig wirkendes Auge auf den Bug gemalt und damit sichergestellt hat, dass das Boot seinen Weg zurück finden kann. Die Praxis, Jeepneys[*] zu beseelen – jene farbenprächtigen, auffallenden fahrbaren Kunstwerke, die die Straßen von Manila verstopfen –, hat sich so weit verbreitet, dass die Besitzer inzwischen Folien mit aufgedruckten leuchtenden Augen kaufen können, um sie über die Scheinwerfer zu kleben.

Sympathische Magie dieser Art ist ein Teil unseres Lebens. Ihr Wirken scheint von dem Prinzip der organischen Brücke bestimmt zu sein. „Klopfe auf Holz", sagen wir, wenn wir in einem Augenblick der Unsicherheit Vergewisserung möchten. Der als heilig geltende Weißdorn, Hasel, Esche oder Weide werden bevorzugt, doch bei solchen Gelegenheiten kann jeder Baum in den Dienst geklopft werden. Plastik kann solches nicht leisten. Wachspuppen, die zur Hexerei gebraucht werden, verlangen nach individualisierender Hinzugabe von Nagel-Abschnitten oder Haar des beabsichtigten Opfers. Wer in die Hände spuckt, bevor er zu kämpfen oder zu graben beginnt, sichert seinem Werk Vitalität und Fruchtbarkeit. Wenn bei einer Taufe guter Champagner über den Bug eines Schiffes vergossen wird, ist dieser Akt etwas Organisches und schafft ein Gegengewicht zur gewaltigen toten Masse verbauten Stahls.

Das Prinzip der organischen Brücke lässt sich auf folgende einfachen Regeln reduzieren: Wenn Sie die Energien des Lebens in ein unbeseeltes Objekt übertragen wollen, brauchen Sie einen Vermittler, der Materie enthält, die lebendig ist oder war – zum Beispiel Holz, Leder, Fell, Federn oder Muscheln –, der gestaltet ist wie etwas Lebendes oder dem der Name von etwas oder jemandem Lebendigen gegeben wurde. Für den Geist, der auf Magie oder Beeinflussung jedweder Art ausgerichtet ist, bieten solche Elemente einen Zugriff oder Bezugspunkt, Brü-

---

[*] Ursprünglich von den US-Soldaten zurückgelassene Jeeps, die von den Philippinos farbenprächtig bemalt und dekoriert und als Kleinbusse genutzt, später auch nachgebaut wurden. (Anm.d.Ü.)

cke oder Angelpunkt für die Freisetzung und Übertragung der notwendigen Energie. Dies braucht kein bewusster Vorgang zu sein. Aufgrund der Erfahrung können wir davon ausgehen, dass man den Zauber oft besser der unbewussten Ebene überlässt, wo er durch Aberglauben, Ritual, Beschwörung oder wissenschaftliches Protokoll seine Wirkung entfaltet.

Das Leben und die Geschichte sind voll von guten Beispielen für das Wirken der Brücke in der Praxis. In der ganzen Kontroverse über die „kalte Fusion" scheint niemand bemerkt zu haben, dass die deutschen und lateinischen Wurzeln der Namen von Fleischmann und Pons den Faktor „organische Brücke" fast herausschreien. Vielleicht werden tatsächlich nur sie jemals jenes bestimmte Ergebnis erzielen. Das Nachdenken über diese Dinge hat mich für solche Möglichkeiten sensibilisiert. Nun, da Sie wissen, worauf Sie achtgeben müssen, sage ich voraus, dass Sie in fast jeder Zeitung auf Fälle und Koinzidenzen stoßen werden. Während ich dies schreibe, schlug ich zum Beispiel zufällig den Londoner *Independent* auf, in dem eine Arbeit über die Geschichte des Maibaums abgedruckt ist. Der Birke, so lese ich da, habe man schon immer schützende Kräfte nachgesagt. Überall in Europa wurde sie mit der Wiederkehr des Sommers assoziiert, und jede Gemeinde schlug eine Birke für den Mai-Feiertag. Man schmückte sie mit roten und weißen Bändern und richtete sie auf einer Straße oder auf einem Platz auf als Mittelpunkt, um den man tanzte, und als einen Abwehrschutz gegen den bösen Blick. London hatte anscheinend einen eigenen permanenten Maibaum an der Strand, bis er im Jahre 1717 von Isaac Newton umgelegt und als eine unverblümt organische Unterstützung für dessen wichtiges neues Teleskop gebraucht wurde.[400]

Psychometrie – Mit der Seele wahrnehmen

Falls die organische Brücke existiert und Information zu einem Objekt übermittelt und dort aufgenommen werden kann, dann sollte auch es möglich sein, eine Wiedergabe auszulösen.

Im Jahre 1941 präsentierte eine Gruppe von Forschern in Warschau einem vierundsechzigjährigen polnischen Chemie-Ingenieur mehrere Steinwerkzeuge. Die meisten Stücke waren aus Feuerstein, einem kristallinen Kieselgestein, eines aber war aus reinem Bergkristall aus Mähren. Es handelte sich um Schaber und Stichel, um gekerbte Klingen oder Harpunenspitzen mit Widerhaken. Alle Werkzeuge waren einer Kultur zuzuordnen, die als Magdalénien bezeichnet wird. Sie war in Europa einst weit verbreitet und bildete, wie man heute annimmt, das kulturelle Umfeld für den größten Teil der herrlichen Höhlenmalereien in Südfrankreich. 1941 war über die Menschen, die vor mehr als fünfzehntausend Jahren lebten, noch wenig bekannt, aber Stefan Ossowiecki begann ohne zu zögern mit einer detaillierten Schilderung von Menschen mit großen Köpfen und breiten Nasen, die Haushunde hielten, Pfeile und Bogen gebrauchten, Öllampen benutzten und die Asche ihrer Toten in Urnen aufbewahrten. Alle diese Informationen widersprachen seinerzeit den geltenden anthropologischen und archäologischen Meinungen, wurden aber später durch Funde in Chancelade und La Mouthe in der Dordogne und Zitny in der Slowakei bestätigt.[86]

Ossowiecki wiederholte seine Darbietung bei zweiunddreißig weiteren Gelegenheiten in der Zusammenarbeit mit Forschern aus Großbritannien, Deutschland und den Vereinigten Staaten und angesichts von Fundstücken aus dem ganzen Spektrum der altsteinzeitlichen Vorgeschichte. Er sprach über die Menschen, die im Acheuléen vor einer halben Million Jahren Faustkeile anfertigten, über Schaber aus der hunderttausend Jahre zurückliegenden Moustérien-Epoche und über Klingen aus der Aurignac-Kultur vor vierzigtausend Jahren. Und in jedem Falle lieferte er detaillierte Informationen über das tägliche Leben in jenen rätselhaften Zeiten. Manches von dem, was er sagte, wird man niemals nachprüfen können, weil ein großer Teil des menschlichen Lebens und Verhaltens keine archäologischen Spuren hinterlässt. Aber alles, was er sagte, hat sich bisher als übereinstimmend mit dem Wissen erwiesen, das bereits vorhanden war oder erst später im Zuge traditioneller archäologischer Untersuchungen gewonnen werden konnte. Ossowiecki war offenbar befähigt, die kahlen Knochen der Vorgeschichte mit Fleisch zu umkleiden, doch die Arbeit mit ihm fand 1944 ein tragisches Ende, als er im Gestapo-Hauptquartier in Warschau ermordet wurde.

Das Talent, das er an den Tag legte, ist nicht einzigartig. Der Dekan des Medizinischen Instituts in Covington, Kentucky, gab ihm 1842 einen Namen. Joseph Rodes Buchanan interessierte sich für Menschen, die im Stande schienen, Information über Dinge zu erlangen, indem sie diese einfach in die Hand nahmen. Er stellte fest, dass die Hälfte seiner Studenten eine Auswahl von Chemikalien identifizieren konnte, wenn sie Päckchen in der Hand hielten, in welche jene sicher verpackt waren. Er forschte weiter und testete einen Mann, der den gleichen Zauber mit Umschlägen durchführen konnte, die nichts anderes enthielten als Briefe aus den Akten des Instituts. Charles Inman sprach über jeden einzelnen Briefschreiber, als ob er ihn oder sie persönlich kennen würde. Nach Hunderten solcher Experimente schloss Buchanan, dass „der Mensch mit jeder Tat den Eindruck seines mentalen Seins auf den Szenen seines Lebens und Gegenständen seines Handelns hinterlässt". Er beschrieb solche Spuren als „mentale Fossilien", welche uns erlaubten, die Geschichte des Menschen zu erforschen – wie es die Geologie ermöglicht, die Geschichte der Erde zu erkunden. „Die Vergangenheit ist in der Gegenwart begraben", erklärte er und verkündete, dass sie von sensitiven „menschlichen Spürhunden" offenbart werden könne, die ein Talent ausübten, das er *Psychometrie* nannte, das Messen bzw. im weiteren Sinne Wahrnehmen mit der Seele.[31]

Buchanans Schriften weckten die Neugier des Professors für Geologie an der Universität Boston. William Denton versuchte 1853 ein eigenes Experiment. Er gab seiner Schwester Anne ein in Papier gewickeltes Stück Stein. Sie beschrieb es augenblicklich als „ein Meer von Feuer, das kochend über einen Vorsprung quillt. Ich sehe, wie es in den Ozean fließt." Die Gesteinsprobe war ein Lava-Fragment von dem Vulkan Kilauea auf Hawaii. Aber Denton hatte ja gewusst, was er verpackte. Also wickelte er, wie es einem echten Wissenschaftler geziemt, mehrere geologische Proben in separate Bögen braunen Packpapiers und mischte die Päckchen so gründlich, dass er selbst keine Ahnung mehr hatte, in welcher Packung sich welche Probe befand. Er legte diese seiner Frau Elizabeth vor – die ohne Mühe dasjenige auswählte, das die Lava enthielt.[50]

Denton verband seiner Frau die Augen und ließ sie Fragmente unterschiedlicher Materialien wahllos von einem Tisch nehmen. Ein Stück Koralle aus dem Silur löste eine Beschreibung einer Szene unter dem Meeresspiegel aus. Ein Fragment vom Zahn eines Mastodons vermittelte den Eindruck von „einem perfekten Ungeheuer mit schweren Beinen, schwerfälligem Kopf und einem sehr großen Körper". Ein Bruchstück von dem Porzellanturm bei Peking ließ sie einen Tempel mit großen Urnen und einem glockenförmigen Dach beschreiben. Ein Stück Sandstein vom Kloster Melrose in Schottland führte zu einer Vision von überwölbten Portalen und gotischen Fenstern. Eine in der Nähe gefundene Tonscherbe führte zu Bildern von Indianern; und ein Fragment von einem Fußbodenmosaik veranlasste Elizabeth, eine unverkennbar römische Szene zu schildern: Behelmte Soldaten und „einen fleischigen Mann mit breitem Gesicht und blauen Augen", der eine Toga trug.

Später fand Denton heraus, dass die Villa, aus der das Mosaik stammte, einst im Besitze des römischen Diktators Sulla war, der tatsächlich so ausgesehen hatte.[238]

Denton hielt die Psychometrie für ein Talent, das jeder besaß oder entwickeln konnte. Dies galt auf jeden Fall für eine neununddreißigjährige walisische Köchin, die 1909 von Professor George Henslow getestet wurde, dem Präsidenten der Britischen Gesellschaft zur Förderung der Wissenschaft. Als er Olwen ein Stück Steingut aus Cardiganshire gab, schilderte sie, wie der Leichnam einer Frau zerschlagen und zum Teil verbrannt wurde, bevor man ihn in eine tönerne Graburne drückte und diese in ein Sumpfloch versenkte. Ein Jahr später veröffentlichte die Kambrische Archäologische Gesellschaft eine Beschreibung der Fundstelle, von der die Scherbe stammte, identifizierte sie als eine Begräbnisstätte und illustrierte den Bericht mit dem Bild einer Urne, die aus Bruchstücken rekonstruiert worden war, die man in dem Sumpfloch gefunden hatte; es entsprach exakt der Schilderung, die Olwen gegeben hatte.

In der Hoffnung auf Bestätigung gab Henslow sich Mühe, seine Testobjekte mehr als einer Person vorzulegen – manchmal mit überraschenden Resultaten. Ein Feuersteinwerkzeug aus einer Kiesgrube löste bei Olwen die Vision von einem kleinen Mann aus; er trug Felle und hatte „einen lustig geformten Kopf – er hat keine Stirn". Als der gleiche Stein einem Mann in Birmingham gegeben wurde, sah dieser „eine dralle Magd von etwa 1,55 Meter Größe, mit braunem Haar". Dies erwies sich jedoch als eine gute Beschreibung von Olwen.[95]

Der erste moderne Archäologe, der solche psychometrischen Talente professionell nutzte, war Professor Norman Emerson, Präsident der Kanadischen Archäologischen Gesellschaft. Nach einer Reihe von Tests mit einem Lastwagenfahrer namens George McMullen machte Emerson bei der Jahresversammlung der Gesellschaft 1973 sein Interesse bekannt. Er wurde auf der Stelle von einem Mitglied herausgefordert, das ein ungewöhnliches Artefakt zur Analyse anbot. Es handelte sich um einen grob geschnitzten Kopf aus Tonschiefer (Argillit), einem Gestein mit einer hohen Kohlenstoffkonzentration, der in British Columbia gefunden worden war. McMullen, der keine formelle Ausbildung hatte, erklärte, der Kopf sei von einem schwarzen Mann angefertigt worden, der in Westafrika geboren und als Sklave nach Kanada gebracht worden war; dort sei er entflohen und habe bei einem Indianerstamm auf einer Insel vor der Küste gelebt. Die Person, die das Fundstück mitgebracht hatte, bestätigte, dass es tatsächlich auf einer der Königin-Charlotte-Inseln nördlich von Vancouver gefunden worden war. Emerson brachte die Schnitzerei ins Königliche Museum von Ontario in Toronto, wo ein Experte für afrikanische Kunst bescheinigte, dass der Stil nicht nur typisch für Westafrika war, sondern dem von Obervolta am meisten ähnlich sah. Emerson konnte keinen direkten Beweis für einen schwarzen Sklaven in British Columbia finden, doch 1975 berichtete eine Gruppe von Anthropologen, die Blutproben auf den Inseln sammelten, dass ein Stamm dort unverkennbar genetische Merkmale eines schwarzen Vorfahren aufwies.[65]

Emerson nennt seinen neue Methode „intuitive Archäologie" und wendet sie in seinem speziellen Interessengebiet, der Geschichte der Irokesen im östlichen Kanada, furchtlos an. Er nimmt George McMullen mit zu potenziellen archäologischen Grabungsstätten, lässt ihn umhergehen und die Menschen beschreiben, ihre Kleidung und ihr Verhalten, und anzeigen, wo ihre Gebäude zu finden sein würden. Der Archäologe folgt einfach seinem zahmen menschlichen Spürhund, steckt Markierungspfähle in die Erde, wo immer George hindeutet, und gräbt dann später nach Belieben die Gebäude aus. Er registriert, dass diese Vorgehensweise ihm und der Universität Toronto viel Zeit und Geld spart.[66]

Nachdem sich nun die mediale Archäologie und Anthropologie entwickelt haben und Arbeiten unter Überschriften wie *Psychometrie und Siedlungsmuster* veröffentlicht werden, ist es interessant, einen Blick zurück zu werfen auf die Arbeit der großen Archäologen. Viele von ihnen hatten unglaubliches Glück. Der französische Archäologe Paul-Emile Botta verbrachte mehrere lange Jahre mit dem Ausgraben eines Hügels gegenüber von Mosul am Ostufer des Tigris in Mesopotamien. Er fand nichts und gab auf. Im Jahre 1849 jedoch stieß Austin Henry Layard, buchstäblich beim ersten Spatenstich, am gleichen Ort auf den fabelhaften Schatz von akkadischen Keilschrifttafeln, woraufhin ihm das Verdienst zugeschrieben wurde, das antike Ninive entdeckt zu haben.

George Smith, ein Assyriologe aus Leidenschaft, arbeitete in seiner Freizeit im British Museum an der Katalogisierung von Layards Funden, als er 1872 auf mehrere Tontafeln stieß, die eine umfangreiche Geschichte über einen Helden namens Gilgamesch trugen. Diese enthielt auch die Schilderung einer großen Flut, welche derjenigen im Buch Genesis des Alten Testaments so ähnlich war, dass diese Meldung in der Publikumspresse für eine Sensation sorgte. Ein Problem war nur, dass eine wichtige Tontafel unvollständig war, es fehlten siebzehn entscheidende Zeilen. Der Londoner *Daily Telegraph* sponserte eine Expedition, die nach dem verlorenen Fragment suchen sollte. Smith reiste im Mai 1873 nach Ninive, und nach nur fünftägigem Graben an einer Stätte, die schon gründlich durchsucht worden war, fand er das fehlende Stück.

Arthur Evans war ein bedeutender Gelehrter und Kurator des Ashmolean Museum für Kunst und Archäologie in Oxford, doch er hatte noch nie eine eigene Ausgrabung durchgeführt. Überzeugt, dass die mykenische Zivilisation in Griechenland ihren Ursprung auf Kreta hatte, kaufte er dort 1899 einen Streifen Land und brachte an dieser Stelle gleich darauf den Palast der minoischen Hauptstadt Knossos zutage.

Die Liste lässt sich fortsetzen, die Fülle der Indizien ist überwältigend: Die meisten spektakulären Funde in der Archäologie scheinen eher eine direkte Folge einer glücklichen Intuition zu sein als die Frucht mühsamer Arbeit mit dem Spaten. Ausgrabungen sind ein risikoreiches Geschäft, sie sind kostspielig und zeitraubend, und geehrt werden schließlich jene, die sowohl den Mut haben, auf ihren Instinkt zu vertrauen, als auch vielleicht ein wenig psychometrische Begabung.

Übung dürfte ebenfalls von Nutzen sein, zumindest als eine Methode, das Talent zu „justieren". Probieren Sie es selbst. Nehmen Sie eine neue Serie hölzerner Dominosteine und lassen Sie Ihre Familienangehörigen oder Freunde heimlich je einen Stein auswählen und ihn etwa eine Woche lang in der Hosen- oder Rocktasche tragen. Noch besser: Fordern Sie sie auf, außerhalb des Hauses einen Stein auszuwählen, der klein genug ist, um ihn bei sich zu tragen, und ansprechend genug, um immer wieder den Wunsch zu wecken, ihn in die Hand zu nehmen. Am Ende der Woche lassen Sie sich dann alle Objekte bringen, einzeln in gleiche Umschläge verschlossen. Nun probieren Sie aus, ob Sie sagen können, welcher Gegenstand welchem Ihrer Zuträger gehört. Öffnen Sie einen Umschlag und nehmen Sie das Objekt selbst in die Hand, falls nötig, doch beim dritten oder vierten Versuch werden Sie merken, dass Sie dies nicht mehr zu tun brauchen, um in den meisten Fällen die richtige Zugehörigkeit erspüren zu können.

Üben Sie weiter und testen Sie sich mit Dingen, die Fremden gehören. Armbanduhren, Ringe, Halsketten und andere persönliche Gegenstände, die auf der Haut oder nahe am Körper getragen werden, scheinen die besten Resultate zu erbringen. Menschen, die solche Dinge tun, empfehlen dazu, dass Sie irgendwo bequem und ruhig sitzen, sich entspannen, tief atmen, und dann den Gegenstand leicht, eher passiv berühren. Beginnen Sie am besten mit geschlossenen Augen. Lassen Sie die Eindrücke einfach kommen. Manchmal braucht es eine Weile.

Registrieren Sie, was Ihnen in den Sinn kommt, gleichgültig, wie lächerlich es vielleicht erscheint. Regen Sie den Vorgang an, indem Sie spezifische Fragen stellen. Gehört der Gegenstand einem Mann oder einer Frau? Alt oder jung? Achten Sie auch auf Farben, sie können viel verraten. Wenn Sie mit mehr als einem Objekt arbeiten, lassen Sie einen Atemzug Raum zwischen den Tests oder waschen oder reiben Sie die Hände zwischendurch.[33]

Haben Sie keine Scheu, sich etwas sonderbar zu fühlen. Ich muss gestehen, dass die ganze Sache in einer Zeit der Röntgengeräte und Metalldetektoren ein wenig absurd ist, aber betrachten Sie es als ein Spiel. Nach meiner eigenen Erfahrung stellen sich Erfolge anfangs nur langsam ein – vielleicht gibt es nur einen Treffer bei zwanzig Versuchen –, aber jeder Erfolg scheint den Weg für einen weiteren zu ebnen. Während Ihr Vertrauen zunimmt, wird es immer einfacher, den entscheidenden Schritt zu gehen, nämlich den eigenen Unglauben aufzugeben und zu entdecken, dass Psychometrie tatsächlich funktioniert – und jeder sie praktizieren kann.

Eine präzise Beurteilung des Erfolges bei dieser Art von Tests ist bekanntermaßen schwierig, aber in den Jahren kurz vor dem Zweiten Weltkrieg machte ein Ingenieur in London einen sehr guten Versuch. Er bot zwei Versuchspersonen eine Reihe von Tests mit 172 Objekten an, die wiederum von einer Vielzahl von Menschen bezogen worden waren, darunter Brieftaschen, Bleistifte, Armbanduhren, Ringe, Haarlocken, Handschuhe und Briefe. Jeder der Gegenstände wurde in einem versiegelten Umschlag vorgelegt. Die Tests dauerten 623 Stunden und führten zu insgesamt 6631 Aussagen. Mittels einer ausgeklügelten Analysetechnik stellte man fest, dass diese Aussagen um vierunddreißig Prozent häufiger korrekt waren als eine Vergleichsserie von zufälligen Aussagen. Dies ist an sich schon eindrucksvoll, aber der interessanteste Teil der Studie ergibt sich aus der Analyse der Art verwendeten Gegenstände.[97] Die Versuchspersonen schnitten am besten ab bei Objekten, die Menschen gehörten, die sie selbst kannten, oder bei Gegenständen von Personen, aus deren Besitz sie bereits bei früheren Tests der Reihe Gegenstände erfolgreich „gelesen" hatten. Mit anderen Worten, sie schienen sich „einzuschwingen", sie verhielten sich wie Spürhunde, die mit einem bereits vertrauten Geruch am besten arbeiten. Gute Ergebnisse gab es auch bei Umschlägen, die Briefe in der Handschrift einer Person enthielten, aber gleich gute auch bei leeren Blättern, die die gleichen Personen nur einige Tage bei sich getragen hatten, was darauf schließen ließ, dass der bloße Kontakt mit einem Gegenstand genügte. Es kam auf die Person an, mit welcher der Kontakt bestand.

Es ist sicher, dass wir Fettsäure-Spuren auf allem zurücklassen, das wir berühren. Sie gelangen sogar durch die Sohlen unserer Schuhe; und verbreiten sich Moleküle dicht genug über die Erde, kann ein geübter Hund unserer Spur noch Tage später folgen. Die Möglichkeit, dass Versuchspersonen tatsächlich auf Duftspuren ansprechen wie ein echter Spürhund, scheint durch eine Reihe von psychometrischen Experimenten widerlegt worden zu sein, die 1965 in London durchgeführt wurden. Dabei schloss Colin Brookes-Smith jedwede Verunreinigung dieser Art aus, indem er die Hälfte der Proben in einer Reinigungslösung wusch, die stark genug war, alle Spuren von persönlichen organischen Verbindungen zu beseitigen. Trotzdem gab es keine signifikanten Unterschiede bei der Zahl erfolgreicher Testergebnisse.[30]

Es gibt anscheinend bereits genügend Material, um darauf die Behauptung zu stützen, dass Gegenstände „Erinnerungen" sammeln und diese dem spürenden Geist des Menschen zugänglich gemacht werden können. Joseph Buchanan sagte bereits 1848: „Dinge sind verbunden mit dem Geist, der sie produziert hat."[238] Falls dies bei kleinen Dingen wahr ist – könnte es dann auch bei großen Dingen zutreffen, selbst bei Orten?

Magie der Erde

Es gibt gute Plätze und schlechte Plätze.

Der Glastonbury Tor in Somerset, England, ist von einem spiraligen Weg umwunden, den Pilger beschritten haben, seit der Hügel zum ersten Mal als der Sonne heilig betrachtet wurde. Der St. Michael's Mount vor der Südwestspitze Cornwalls ist heute ein Ort christlicher Andacht; früher war er den Kelten heilig und davor der Wohnsitz eines mythischen Riesen namens Cormoran. Die Steinreihen bei Carnac in der Bretagne stehen als Zeugnis für die Kraft einer Gegend, in der sich, wie man glaubt, einst Helden ausruhten. Das Heiligtum im griechischen Delphi ist über einer Quelle gebaut, die seit der Bronzezeit als heilig gilt. Die Liste ist endlos und führt uns rund um den Globus. In jedem Land gibt es Stätten, an denen die Menschen sich wohl fühlen und die sich anbieten zur Verschönerung und religiösen Betrachtung.

Es gibt andere Orte, an denen keiner lange verweilt, besonders nach Einbruch der Dunkelheit. Dazu gehören Glencoe in Schottland, ein enges Tal, dessen furchteinflößende Atmosphäre durch ein Massaker des MacDonald-Clans im Jahre 1692 verstärkt wurde; der Rattlesnake Hill in New Hampshire, in dessen Höhlen, wie es heißt, „die ruhelosen Phantome der Ermordeten" widerhallen; und der Platz in der Wewelsburg (im Kreis Paderborn), die von Hitlers gefürchteter SS genutzt wurde. Dachau, Buchenwald und Auschwitz sind heute aus naheliegenden Gründen ähnlich abstoßend. Andere Orte, an denen sich Menschen ohne erkennbaren Grund schon lange unwohl fühlen, entwickeln starke lokale Traditionen und werden oft mit „Teufels"-Namen benannt. Um das Gebiet von Devil's Kitchen („Teufelsküche") in Illinois haben Indianer immer einen großen Bogen gemacht; der Mount Diablo („Teufelsberg") in Kalifornien ist noch heute ein Ort von geheimnisvollen Lichterscheinungen und Phantomen schwarzer Panther; der

Devil's Dyke („Teufelsdeich") in Hertfordshire ist ein schon lange bedrohlich wirkendes Erdwerk, das zum Schauplatz für einen der verheerendsten Angriffe Julius Cäsars auf die keltischen Stämme in Britannien wurde. So gibt es in jedem Teil der Welt Plätze, an denen sich Menschen nicht wohlfühlen. Orte, die gemieden werden, in Verruf sind und verschrien werden. Vielleicht gibt es einen guten Grund – ganz abgesehen von der Besorgnis wegen Radioaktivität – für die starke Protestbewegung, die sich in Kalifornien gegen den Bau eines neuen Reaktors stellt, der ausgerechnet an einem Platz namens Rancho Diablo („Teufels-Ranch") geplant ist.

Es ist schwierig, den Unterschied zwischen „guten" und „schlechten" Plätzen in wissenschaftlichen Begriffen zu erklären. Die chinesische Praxis des Feng Shui ist einem System entsprechenden Denkens und Wissens bisher am nächsten gekommen. Feng Shui bedeutet, buchstäblich übersetzt, „Wind und Wasser". Es verkörpert einen uralten Glauben, dass wir mit unserer Umgebung durch Naturkräfte verbunden sind, die manche Orte harmonischer und glückverheißender machen als andere. Feng Shui ist teils Kunst, teils Wissenschaft und verbindet Intuition mit einem Kompass und einer Reihe von Regeln darüber, wo und wie man baut, anbetet, gebärt oder seine Toten begräbt. Es wirkt dergestalt, dass das Ergebnis dieser praktischen Geomantie im ländlichen China ein Muster von Haus-, Hof- und Dorf-Planung sowie Konstruktion ist, das Mensch und Natur wunderbar in Einklang bringt. Ich kenne wenige Plätze, wo die Landschaftsgestaltung so durchgehend erfolgreich gewesen ist, da die Gebäude mit scheinbar müheloser Leichtigkeit in die Umgebung gesetzt werden.

Bei näherer Betrachtung jedoch erweisen sich manche dieser sanften, natürlich wirkenden Plätze als so kunstvoll geplant wie jeder formelle japanische Garten. Hügel, die nicht hoch genug waren, wurden aufgeschüttet, gezackte Horizonte und harte Kanten wurden geglättet und Flussläufe in sympathischere Kurven gebändigt. Jede dieser Veränderungen wurde nach der Beratung durch einen Experten vorgenommen, der sich in einen Ort „einfühlt", das Land begeht, vom Wasser kostet und die Erde in die Hand nimmt. Wir sprechen hier über die Psychometrie des Planeten selbst und von einem Anliegen, das die Architekten der Chase Manhattan Bank in Hongkong, der Citibank in Singapur und des Morgan Guarantee Trust in Taiwan dazu führte, solche Männer als Berater einzustellen. Ein rascher Vergleich ihrer Ergebnisse mit einigen Beiträgen zu der unansehnlichen Zersiedelung von São Paulo oder dem Raubbau in manchen Teilen von London verdeutlicht, warum diese letzteren Gebiete inzwischen einer Umweltgefahr zum Opfer fallen, die kürzlich als SNS oder das „sick building syndrome" identifiziert wurde[*].

Wir können ein Gebäude schlecht platzieren, entwerfen, einrichten oder lüften und dann alle Menschen, die sich darin aufhalten, mit Asthma, Übelkeit und Müdigkeit nach Hause schicken. Aber es scheint noch andere Faktoren zu geben, die beteiligt sind, wenn der Aufenthalt an einem Ort ausgesprochen unbehaglich wird: Die Welt ist voll von Spuk-Häusern.

Im Jahre 1978 ging ich nach Florida, um gemeinsam mit einem Künstler an einer praktischen Anleitung zu *Whales of the World*[231] zu arbeiten. Er lebte in Palm Beach, und so mietete ich ein Haus auf der Insel und suchte mir etwas aus, das zwischen all den hoch gebauten, aber wenig ansprechenden Gebäuden mit Eigentumswohnungen an jener Küste ein wenig Charakter aufwies. Ich fand ein altes Holzhaus in einem etwas verwilderten Garten, zog ein und begann an einem Tisch vor einer Terrassentür zu arbeiten. Alles ging gut, bis ich eines Abends aufblickte und draußen eine Fremde sah. Es war ein Mädchen von neun oder zehn Jahren, das ein doppellagiges

---

[*]   Sammelbegriff für ein nicht definiertes Krankheitsbild mit Symptomen, die auf den (zu langen) Aufenthalt in bestimmten Gebäuden zurückzuführen sind. (Anm.d.Ü.)

Kleid trug, den Hals umringt von einem hohen Kragen und mit engen Ärmeln. Ihr Haar war blond und hatte einen Topfschnitt, und sie starrte mich mit dunklen Augen aus einem Innenhof an, zu dem es keinen Zugang gab – außer durch die Glastür, vor der ich saß. Es dauerte einige Sekunden, bis mir diese Situation klar wurde, und nur einen Augenblick länger, um zu erkennen, dass ich das Kind nicht durch die Scheiben sah, sondern in der Glastür ihr Spiegelbild erblickte. Sie war im Haus hinter mir!

Ich drehte mich schnell um, aber das war auch nicht richtig. Im Zimmer befand sich niemand außer mit, und als ich wieder zum Fenster blickte, war auch dort nichts mehr zu sehen. Das Erlebnis beunruhigte mich, aber ich tat es als Symptom meiner Müdigkeit ab und ging zu Bett. Ich schlief mehrere Stunden, bis ich unter der Berührung einer Hand auf meiner Schulter erwachte. Ich schreckte kerzengerade hoch und sah das gleiche Kind neben meinem Bett stehen, deutlich sichtbar im Dämmerlicht; doch bis ich den Schalter meiner Nachttischlampe gefunden hatte, war es fort. Ich war allein und fühlte mich in diesem abgeschlossenen Haus außerordentlich unbehaglich.

Am nächsten Morgen ging ich zu dem Makler und brachte etwas zögerlich zur Sprache, dass ich mein Mietverhältnis anscheinend mit einem Geist teilte. Man zeigte sich besorgt, räumte aber schließlich ein, dass der Mietvertrag, den ich eingegangen war, nur zur Verfügung stand, weil der letzte Mieter bereits nach drei Tagen abgereist sei. Er hatte gesagt, in dem Haus spuke es, und sei fortgegangen, um anderswo zu wohnen. Man habe seine Reklamation als Sinnestäuschung eines älteren Mannes abgetan, der bekanntlich mehr zu trinken pflegte, als gut für ihn sei. Ich bat um seine Adresse und stellte fest, dass er Maler, alles andere als senil und nicht mehr oder weniger trunksüchtig war als jeder andere in seinem Beruf. Als ich auf das Haus zu sprechen kam und was ich dort erlebt hatte, führte er mich einfach in sein Studio und entfernte den Staubschutz von einem kürzlich entstandenen Ölgemälde. Es war das lebensgroße Porträt eines Mädchens, exakt so, wie ich sie gesehen hatte, bis zum kleinsten Detail ihrer altertümlichen Schuhe.

Ungeachtet meines erklärten Interesses am Ungewöhnlichen habe ich selbst keine medialen Anmaßungen. Ich fühle mich unwohl beim Gespräch über das Fortleben nach dem Tod und räume nur zögerlich ein, dass mein Erlebnis ein Beweis für eine Kommunikation mit Verstorbenen war. In Palm Beach konnte ich niemanden finden, der bestätigte, dass solch ein Kind dort jemals gelebt hatte. Aber ich war sehr beeindruckt von der detaillierten Koinzidenz dessen, was ich und der Künstler glaubten, gesehen zu haben. Es war, als ob wir den gleichen Video-Service abonniert hätten. Aber alles, was wir gemeinsam hatten, war das Haus, und ich kann mich des Eindrucks nicht erwehren, dass irgendetwas in unseren beiden Fällen es zur Wiedergabe einer alten Aufzeichnung veranlasst hatte.

Es gibt unzählige Gebäude, die auf eine solche Weise programmiert zu sein scheinen. Das Abbey House in Cambridge ist ein Bau aus dem 16. Jahrhundert in der Nähe der Ruinen eines Augustiner-Priorats. Die letzten einhundertdreißig Jahre war es von Fakultätsmitgliedern der Universität bewohnt, die alle seltsame und sehr ähnliche Erlebnisse berichteten. 1930 zog ein Altphilologe am Pembroke-College in das Haus. Er berichtete, bei einem Dutzend Gelegenheiten habe er eine Frau sowohl gehört als auch gesehen, die in ein dunkles Gewand wie das Habit einer Nonne gekleidet sei. Seine Frau habe sich so daran gewöhnt, vom Fußende ihres Bettes her angestarrt zu werden, dass sie die gewandete Gestalt als „ermüdend" bezeichnete, und ihr gemeinsamer Sohn sagte: „Ich pflegte mich vor ihr zu fürchten, als ich klein war, aber jetzt tue ich es nicht mehr." In den 1920er Jahren wurde die Nonne wieder gesichtet, dieses Mal von einem Jura-Studenten, in den 1940er

Jahren von mehreren Kindern, im Laufe der 1950er Jahre von zwei Krankenschwestern, die dort einquartiert waren, und in den 1960ern von einem Mädchen im Teenageralter. Die letzte bekannte Sichtung war 1980: Eine ältere Dame sagte aus, die Besucherin sei Teil einer Prozession nonnenähnlicher Gestalten gewesen, die alle ähnlich gekleidet waren. Alle diese Begegnungen fanden zwischen Mitternacht und Morgendämmerung statt, bis zu drei oder vier Mal im Monat und am häufigsten in den Monaten Februar und März.[136]

Die Reihenfolge ergibt keinen erkennbaren Sinn, aber die Häufigkeit, mit der solche Sichtungen eine vertraute Form annehmen, scheint signifikant. Ähnliche wiederkehrende Erlebnisse in England wurden aktenkundig in Raynham Hall in Norfolk, im Mill House in Willington und in Beavor Lodge in Hammersmith. In jedem dieser Fälle hat eine Reihe verschiedener Menschen über einen langen Zeitraum, oft ohne vorheriges oder bewusstes Wissen über die Vorgeschichte des Hauses, die gleiche Art von Begegnung gehabt. In ihrer klassischen Analyse solcher Erlebnisse schrieb Eleanor Sidgwick: „Es ist nicht begrenzt durch Alter, Geschlecht oder Beruf. Und hängt nicht ab von irgendwelchen offensichtlichen Umständen wie Gesundheit, Temperament, Intellekt oder Emotion." Wo das Erleben einer festen Form folge, da könnte es „etwas sein in dem Gebäude selbst – irgendein subtiler physikalischer Einfluss –, was in dem Gehirn jene Wirkung erzeugt, die wiederum die Ursache für eine Halluzination wird."[202]

Das klingt sehr vernünftig und einleuchtend, doch das Wesen des Reizes bleibt mysteriös. Der Cambridge-Archäologe Tom Lethbridge nannte das Unbehagen, das er an manchen Orten empfand, den „Ghul-Effekt"* und schrieb es der Feuchtigkeit zu. Er fand unter allen solchen Plätzen artesische Quellen und Wasseradern und erklärte, dass fließendes Wasser in

---

*   Ghul = leichenfressender Dämon aus der Mythologie und Literatur des persisch-arabischen Kulturkreises. (Anm.d.Ü.)

Gestalt einer unterirdischen „stehenden Welle" ein elektromagnetisches Feld erzeuge, das Ereignisse in der Vergangenheit aufzeichne und einpräge, sofern diese einen genügend hohen emotionellen Gehalt haben. Irgendwann später könne sich dann jemand unwissentlich auf solche Eindrücke einstimmen und die Art von „Wiedergabe" auslösen, die zu einem geisterhaften Erlebnis führen könnte.[129]

Es gibt gewiss keinen Mangel an Geistergeschichten, die mit Quellen, Seen und Flüssen in Verbindung stehen – von denen viele bis heute an speziellen Tagen von Pilgern besucht werden, die dorthin gehen, um rituelle „Muster" zu vollziehen, zu denen auch Opfer und Gesang gehören. Die Tatsache, dass Wasser ein so starkes Symbol für die Große Mutter ist, lässt es weniger überraschend scheinen, dass Quellen eher die Neigung haben, von weiblichen Gestalten heimgesucht zu werden – wie der „grauen Dame" von der Taff's Well in Wales oder der „weißen Dame" von der Cattle Well in Northumberland. In Schottland gibt es eine Reihe von Wasserläufen, an denen in mancher Nacht alte Frauen zu sehen sind, die „die Leichentücher derjenigen waschen, die bald sterben". England ist mit einem Kreuzmuster von Brücken überzogen, in deren Nähe die Geister von Selbstmördern lungern, die sich einst ertränkten. Irland schließlich hat mehr als seinen gerechten Anteil von Gestalten, die – mit oder ohne die Annehmlichkeit eines Bootes –, über Seen und Moore segelnd zu sehen sind.[26]

Guy Underwood glaubt, dass alle alten Kirchen, Kathedralen und Menhire bewusst über unterirdischen Wasseradern und Strömungen errichtet wurden, deren Energien man mit einem Pendel oder einer Wünschelrute aufgespürt hatte.[221] Das Spüren oder Muten auf diese Weise ist ein Problem. Es funktioniert, allerdings in einem wissenschaftlichen Vakuum. Ich habe davon Gebrauch gemacht, in Verzweiflung und mit Erfolg, um auf einer von der Dürre geplagten afrikanischen Farm Wasser zu finden; und ich kann nur andeuten, dass es möglicherweise einen Beweis für unsere unbewusste Sensitivität für winzige Energiemuster in der Natur liefert, die unser Zugang zu Echos aus der Vergangenheit sein könnten. Aber selbst wenn eine solche Verbindung existiert, würde ich erwarten, dass die Information von einer eher allgemeinen Art wäre wie „Hier gibt es Wasser" oder „Hier ist etwas Unerfreuliches geschehen". Es fällt schwer, sich irgendein solches Signal vorzustellen, das fein genug ist, um einen visuellen Eindruck von einem zehnjährigen Mädchens bis hin zu den Sommersprossen auf seiner Nase zu vermitteln. Und falls dieser einfache Eindruck als eine Halluzination zu behandeln ist, fällt es schwer zu glauben, dass er detailgenau die gleichen Resultate hervorbringen würde, nachdem er durch zwei sehr unterschiedliche individuelle Gehirne geflossen ist.

Doch genau so etwas geschieht, wenn zwei Menschen unabhängig voneinander die gleiche Aufnahme von Schuberts Streichquintett in C-Dur lauschen und hingerissen sind von dem überirdischen Klang von fünf Stradivari-Instrumenten, die im Einklang gespielt werden; als Medium dient nichts mehr als eine Abfolge von Vertiefungen auf einer Plastikscheibe. Die Tonaufnahme, bemerkt Colin Wilson passend, „ist ein groteskes Wunder, welches in einem wohlgeordneten Universum nicht möglich sein dürfte".[238] Und doch gibt es sie; und sie bietet uns zumindest eine nützliche Analogie, um zu beschreiben, auf welche Weise Dinge durch Ereignisse geprägt sein können und in der Folge eine Aufnahme des Geschehenen tragen, die zu irgendeinem späteren Zeitpunkt wiedergegeben werden kann. Der Mechanismus bleibt geheimnisvoll, aber der Vorgang der Übertragung von Geist zu Materie und wieder zurück ist für jegliches Verstehen der Metaform eines Objekts in der realen Welt von entscheidender Bedeutung.

Die Schwierigkeit beim Umgehen mit solchen „Ideen im Fleische" wird durch das Aufsehen illustriert, das kürzlich eine Serie von Experimenten mit homöopathischen Proben erregt hat. Jacques Benveniste von der Universität Paris-Süd nahm eine Lösung von Antikörpern, auf welche menschliche weiße Blutkörperchen normalerweise durch Freisetzen von Histamin ansprechen. Diese Lösung verdünnte er wieder und wieder, bis sie keine einziges Antikörper-Molekül mehr enthielt. Chemisch betrachtet, war sie von reinem Wasser nicht zu unterscheiden. Die Homöopathie jedoch beharrt darauf, dass sich eine solche Lösung von gewöhnlichem Wasser sehr unterscheide, weil sie eine „Erinnerung" ihrer jüngsten Vergangenheit trage, die ihr die Kraft bewahre, sich so zu verhalten, als ob die ursprünglichen Antikörper noch vorhanden wären. Benveniste behauptete, dass die Lösung genau dies tue, da sie bei den weißen Blutkörperchen die erwartete Immunantwort auslöse. Er ließ die Tests wiederholen und das Ergebnis bestätigen von Forschern in Israel, Italien und Kanada, bevor er seinen Bericht an die angesehene Fachzeitschrift *Nature* schickte.[20]

Die Zeitschrift veröffentlichte diese Arbeit nur zögerlich, druckte eine Vorbehalts-Erklärung des Herausgebers dazu und arrangierte, dass „unabhängige Ermittler" das Laboratorium Benvenistes besuchten. Diese, so stellte sich heraus, waren zwei Mitglieder einer selbsternannten Kommission mit dem Auftrag, alles in Frage zu stellen, was sie als „paranormal" betrachteten, die natürlich „Fehler im Versuchsaufbau" fanden. Das mussten sie. Die Resultate zu akzeptieren, hätte bedeutet, die Notwendigkeit der Kommission in Frage zu stellen und eine drastische Revision von zwei Jahrhunderten theoretischer Chemie zu fordern. Also wiederholten die Ermittler das Experiment selbst, erhielten kein Resultat und ließen Benveniste am Boden zerstört zurück – an den Pranger gestellt, wenn nicht wegen Betruges, so doch zumindest wegen Selbsttäuschung.[224]

Das Problem bei all diesen Dingen ist, dass die Kritiker und einige der Hohenpriester der etablierten Wissenschaft noch nicht mit der Möglichkeit umgehen können, dass Experimentatoren einen realen und unvermeidbaren Einfluss auf den Ausgang der Arbeit haben, mit der sie befasst sind. Ungeachtet der Erkenntnisse der Quantentheorie, die beharrlich behaupten, dass Bewusstsein ein notwendiger Teil jeder Gleichung ist, geht man generell noch davon aus, dass Forschung objektiv sein und jeglicher beobachteter Einfluss als „Voreingenommenheit des Experimentators" identifiziert und ausgeschaltet werden müsse. Bei so subtilen Reaktionen wie jenen mit einer Lösung, die auf $1 : 10^{120}$ verdünnt war, überrascht es nicht, dass sich die Glaubensmeinungen und Ideen der Beteiligten in den Resultaten widerspiegeln sollten – nicht in der Interpretation der Daten, sondern in den Messungen und Materialien selbst.

Der theoretische Physiker Sir Arthur Eddington sagte einmal: „Der Stoff der Welt ist Geist-Stoff", in welchem unsere Glaubensüberzeugungen und unser Bewusstsein wie Inseln treiben. Substanz ist eine Illusion. Alles, was wir wissen und erleben, ist durch unseren Geist vermittelt, und es ist falsch anzunehmen, dass dieser sich unterscheide oder isoliert sei von irgendeinem Konkurrenz-Stoff „außerhalb" mit einer komfortableren Art von konkreter Realität.[57] Beide sind untrennbar. Experimentatoreffekte sind unvermeidbar. Ein Test, der von einem Wissenschaftler durchgeführt wird, der in einer Kultur lebt und arbeitet, die Homöopathie als ein fundiertes System der Gesundheitsversorgung akzeptiert, wird anders sein als der eines professionellen Taschenspielers, der seinen Lebensunterhalt damit verdient, dass er angeblichen Betrug aufdeckt und eine Wiederholung von Benvenistes Studie mit dem Kommentar „Da stimmt doch etwas nicht!" in Angriff nimmt.[391]

Die Vorstellung, dass wir uns die Welt ausdenken, während wir unseres Weges gehen, gewinnt zunehmend an wissenschaftlicher Seriosität. Ich stelle mir vor, dass Homöopathie zum Teil funktioniert, weil die Metapher zur chemischen Metaform wird. Ich habe den Verdacht, dass die um Menhire herum aufgespürten Energien physikalische Indizien einer ähnlichen, möglicherweise megalithischen Metaform sind. Und die Wirkungen beider sind für jedermann – auch Ungläubige – zugänglich durch die Art von Übertragung, die bei der Psychometrie und anderen Spukerlebnissen einzutreten scheint.

Es ist interessant, dass diese Beispiele von Information handeln, die anscheinend entweder in Kristall oder Wasser gefangen sind, denn diese beiden Substanzen durchdringen fast alles, mit dem wir in Berührung kommen. Ich glaube, dass wir uns – mit der Hilfe organischer Vermittler – dem „Stoff der Welt" tatsächlich einprägen, Spuren in der Materie hinterlassen und dieser damit einige unvermutete Fähigkeiten verleihen.

Und ich denke, dass es höchste Zeit ist, dass wir die „Dinge" ernst nehmen.

3

Vom Ernst der Dinge

„Kumpel", fragte der Mann in dem zerknitterten weißen Anzug, „haben Sie mal ein Paradigma?"

Es war natürlich Ion Will. Also bot ich ihm etwas von meinem Hainan-Hähnchen an. Wir hatten uns, wie verabredet, am Telok Ayer getroffen, jenem herrlichen achteckigen Markt in der Altstadt von Singapur, der sich jeden Tag um die Mittagszeit beruhigt und in einen der größten Speisesäle der Welt verwandelt. Dann materialisieren sich Schnellküchen hinter jedem Stand, und Kokosnüsse und Fisch werden beiseite geschoben, um Tischfläche zu schaffen für hungrige arbeitende Menschen. Ion hob eine Hand, sagte etwas Kurzes auf Hakka, und eine schüchterne Dame in schwarzen Schlabberhosen bereitete ihm blitzschnell eine Schale dampfender Mie-Suppe zu.

„Völlerei ist die einzige Sünde, die es in Singapur noch gibt", sagte er launisch. „Manchmal kann man seine eigenen Gedanken nicht mehr hören hinter dem Geklapper dieser 'flinken Brüder'." Er deutete auf die Essstäbchen in meiner Hand. „*Fai-tse,* so werden sie in China genannt, noch aus einer Zeit, bevor die hölzernen Einmalstäbchen kamen, als noch jeder sein eigenes Paar Elfenbeinstäbchen mit sich trug. Können Sie sich vorstellen, was diese Stäbchen über Tausende von Mahlzeiten im Laufe eines Menschenlebens an Energien ansammeln konnten? Kein Wunder, dass sie zusammen mit ihren Besitzern begraben oder verbrannt wurden."

Anschließend gingen wir am Padang, einer großen Grünfläche, entlang, vorbei an den vier riesigen Essstäbchen, die als ein Denkmal stehen für jene, die während der Besatzung im Zweiten Weltkrieg starben. Ion war noch sehr mit Gedanken über die Sterblichkeit beschäftigt.

„Anhand der Art und Weise, wie sie mit dem Tode umgehen, kann man eine Menge über das Leben der Menschen sagen. Neulich sah ich ein Bild von einem Helikopter, der in Santa Rosa, Kalifornien, aus dreißig Metern Höhe einen Konzertflügel auf das Grab dessen vormaligen Besitzers fallen ließ. Das ist mehr als ein 'musikalischer Gruß' für einen toten Pianisten. Es ist ein rituelles Opfer – so machtvoll wie das eines großen Feldherrn, der neben seinem liebsten Streitross bestattet wird. Es ist ein stillschweigendes Bekenntnis des Menschen, der – selbst in der materiellsten Gesellschaft auf Erden – anerkennt, dass durch die lange Gemeinschaft mit unbelebten Objekten irgendeine Art von Leben übertragen wird. Doch dieses Zugeständnis allein ist nicht genug. Es ist notwendig, dass wir anfangen, die Verantwortung für solche Akte der Schöpfung anzunehmen."

Wir sprachen den ganzen Nachmittag von Übertragung und über die lange Geschichte des „Sündenbocks".[73] Die Kikuyu in Kenia erlaubten einst einem Mann, der des Inzests beschuldigt wurde, sein Leben zu retten, indem er die Schuld feierlich auf eine Ziege übertrug, die an seiner Stelle starb. Wohlhabende Mauren in Marokko hielten je einen wilden Eber in ihren Ställen; er galt als Verwahrungsort für alles Böse im Hause. Die Toraja auf der indonesischen Insel Sulawesi behandeln Kleptomanie, indem sie einen Sackvoll Krabben freilassen, die über Nacht in den gierigen Händen des Diebes gehalten worden sind. Aber ein Sündenbock muss nicht unbedingt ein Tier sein. Die Dayak auf Sumatra wischen Unheil aus ihrem Zuhause in ein Spielzeughaus aus Bambus, das auf dem Fluss ausgesetzt wird. Zu einer alten arabischen Heilweise bei Melancholie gehörte, dass man geschmolzenes Blei in eine Schüssel Wasser auf dem Kopf des Leidenden tropfen ließ; anschließend wurde das Schwermetall in einem offenen Feld vergraben. In den Anden befreien sich Reisende noch immer von ihrer Ermüdung durch einen Stein, den sie auf einen der *apachitas* genannten Steinhaufen legen, die an schwierigen Stellen neben den steilen Pass-Straßen wachsen. Alle Handlungen dieser Art entwickelten sich und überdauerten auf der Grundannahme, dass die Ziege, der Stock oder der Stein tatsächlich etwas annimmt und loswird, auf das wir lieber verzichten. Haben Sie sich jemals gefragt, was mit Betperlen geschieht? Oder gestaunt über den Aufwand, den manche von uns treiben in ihrem vergeblichen Versuchen, sich an die Dinge zu klammern, die wir uns zugelegt haben? Ausgerechnet an jenem Nachmittag sahen wir in einem Tempelhof zu, wie während eines Requiems ein kunstvoll gearbeiteter Papier-Palast in Brand gesetzt wurde, wodurch sichergestellt werden sollte, dass einen reichen Händler aus Singapur in seiner nächsten Existenz ein gleichermaßen luxuriöses Leben erwartete.

„Wir tun dies immer weiter", sagte Ion Will. „Reichen das Leben herum wie Häppchen auf einer Party. Und es sind die Männer, denen man dies am meisten vorwerfen kann. Denken Sie einmal darüber nach. Frauen haben ihre Art, Leben zu schaffen, indem sie Leben gebären. Wir können das nicht, und wir mögen es nicht. Daher bleibt uns ein Minderwertigkeitskomplex, eine tiefe Art von Traurigkeit. Also haben wir einen anderen Weg erfunden. Wir fertigen Dinge mit vielen Merkmalen des Lebendigen an, und wir bezeichnen solche Geschöpfe sogar als unsere 'Kinder'. Oder etwa nicht? Gottlieb Daimler benannte sogar sein erstes Automobil nach seiner Tochter Mercedes. Denken Sie nur an den Chefingenieur eines Projekts, der das fertige Resultat stolz betrachtet, die Daumen in seinen Gürtel einhakt und erklärt: ‚Ja, das ist mein Baby!'"

Ion hat eine geniale Begabung, gewöhnliches Erlebtes in ein dramatisches neues Gewand zu kleiden, wodurch er alltäglichen Ausdrucksformen eine viel breitere und weiter reichende Bedeutung verleiht. Ich fühlte, wie ich wehrlos in eine weitere seiner Verschwörungen hineingezogen wurde. Dies war der Köder, und Ion setzte den Haken an jenem Abend, als wir einen Besuch in der Bugis Street machten.

Diese außergewöhnliche Einkaufsstraße ist nach den rauen Piraten benannt, die einst mit Sklaven für Singapur Handel trieben und sich danach in den Bars sammelten, um ihre Gewinne zu zählen und auszugeben. Das tun sie heute noch. Jeden Tag nach Einbruch der Dunkelheit füllt sich dieser Ort mit höchst ungewöhnlichen Leuten, die in Kostümierungen daherkommen, wie man sie sonst nur aus Fellini-Filmen kennt. Viele der Besucher sind hinreißend schöne Blondinen in hautengen Seiden- und hoch ausgeschnittenen Pailletten-Kleidern, unter denen wohlgeformte Schenkel zu sehen sind, welche sich bei näherer Betrachtung – wenn man sich dies wirklich traut – nicht als Frauen, sondern Männern zugehörig herausstellen.

„Der Transvestitismus", erklärte Ion verbindlich, „ist eine priesterliche Praxis. Selbst Thor konnte nicht donnern, er war hammerlos, bis er die Gewänder der Göttin Freia anlegte und sich als Braut ausgab. Die griechischen Sagen berichten uns unmissverständlich, dass der Retter Herakles der Königin von Lydien als Magd in Frauenkleidern dienen musste. Achilles verbarg sich zwischen den Frauen, bevor er ein ordentlicher Held wurde. Sibirische Schamanen taten oft das Gleiche. Der Papst tut es noch heute. Priester des Krishna-Kults in Indien trugen nicht nur weibliche Kleidung, sondern pflegten sogar eine 'Periode', in der sie sich allmonatlich für einige Tage zurückzogen. Und das arabische Gewand, jene fließende Robe oder Djellaba, hat ihren Namen, wie Sie wissen, von dem Wort *tjalabai*, was 'Frauen-Nachahmung' bedeutet. Das ist ein ehrenwerter Brauch, und sehr enthüllend."

In der Bugis Street war es gewiss enthüllend. Ich gab mir Mühe, nicht zu gaffen, sah mich aber gezwungen, meine Zuflucht in einem Spiel Tic-Tac-Toe mit einem kleinen Mädchen im Schlafanzug zu suchen, das mich dreimal nacheinander besiegte und mir für dieses Privileg einen Dollar abnahm. Aber Ion ließ mich nicht so leicht vom Haken.

„Priester und Schamanen trugen ihre Röcke alle aus dem gleichen Grund: Um Frauen nachzuahmen, die von Natur aus Leben erschaffen. Männer können keine Babys hervorbringen. Durch Gesang, Ritual und Opfer können sie jedoch der Materie eine Art von Leben einflößen. Allerdings ist das eine Praxis, die uns Schuldgefühle einträgt. Aus diesem Grund war die frühe – ausschließlich männliche – Technik immer verbunden mit Codes und Geheimhaltung, Einweihungen und Handwerksgilden, Innungen und Logen. Darum begann ein Großteil davon im Dunkeln, tief in der Erde, in Frauenkleidung. Wenn Sie das *geheime Leben der Dinge* verstehen wollen, werden Sie einen Blick auf die Geschichte des Bergbaus werfen müssen ...“

In der Tat. Das tat ich.

Schätze von besonderem Wert

Vor über drei Millionen Jahren fanden unsere fernen Vorfahren, die südafrikanischen Affenmenschen der Art *Australopithecus africanus,* Zuflucht in einer Reihe von Kalksteinhöhlen im Transvaal. Die Deutung der Funde in Bezug auf die Art, wie jene Ahnen lebten, bleibt umstritten, aber unter dem Schutt, der ihre Knochen enthält, war ein bemerkenswerter Kieselstein, der die menschliche Phantasie bis heute anregt. Dieses Stück rötlich-braunem Jasperits, eines hellgebänderten Eisensteins, wurde in den tieferen Schichten von Makapansgat entdeckt. Er ist wenig größer als ein Hühnerei, aber kann nur in die Höhle gelangt sein, indem er von einem der alten Hominiden dorthin

getragen wurde; die nächste natürliche Quelle solcher Steine
ist ein mehr als dreißig Kilometer entferntes Flussbett. Das
Fundstück ist kein Artefakt. Es gibt nichts an dem Stein, was
andeutet, dass er auf irgendeine Weise bearbeitet oder verändert wurde. Aber er ist gerollt und vom Wasser gerundet und
geschliffen worden, so dass eine Seite seiner farbenkräftigen
ovalen Oberfläche Vertiefungen erfuhr, die ihr unverkennbare
Ähnlichkeit mit einem menschlichen Antlitz geben, einschließlich hoher Augenbrauen und einem runden Kinn. Dies führte bei den Ausgrabungen von 1925 zu genügend Erheiterung,
um den Stein zusammen mit den übrigen Funden jener frühen
Expedition aufzubewahren. Im Jahre 1974 allerdings fiel er in
intuitivere Hände. Raymond Dart, jener Doyen der Afrika-Pa-
läontologen, der Fossilien mit der Art von Flair „liest", die ein
Medizinmann seinen „Knochen" entgegenbringt, arbeitete sich
durch die riesigen Vorräte von Makapan-Material, und als er
den Stein in die Hand bekam, lächelte er wieder einmal über
dessen menschliche Züge, und dann drehte er ihn auf den Kopf.
Ich habe einen Gipsabguss des Steins in meiner Hand, während
ich dies schreibe, und kann mich für die Tatsache verbürgen:
Wenn Sie das tun, verschwindet das nachgerade moderne Gesicht mit den hohen Brauen, und Sie sehen die grobe Karikatur
eines Geschöpfs mit niederer Stirn und einem mächtigen, breiten, grinsenden Kinn vor sich. Dart war entzückt:

> Seine breiten Wangen und der staunend geöffnete Mund
> sind so weit geworden, dass es trotz fehlender Nasen-
> löcher ausgeschlossen war, dass jeder wahrnehmende
> *Australopithecus* darin etwas anderes erkannte als eine
> Karikatur eines seiner flachgesichtigen Verwandten in ei-
> ner offenbar fröhlichen Stimmung … Man braucht nicht
> viel Phantasie, um sich vorzustellen, wie viel Gefallen
> ein solcher Stein vieler Gesichter in jeder Gemeinschaft
> auslösen würde, wie klein sie auch sei.[48]

Es ist ein netter Gedanke, dass wir bereits in unserer intellektuellen Kleinkindzeit einen Sinn für Humor hatten. Aber die Botschaft, die dieser kleine Stein mit sich brachte, reicht sogar noch weiter. Es ist die Tatsache, dass er erkannt, ausgewählt und behalten wurde. Das ist der Beweis für ein frühes Erwachen von Neugier, Begriffsvermögen und Selbstwahrnehmung. Ein Beweis dafür, dass wir bereits vor drei Millionen Jahren empfänglich waren für die Sirenenrufe des Ungewöhnlichen und im Mineralreich viel zu bestaunen und zu bewundern fanden.

Das ist immer so gewesen. Wir haben große Teile unserer Geschichte und Energie damit verbracht, farbige Kiesel zu finden – und später zutage zu fördern und zu schleifen –, teils weil sie selten waren, aber auch weil sie uns faszinierten. In bestimmtem Licht betrachtet, rührten sie etwas tief in unseren Erinnerungen an und erinnerten uns an das Glühen, das wir manchmal mit unserem inneren Auge sehen. Alle visionären Erlebnisse, betonte Aldous Huxley, sind selbst-leuchtend. Sie besitzen eine ungewöhnliche Brillanz und „die materiellen Objekte, die diesen visionären Lichtquellen am meisten ähneln, sind die Edelsteine. Einen solchen Stein zu erwerben, heißt etwas zu erwerben, dessen Kostbarkeit durch die Tatsache gewährleistet ist, dass es in der Jenseitswelt existiert."[102]

Glanz und Schimmer haben etwas an sich, das bei vielen Tieren ein seltsames Verhalten auslöst. Der berühmten Dohle von Rheims* gefiel alles, was glitzerte, und in der Literatur – sowohl der erzählenden als auch der wissenschaftlichen – wimmelt es von diebischen Elstern. Buschratten in Mexiko sind dafür bekannt, dass sie Schätze zusammentragen – Knöpfe, Kronenkorken und glänzende Pillendosen. In der Pampa von Argentinien habe ich eine Sammlung von Peitschen mit silbernen Griffen gesehen, die ein schnurrhaariges Nagetier,

---

*   aus den *Ingoldsby Legends* von Richard Harris Barham (1837ff.) – Anm.d.Ü.

das dort als Viscacha bekannt ist, um den Eingang seiner Erd-höhle arrangiert hatte.

Die Faszination ist anscheinend angeboren. Wir alle leiden unter dem „Elster-Impuls". Wir sind programmiert, auf glän-zende Dinge positiv anzusprechen. Sie ziehen unsere Auf-merksamkeit auf sich, wecken unser Interesse und verlangen, dass wir etwas tun. Sie drängen sich in unser Bewusstsein und drohen, unser Leben zu verändern. Dies geschieht nicht un-bedingt über Nacht, aber wenn wir wirklich im Begriff sind, eine neue Lebensform zu erschaffen, dann muss es Vorläufer geben und frühe Warnsignale. Das Beste davon, meine ich, ist in unserem starken Ansprechen auf das Auffällige zu finden, das bedingt, dass wir und jede andere Elster von glänzenden und funkelnden Dingen angezogen werden.

Bereits vor drei Millionen Jahren hatten die weiblichen An-gehörigen unserer Spezies die Erziehung der Kinder am Hals. Sie waren gebunden an abhängige Kleinkinder und niemals frei, sich so weit herumzutreiben wie die kräftigeren, schnel-leren Männer. Trotzdem waren sie es, die die größere Last tru-gen, wenn es um das Finden von Nahrung und Besorgen von Pflanzen, Eiern, Honig und Insekten ging, die bis heute die meisten nahrungssuchenden Ökonomien über Wasser halten. Das Jagen mag prestigeträchtig gewesen sein, aber es war ein weitaus unsichereres Geschäft, von dem die Männer in neun von zehn Fällen mit leeren Händen nach Hause zurückkehrten. Also waren es wahrscheinlich die Frauen, die eine Umgebung am gründlichsten durchkämmten und dabei jeden Winkel ken-nenlernten, während sie in den meisten Fällen mit dem Kopf und Blick nach unten arbeiteten und Dinge mit ihren Grabstö-cken aufstocherten und umdrehten – und damit am ehesten auf etwas Neues stießen, was sie ins Basislager zurückbrachten. In einer Zeit, bevor es Kleidung mit Taschen gab, war es eher sie als er, die am wahrscheinlichsten irgendwo etwas hatte, um solche Kuriositäten zu tragen. Denn, wie Elaine Morgan schreibt: „Notwendigkeit ist die Mutter der Erfindung, und da ihre ökonomischen Rollen divergierten, war das Behältnis ihre Notwendigkeit, nicht seine. Keiner trägt den erjagten Hirsch in einem Krug nach Hause."[154]

Somit war es wahrscheinlich sie, die jenen Stein der vielen Gesichter aufhob und nach Hause in die Höhle von Makapan zurückbrachte, vielleicht zusammen mit anderen Kleinigkeiten, die ihre Aufmerksamkeit angezogen hatten und einfach gesammelt wurden, weil sie anders waren. Bei jeder Ausgrabung früherer Wohnstätten findet sich heute einer Anzahl von Dingen, die keine offensichtliche Funktion hatten. Sie werden meist als „rituelle Objekte" katalogisiert und beiseitegelegt, damit sich spätere Archäologen ihre Gedanken darüber machen können – wie es diejenigen im nächsten Jahrtausend bestimmt tun werden angesichts der Steine, Kristalle, Muscheln und Treibholzfragmente, die sie in den Ruinen unserer Häuser finden werden.

Es gibt einige Dinge – vollkommen natürliche Objekte –, die erkannt und aufgehoben werden, einfach weil sie den Blick auf sich ziehen. Dies gilt zum Beispiel für Fossilien. Dreieckige Haifischzähne und spiralige Ammoniten hat man ohne räumlichen Zusammenhang auf Dutzenden von altsteinzeitlichen Fußböden gefunden, offenbar ausgewählt und aufbewahrt sowohl wegen ihres dekorativen als auch wegen ihres symbolischen Wertes. Ausgewählt, aufbewahrt und gesammelt wurden sie auch im prädynastischen Ägypten, auf dem bronzezeitlichen Malta, im mittelalterlichen Italien und im Frankreich der Renaissance.[168] Manche wurden durchbohrt, damit man sie als Anhänger und Amulette tragen konnte, aber keines wurde auf irgendeine andere Weise verändert. Sie wurden ausgewählt, nicht gemacht. Und obwohl diese Dinge vielleicht keinen wirklichen Wert oder praktischen Nutzen besitzen, nehme ich an, dass der Akt ihrer Wahl sie tatsächlich zu etwas Besonderem macht. Er verleiht ihnen nicht nur einen hohen empfundenen Wert, sondern auch eine Fähigkeit, Emotionen aufzusaugen wie nichts anderes in unserem Leben. Sie sind noch keine rituellen Objekte – Dinge, die bei spezifischen Riten oder Zeremonien eine Rolle spielen –, aber sie sind bereits viel mehr als gewöhnliche Dinge und verdienen eine neue und sprechendere Bezeichnung. Ich schlage vor, sie als *notions* zu bezeichnen oder für sie den Namen „Wertschätze" zu prägen, weil sie keine gewöhnlichen Kostbarkeiten sind. Der Wert dieser Schätze liegt nur im Auge oder Herzen ihres Betrachters, in seiner Wertschätzung.

Ein Wertschatz ist folglich ein unbeseeltes Objekt, das keinen wirklichen Wert oder praktischen Nutzen zu besitzen braucht, das aber gleichwohl Aufmerksamkeit beansprucht und Macht über die Menschen ausübt, die es anspricht. Er besitzt die Fähigkeit, uns anzurühren und zu bewegen. Ich verwende den Begriff *Wertschatz* auch für Gegenstände, die gewissermaßen unvollständig sind, bis sie bemerkt wurden. Dass sie wahrgenommen, ausgewählt und angenommen werden, besiegelt erst ihre spezielle Qualität und schließt einen Kreis, der zu feinen Veränderungen führt, sowohl in dem Objekt als auch in dem Individuum, das es erwählt. Dieser Vervollständigung entspringt ein Fluss von Energie, der einem solchen Schatz seine Kraft gibt; obwohl ich die hier beteiligte Energie nicht mit einer wissenschaftlichen Bezeichnung adeln kann, empfinde ich doch die Gewissheit, dass die Veränderung der Kraft oder Potenz des Gegenstandes real und evident ist.

Ein Objekt, das einmal Wertschatz-Status erlangt hat, ist anders und kann aus der Menge anderer – zwar ähnlicher, aber noch unerkannter – Dinge seiner Art herausgefunden werden. Ich entsinne mich einer Gelegenheit in Baja, Kalifornien, als ich eine große Gruppe von Studenten auf die Suche nach indianischen Artefakten mitnahm. Wir machten eine Feldbegehung in einem Gebiet kahlen Wüstenbodens, der mit kleinen Steinsplittern übersät war, unter denen auch einige feine Spitzen und Pfeilspitzen verstreut lagen. Es braucht ein scharfes und geübtes Auge, um die Artefakte unter den ähnlich gefärbten natürlichen Bruchstücken herauszufinden, und so hob ich zu Beginn der Suche eine gute Pfeilspitze auf und verglich sie mit einem Stück Stein, das zu etwa der gleichen Form verwittert war, aber keine Anzeichen menschlicher Bearbeitung aufwies. Ich trug beide bei mir, als wir weiter in das Suchgebiet gingen, warf jenen unbearbeiteten Vergleichs-Splitter aber wieder fort, als ich andere Dinge fand, die meine Hand und meinen Sinn beschäftigten. Eine halbe Stunde später brachte mir eine Studentin aus der Gruppe das gleiche Stück zurück und bat um Begutachtung. Ich erkannte es sofort – wie es ihr wohl auch gelungen war – von der einführenden Demonstration. Mit neugierigem Interesse an der Wahrscheinlichkeit, dass dieser bestimmte Splitter unter Millionen so sehr ähnlicher Stücke erneut gefunden wird, machte ich auf einer Seite eine kleine Markierung und legte den Stein unbeobachtet auf den Wüstenboden zurück. Im Laufe des Tages wurde er mir noch zwei Mal gebracht, und als wir bei Sonnenuntergang zurückkehrten, ließ ich mir das eine Lehre sein und behielt den Splitter in der Tasche.

Es ist unmöglich, die äußere Erscheinung eines Wertschatzes zu beschreiben. Die Stücke können sehr unterschiedlich sein. Manche haben einen rein lokalen Reiz, sie reflektieren oder verstärken einen kulturellen oder Stammes-Archetypus. In Irland war es eine geläufige Praxis, die Toten mit einer reinen weißen Bergkristallmurmel im Mund zu bestatten, und solche Steine sind dort heute immer noch als Schätze beliebt. Bei den Indianern in Maine wurden die Farben Grau oder Gelb bevorzugt. Der Pebble Beach („Kieselstrand") in Kalifornien ist ein beliebtes Ziel für viele, die auf der Suche nach dekorativen Achaten sind, von denen manche besonders ansprechend sind, weil sie kleine, mit Flüssigkeit gefüllte Hohlräume aufweisen, in denen sich Luftbläschen bewegen. Staurolith-Kristalle in

Frankreich und Mexiko nehmen manchmal von Natur aus eine Kreuzform an und werden von den katholischen Gemeinschaften von Morbihan und Pilar sehr geschätzt. In Brasilien sind die Menschen versessen auf „Friedenssteine" – Turmaline mit genügend Mangan- und Eisengehalt, die rot und grün schimmern. In den schlammig schwarzen Flussdeltas von Neuguinea wird alles, was irgendwie glänzt oder schimmert, begierig gesucht und getragen. Ich traf einen Mann an der Casuarina-Küste von Papua, der von seinen Kameraden um eine große elektrische Glühlampe beneidet wurde, die er gefunden hatte und stolz an einer Schnur um den Hals trug.

Strände spielen überall eine herausragende Rolle in der Welt der Wertschätze, welche die Gezeiten von weit entfernten Orten herantragen und abladen. Sie und ihr Strandgut mögen wohl maßgeblich beigetragen haben zum Wachsen und zur frühen Blüte der menschlichen Neugier – besonders wenn die Wasseraffen-Hypothese auch nur etwas Substanz hat, der zufolge wir einen wichtigen Teil unserer Evolution damit verbrachten, unsere Körperbehaarung zu verlieren und in den tropischen Seichtgebieten den aufrechten Gang zu lernen. Der „Strandgutsammler"-Reflex ist noch heute stark ausgeprägt und macht Küsten, Wasserlinien und Flussufer zu Stätten gespannter Erregung und Entdeckung, die Tag für Tag frische Möglichkeiten zur Erforschung bieten.

Wie weit sich der Begriff des Wertschatzes von natürlichen Gegenständen bis in die Sphären solcher Objekte ausdehnen sollte, die als Fertigwaren daherkommen, vermag ich nicht abzusehen. Ich hege den Verdacht, dass kommerzielle Souvenirs „Pseudo-Wertschätze" sind, denen die Möglichkeit verwehrt ist, zu wahrer Potenz zu gelangen, da sie bewusst hergestellt wurden, um unsere Aufmerksamkeit auf sich zu ziehen. Doch ich bin willens, einzuräumen, dass überschwängliche Zuneigung oder Bewunderung in besonderen Fällen vielleicht selbst diese angeborene Belastung überwinden könnte. Aber ich denke, ein spezieller Fall könnte wohl solchen Artefakten zugestanden werden, die einmal hergestellt und gebraucht, dann weggeworfen und in der Folge wiederentdeckt worden sind. Ich weiß, dass antike Pfeilspitzen und Topfscherben die Anmutung eines echten Wertschatzes besitzen, und bin bereit, zu akzeptieren, dass die gleiche Qualität selbst bei Fahrrad-Laufrädern und Flaschenregalen hervorgerufen werden könnte von jemandem, der die Fertigkeit und das Flair des französischen Dadaisten Marcel Duchamp besitzt. Sein berühmtes Porzellan-Urinal wurde 1917 aus der Vergessenheit gehoben und erlangte Wertschatz-Status durch die simple, aber nachhaltige Wendung, es als *Fountain*[*] zu betiteln und mit der Signatur „R. Mutt" zu versehen.

Welchen Ursprung er auch hat, ist der Wertschatz ein Objekt von Bedeutung, ein bedachtes Ding; etwas von Konsequenz, das nicht nur ein menschliches Grundbedürfnis beantwortet, sondern zu Gedanken anregt. Obwohl die ersten Wertschätze – wie jener Stein der vielen Gesichter – wahrscheinlich von Frauen gefunden und heimgebracht wurden, ist es aufgrund von allem, was wir über das menschliche Verhalten wissen, wahrscheinlich, dass solche Gegenstände, sobald sie als Dinge von Besonderheit anerkannt waren, von Männern entwendet wurden. Um die Kontrolle und Verfügung über solche Schätze zu sichern und zu behalten, erfanden die Männer bald Beschränkungen im Hinblick auf ihren Besitz und Gebrauch, und verwandelten die Wertschätze auf diese Weise in rituelle Objekte, die sexuellen Tabus unterworfen waren.

Der Besitz von besonderen Dingen macht deren Besitzer ebenfalls zu etwas Besonderem. Der nächste logische Schritt für Männer, die keinen Wertschatz besaßen, wäre, sich selbst auf die Suche nach eigenen Schätzem zu begeben, woraus das langlebigste und dauerhafteste von allen mythologischen The-

---

[*]   engl. Brunnen, Quelle, Springbrunnen, Fontäne (Anm.d.Ü.)

men entstand – das des Helden und seiner Suche. Jede Kultur hat ihre Sagen von Männern mit übermenschlichen Kräften, die mutig nie gekannten Gefahren trotzten und ihre Talente für das Wohl der Gemeinschaft einsetzten. Ihr Streben, die Suche nach dem Schatz in dessen einfachster Form, war nichts mehr als ein Ansporn, über die gewöhnlichen Grenzen des Nahrungsreviers hinauszuziehen. Es scheint unausweichlich, das solche speziellen Reisen schon bald durch Irrungen und Wirrungen, durch Prüfungen und Drangsale – sowohl reale als auch imaginäre – ausgeschmückt und verschönert wurden, die den Status des Suchenden weiter aufbauten und ihm bei seiner Heimkehr die Attribute einer anderen wichtigen Figur in der Gesellschaft gaben – der des Geschichtenerzählers. Dieser ganze Prozess trug natürlich wundervoll zu dem Wert, dem Zauber und der Macht des gesuchten Gegenstandes bei, und so wuchsen aus einfachen Fundstücken schließlich großartig überhöhte Wertschätze – wie etwa der heilige Gral.

Mir ist bewusst, dass es die Zeit zusammendrängt und die Glaubwürdigkeit strapaziert, wenn wir die Schuld an aller Mythologie unserer uralten Faszination für glänzende Dinge zuschreiben. Doch der Mythos – sei er auch im Kern eine Verschlüsselung von Grundideen, die als Rechtfertigung der bestehenden sozialen Systeme dienen mögen –, ist auch eine bleibende Aufzeichnung von Ursprung und Entwicklung traditionellen Brauchtums und Glaubens. Ich behaupte daher, dass die ersten Anreize die bahnbrechenden und grundlegenden waren. Ich behaupte auch, dass eine ganze Menge von diesen verlockenden Wertschätzen metallener oder kristalliner Natur gewesen sind – Silikate, Sulfate und Phosphate –, die unsere Vorfahren von der Sicherheit des Tages fort und in die Unterwelt, den Untergrund, lockten. Denn dort ist, wo Männer – im Gegensatz zu Frauen – wählten, ihre Schöpfung auf die Welt zu bringen.

Mutter Erde

In der Olduvai-Schlucht („wo der wilde Sisal wächst") im Norden von Tansania hat die Erosion ein Protokoll von zwei Millionen Jahren Menschheitsgeschichte freigelegt. Nahe der Sohle dieser geologischen Bibliothek ist ein Regalfach, das die Überreste von drei verschiedenen Arten früher Hominiden enthält, deren eine mehrere Stücke von oxidierter Erde gesammelt und geborgen hat, die in jenem Gebiet von Natur aus nicht vorkommen. Diese Fragmente wurden vermutlich aufgehoben, weil sie ins Auge fielen, aber vielleicht das Signifikanteste und Interessanteste an ihnen ist, dass sie zufällig blutrot sind – wie der Stein mit den vielen Gesichtern von Makapan.

Wieder einmal finden wir einen Beleg für unserer Faszination für Blut, die Quelle von allem, was lebenssteigernd ist. Es trägt eine größere psychische Ladung und ist reicher an Symbolik als jede andere Substanz. Es reicht direkt in unbewusste Bereiche und rührt solche Tiefen der Empfindung auf, dass selbst kräftige Männer angesichts von Blut ohnmächtig werden. Es ist die Substanz der Wahl, überall auf der Welt, wenn es gilt, die heiligsten Passageriten zu markieren, und bei jeder solchen Zeremonie spielt es eine zentrale Rolle. Es ergreift und bindet alle Beteiligten in die uralte Gemeinschaft der Blutsbrüder.

Auf dem Hügel Terra Amata in der Nähe von Nizza steht ein Block von Luxuswohnungen wie ein Mausoleum über den Resten eines vierhunderttausend Jahre alten Lagerplatzes. Die vorzeitlichen Touristen, die hier lebten, waren Jäger, die jedes Frühjahr an die Mittelmeerküste kamen, um mit einem gelegentlichen Austernmahl Abwechslung in ihre schwere Elefantenfleisch-Diät zu bringen. Hier gibt es Indizien für eine Feuerstelle und verstreute Steinsplitter. Was jedoch am wichtigsten ist: Hier sind sechzig Stücke Eisenoxid, die zu groben Stiften geschnitzt waren, deren Spitzen wiederum Anzeichen von künstlichem Abrieb aufweisen. Es sind frühe Farbstifte, die von den Jägern anscheinend benutzt wurden, um einander die Haut zu bemalen. Die Farbe ist, wie bei den Schätzen von Olduvai und Makapan, rohes Karmesinrot, mörderisches Blutrot, Terracottarot.[214]

Das Auftragen der symbolischen Mannschaftsfarbe mag eine Aufgabe gewesen sein, die von einem ausgewählten Mitglied der Gruppe mit einem besonderen Talent für solche Dinge für alle übernommen wurde, dem ersten Kulturspezialisten, einem Vorläufer sowohl des Künstlers als auch des Priesters. Die Verwendung von Ocker war vermutlich den Männern vorbehalten – oder vielleicht nur jenen, die auf die Jagd gingen – und zeichnete die Aktivität des Jagens mit einem zeremoniellen Siegel aus, indem es sie zur Männerarbeit machte, die mit einfachen rituellen Elementen schützend umgeben wurde. Sobald sich der Prozess bewährte, indem er zum Erfolg bei der Jagd beitrug, dürfte er bei späteren Jagden übertragen und übernommen und so ein Teil der Kultur geworden sein, etwas, auf das man sich besann und das man überlieferte – ein Anreiz zur Entwicklung von Sprache.

Ausgehend von der bloßen Existenz eines farbigen Malstifts, sind dies gewaltige spekulative Sprünge. Aber roter Ocker, zuweilen auch Blutstein, Hämatit oder Rötel genannt, hat überall eine außerordentliche Macht als kultureller Katalysator entfaltet, der zum Beispiel fest mit der Beseitigung der Toten assoziiert wurde. In der ganzen Steinzeit wurde er als ein letztes Bett oder Grabschmuck verwendet. Bei Bestattungen im bronzezeitlichen Bayern wurde er um den Leichnam herumgepackt. Er wurde auf Schädel gemalt, die in der frühesten bekannten Stadt Anatoliens verehrt wurden. Er schmückt die Grabkammern der Shang-Dynastie und die Steinkisten und Sarkophage der etruskischen und römischen Gräber. Auf Madagaskar werden Hindu-Frauen sowie die Toten beider Geschlechter noch heute in Rot eingehüllt. Im Hochland von Neuguinea werden die Leichen der in der Schlacht Gefallenen mit rotem Schlamm bedeckt. Die Kalahari-Buschmänner und Eingeborenen der Küstengegend überqueren ganze Wüsten, um zu den geheiligten Quellen dieses Materials zu gelangen. Überall übt diese magische oxidierte Erde ihre „beherrschende Wirkung in der Verbreitung von Mythen, Riten und Mysterien der antiken Metallurgie und Alchemie aus, spielt Rollen von solcher Kontinuität und zunehmender Verschiedenartigkeit, dass sie unter allen Mineralen einzigartig geworden ist in der Art, wie sie die Existenz des Menschen damals und heute formte."[27]

Dies war das „Blut der Erde", eine perfekte symbolische organische Brücke. Jene, die es suchten, folgten den Zeichen zu seinem Ursprung im Herzen des Planeten, tief im Leib von Mutter Erde.

Vielleicht haben sie ein wenig mütterliche Hilfe erhalten. Unter den anomalen Phänomenen sind nur weniger dauerhafter als das *Ignis fatuus*[*], Feuerkugeln, Sumpflichter, Leichenkerzen, Kugelblitze oder verschiedene andere Lichterscheinungen und Trugbilder. Allen diesen leuchtenden Merkwürdigkeiten ist gemeinsam, dass sie weniger als einen Meter Durchmesser aufweisen, ein sanftes Licht verbreiten, für Menschen offenbar harmlos sind, gewöhnlich nach Einbruch der Dunkelheit erscheinen und sich auf eine Weise bewegen, die oft als „spielerisch" beschrieben wird. Sie haben auch die Tendenz, an den gleichen Plätzen wiederholt aufzutreten.

Einer dieser Orte ist der Brown Mountain in den Appalachen von North Carolina, wo die Cherokee Lichter gesehen haben oder, in jüngerer Zeit, „Flutlichter" oder „Spielzeug-Ballons", die angeblich einzeln oder in Gruppen erscheinen, über den Berg emporsteigen, in Schluchten hinein und aus Schluchten hervor schweben oder zwischen den Bäumen „knistern". Man erklärte diese Phänomene mit Sumpfgas, Buschfeuern, op-

---

[*]   Irrlicht (Anm.d.Ü.)

tischen Täuschungen oder dem Scheinwerferlicht von Autos und Eisenbahnen, aber allen diesen Zuschreibungen fehlt es an Überzeugungskraft. Interessanter ist jedoch, dass der Brown Mountain größtenteils aus hellrotem „Cranberry-Granit" besteht.[36]

Ähnliche Lichterzauber und leuchtende Darbietungen werden aus Pine Bush im Bundesstaat New York berichtet, aus mehreren Gebieten in Neumexiko und Oklahoma, den Pennines in England, Teilen des schottischen Hochlands, der walisischen Küste und den Küsten des chinesischen Meeres. Eine Gruppe von Wissenschaftlern, die über hundert solcher zufälliger, in geringer Höhe erscheinender, selbstleuchtender Ereignisse im Jahre 1974 untersuchte, kam zu dem Schluss, dass es keine einfache physikalische Erklärung gibt.[191] Eine andere Gruppe gelangte 1983 zu zwei wichtigen Ergebnissen: Sie brachten die nächtlichen Lichter mit Ausbrüchen von „Ufo-Sichtungen" wie jenen in Verbindung, die um Warminster in Wiltshire in den 1960er Jahren und an der St. Bride's Bay in Wales 1977 berichtet wurden; zudem entdeckten sie, dass diese beiden Gebiete genau über markanten geologischen Störzonen liegen.[53]

Paul Devereux, ein Mitglied der britischen Gruppe, betont, dass Reibung oder Druck in Gesteinen wie Granit häufig zu einem Phänomen namens Tribolumineszenz führt. Hierbei handelt es sich um eine kalte Lichtemission von sichtbarer Strahlung, welche eintritt, wenn freie Elektronen durch Druck aus einer mineralischen Schicht „gequetscht" werden. Eine Tribolumineszenz kommt in der Natur bei Gesteinsscherungen oder Erdbeben vor und kann – etwa durch Zerdrücken eines Stücks Granit im Dunkeln, selbst unter Wasser – auch künstlich herbeigeführt werden. Es gibt eindrucksvolle Fotografien von solchen gespenstischen Lichterscheinungen, die während der Erdbeben-Serie von Matsushiro zwischen 1965 und 1967 aufgenommen wurden.[52] Devereux meint, dass „Erdlichter" für die meisten Ufo-Sichtungen verantwortlich seien und eine geologische Begründung für all die seltsamen Begegnungen liefern, die von Bergleuten überall berichtet werden. Viele erzählen von summenden Tönen und phosphoreszierenden Gestalten unter der Erde. In Japan wird das unterirdische Glühen so oft beobachtet, dass es mit *chiki* einen Namen erhalten hat. Zwei englische Geologen berichteten im 18. Jahrhundert, dass einige der alten Zinn- und Kupferminen ursprünglich von Erzsuchern geortet wurden, die der Quelle von „feurigen Blitzen" oder „flammende Erscheinungen" nachgingen, welche durch Spalten oder Risse aus der Erde hervorbrachen und wie gleißende Sterne zum Himmel aufschossen.[22]

Jene glühenden Leuchtfeuer könnten zu dem Glanz und Reiz solcher Wertschätze beigetragen haben, die die Phantasie unserer frühen Vorfahren anregten und sie in den finsteren Zeiten, als Licht eine echte Neuigkeit war, auf ihrer Suche nach weiteren Schätzen leitete. Die frühesten Belege dafür, dass sie tatsächlich bereits in der frühen Steinzeit graben gegangen sind, stammen aus Emabomvini, „dem Ort des Roten", in Swaziland. Hier war in den späten 1960er Jahren der Schauplatz einer massiven Bergbauaktion, die mit dem Verkauf von fünfzig Millionen Tonnen tiefroten Hämatits an Japan endete. An jedem Punkt, wo die modernen Bergleute in den Eisenberg einbrachen, stellten sie fest, dass andere bereits vor ihnen da gewesen waren. Da führten Tunnel zwölf bis fünfzehn Meter tief in den massiven Hämatit, übersät von einfachen Pickeln, Hacken und Äxten aus härterem Diabas, die über viele Meilen Distanz dorthin gebracht worden waren. Anhand von Holzkohleresten an Stellen, wo die ersten Bergleute einst ihre Mahlzeiten kochten und aßen, war es möglich, die frühen Grabungsarbeiten zeitlich einzuordnen – und die Ergebnisse sind überraschend.

Radiokarbondatierungen ergaben, dass jene Ausgrabungen bei Emabomvini vor mindestens fünfundvierzigtausend Jahren stattfanden. Funde aus einer andere Höhle in der Nähe lassen darauf schließen, dass der Abbau schon hunderttausend Jahre früher begonnen haben könnte. Diese Entdeckungen machten eine Revision der Steinzeit-Chronologie notwendig und führten zu einer Verdoppelung des historischen Alters des modernen Menschen. Wir müssen uns dem erstaunlichen Faktum stellen, dass unsere Vorfahren in Afrika, obwohl sie selbst kein Eisen hatten, Steinwerkzeuge gebrauchten, um das Erz abzubauen – hundert Jahrtausende bevor die Eisenzeit offiziell begann.[28]

Das Geheimnis gewinnt noch an Tragweite durch die Tatsache, dass jene antiken Helden all diese Mühe auf sich nahmen, obwohl der Ocker an manchen Orten fast bis an die Erdoberfläche reicht. Wenn sie ihr mühsames Werk beendeten, füllten sie anschließend die Schächte und schütteten fleißig Hämatitaushub in die Löcher zurück, die sie gegraben hatten. Es hat den Anschein, als hätten sie etwas anderes gesucht. Dieser Zweifel wurde erst gelöst, als ein einfallsreicher junger Archäologe eine bereits abgeschlossene Ausgrabung in mühevoller Kleinarbeit neu öffnete. In einer Tiefe von etwa zwölf Metern – gerade da, wo sich der Hämatit verworfen hatte und unterirdische Lufträume bildete – stellte Adrian Boshier fest, dass das rote Eisenoxid in Gestalt von funkelnden schwarzen metallischen Blättchen in einem weichen, seifigen Grund auskristallisierte. Das war es, worauf jene zähen Männer mit ihren Steinwerkzeugen aus waren: Spekularit oder Eisenglanz, den die Swasis noch heute als *ludumane* kennen, den „viermaligen Donner", und als etwas von großer Macht schätzen, das sich nur Häuptlinge und die höchsten Priester und Wahrsager auf den Körper schmieren oder ins Haar reiben dürfen.[232]

Diese Entdeckung brachte Licht in den scheinbaren Widerspruch eines steinzeitlichen Volkes, das nach einem eisenzeitlichen Material grub. Sie suchten Schätze, nicht Metall. Sie waren dem lockenden Glanz des Schimmernden und Magnetischen verfallen, von dem sie sich berühren ließen, und mit ihrer zunehmenden Neugier wuchs auch die Kapazität zur

Selbstwahrnehmung. Im Laufe der Zeit brachten sie die ersten und spektakulärsten unserer technologischen Revolutionen zustande.

Archäologen neigen dazu, die Geschichte des Menschen in Zeitalter zu gliedern, die nach einem vorherrschenden Material benannt werden. Die gewöhnliche Reihenfolge geht von der Steinzeit über die Bronzezeit zur Eisenzeit. Zeiträumen und Daten, die je nach Region variieren. Aber diese Unterteilungen sind weitgehend willkürlich; die Zeitalter überschneiden einander auf eine Weise, dass ihre Namen zu akademischen Etiketten schrumpfen. Es gibt jedoch zwei natürliche Wasserscheiden in diesem Verlauf, zwei Momente, als unsere Vorfahren etwas taten, das eine weiterreichende Veränderung in ihrem Leben bewirkte. Das Erste war der Übergang vom Werkzeug-Gebrauchen zum Werkzeug-Machen. Tiere überraschend vieler Arten gebrauchen Werkzeuge; sie nehmen Steine, Zweige, Stacheln oder Netze zu Hilfe, um sich den Zugang zu einer favorisierten Nahrungsquelle zu erleichtern. Manche schneiden diese mechanischen Hilfen sogar zu. Sie spinnen, positionieren oder präparieren sie so, dass sie für ihre Aufgaben besser angepasst und geeignet sind. Aber nur Menschen gehen einen Schritt weiter und fertigen solche Mittel für den zukünftigen Gebrauch systematisch an; dabei kommen Voraussicht und begriffliches Denken zum Zuge. Eine gleichermaßen wichtige Unterscheidung ist die Frage der Quantität. Echte Werkzeuge sind Dinge, die in signifikanter Zahl vorkommen.

Der Hauptunterschied zwischen einem Wertschatz und einem Werkzeug ist seine Verfügbarkeit. Ein einmaliges Ding, wie der *Stein der vielen Gesichter*, kann niemals mehr sein als ein Wertschatz oder ritueller Gegenstand. Er ist besonders, weil er einzigartig ist. Andere, etwa Kristalle und Edelsteine, sind vielleicht nicht einzigartig, aber zumindest selten. Ihre Seltenheit verleiht ihnen Wert; sie bietet ihren Besitzern Status, den weniger Glücklichen einen Anreiz zur Suche nach mehr. Dieses Verlangen und seine Befriedigung auf der Suche hatte nachhaltige Auswirkungen auf unsere soziale und kulturelle Evolution, aber der erste große Wandel kam mit der Herstellung und Massenproduktion. Die Entwicklung begann mit einfachen gefundenen Werkzeugen: Mit Steinen, die als Hämmer genutzt wurden, und Stöcken, die als Hebel dienten. Beide brachten somit magische Wirkungen hervor und machten das bis dahin Unmögliche möglich. Über einen Zeitraum von vielleicht einer Million Jahren führten grobe Steinwerkzeuge, die zufällig abgeplatzt waren und auf gut Glück gebrochen wurden, zu Werkzeugen von einer standardisierten Form. Vor etwa anderthalb Millionen Jahren tauchte der Faustkeil auf, und dieser war ganz anders. Er hatte Symmetrie und einen klaren Sinn und Zweck. Er war gemacht, um zu gefallen. Er war viel schöner, als nötig gewesen wäre. Er war unser erstes Kunstwerk, unsere frühester Versuch in Sachen Stil. Er war und ist immer noch ein unbestreitbar anmutiges Objekt – und er war weit verbreitet, quasi das Schweizer Armeemesser der alten Welt. Er war unser erstes Vielfaches, und er war fast mit Gewissheit maskulin.

Vielfache sind im Grunde genommen maskulin. Sie werden fabrikmäßig hergestellt. Die einzigen Vielfachen, die mir einfallen, die man als feminin bezeichnen könnte, sind Dinge, die gewebt wurden. Die Weberei könnte die feminine Antwort auf die männliche Manufaktur sein, aber es gibt selbst in dieser Industrie etwas, das andeutet, dass die beteiligten Frauen möglicherweise nicht ihre natürliche Rolle erfüllen. Warum sonst sollte *spinster* – buchstäblich eine Frau, die spinnt – auch der Begriff sein, mit dem man Frauen bezeichnet, die nicht nur unverheiratet sind, sondern dies wahrscheinlich auch bleiben werden?

Der zweite große Meilenstein in der kulturellen Evolution war nicht der Übergang vom Stein zum Metall. Kupfer, Silber und Gold sind „gebürtige“ Metalle, die in ihrem natürlichen

Zustand vorkommen. Ihre Farbe macht sie auffällig, und für die neugierigen frühen Sammler waren sie nichts weiter als glänzende Steine, die zufällig weich genug waren, um sie in praktische Formen zu schlagen oder zu schnitzen. Doch keines von ihnen war als Werkzeug zu gebrauchen, und so wurden die meisten zu „Neo-Wertschätzen" und als solche getragen. Erst als man einigen Schotter gefunden hatte, der Zinn enthielt, das sich zur Härtung von Kupfer zu Bronze eignete, konnten mittels dieses Metalls Werkzeuge und Waffen hergestellt werden. Doch noch waren alle Erze, die man dazu benötigte, zu selten, als dass die Einführung der Bronze das Leben des Menschen tiefgreifend verändert hätte. Die nächste echte Revolution musste noch mehrere tausend Jahre warten, bis zur Erfindung der Schmiede.

Magie des Metalls

Während des größten Teils der Menschheitsgeschichte hatten wir nur eine Art von Eisen, und dies war buchstäblich ein Geschenk des Himmels. Es fiel in Gestalt von Eisenmeteoriten herab, die fast ganz aus Metall bestanden, und aus diesem wurden die Messer der Azteken, der Inkas, der Mayas, der Hethiter, der Sumerer und der Minoer hergestellt. Für alle diese Völker war Eisen himmlischen Ursprungs. Die Sumerer nannten es *an bar* – mit einem Namen, der die Bildzeichen für „Himmel" und „Feuer" kombinierte – und hielten es für kostbarer als Gold. Man betrachtete es allgemein als magisch und mit geheiligter Kraft geladen. Ein Mann, der ein Schwert aus Meteoreisen anfertigte, war in der Schlacht unbesiegbar. Ein Messer aus der gleichen Quelle konnte Dämonen abwehren. Eisen-Amulette schützten Ernten, nicht nur vor schlechtem Wetter, sondern auch vor Verwünschungen und der Macht des bösen Blicks. In Malaysia zählt zu den Zeichen königlicher Würde ein Block aus solchem Eisen, der bis heute verehrt wird.[183]

Die Entdeckung, dass man diese Gabe der Götter auf der Erde nachmachen konnte, sprach sich nur langsam herum. Eisenerze sind auf diesem Planeten reichlich vorhanden, und das reichlichste von ihnen, Hämatit, spielte in unserem Bewusstsein bereits eine wichtige Rolle. Niemand weiß, wer als Erster auf die Idee kam, dem Blut der Erde wieder Hitze zuzuführen. Vielleicht war es ein Blitz, der den ersten vielversprechenden Schorf auf einem Aufschluss schmolz, doch vor etwa viertausend Jahren floss in China, oder vielleicht in Armenien, erstmals flüssiges Eisen aus einem einfachen Schmelzofen. Und sofort galt es nicht mehr nur als heilig, sondern sogar als lebendig – eine der Früchte von Mutter Erde, die in ihrem Leib gereift war. Jene, die an der Förderung und Geburt beteiligt waren, wurden zu Hebammen des Planeten, zu Priestern, die dafür verantwortlich waren, neues Leben auf die Welt an der Oberfläche zu bringen.[64]

In *The Forge and the Crucible* verdeutlicht Mircea Eliade, dass sowohl der Bergbau als auch die Metallgewinnung von Anfang an geheiligte Aktivitäten waren. Keine Erzader wurde einfach entdeckt. Sie musste durch geistige Vermittler oder mystische Zeichen – wie die schwer fassbaren „Erdlichter" – offenbart werden. Der Aufschluss einer neuen Mine, das heißt eine Verletzung der Mutter vor ihrer naturbestimmten Zeit, musste von Riten und Opfern begleitet werden, damit die Geister der Erde nicht gekränkt wurden oder das Metall sich an einen anderen Ort verzog. Viele Erze, so heißt es, seien scheu. Sie bewegen sich nicht nur nach Belieben fort und verstecken sich, sondern sie zeigen Mitgefühl und Achtung für die angemessene Zeremonie. Im überwiegend islamischen Malaysia müssen die Rituale, die mit dem Aufschluss einer neuen Mine einhergehen, noch heute mit den alten animistischen Traditionen im Einklang sein. Sie sind den „Meistern des Ortes" zugedacht, die schnell zur Hand sind, ihren Zorn über die fremden Gebräuche des Islams zum Ausdruck zu bringen.[206]

In vielen Gegenden wurde von Bergleuten verlangt, dass sie nur unter den strengsten Bedingungen tätig sind. Reinlichkeit und Fasten waren unerlässlich, und manche mussten sich auf den Eintritt in die geheiligte Präsenz durch mehrere Tage sexueller Enthaltsamkeit vorbereiten. Viele waren gezwungen – wie es all jenen obliegt, die bei der Geburt des Metalls assistieren –, sich in Frauenkleider zu hüllen, bevor sie in die „Vagina" der Erde einstiegen, um die Spuren ihrer hellroten Menstruationssäfte auszuschaben. Im Ägyptischen bedeutet das Wort *bi* sowohl Uterus als auch die „söhlige Strecke" im Bergbau. Alle traditionellen Bergleute waren mit äußerster Sorgfalt darauf bedacht, den Hohlraum ihrer Grabung wieder aufzufüllen, die Röcke der Erde wieder zu ordnen und ihr die Zeit zu lassen, sich nach einer Phase der aktiven Ausbeutung auszuruhen und zu regenerieren.

Das embryologische Erz sicher aus einer Mine zu bergen, ist nur der erste Teil des Problems. Die trickreiche Prozedur der Vollendung der Reifezeit des Metalls in einem „künstlichen Uterus" an der Oberfläche ist von ähnlichen Tabus und Verboten umgeben. Dies ist die schwierigste und gefährlichste Phase, die manchmal sogar nach einem Menschenopfer verlangt. Dabei wagt es der Schmied, der „Herr des Feuers", mit eigenen Händen das Werk der Natur auszuführen. Er erzwingt einen Prozess, der seine Erfüllung normalerweise im Leib der Erde erlangt, in dessen Verlauf ein Metallbarren entsteht, der manchmal sogar ein „Fötus" genannt wird. Häufig handelt er in dem Glauben, dass sich alle Metalle – wenn man ihnen erlaubt, auf die gewöhnliche Weise zu reifen und im Untergrund zur vollen Ausbildung zu gelangen – in Gold verwandeln werden. Deshalb läuft das Hervorgraben von Eisen- oder Kupfererz und ihr Schmieden vor der Zeit auf die Durchführung einer Abtreibung hinaus – oder zumindest eines Kaiserschnitts. Es ist ein Akt der Blasphemie, und wenn er vollbracht werden muss, so geschieht die Tat nach Einbruch der Dunkelheit, im

Geheimen – und sehr oft durch Männer, die in Frauengewänder gekleidet sind.

Das Empfinden, sich die natürlichen Funktionen der Frauen anzumaßen oder sie zu imitieren, ist in der Mythologie des Bergbaus sehr intensiv. Der Bergbau wird von Männern vollbracht, scheint aber immer zu Schuld geführt zu haben. Leben hervorzubringen, ist das Werk der Frauen. Es ist nicht etwas, das Männer tun sollten, und es wird zu einem Akt, der von ausgesprochen weiblichen Ritualen geschützt und begleitet werden muss. Keiner Frau sollte erlaubt sein, zu sehen, wie Männer sich auf solche Weise verhalten. Das Tabu gegen Frauen unter Tage ist in manchen Gegenden so schwer zu durchbrechen, wie das gegen den Zugang von Frauen zum Priesteramt. Dessen ungeachtet sind die Schutzheiligen der Bergleute – und sie waren es schon immer – Frauen, angefangen bei Brigitte, der Mondgöttin der Germanen und Schutzgöttin des Schmiedehandwerks, die später zur keltischen Gottheit und zum Leitbild der Briganten wurde, aber gleichwohl von der katholischen Kirche in Irland als St. Bride kanonisiert wurde.

In allen matriarchalischen Gesellschaften wurden Metall-Arbeiter zu Parias und Ausgestoßenen – Grobschmiede, die man zu den Teufeln und Dämonen zählte. Man begegnete ihnen mit Furcht oder hielt sie in Verachtung und Geringschätzung. Sie waren der legalen Rechte beraubt, und es war ihnen verboten, mit Frauen zusammenzuleben. Ihr Handwerk galt als unrein, und ihre Namen nach Sonnenuntergang auszusprechen, bedeutete, einen nächtlichen Angriff durch Löwen oder böse Geister heraufzubeschwören.

In den Patriarchaten hingegen waren die schöpferischen und Erzeuger-Aktivitäten der Schmiede als solche anerkannt, was sich in deren Status widerspiegelte. Auf Java wurde ein Schmied wie ein Prinz geehrt und hatte eine Position des Respekts am königlichen Hof inne. In Bali galten die Metallarbeiter als Abkömmlinge Brahmans, der sie mit *shakti* begabt hatte, ihren mystischen Kräften. In Westafrika sind Schmiede noch heute Mitglieder machtvoller Geheimgesellschaften, die beträchtliches Ansehen genießen. Im Kongo gilt der Mann, der an der Schmiede arbeitet, als an die Erde gebunden, er ist ein Mitwirkender im göttlichen Werk der Schöpfung. In vielen Gegenden ist der Schmied zugleich ein Schamane, ein zivilisierender Held, der dem Volk die Wohltaten der Landwirtschaft mitbringt. Doch selbst wo er in so hoher Achtung gehalten wird, herrscht eine gewisse Ambivalenz in Bezug auf eine Praxis, die als im Kern mystisch betrachtet wird und als ein Produkt, das sowohl nützlich als auch gefährlich sein kann.

Eisen trägt eine besonders schwere moralische Last, teils weil seine Gewinnung eine Verletzung der Erde bedingt, aber auch, weil es viel mehr Wärme benötigt und das Fällen von mehr Bäumen und das Verbrennen von mehr kostbaren Reserven fossilen Brennstoffs verlangt, um es in eine für uns brauchbare Form zu bringen. Alle diese Aktivitäten sind dazu geeignet, unser Empfinden von tiefer, prä-ökologischer Schuld noch zu verschlimmern. Das sollten sie auch. Wir haben es hier mit einer schwarzen Kunst zu tun, die es verdient, mit den okkulten Wissenschaften assoziiert zu werden.

In vielen Gegenden gelten die Werkzeuge des Schmieds als beseelte und wundersame Objekte, die selbstständig tätig werden können. In Togo bezeichnet ein Schmied seine Instrumente als den „Hammer und seine Familie". In Angola wird der Hammer behandelt „wie ein Prinz und verhätschelt wie ein Kind". Der Gebrauch solcher Instrumente und die Fabrikation von Werkzeugen sind überaus wichtige Dinge, die lange Zeit als das Werk übermenschlicher Wesen betrachtet wurden. Wo den Göttern Symbole oder Wahrzeichen zugedacht wurden, waren dies in den meisten Fällen der Hammer und der Amboss. So erlangte der Mensch, der diese Geräte beherrschte, quasi-göttliche Qualitäten und verdiente sich den Titel *Homo faber,* „der Dinge erschafft", – wie ein Gott.[64]

Unter den Göttern war Hephaistos der Schmied, der Zeus so beleidigte, dass er vom Olymp geschleudert wurde. Einen ganzen Tag lang stürzte er in die Tiefe und brach bei seinem Aufprall auf die Erde beide Beine. Seitdem waren Schmiede traditionell gelähmt – entweder von Geburt an oder aufgrund bewusster Verkrüppelung, was sie davon abhalten sollte, mit ihren Geheimnissen das Weite zu suchen und sich feindlichen Stämmen anzuschließen. Heute halten wir uns eine Vielfalt von gelähmten „neo-hephaistischen" Helden in Gestalt von männlichen Metallurgen und Raketeningenieuren, indem wir sie nach einem Krieg als Halbgefangene requirieren oder durch das simple, aber menschlichere Mittel binden, ihnen mehr zu bezahlen, als sie abzulehnen sich weigern können. Die moderne Form des rituellen Diebstahls oder der Einkerkerung besteht darin, die Entdeckungen eines Angestellten patentieren zu lassen.

Belege für die Halbgöttlichkeit von Schmieden können wir auch in der Tatsache finden, dass sich die Menschen in Gemeinden, in denen es keinen speziellen Ort für Gebet und Andacht gibt, gerne in der Schmiede versammeln, wie sie es noch heute in Gretna Green tun. Das Beschlagen eines Pferdes ist noch in vielen Teilen Europas ein Hochzeitsbrauch, auch wenn es dieser Tage darauf reduziert sein mag, ein Hufeisen oder einen alten Stiefel an das hintere Ende der Brautkutsche zu binden. Über die Heiligkeit des beteiligten Materials herrscht wenig Uneinigkeit. Eisen ist magisch. Es ist Eisen, was als Bestandteil des Spinats dem Matrosen Popeye seine übermenschliche Kraft verleiht. Es war der selbst gewählte Kampfname sowohl für Wladimir Iljitsch Uljanow, der Lenin wurde („der Eiserne"), als auch für Josef Wissarionowitsch Dschugaschwili, der natürlich Stalin war, der „Stählerne". Arthur Wellesley of Wellington freute sich über seinen Spitznamen „der eiserne Herzog" – und noch keiner hat je gehört, dass Margaret Thatcher ihren Beinamen „die eiserne Lady" beanstandete, da sie ihre Autorität in einer Männerwelt behauptete.

Die Entdeckung und Vollendung von Bergbau und Hütten-wesen veränderten weit mehr als unsere kulturelle Geschichte. Durch Massenfabrikation von Werkzeugen und Waffen mar-kierte sie einen Wendepunkt auch in unserer Sozialgeschich-te, indem sie die Frauen ihres Monopols auf das Numinose beraubte und sie erstmals zu Bürgern zweiter Klasse machte. Bis zum Aufkommen der Metallarbeiter waren Frauen die Neuerer, die Mütter des Erfindens. Dann hatten die Männer plötzlich „Werkzeuge" und damit automatisch die schöpferi-sche Macht. Die Frauen hatten allen Grund, zu verübeln, was als neue Raffinesse dargestellt wurde. Wenn Sie den Ursprung jenes Wortes genauer betrachten, können Sie erkennen, dass seine Abstammung von der Fähigkeit von „schlauen und ge-schickten Männern, sich fragwürdigem Argumentieren hinzu-geben", durchaus vorstellbar ist.

Die Möglichkeit, dass sich Frauen der Bedrohung noch be-wusst sind und die Idee tatsächlich übelnehmen, dass Männer Leben auf die Welt bringen, fand sich bestätigt in der Reaktion auf eine dramatische Werbekampagne im Großbritannien der 1960er Jahre. Im Rahmen ihres Mandats, das Interesse für Fa-milienplanung zu steigern, produzierte die Agentur Saatchi & Saatchi ein Plakat, das einen jungen Mann mit rundem Baby-bauch zeigte und darunter die herausfordernde Frage: „Wären Sie vorsichtiger, wenn Sie selbst schwanger werden könnten?" Dies war ein einfacher und sehr effektiver Ansatz, aber er musste angesichts eines gewaltigen und vorwiegend weibli-chen Protests zurückgezogen werden, dass er „geschmacklos und obszön" sei.

In jüngerer Zeit, gerade als das Gerede über künstliche In-telligenz und die bevorstehende Geburt einer fünften Compu-ter-Generation in der Publikumspresse einen Höhepunkt er-reichte, antwortete Hollywood mit seinem eigenen Babyboom. 1988 erschien eine Welle von Filmen, in denen liebenswerte Babys die Hauptrolle spielten und die Macht und Wichtigkeit der primären Funktion der Frauen bekräftigten. Unter eher unheimlichen Vorzeichen wurde allerdings auch berichtet, dass an Computer angeschlossene Videobildschirme verschiedener Arten dazu beitrugen, Fehlgeburten bei schwangeren Frauen herbeizuführen, die beliebig lange vor solchen Konsolen verbracht hatten. Ist dies ein Indiz dafür, dass die neue Lebensform nun anfängt, sich um ihre eigenen Interessen zu kümmern – auf ähnliche Weise, wie afrikanische Löwen, wenn sie in ein bestehendes Rudel einziehen, bekanntlich alle Jungtiere töten, die von einem männlichen Rivalen gezeugt worden waren?

Dies mag weit hergeholt sein, aber die Computerwelt ist nach wie vor ganz von Männern dominiert, die Begriffe verwenden wie „Kindersterblichkeit" (für den frühen Absturz beim Testen eines neu entworfenen Schaltkreises) und „Abbruch" (für die absichtliche Zerstörung einer auf Abwege geratenden Rakete). Frauen müssen kämpfen, um in der männlichen Domäne der Metallurgie irgendetwas zu erreichen – in der Männer früher eines speziellen Dispenses und rüschenbesetzter Kleidung bedurften, bevor ihnen erlaubt wurde, den Leib von Mutter Erde zu entweihen.

Leben zu gebären, war einst das einzige echte Merkmal von Göttlichkeit. Jede Gottheit, die Anspruch auf eine Vormachtstellung erhob, musste auch die Fähigkeit demonstrieren, Leben auf die Welt zu bringen. Viele taten solches durch ihren Mund oder per Kaiserschnitt. Adam wurde überredet, sich von einer Rippe zu trennen. Auf einer viel weltlicheren Ebene kam mir gerade ein überaus suggestives Foto in die Hände, das einen grinsenden Mann zeigt, der einen grauen Metallstuhl hielt. Die Überschrift lautete: „Jede Frau, die darauf gesessen hat, wurde schwanger." Dave Hurst, Leiter der Stelle für Öffentlichkeitsarbeit des englischen Flughafens Gatwick, war gezwungen, den anstößigen Stuhl zu verstecken, nachdem er eine lange Reihe von Mitarbeiterinnen an den „Baby-Macher" verloren hatte. Das letzte Opfer, die Pressesprecherin Mary Lacey, sagte, kurz bevor sie in den Mutterschaftsurlaub ging: „Ich nahm das alles als eine Art Witz. Nun hoffe ich, dass, wer immer als Nächster diesen Stuhl bekommt, ein Mann ist." Tatsächlich war es Greta Stonestreet, die sich jedoch weigerte, irgendetwas damit zu tun zu haben. „Ich gehe kein Risiko ein. Ich habe Dave aufgefordert, das Ding loszuwerden."[275]

Um der fairen Ausgewogenheit willen sei berichtet: In der gleichen Forteana-Akte gibt es auch einen Presse-Ausschnitt über einen Stuhl, dem man nachsagte, dass er sich darauf spezialisiert habe, seinen „Besitzern" das Leben zu nehmen. Im Ivy House Inn in Holmfield, Yorkshire, warnt eine Messingtafel an der Wand über dem dämonischen Sitz: „Dieser Stuhl ist zweifelhafter Herkunft. Wenn Sie darauf Platz nehmen, geschieht dies auf Ihre eigene Gefahr – wie andere überzeugend bewiesen haben." Einheimische würden es nicht tun. Einer formulierte es so: „Sie setzen sich darauf, und Sie geben den Löffel ab." Der Wirt John English sagt: „Alle die Burschen, die diesen Stuhl benutzt haben, waren in guter Form. Die letzten sieben kannten seinen Ruf und verspotteten das Ganze als Unsinn. Wir waren auf ihren Beerdigungen."[266]

Ich deute hier nicht an, dass die Stühle Menschen begattet oder ermordet haben. Aber ich versuche, Sie dazu zu überreden, über die Möglichkeit nachzudenken, dass „Dinge" uns auf unerwartete Weisen beeinflussen könnten – selbst so weit, dass sie fein ausgewogene Physiologien zum Kippen bringen. Die Erwähnung jener Stühle erinnert mich unwiderstehlich an die Sequenz in Walt Disneys *Fantasia,* in der Mickey Mouse als der Zauberlehrling [zur Musik] von Paul Dukas von einem nicht abreißenden Strom von belebten Möbelstücken und Gerätschaften bedrängt und bestürmt wird. Die ganze Angelegenheit – Sie erinnern sich vielleicht auch daran? –, fand, durchaus passend, tief unter der Erde in einer Höhle statt!

Seit Anbeginn der Metallzauberei gibt es eine nie unterbrochene Tradition, welche diktiert, dass die Geburt von neuem Leben in Höhlen, Tunnelröhren, Tälern und Falten in der Erde stattfinden sollte. Die vaginale Symbolik ist offensichtlich und eindrucksvoll, Schöpfung und Synthese steigen aus dem Leib von Mutter Erde in einer Felsspalte an die Oberfläche: Wie in dem griechischen Heiligtum Delphi – *delphys* ist das griechische Wort für Uterus –, in den bemalten Höhlen von Altamira und Lascaux in Südfrankreich, wo ausdrucksvolle rote Lehm-Büffel vom Fußboden emporsteigen, als wären sie noch mit ihrer tellurischen Plazenta verbunden, und in jüngerer Zeit im kalifornischen „Silicon Valley", in Schottlands „Silicon Glen", im „Silicon Gorge" und dem Thames Valley (Themse-Tal) in England.

Das ist Sympathie-Magie in Aktion im Zeitalter des Siliziums, und sie erreicht eine erstaunliche Intensität mit der Nachricht, dass Seymour Cray, der Designer der modernsten Hochgeschwindigkeits-Computer der Welt, seine Inspiration unterirdisch bekommt. Er verbringt seine Zeit zu gleichen Teilen bei den Bauarbeiten an der nächsten Generation von Supercomputern in seinem Labor – und mit dem Graben eines Tunnels, der unterhalb seines Hauses in Wisconsin beginnt und zum nahen Wald führt. Cray sagt, das Projekt sei viel mehr als ein Zeitvertreib. „Ich arbeite drei Stunden, und dann komme ich an einen toten Punkt. Also höre ich auf, gehe und grabe im Tunnel." Der Vorstand von Cray Research bestätigt, dass ihrem Chef die besten Ideen tief unter der Erde in den Sinn kommen. „Die eigentliche Arbeit findet statt, wenn Seymour im Tunnel ist."[383] Cray ist nur der letzte in einer langen Reihe göttlicher Schmiede, Eingeweihte in einer alchemistischen und geheimnisvollen Kunst, die in prähistorischen Minen begann und bis in die modernste unserer Industrien reicht. Metalle, und besonders Eisen, gestalteten die Kultur der Menschen um, sie schufen Stoff für Alphabete und Epen und schmiedeten dabei unseren Intellekt in einfachen, blasebalg-unterstützten Brenn- und Schmelzöfen. Diese Entwicklung begann mit der Neugier, angeregt von der Röte eines Blutsteins und vom Spiegelglas-Erz. Er war befeuert durch die Entdeckung, dass sich Metalle nicht dem normalen Prozess von Niedergang und Zerfall unterwerfen, sondern durch Gebrauch an Glanz gewinnen statt zu verlieren. Diese Reflexionskraft galt weithin als Beweis für Lebendigkeit und Vitalität, einem aufkeimenden und machtvollen neuen Gewahrsein.

Transformation

Unsere lange Vertrautheit mit Metall macht es uns schwer, Dinge so zu sehen, wie sie unsere Vorfahren sahen. Für sie war alle Materie lebendig, und die neuen Eisenwerkzeuge boten nun die Mittel, sehr lebendige Verbindungen mit der Natur zu knüpfen. In vieler Hinsicht waren die Menschen früher viel bessere Ökologen als wir. Nichts existierte in Isolation. Kein Gegenstand war jemals nur er selbst, er war auch ein Zeichen von etwas anderem. Mircea Eliade schreibt: „Das bestellte Feld ist mehr als nur ein Flecken Erde, es ist auch der Körper von Mutter Erde; der Spaten ist ein Phallus, und bleibt doch auch landwirtschaftliches Werkzeug; das Pflügen ist mechanische Arbeit und geschlechtliche Vereinigung zugleich."[64]

Die Metallurgie gab uns einen Weg, uns als Resultat unserer eigenen Bemühungen durch die Erschaffung und Handhabung von speziellen Metallwerkzeugen mit dem Geheiligten zu verbinden. Sie war niemals bloß ein Mittel zum Zweck, sondern ein mystisches Ritual, dessen Geheimnisse von Zünften und Gilden gewahrt werden mussten, in welche alle Neuankömmlinge sehr gewissenhaft eingeweiht wurden. Der Schmied war immer mehr als nur ein Techniker. Er war ein Lehrling der Arkana, dem nur durch einen anderen Meister Zugang zu den

Geheimnissen der Zunft gegeben wurde. Kurzum, er war ein Alchemist.

Die jüngere Geschichte vermittelt uns einen irreführenden Eindruck von der Alchemie. Diese war niemals von dem Verlangen besessen, Gold zu fälschen. Sie war sehr mit dem Leben der Materie beschäftigt, mit dem Ergründen und Verstehen der lebendigen Essenz aller Substanz, die, wie man glaubte, mit der Zeit vollkommen würde, indem sie sich am Ende in Gold verwandelte. Das kostbare Metall wurde nur als Krönung des Erfolgs gesucht; es galt als ein Symbol der Unsterblichkeit. So wurden alle Metalle als lebendige Organismen betrachtet, die in „Ehen" miteinander gezwungen werden in der Hoffnung, interessanten Nachwuchs hervorzubringen. Oder um durch die Feuerprobe „gepeinigt" zu werden, bis sie ihre Geheimnisse offenbarten. Bei jedem Schritt war klar verstanden, dass der Operator, der Alchemist selbst, Teil der Operation war. Es war sein Geist, der dem „Leib" der Materie auferlegt und eingeprägt wurde. Die Vollendung der beteiligten Metalle war nur ein Nebenprodukt seines gelungenen eigenen Strebens nach Vollendung. Es war eine spirituelle Suche.

Sir Isaac Newton verstand dies. Er verbrachte einen großen Teil seines Lebens damit, die alchemistische Literatur nach Schlüsseln zu Verhalten und Bestimmung von Dingen zu durchsuchen. Carl Gustav Jung machte es deutlich mit der Entdeckung, dass unser Unbewusstes ständig von alchemistischen Symbolen Gebrauch macht, um archetypische Muster auf die Materie zu projizieren und diese dabei durch Übertragung dessen, was er *anima mundi* nannte, „die Seele der Welt", zu beleben.[113] Dieser mystische Prozess hat sich so weit und erfolgreich verbreitet, dass die Welt selbst transformiert und verändert wurde auf eine Weise, die selbst die visionärsten Alchemisten nie vorausgesehen hatten. Ihre Obsession für die Transmutation führte zu der Entwicklung von Bergbau und Hüttenwesen, und diese ursprünglich geheiligten Künste leiteten eine wissenschaftliche und technische Revolution ein, die nicht nur unsere Art zu leben und zu denken, sondern die ganze Richtung der Evolution veränderte.

Denken Sie einmal darüber nach. Und ziehen Sie in Betracht – und sei es nur für die Diskussion an diesem Punkt –, dass der Prozess von außen gesteuert wird. Nehmen Sie als Ausgangspunkt in dieser Argumentation an, dass die Instanz, welche die Kontrolle von außen ausübt, eine Große Maschine ist. (Erlauben Sie mir die Blasphemie an dieser Stelle. Ich beabsichtige, später, mit besserer Munition, darauf zurückzukommen.) Nehmen Sie ferner an, dass das, was diese Maschine will, eine Schöpfung nach ihrem eigenen Bild ist – eine neue Generation von Maschinerie. Dabei ist alles, was ihr für dieses Werk zur Verfügung steht, unser organisches System. Was muss sie also tun, um uns in die richtige Richtung in Bewegung zu setzen?

Die Antwort scheint offensichtlich.

Wir wissen aus Studien zur Vererbung, dass der effektivste genetische Mechanismus der einfache ist – das System, das nach einer einzigen Anweisung arbeitet, zum Beispiel: „Sei neugierig." Dies allein könnte ausgereicht haben; aber unkritische Neugier ist gefährlich. Sie tötet Menschen, und das ist schlecht fürs Geschäft. Was also tat die Evolution? Sie bremste den Prozess ein wenig und richtete ihn aus, indem sie der Neugier einen Brennpunkt gab. Das Resultat war der „Elster-Impuls", welcher in genetischen Begriffen einfach programmiert werden kann als eine Verhaltens-Disposition, auf glänzende Dinge positiv anzusprechen.

Um dies zu erreichen, brauchte die Große Maschine keine zehn Gebote. Eines war genug: „Du sollst Dinge ausfindig machen, die glänzen." Diese Anweisung ließ sich in ein ganzes Spektrum von leicht verdaulichen Predigten übertragen, wie etwa: „Alle glänzenden Dinge sind schön." Das ist alles, dessen es bedarf. Aus jener simplen Anweisung folgt alles weitere; wir sind ihr praktisch mit geöffnetem Visier ausgeliefert.

Wir bringen die glänzenden Dinge nach Hause, und binnen kurzem gibt es Habgier, Wettstreit, Aggression und die zügellose Entwicklung von Technik. Eine Abfolge, die unausweichlich zu dem Maschinen-Zeitalter führt und zur Erschaffung einer mechanischen Kultur, die nun bereit zu sein scheint, unsere Stelle einzunehmen.

Samuel Butler hatte recht. Wir sind seine „maschinenartigen Säugetiere" geworden, Hybride, die ihrer eigenen Obsoleszenz Vorschub leisten. Eine Spezies in echter Gefahr, ausgelöscht zu werden – wenn wir nicht verstehen, was mit uns geschieht.

4

Vom Gesellschaftsleben der Dinge

Ion Will war nicht auf Bali.

Postlagernd in Den Pasar wartete ein kleines Päckchen auf mich. Es war in Tunesien aufgegeben worden und enthielt nichts weiter als eine sehr sorgfältig eingepackte Sand- oder Wüstenrose, ein rötliches Aggregat aus Gips und Körnern feinen Sahara-Sandes, welche sich unter den geeigneten Umständen kristallisieren und zur Gestalt einer fein beblätterten Rosette zusammenwachsen. Dazu eine Karte mit der rätselhaften Botschaft: „Ein Geschenk von der Großen Matrix – der trickreichen Mutter."

Ich schloss daraus, dass Ion nicht nach Indonesien kommen würde. Er gehört einem uralten und apokryphen Orden namens *„Die Ritter von der gestaltlosen Tafel"* an, deren Wahlspruch lautet: „Böse Drachen erlegt und holde Jungfrauen gerettet (Chancenungleichheit des Arbeitgebers)." Und er tendiert zu Kurt Vonneguts Glauben, dass seltsame Reisevorschläge „Tanzunterweisungen von Gott" seien. Weiß Gott, was er dort in Nordafrika vorhatte, aber ich war frei, Bali selbstständig zu erkunden – und mir Gedanken über sein Geschenk zu machen.

Wir hatten bereits über die Matrix gesprochen und uns über das indogermanische Wurzelwort *matra* gewundert, auf welches nicht nur „Mutter", sondern auch „Maß" und „Mathematik" zurückzuführen waren. Es erschien wahrscheinlich, dass

Frauen die ersten Rechner waren, die Bewahrer der kalendarischen Aufzeichnungen. Ihre eigenen Körperzyklen haben sie auf solche Rhythmen aufmerksam gemacht – was die Mathematik zu einer direkten Frucht der „Mutter-Weisheit" machte. Es ist auch sicher, dass die Mutterschaft für eine sehr lange Zeit das einzige anerkannte Band zwischenmenschlicher Beziehungen war. Vaterschaft wurde nicht vermutet, und die Familien bestanden aus der Mutter und ihrem Nachwuchs. Frauen waren auch die Erzeuger und Verteiler von pflanzlicher Nahrung. Sie waren es, die die Erde wertvoll und feminin machten und die Geheimnisse aller magischen Künste bewahrten. So überrascht es nicht, dass „Mutter" und „Materie" untrennbar miteinander verflochten waren in der planetarischen *Matrix,* was buchstäblich bedeutet „der Schoß der Materie". Und es war fast unausweichlich, dass *ma,* eine der Mutter-Silben aller indoeuropäischen Sprachen, als „Intelligenz" definiert werden sollte, als die mütterliche Kraft, die im Anbeginn der Welt Elemente aneinander bindet, um Formen zu schaffen.

Dies alles ist geeignet, bei Männern das Empfinden auszulösen, ein klein wenig überflüssig zu sein, und die Neigung, Geschenke des Trostes auszutauschen, vorzugsweise in Form von mütterlichen Produkten wie einer Sandrose.

Ion erinnerte mich an all dies auf seine vertraute, bahnbrechende Weise, und er betraute mich dabei stillschweigend mit der Aufgabe, diesen Gedanken bis zu irgendeinem nützlichen Schluss nachzugehen. Ich war mittlerweile an meine Rolle des Erfolgsorgans in dieser Gelegenheitsbeziehung gewöhnt, und so zog ich mich zu einem Haus an der Küste der Padang-Bucht in der Nähe des Dorfes Tenganan zurück. Dies ist ein von Mauern umgebenes und ausgesprochen traditionelles balinesisches Dorf, ein sicherer Ort der Zuflucht, in dem Frauen das berühmte „flammende Tuch", Gringsing- und Ikat-Arbeiten weben und die Männer sich mit ihrer eigenen metallenen Schöpfung trösten und die eisernen Gong-Instrumente spielen, den seltenen *gamelan selunding*. Es ist ein guter Ort, um über gefundene Dinge und gemachte Dinge nachzudenken und um meine Ideen über das geheime Leben zu verdichten, das an solchen Schätzen zu haften scheint. Ich begann mit dem Wert, der allem zufließt, das nicht nur erwählt (und uns deshalb anrührt), sondern völlig transformiert ist in dem energetischen Prozess, als Geschenk dargeboten zu werden.

Gesellschaftliche Schätze

Als der chilenische Dichter Pablo Neruda noch ein Kind war und in dem Hof hinter seinem Zuhause in Temuco spielte, entdeckte er im Brett eines Zaunes ein Loch:

> Ich blickte durch das Loch und sah eine Landschaft wie die hinter unserem Haus, vernachlässigt und wild. Ich trat einige Schritte zurück, weil ich das vage Empfinden hatte, dass etwas passieren werde. Und ganz plötzlich erschien eine Hand – die kleine Hand eines Jungen etwa meines Alters. Bis ich näherkam, war sie bereits wieder fort, und an ihrer Stelle war ein wundervolles weißes Spielzeugschaf. Die Wolle des Schafes war verwaschen. Seine Räder waren ab. Doch dies alles machte es umso echter. Ich hatte noch nie ein so herrliches Schaf gesehen. Ich blickte wieder durch das Loch, aber der Junge war verschwunden. Ich ging ins Haus zurück und brachte einen meiner Schätze heraus: Einen Kiefernzapfen, geöffnet, voll von Duft und Harz, den ich liebte. Ich steckte ihn an die gleiche Stelle und nahm das Schaf mit. Die Hand oder den Jungen habe ich nie wieder gesehen. Und ich habe auch nie wieder ein Schaf wie jenes gesehen. Das Spielzeugtier verlor ich schließlich bei einem Brand. Doch noch heute ... wann immer ich an einem Spielzeugladen vorüberkomme, blicke ich verstohlen ins

Schaufenster. Es ist zwecklos. Schafe wie jenes werden heute nicht mehr hergestellt.[166]

Solche Dinge sind Super-Schätze – Objekte, denen Wert gegeben wurde, der von ihrer Substanz oder Anmutung unabhängig ist. Wert durch Assoziation. Sehr oft sind es Geschenke. Und ein echtes Geschenk kann, fast *per definitionem,* nicht statisch sein. Historisch betrachtet, ist es etwas, das mit der Absicht verknüpft war, miteinander geteilt zu werden, um ein eigenes Leben zu führen. Um ihrer Natur treu zu sein, müssen Geschenke in Bewegung bleiben.

Manche Formen von Eigentum stehen still, sie verweigern sich dem Schwung zur Fortbewegung, zum Beispiel Häuser, die eine außerordentliche Macht über das Schicksal bestimmter Familien ausüben. Echte Geschenke sind nicht so, sie sind nicht mit der Absicht verknüpft, behalten zu werden, sondern so bald wie möglich wieder fortgegeben zu werden. Überall gibt es solche Schenk-Rituale; die an ihnen beteiligt sind, erkennen, dass die erste Bewegung von etwas Neuem relativ schwach ist. Erst mit der Bewegung über den ersten Empfänger zu einem zweiten und einem dritten beginnt ein Objekt, echte Kraft zu erlangen. Geschenke sind gesellige Dinge mit dem Bedürfnis, viel auszugehen, und jene, die daran gehindert werden, verlieren einen großen Teil ihrer Schatz-Identität.

Der Anthropologe Bronisław Malinowski erinnerte sich an einen Besuch der Burg von Edinburgh, wo er die schottischen Kronjuwelen gezeigt bekam und erfuhr, dass sie bei mehreren Gelegenheiten von englischen Königen und Königinnen weggenommen worden waren, und wie erfreut die Nation war, sie jetzt wieder zurück zu haben, sicher hinter Schloss und Riegel, wo keiner sie wieder anrühren konnte. Malinowski war entsetzt und konnte nicht umhin zu denken, „wie hässlich, nutzlos, unansehnlich, ja sogar kitschig sie waren", im Vergleich zu einer Sammlung von „schmalen roten Schnüren und großen abgewetzten, weißen Objekten, klobig anzusehen und speckig glänzend", die er nicht lange zuvor auf Inseln vor der Ostspitze von Neuguinea gesehen hatte.[139] Malinowski arbeitete während des Ersten Weltkrieges unter den Massim. Sie bewohnten eine Schar von Inseln, die über die Korallensee und Salomonensee verstreut liegen. Sie sprechen die gleiche Sprache und teilen die meisten Elemente einer gemeinsamen melanesischen Kultur, sind aber prinzipiell verbunden durch einen erstaunlich zeremoniellen Austausch von Geschenken, bekannt als *kula*. Dieses komplexe Ritual – keiner würde es jemals als eine Art von Handel betrachten – dreht sich um zwei Hauptkategorien von Geschenken. Eine wird *bagi* genannt und besteht aus kleinen zerbrochenen Stücken der hellroten Muschel von *Chama imbricata,* einer stacheligen und schuppigen Art der Hufmuscheln, die im Englischen auch *jewel box* („Schmuckkästchen") genannt werden. Sie werden durchbohrt und zu markanten Halsketten auf Schnüre aus Naturfasern gefädelt, die auch mit kleineren Kügelchen aus roten Muscheln geschmückt sind. Das andere Geschenk wird *mwali* genannt und ist ein Paar Armreifen aus riesigen Leopard-Kegelschnecken *(Conus leopardis).* Deren stumpfer Deckel und spitze Basis werden abgebrochen, der zentrale Zylinder wird zu einem schimmernd weißen Reifen geschliffen und poliert, der einem großen Serviettenring ähnelt.

Keines der verwendeten Materialien ist selten oder schwer zu finden. Die Mollusken sind auf den Riffen um die Inseln verbreitet, und ihre Verarbeitung zu Armreifen oder Halsketten ist anspruchslos, ja oft grob im Vergleich zu der handwerklichen Fertigkeit, die die Inselbewohner beim Dachdecken, Weben oder bei der Anfertigung von Angelhaken und Muschelködern unter Beweis stellen. Keines der Stücke ist jemals getragen oder auf irgendeine nützliche Weise gebraucht worden, doch ihr Besitz bringt in jedes Dorf auf den Trobriand- oder D'Entrecasteaux-Inseln, in welchen es kurz Station macht, vorübergehend Glanz und Wichtigkeit. Die Wörter, auf die es hier ankommt, sind *kurz* und *vorübergehend,* denn es gibt eine begrenzte Zahl solcher *kula*-Geschenke, die nach dem historischem Brauch ständig zirkulieren. Die Halsketten reisen im Uhrzeigersinn und die Armreifen im Gegenuhrzeigersinn um den Inselkreis, und für einen ganzen Umlauf benötigen sie zwischen zwei und zehn Jahren. Der Austausch wird zwischen Männern von benachbarten Dörfern oder benachbarten Inseln vollzogen, wobei jeder Beteiligte – wenn man sich vorstellt, dass er in das Zentrum des Inselkreises blickt – Armreife von links in Empfang nimmt und Halsketten von rechts, und jede Gabe, so bald er kann, durch ein passendes Geschenk der anderen Art erwidert.[105]

Solange ihm ein *kula*-Objekt anvertraut ist, wird der Mann es bei sich zu Hause aufbewahren und es auf einer Art von Schrein zur Schau stellen. Dieser Besitz verleiht ihm ein hohes Ansehen und die Gelegenheit, die Geschichte des Gegenstandes und seiner Vorgänger zu erzählen, wie er dazu gekommen ist und an wen er es weiterzugeben beabsichtigt. Es gibt keine klar definierte Regel, die festlegt, wie lange er einen solchen Schatz behalten darf, doch er ist angehalten, ihn bald weiterzugeben. Wer an einer Halskette oder einem Paar Armreife zu lange festhält, kommt bald in den Ruf, im *kula* langsam oder „hart" zu sein. Behält er das Objekt länger als ein Jahr, wird er als knauserig betrachtet. Ein Mann hingegen, der den Mut hat, ein solches Erbstück innerhalb von Wochen weiterzugeben, wird für seine außerordentliche Großzügigkeit bewundert – und mit größerer Wahrscheinlichkeit bei einer zukünftigen Transaktion erneut als *kula*-Partner erwählt.

Die ersten westlichen Berichte, die im 19. Jahrhundert veröffentlicht wurden, spiegelten ein gründliches Missverständnis der *kula*-Praxis wider, da sie die zirkulierenden Objekte als „Landeswährung" bezeichneten oder im Sinne von Tauschobjekten sahen. Die Insulaner selbst kritisieren übereilte oder unüberlegte Geschenke mit dem Sprichwort: „Er wickelt sein *kula* ab, als wäre es ein Tauschhandel." Versuche von Menschen, die sich in jüngeren Jahren von außerhalb der Inselwelt in den *kula*-Kreislauf einkaufen wollten, wurden mit der Verachtung behandelt, die sie verdienten. Der erste Austausch von Gegenständen, die illegitim erworben wurden, bleibt gänzlich unerwidert. Und während inzwischen Briefe oder sogar Telegramme verschickt werden können, um den aktuellen Aufenthaltsort bestimmter Schätze festzustellen, wird die Nutzung von Fangschiffen oder Fähren anstelle von Kanus für die traditionellen *kula*-Reisen als „unmutig" und „unwissend" verurteilt.[127]

Zu Tradition und Brauchtum des *kula*-Rituals gehört eine klare Anerkennung der Wertsachen als Dinge, die durch ihre Geschichte eine Kraft erworben haben. Die Halsketten und Armreifen haben einen hohen gesellschaftlichen Wert, der mit ihrer Zirkulation weiter zunimmt – und der sich verflüchtigt, wenn die Gegenstände von einem Museum gekauft und aus dem *kula*-Kreislauf genommen werden. Solchermaßen verlorene Schätze werden als „gestorben" bezeichnet. Solange sie als Teil des dynamischen *kula*-Stromes aktiv und lebendig sind, gelten die Armreifen als weiblich und die Halsketten als männlich. Solche erotischen Dinge heiraten, trennen sich oder pflanzen sich sogar auf mannigfaltige Weisen fort, wenn sie sich begegnen und bewegen und gegeneinander interagieren.

Die begehrtesten *kula*-Objekte sind alle mit Namen bekannt, und jedem Massim ist das Risiko bewusst, dass eines von ihnen aus dem Kreislauf entführt werden könnte. Doch dieser wird ohnehin unterstützt, da alle Beteiligten aus eigenem Erleben wissen, dass die Kraft und Bedeutung der Dinge wächst, solange sie unterwegs sind. Jedes Mal, wenn sie von Hand zu Hand weitergereicht werden, gewinnen sie an Lebendigkeit. Jede Übergabe trägt zu ihrer Kraft bei, und so werden einfache Artefakte zu Akkumulatoren gesellschaftlicher Energie.

Aufgrund ihrer Wertschätzung im Rahmen der bestehenden Tradition werden sie auf jeder Station ihrer Rundreise um die Inselgruppe mit weiterer Kraft aufgeladen, die von der individuellen Identität ihrer jeweiligen „Adoptiv-Eltern" beigesteuert wird. Solche emotionellen Fingerabdrücke oder Prägungen halten lange genug, um jedem Beteiligten schließlich zu ermöglichen, das Objekt wiederzuerkennen, wenn es das nächste Mal seinen Weg kreuzt. Nichts ist für einen Massim-Insulaner aufregender und erfreulicher als die Rückkehr eines beliebten *bagi* oder eines Paars *mwali* in das gleiche Dorf oder Haus – als käme ein verlorenes Kind zurück, nachdem es eine Reihe von Jahren in der Ferne gewesen ist.

In Kapitel 3 führte ich den Begriff des Schatzes ein für ein unbeseeltes Objekt ohne inneren Wert oder praktischen Nutzen, welches gleichwohl Macht über die Menschen ausübt, die es anspricht. Nun will ich dieses Konzept um die soziale Dimension erweitern. Ein *gesellschaftlicher Schatz* kommt ins Dasein als Resultat der gemeinsamen Anerkennung seitens einer Zahl von Menschen, die das Objekt behandeln, als ob es lebendig wäre. Und ich halte dafür, dass Dinge, wann immer wir sie auf diese Weise behandeln, tatsächlich einige Attribute des Lebendigen annehmen und sich auf Weisen verhalten, die von ihrer bloßen Substanz unabhängig sind.

Der amerikanische Anthropologe Lewis Hyde beschreibt dies als „das erotische Leben des Besitzes" und erzählt von Freunden im College, die einen eingefallenen Basketball ständig in Bewegung halten in dem Bemühen, ihn heimlich unter mysteriösen Umständen im Zimmer eines anderen abzulegen; auch von einem riesigen und unpassenden Gabelschlüssel, der beim Zementieren des Gemeinschaftsgeistes einer Gruppe von vorstädtischen Paaren eine bemerkenswerte Rolle spielte, indem er zuerst in einem Haus auftauchte und sich dann in einem anderen zeigte, unter dem Weihnachtsbaum oder in einem Schirmständer. Hyde legt nahe, dass der spontane Austausch solcher „nutzloser" Gaben verbreitet und wertvoll ist. Er weitet das Ich und ermöglicht uns, uns mit größeren und immer weiteren Gemeinschaften zu identifizieren, was, wenn wir Glück haben, zu der Art von Bewusstsein führt, „in welchem wir als Teil von etwas handeln, das sogar größer ist als die Menschheit".[105]

Mir geht es jedoch mehr um die Gabe als um den Gebenden, und um die Möglichkeit, dass der gesellschaftliche Schatz selbst eine Veränderung erfahren kann als Resultat der Aufmerksamkeit, die ihm gewidmet wird.

Anfang der 1970er Jahre, lange bevor ich Malinowski las, ging ich an Bord eines Expeditionsschiffs in Rabaul, Neuguinea, und wir hatten unsere erste Landung auf der kleinen Insel Koyagaugau an der südlichen Peripherie des *kula*-Kreises. Es war ein zufälliger Landgang, als drei von uns am späten Nachmittag mit einem Schlauchboot einen abgelegenen Strand erreichten. Hinter dem Strand war ein Korallenpfad, der zu einem Dorf aus einem halben Dutzend Strohhütten führte, in dem Menschen ihren jeweiligen Betätigungen nachgingen, Fischreusen flickten oder das Abendessen kochten. Sie behandelten unsere unerwartete Ankunft mit der Art von beiläufiger Gelassenheit, die ich einst überraschend fand, inzwischen aber von pazifischen Gemeinden zu erwarten gelernt habe, die weite Reisen in kleinen Booten gewohnt sind. Meine Gefährten teilten Zigaretten mit zwei Männern, die an dem Rumpf eines Auslegerkanus arbeiteten, während ich einen wunderschön geschnitzten Kokosnuss-Gitter-Hocker bewunderte und eine exquisite knöcherne Harpunenspitze gezeigt bekam, die an einem Fischspeer befestigt war. Ich freue mich über solche Dinge und sammele sie, wenn ich sicher sein kann, dass ihr Erwerb die lokale Ökonomie nicht beeinträchtigen wird. Ich bin kein besessener Sammler und habe gelernt, meine Begehrlichkeit zu zügeln, aber an jenem Abend wurde ich sehr auf die Probe gestellt.

Neben der größten Hütte stand ein wackeliges Podest, einen guten halben Meter im Quadrat, auf Augenhöhe unter einem Baldachin von geflochtenen Pandanus-Blättern. Auf ihr befand sich ein Paar weiße Muschelarmreifen, einer ein wenig größer als der andere, beide verziert mit kleinen Kauri-Muscheln und Glasperlen. Normalerweise gilt meine Präferenz schlichteren Dingen, aber von diesen Stücken fühlte ich mich mächtig angezogen. Sie waren speckig von vieler Menschen Hände, aber glänzten noch wie von einem inneren Licht. Der Besitzer der Hütte stand in deren Eingang und sah uns zu, und als ich mit Gesten um Erlaubnis bat, eines zu berühren, kam er herüber und legte es direkt in meine Hände. Da lag das *mwali* wie etwas Lebendiges. Fast konnte ich seinen Herzschlag fühlen. Es erschien mir noch lebendiger, als die vollständige Muschel gewesen sein mochte, da sie noch von dem ursprünglichen Weichtier bewohnt war. Ich wollte es unbedingt haben, aber etwas in mir wusste es besser, und ich verkniff mir die Frage, ob es jemals zu verkaufen sein könnte. Von all den Dingen, die ich jemals tun musste, ist mir die Rückgabe dieses Muschel-Armreifs mit am schwersten gefallen. Obwohl sechzehn Jahre vergangen sind, seit ich jenes *mwali* berührte, erinnere ich mich noch heute lebhaft an die Faszination, die davon ausging, und ich weiß über jeden Schatten eines Zweifel hinaus, dass ich – wenn auch nur für einen Augenblick – teil hatte an dem Zauber einer intakten Schenk-Beziehung. Ein Glied in einer Kette aus gesellschaftlichen Schätzen, lebendig erhalten, weil sie unvollendet war. Weil der Mann, der mich mit seinen feuchten braunen Augen amüsiert beobachtete, binnen kurzem von jenem gleichen Zauber gezwungen sein würde, in sein Kanu zu steigen und über zweihundert Kilometer offener See zu paddeln zu seinem nächsten *kula*-Partner auf Muyuw im fernen Nordosten. Und dort würde er, in Übereinstimmung mit dem Protokoll, das solche Dinge regelt, sowohl seine weite Reise als auch die mitgebrachte Gabe herunterspielen, indem er sie in den Sand warf mit den Worten: „Hier, etwas Essen, das wir übrig hatten."

Aber die Menschen auf der fernen Insel Muyuw werden auf diese Angeberei nicht hereinfallen – nicht mehr, als ich mich durch die beiläufige Art und Weise beeindrucken ließ, wie er jenen Armreif zurücknahm und zu dessen Partner legte, der auf dem geheiligten Podest geduldig wartete.

Dinge von Wert

Auf der Salomonen-Insel Malaita, tausend Kilometer östlich des *kula*-Kreises, lebt ein anderes melanesisches Volk, das gesellschaftliche Wertigkeit nicht in Muscheln, sondern in Muschelprodukten sieht. Bei Bestattungszeremonien tauschen die Are'are Schnüre mit natürlichen Perlen in Ritualen aus, welche die Teilnehmenden in einer Verpflichtung binden, zu einem späteren Zeitpunkt eine Gegengabe in gleicher Münze zu überreichen.[223]

In diesem Fall ist es angemessen, von einer Münze und einer Währung zu sprechen, weil die Perlenschnüre von abgemessener, unterschiedlicher Länge sind, und aufgrund dieser Staffelung als von größerem oder geringerem Wert deutlich zu erkennen sind. Der Wert des Verstorbenen wird gemessen, und man erinnert sich seiner anhand der Gaben, die bei der Bestattung verteilt werden. Die Tatsache, dass alle solchen Gaben früher oder später zurückkehren, weicht die Währung etwas auf, aber die Praxis zeigt eine klare Verbindung zwischen reiner Schenk-Zeremonie und offenem kommerziellen Austausch, indem sie die Grenzen zwischen den Transaktionen, die geheiligt sind, und jenen, die profan sind, verwischt.

Die Ursprünge des Geldes bleiben im Dunkeln. Es ist ein symbolisches System, in welchem eine erkennbare Substanz, welche tragbar, teilbar und einigermaßen gleichförmig ist, bei Tauschritualen in Gebrauch kommt. In Teilen von Neuguinea,

Afrika und Tibet ist Salz die Substanz der Wahl. Alles in solchen Kulturen wurde in Begriffen von Salzmengen geschätzt. Aber Salz hat natürlich auch andere Verwendungen, und so gab es reichlich Spielraum für Verwirrung darüber, was es darstellte. In der Armee des römischen Imperiums wurde Offizieren und Mannschaften, abgestuft nach ihrem Rang, eine Salzmenge zugeteilt, und jenes *salarium* lebt noch heute in dem begriff *Salär* – und in all den Tabus und dem Aberglauben, mit welchen der Gebrauch von Salz in unserer Gesellschaft noch immer assoziiert wird. Salz ist alles andere als neutral, aber es ist niemals ein Wert in dem Sinne, in dem ich einige spezielle Dinge definiert habe: Der Schatz-Status ist jenen Dingen vorbehalten, die keinen offenkundigen Nutzwert haben. Ich beschränke ihn auch auf Objekte ohne innewohnenden materiellen Wert – aber das ist nicht gänzlich wahr. Diese Ausnahme will ich nun ein wenig aufweichen, indem ich die Möglichkeit betrachte, dass einige Formen von Zahlungsmitteln, besonders die kleineren und beliebteren Einheiten, echte und gesellschaftliche Schätze samt eigenem Leben werden können.

Die Grundfunktion des Geldes ist es, den Akt des Kaufs vom Akt des Verkaufs zu trennen, was den Handel auch ohne die oft unangenehme doppelte Zufälligkeit befriedigender Tauschware ermöglicht. Wenn Sie in einer Geldwirtschaft etwas zu verkaufen haben, brauchen Sie nicht länger darauf zu warten, dass Sie jemanden finden, der das will, was Sie haben, *und* das hat, was Sie benötigen. Geld überbrückt diese Kluft und bewahrt in der Zwischenzeit den Wert der Transaktion. Wo Salz die Währung war, diente es lediglich als ein vorübergehender Tauschgegenstand mit einem eigenen Wert. Als aber das Papiergeld in Gebrauch kam, geschah etwas anderes.[45]

Die Akzeptanz von Symbolen anstelle von Objekten von tatsächlichem Wert setzt gesellschaftlichen Konsens voraus. Papierscheine sind nur wertvoll, weil Menschen denken, dass sie es seien, und sich entsprechend verhalten – manchmal mit überraschenden Resultaten. Ich habe zum Beispiel den Verdacht, dass Dollarnoten Energie sammeln und tragen – so effizient wie Liebesbriefe. Die Tatsache, dass sie von viel mehr Menschen in die Hand genommen werden, erschwert es ungemein, sie zu „lesen", aber ich habe absolut keinen Zweifel, dass sie voll bepackt sind mit Information. Es ist sogar möglich, dass der abschätzige Begriff „schnöder Mammon" nicht so sehr von unrechtmäßig erworbenem Gewinn – oder dem anrüchigen Zustand einer weit umhergekommenen Banknote – abgeleitet sein dürfte, sondern von der Verunreinigung des Signals, das sie tragen, aufgrund der Tatsache, dass sie aus so vielen einander widersprechenden Quellen kommt.

Ich machte einmal ein Experiment mit einer Gruppe von psychometrisch begabten Personen, in dessen Rahmen ich ihnen neue und gebrauchte Banknoten in verschlossenen Umschlägen vorlegte. Keiner hatte irgendwelche Schwierigkeiten, die gebrauchten Scheine als das zu erkennen, was sie sind – Geld. Aber niemand war imstande, die Couverts mit frischen Banknoten von identischen Umschlägen zu trennen, die unbedruckte Papierstücke enthielten. Den neuen Noten, so scheint es, fehlt die Energie, welche die alten in Folge des gesellschaftlichen Konsenses aufnehmen. In diesem Zusammenhang mag es von Bedeutung sein, dass es in Japan üblich ist, wenn man Geld als Geschenk überreicht, nur druckfrische Scheine zu übergeben. Diese werden direkt aus der behandschuhten Hand eines Bankangestellten übernommen und von dem Schenkenden in einen Umschlag gesteckt, der mit einem zur Gelegenheit passenden Muster dekoriert ist – als könne man nur auf diese Weise der Gabe von etwas, das selbst keinen inneren Wert besitzt, Persönlichkeit und Würde geben.

Es ist gewiss von Bedeutung, dass ich bei einem Pilottest, den ich kürzlich mit zwei blinden Versuchspersonen in Europa durchführte, feststellte, dass beide hoffnungslos verwirrt waren durch die Tatsache, dass in den Vereinigten Staaten alle Geldscheine ohne Rücksicht auf den Nennwert die gleiche Größe haben. Aber diese Verwirrung hielt nur an, solange die Banknoten neu waren. Als die Testpersonen die Gelegenheit hatten, gebrauchte Scheine von sechs verschiedenen Nennwerten in die Hand zu nehmen, und gebeten wurden, sie in Stapel von gleichem Wert zu sortieren, taten sie das mit erstaunlichem Erfolg. Fünf- und Zehn-Dollar-Noten waren anscheinend buchstäblich nicht zu unterscheiden. Zwanziger und Fünfziger waren in den meisten Fällen in die drei oberen Wert-Häufchen sortiert. Es gab auch keine signifikante Verwechslung zwischen Ein-Dollar- und Hundert-Dollar-Scheinen. Diese fanden fast immer ihr korrektes Ziel im Häufchen am jeweiligen Ende der Sechs-Werte-Reihe. Wo Fehler eintraten, waren die betroffenen Banknoten relativ wenig gebraucht. Bei einem Folgetest mit nur zehn deutlich gebrauchten Scheinen der beiden extremen Nennwerte gelang es beiden Versuchspersonen mit Erfolg, allein durch Berühren und schon beim ersten Versuch, die fünf Hundert-Dollar-Scheine herauszusortieren.

Seit jenem Test habe ich mit einigen blinden Menschen gesprochen, die in den Vereinigten Staaten leben, und erfahren, dass sie dazu neigen, sich bei Geld-Transaktionen auf die Ehrlichkeit ihres Gegenübers zu verlassen, dass aber die meisten finden, dass sie ein gutes „Gespür" für den Wert der Banknoten haben, die sie in der Hand halten.

Ich schließe daraus, dass die „Farbe" der Scheine von der Art und Weise bestimmt wird, wie wir diese behandeln. Die Menschen bedenken, behandeln und handhaben Banknoten von hohem Wert anders; und etwas von diesem „anders" bleibt an dem Papier anscheinend hängen. Dies wäre selbst dann der Fall, wenn die Noten Fälschungen wären und damit keine rechtmäßigen, gesetzlichen Zahlungsmittel laut Garantie des Finanzministers oder Zentralbankpräsidenten. Um solchen

Objekten einen Wert zu geben, ist nichts weiter nötig, als sie Menschen zur Verfügung zu stellen, die sie richtig behandeln.

Es scheint keine Rolle zu spielen, was oder woraus die Objekte sind. Auf den Yap-Inseln waren es einst große steinerne Scheiben, die 800 Kilometer entfernt gebrochen und mit großer Mühe in Einbäumen transportiert wurden. Auf Fidschi waren es Walzähne, in Indien Kaurimuscheln, in Nordamerika Schnüre mit Perlen aus Meeresschnecken und Muscheln *(wampum),* und im Nachkriegs-Deutschland Zigaretten und Whiskey. Ein Wert kann fast allem zugedacht werden, das für die betreffenden Menschen akzeptabel ist. Papiergeld wurde erstmals 2697 v. Chr. in China herausgegeben, aber es wurde erst im 18. Jahrhundert weithin gebräuchlich. Vorher wurden die meisten pekuniären Maßstäbe von verschiedenen Metall-Marken gesetzt.

Die ersten Münzen waren wahrscheinlich bohnenförmige Barren aus Gold und Silber, die von dem griechischen Staat Lydien im 7. Jahrhundert v. Chr. herausgegeben wurden und eine Punzierung trugen, die ihr Gewicht bestätigte. Schon bald wurden sie durch eine athenische Münze mit einem konstanten Silbergehalt ersetzt, die zur Standardeinheit des Handels in weiten Teilen von Asien und Europa wurde, sogar bis in die Zeit nach deren Eroberung durch die Römer. Sie wurde *Drachme* genannt, nach einer geläufigen Gewichtseinheit, die „eine Handvoll" bedeutete oder „so viel ich greifen kann". Auf die Drachme wurde das Bild des Herrschers der jeweiligen Zeit geprägt, und seitdem haben Münzen die beiden Seiten „Kopf" und „Zahl". Keine Ober- und Unterseiten, wohlgemerkt, sondern eine Kopfseite, wie es einem lebendigen Ding zusteht.[*] Die Porträts von Kaisern, von Königen und Königinnen und von Präsidenten sind ein Zeichen nicht nur von staatlicher Kontrolle, sondern von der Art visueller Symbolik, bei der

---

[*]   im Englischen/Original: *head and tail,* also „Kopf und Schwarz"
        (Anm.d.Ü.)

ein Teil das Ganze repräsentiert. Dies allein zeichnet Münzen als Dinge von mehr als weltlicher Nützlichkeit aus. Sie tragen unsere Siegel, und in der Folge wurden sie machtvolle rituelle Objekte, Dinge mit dem Leben ihrer eigenen seltenen Spezies.

Das letzte Wort gebrauche ich bewusst. Für mich als Biologen hat es eine klare Bedeutung. Es definiert eine Gruppe von Individuen mit gemeinsamen Merkmalen. Aber es bedeutet auch Geld, das „der Rede wert" ist, den abgesprochenen Wert darstellt – etwas mit einem sichtbaren Nennwert. Geld ist – darüber sind wir stillschweigend übereingekommen – etwas, das knapp genug ist, um es wert zu sein, gezählt zu werden. Der französische Soziologe Émile Durkheim betont die Wichtigkeit der Tatsache, dass Münzen aus seltenen und kostbaren Metallen hergestellt wurden, und er vertritt die Ansicht, dass Metallgeld aufgrund seines Wertes, seiner Unabhängigkeit von uns, seiner Unveränderlichkeit und seiner Macht, Generationen miteinander zu verbinden, ein festgelegtes System mit einem eigenen Leben bildet. Eine Art von „kollektivem oder gemeinsamem Gewissen".[55]

Es gibt Anzeichen, die eine solche Sicht unterstützen. Ein Blick in einen beliebigen Brunnen, einen Teich oder eine Quelle fast überall in der westlichen Welt wird zeigen, welche anhaltende Bedeutung Münzen als Votivgaben besitzen. Wasser scheint sie anzuziehen, selbst aus den Taschen der Menschen heraus. Es braucht nicht der Trevi-Brunnen in Rom zu sein. Auch von den Einkünften eines dekorativen Brunnens oder eines Wunschbrunnens, der in irgendeiner Einkaufsstraße oder -passage strategisch günstig platziert ist, könnte man fast leben. Dieser Brauch mag bis in die Bronzezeit zurück reichen, in eine Zeit der Klimaverschlechterung, als die alten Götter des Himmels und der Erde von Wassergottheiten abgelöst und in vielen örtlichen Gewässern Wertsachen geopfert wurden. Bis zur Römerzeit hatte sich diese Praxis fast wie eine Epidemie verbreitet. Als die alte London Bridge vor ihrer Verschiffung nach Arizona zerlegt wurde, zeigte sich, dass das Flussbett der Themse unter ihr übersät war mit vielen Tausenden kaiserlichen Münzen. Die am Hadrianswall stationierten Legionäre errichteten über einer keltischen Quelle ein Heiligtum, das sie der Nymphe Coventina weihten. Bei Ausgrabungen fanden sich im Becken fast zwanzigtausend Münzen, 2829 von ihnen trugen das Konterfei des römischen Kaisers Antoninus Pius aus dem 2. Jahrhundert.[124]

Geld besitzt einen ganz eigenen Zauber, und so überrascht es nicht, dass Münzen in unterschiedlichsten archäologischen Zusammenhängen auftauchen und im Ritual die Rollen von einer Vielfalt anderer Objekten übernehmen. Man fand Münzen im Mund und auf den Augen der Toten in griechischen Gräbern seit 470 v. Chr. Die Verstorbenen sollten damit den alten Fährmann Charon entlohnen, der die Schatten über den Fluss Acheron übersetzte und in die Unterwelt brachte. Die Römer pflegten nach einer Kremation zusammen mit der Asche eine Münze in die Urne zu geben. Dies war manchmal eine griechische Drachme oder ein Silber-Obolus – ursprünglich ein Tagelohn –, aber oft nicht mehr als eine „Geistermünze" – der tönerne Abdruck einer Münze oder ein sehr feines Goldblättchen. Selbst veraltete Münzen, die keinen aktuellen Wert mehr besaßen, schienen für diesen Zweck immer noch als legitim betrachtet worden zu sein – ein Beweis dafür, dass es um das Symbol ging und nicht um die Substanz.[90]

Aber es gibt auch Indizien für eine bewusste Verstümmelung, ein „Töten" von Votivmünzen – was darauf schließen lässt, dass sie als zumindest lebendig genug galten, um sich zur Opferung zu eignen. Man nannte diese Praxis „den englischen Brauch": Ein Pilger auf dem Weg zu einem Heiligtum seiner Wahl „tötete" eine Münze – gewöhnlich indem er sie in der Mitte umbog [und so auf die halbe Größe faltete], wodurch sie als Zahlungsmittel unbrauchbar wurde –, widmete dieses Opfer einem Geist oder Heiligen und brachte die Gabe an der geheiligten Stätte dar. Silber-Pennies, die auf diese Weise verbogen waren, fand man am Glastonbury Tor und in der Battle Abbey. Hunderte sind aus Flüssen und heiligen Brunnen gefördert worden. Es gibt Berichte, nach denen Münzen über einem kranken Menschen oder Tier verbogen wurden, oder in Zeiten der Gefahr, etwa vor einem drohenden Schiffbruch. Viele Münzen wurden deformiert, um mit diesem verzweifelten Opfer die Ausbreitung des Großen Brandes von London im Jahre 1666 zu stoppen. Während der Regentschaft von Edward I. wurden einmal im Jahr Münzen verbogen, um die Gesundheit der Jagdfalken und Streitrösser des Königs zu sichern. Im Jahre 1499 wurde ein Kind, das man in der Themse ertrunken glaubte, ins Leben zurückgeholt, indem man im Namen von König Henry VI. einen Penny über dem Kopf des Mädchens verbog.[68]

Solches Opfern war im Mittelalter am weitesten verbreitet, doch verschiedene Bräuche hielten sich sogar über die Reformation hinaus, welche die Anbetung von Geistern und Heiligen als Götzendienst untersagte. Das Münzen-Biegen diente nun anderen Zwecken. Es tauchte in Yorkshire auf, wo Milchmädchen eine verbogene Münze als „Butterzauber" zur Hand hatten, den sie in die Sahne fallen ließen, wenn diese sich der Butterung beharrlich widersetzte. Diese Praxis fand sogar ihren Weg ins kanadische Neuschottland und nach Kentucky, wo verbogene Zehn-Cent-Stücke zum gleichen Zweck in den Dienst gepresst wurden. Doch im größten Teil Englands wurde das Münzen-Biegen nicht mehr mit Gelübden verbunden, die unter Anrufung von Schutzheiligen abgelegt wurden, sondern galt als Zeichen der Hingabe an einen geliebten Menschen. Die Praxis, einer Dame als ein Unterpfand der Liebe eine verbogene Münze zu geben, finden wir häufig in der elisabethanischen Literatur, die übersät scheint von „gebogenen Groschen" und den damit einhergehenden Anspielungen. Und der Brauch lebt weiter – mindestens bis zur Dezimalisierung der britischen Währung

1971, als ein gebogener Silber-Sixpence noch als Glücksbringer galt.[11]

Das Münzwesen ist überall ein ernstes Geschäft, und schwere Strafen drohen jenen, die die Landeswährung fälschen oder – man achte auf den fast „organischen" Begriff – verunstalten. Die Währung zu fälschen, war und ist ein Kapitalverbrechen. Nur wenige Münzen sind heute die Mühe und Kosten wert, die mit solcher Täuschung verbunden sind, deshalb sind Währungen mehr durch Inflation als durch Fälschung gefährdet. Doch alte Gewohnheiten sterben nicht aus, und jedes Finanzministerium weiß, dass neu einzuführende Münzen in unerwartet großen Mengen geprägt werden müssen. Viele werden einfach beiseite gelegt und brauchen sehr lange, um in den Umlauf zurückzufinden. Manche kehren nie wieder. Selbst heute, in einer Zeit der Banken und der hohen Zinsen auf Ersparnisse, horten überraschend viele Menschen Münzschätze zu Hause. Bereits die Vorstellung eines Schatzes aus Münzen hat etwas Numinoses, fast Magisches an sich. Das Wunschbild eines Kruges voller Gold hat Bestand – ungeachtet der Tatsache, dass Münzen heutzutage aus unedlen Metallen und Kupfer-Nickel-Legierungen bestehen. Beobachten Sie einmal, wie fast jeder Kunde an einer Kasse das Münzgeld in seiner Börse oder Tasche durchsucht und dann mit den alten, abgegriffenen Stücken bezahlt und die glänzenden, neu geprägten zurückbehält.

Im Herzen sind wir alle Sammler und dem Zauber erlegen von endlosen Vorräten, Fässern ohne Boden und Schätzen, die von selbst wachsen. Die meisten solcher Geschichten sind legendär oder sagenhaft, aber ich kann auch von einem modernen Rekord aus Australien berichten. Im Jahr 1987 kaufte Clarence Cardivit, ein Bauarbeiter in Perth, bei einem Wohltätigkeitsbasar der Kirchengemeinde ein Sparschwein. Es war ein hässliches, rosa Porzellanschwein, aber die Familie war sich einig, ihr überzähliges Kleingeld für spezielle Gelegenheiten darin zu sammeln. Einen Monat später verbrannte sich ihre Katze am Küchenherd, und sie nahmen fünfundsiebzig Dollar aus dem Sparschwein, um den Tierarzt zu bezahlen. Einen Monat später stürzte ihre dreizehnjährige Tochter vom Fahrrad, und man leerte das rosa Schwein, um die Rechnung der Unfallstation zu begleichen. Einige Wochen danach waren immer noch mehr als hundert Dollar in dem sparsamen kleinen Tier. Inzwischen haben die Cardivits ganz aufgehört, das Geschöpf weiter zu füttern, behaupten aber, dass jeden Monat ausreichend Geld darin sei, um der Gemeinde neunzig Dollar zu geben und immer noch genügend übrig zu haben, um jeden Notfall in der Familie zu bezahlen.[390]

Die Forteana-Akten bergen eine Fülle von Geschichten von „Pennies aus dem Himmel". Im Mai 1981 sah ein junges Gemeindemitglied ein Fünfzig-Pence-Stück „aus dem Nichts" vor ihr auf den Boden fallen, als sie über den Friedhof von St. Elizabeth's in der Nähe von Manchester, England, ging. Sie erzählte dem Pfarrer, Graham Marshall, davon, und er und mehrere andere versammelten sich im Kirchhof, als viele Pfund Sterling in Silber- und Kupfermünzen um sie herabregneten. Die Geldstücke schienen sehr sanft herunter zu kommen, doch später wurden einige gefunden, die tief in den Erdboden eingedrungen waren, als ob sie aus einer enormen Höhe gefallen wären. Es gab kein Anzeichen von „diebischen Elstern", der Himmel war klar und es schien nirgendwo in der Nähe einen Ort zu geben, an dem sich ein praktischer Spaßvogel verbergen konnte, der die Münzen mit einem Schießgerät oder einer Schleuder verteilte.[316]

Im Jahre 1956 fielen in Hanham, in der Nähe von Bristol, Pennies auf englische Kinder vom Himmel, die nach der Schule auf dem Heimweg waren. 1940 regnete es überall im Distrikt Meschera in Russland Silbermünzen. Im April 1957 regnete es den ganzen Tag Tausende von 1000-Franc-Scheinen über Bourges in Frankreich. Im gleichen Jahr gab es zwei Halfpennies, die einer Frau, die allein auf einem Feld bei Gateshead in der Grafschaft Durham arbeitete, „am Kopf vorbei huschten". 1976 sammelten zwei Geistliche in Limburg zweitausend Mark in Scheinen auf, die, wie sie sagten, „aus heiterem Himmel herabflatterten". Und im englischen Ramsgate kam eine große Zahl von Pennies um eine Gruppe verblüffter Stadtbewohner herunter – und dies ganze fünfzehn Minuten lang. „Man konnte sie nicht fallen sehen", sagte einer der Zeugen später, „man hörte nur das Geräusch, wenn sie auf das Pflaster prallten." Die interessanteste Eigenheit dieses speziellen Geldregens war, dass keiner davon profitierte. Jede einzelne Münze war verbogen – wie einst die Opfermünzen der Pilger gefaltet waren.[251]

Man hat uns erzählt, dass die Menschen in der Wüste einst um Manna beteten und es erhielten. Ist es möglich, dass Gebete, oder sogar unbewusste Wünsche, in der Betonwüste von heute auf ähnliche Weise und ebenso passend erfüllt werden? Ich zögere, etwas so Absurdes auch nur anzudeuten. Aber angesichts der Macht der Gefühle und Emotionen, die heutzutage in Geld investiert werden – besonders in die Spezies, die unsere Namen und Gesichter tragen –, würde mich nichts, das damit geschähe, völlig überraschen.

Dinge von Macht

Mit Gedanken wie diesen wanderte ich an den Stränden im Osten Balis im Schatten des Gunung Agungs. Ganz gleich, wo man sich auf dieser Insel aufhält, ist es schwierig, den großen Vulkan zu ignorieren. „Der Nabel der Welt" ragt 3142 Meter aus der Küstenebene, türmt sich hoch empor und erinnert jedermann durch ein gelegentliches beunruhigendes Grummeln an seine Anwesenheit. Für die Balinesen ist der Berg Norden, wo auch immer man sich gerade befindet. Er ist alles, was gut ist, machtvoll, magisch und gesund. Und für die Insulaner ist er ohne jeden Zweifel lebendig.

Ich kann diese Vorstellung gut nachempfinden. Die Hülle unseres Planeten – der Teil, den wir Lithosphäre nennen – ist ein wesentlicher Bestandteil des Gaia-Ganzen. Berge enthalten vielleicht keine DNS, aber das tun auch Bienenstöcke nicht, Termitenhügel oder Schneckenhäuser. Keines der Genannten pflanzt sich ohne Hilfe fort, aber alle wachsen und verändern sich und entwickeln sich als Teile einer aktiven Gemeinschaft von Dingen, in der das „Lebendige" und das „Nichtlebendige" unauflösbar miteinander verwoben sind.

Solch gutes Einvernehmen zu akzeptieren, fällt in Bali nicht schwer, wo die Menschen einen schmalen Mittelgrund zwischen dem Ozean und den höheren Lagen besiedeln. Sie sind sich dort ihres zähen Festhaltens am Leben sehr bewusst, und jeder Aspekt von Ritual und Kunst auf dieser Insel spiegelt das Bewusstsein um die Notwenigkeit der Integration mit dem Ganzen wider. Diese Sensitivität ist nirgendwo deutlicher als auf dem schattigen Platz im Herzen jedes traditionellen Dorfes. Hier werden alle wichtigen Zeremonien inszeniert, der Gamelan-Spieler übt in der Kühle des Abends und der Dorfschmied oder *empu* geht seinem Handwerk nach. Er ist eine Schlüsselfigur in der Gemeinde, der Macher von magischen Dingen, der die Gongs und Glocken gießt und die geheiligten Klingen schmiedet. Er mag ein Mann niedriger Herkunft sein, aber mit seinen Werkzeugen in den Händen wird er so verklärt, dass ihn selbst Brahmanen der höheren Kaste nur auf Hochbalinesisch ansprechen dürfen – denn dann verhandelt er mit dem Numinosen, kommuniziert mit der Großen Mutter selbst und nimmt ihr Fleisch in die Hände in Form von rotglühendem Eisen.

Das ist seltsamer Stoff. Eisen ist auf unserem Planeten fünfhundert Mal reichlicher vorhanden als Kupfer, doch es ist viel geheimnisvoller. Sobald Schmelzöfen zur Verfügung standen, die die notwendigen hohen Temperaturen aufrechterhalten konnten, wurde Eisen zu einer Vielfalt von Werkzeugen bearbeitet, die in so großer Zahl entstanden, dass sie auch gewöhnlichen Menschen überall zur Verfügung stehen. Gleichwohl verlor dieses Metall niemals sein Geheimnis. Die Bearbeitung von Eisen begann in China bereits im dritten vorchristlichen Jahrtausend, aber der entscheidende Übergang von einfachem, gehämmertem Eisen zu dem praktischeren Metall mit einer Randschicht, die durch wiederholtes Erhitzen und Löschen einsatzgehärtet werden konnte, vollzog sich tatsächlich erst um etwa 600 v. Chr. im Tal des Indus.

Es geschah in der Nähe von Haiderabad. Eine Gruppe von Eisenarbeitern verfertigte kleine tönerne Schmelztiegel, nicht größer als Reisschalen, und füllte sie mit kleinen Brocken Schmiedeeisen und einem magischen Ingrediens – einer organischen Brücke. Im Mengenverhältnis von vier oder fünf Prozent der Masse gaben sie Blätter und Holz hinzu, die sie von verschiedenen, sorgfältig ausgewählten Pflanzen genommen hatten. Dann wurden die Schmelztiegel mit Lehm versiegelt und auf den Grund einer gebärmutter-ähnlichen Grube gestellt, mehrere Fuß tief in der Erde. Die Grube wurde mit Holzkohle ausgekleidet, diese entzündet und mehrere Stunde lang mit einem Luftstrom aus einfachen Bälgen „angehaucht". Was hier geschah? Der Kohlenstoff aus dem pflanzlichen Material reagierte und verband sich mit dem Metall und verteilte sich gleichmäßig in dem geschmolzenen Eisen im Inneren der versiegelten Behälter. Dann wurden diese aus der Grube hervorgeholt und aufgeschlagen, und die homogene Flüssigkeit wurde in Steinformen gegossen, so dass flache, runde Gussstücke oder Barren aus rohem Stahl entstanden, die ihre Erfinder Wootz oder Wootzkuchen nannten.[180]

Die indischen Stahlkocher hüteten ihren Prozess sorgfältig, begannen aber rasch, das Produkt zu vermarkten, das sich zu den feinsten Schwertern und Dolchen verarbeiten ließ, die mindestens bis ins späte Mittelalter nicht zu übertreffen waren. Der Wootzstahl wurde zu den Römern ausgeführt, die für das

Material, das sie für ihre berühmten Kurzschwerter brauchten, großzügig in silberner und goldener Münze bezahlten. Andere Barren gelangten auf Umwegen über den Jemen und Abessinien in die Zentren des Mittleren Ostens, wo sie zu gefürchteten Krummsäbeln geschmiedet wurden. Mit diesen Waffen erkämpften die maurischen Reiter im 6. Jahrhundert das mächtige Reich des Islam. Es sollte ihren heiligen Kriegern nützlich sein, dass sich arabische Kunstschmiede in Damaskus später die kreative Kunst aus Indien aneigneten und eigene Schmelztiegel in Betrieb nahmen.

Dasmaszener-Klingen zeigten eine einzigartige feine Zeichnung dank eines Herstellungsverfahrens, das nur teilweise aufgekohltes Eisenerz verwendete, so dass die Barren aus komplexen Aggregaten aus Stahl und Gusseisen bestanden. Das Eintauchen in eine ätzende Flüssigkeit hatte keine Wirkung auf den weißen Stahl, aber es schwärzte die Eisenschichten so, dass die typische „Damaszener"-Musterung zum Vorschein kam. Die Musterung der besten Klingen wurde durch wiederholtes Schweißen, Fräsen und Formen sogar noch komplexer gestaltet, so dass Zeichnungen entstanden, die in manchen Quellen als „Mohammedsleiter" beschrieben werden. Doch die mächtigste der syrischen Techniken, die, wie man weithin glaubt, zu bewirken vermochte, dass solche Krummsäbel „singen", war eine spezielle Endphase bei der Härtung einer Klinge, in deren Verlauf das rotglühende Schwert zum Abkühlen in den Körper eines lebenden Sklaven getaucht wird.[3]

Solche Ad-hoc-Technologie bewirkte zweifellos eine weitere Anreicherung der Klingenoberfläche mit Kohlenstoff und schloss den Härtungsprozess des Stahles auf eine Weise ab, die das erwünschte Resultat hervorbrachte. Es könnte seinen Anfang genommen haben in der einfachen Assoziation von einer Art Blutstaufe für ein Werkzeug, das gerade für einen solchen Zweck bestimmt war, doch ich kann mich des Empfindens nicht erwehren, dass es ein anderes Resultat gab und einen entsprechenden Gedankengang.

Die besten Damaszenerklingen erlangten schnell den Status von geheiligten Objekten. Viele wurden mit goldenen Intarsien spiritueller Ermahnungen verziert, und es entstanden Legenden, die von ihrer Besessenheit durch eine Macht erzählten, die von der ihrer Besitzer durchaus unabhängig war. Jede dieser Waffen hatte ein Leben und einen Namen für sich. Ich vermute, dass es gerade im Streben nach solcher Vitalität dazu kam, dass im finalen Akt des Herstellungsprozesses ein Sklave geopfert wurde – ein Leben für ein Leben. Das „Temperieren" oder Härten bedeutet heute, etwas auf einen angemessenen Grad von Härte zu bringen, aber die Ursprünge des Wortes liegen in Wurzeln, die sich genauer übersetzen lassen als „etwas gebären, zur rechten Zeit".

Was Wunder, dass es zur geläufigen Praxis wurde, nach einer Schlacht die Waffen des besiegten Gegners einzusammeln und damit nicht nur von nützlichen Eisenwaren Besitz zu ergreifen, sondern zugleich die Lebenskraft eines respektierten Feindes in sich aufzunehmen. Solche Verluste werden tief empfunden und sind nachhaltig. Die einschlägigen Seiten von Zeitungen in Großbritannien, den Vereinigten Staaten und Australien zeigten in den Neunzigerjahren häufig hübsche Angebot, japanische Zeremonienschwerter zurückzukaufen, die im Zuge des Zweiten Weltkrieges geplündert oder als Souvenirs außer Landes geschafft wurden.

Eines der drei Insignien der kaiserlichen Macht in Japan ist immer noch ein Schwert namens Kusanagi – der „Grasschneider" –, welches im Tempel von Atsuta, in der Nähe von Nagoya, aufbewahrt wird und, wie man sagt, einen eigenen Antrieb besitze und einst Susanoo gehört habe, dem Gott des Donners, des Sturmes und des Meeres. Es ist der Prototyp einer Reihe von großen japanischen Klingen, deren Erschaffung im 7. Jahrhundert mit der Ankunft des Buddhismus und seinen

Künsten aus China begann. In der Heian-Zeit, im 11. und 12. Jahrhundert, erreichte die Entwicklung einen stilistischen Gipfel, als Klingen so bearbeitet wurden, dass sie sich von ihrer Schnittkante zurück krümmten und mit feinen Härtungslinien verziert wurden, deren typische Muster „Bambusvorhang", „Baumblüte", „Meereswelle" oder „Drei-Zedern-Zickzack" genannt wurden.

Die Wertschätzung, die solchen Klingen entgegengebracht wurde, wird in der exquisiten Ausstattung des Schwertes an Scheide, Montage, Griff und Handschutz erkennbar, die alle lackiert, geflochten oder aufwendig intarsiert waren. Viele tragen einfache Inschriften, die den Krieger ermutigen sollen, doch manche sind deutlich unabhängiger, sind gleichsam eigenständige Persönlichkeiten, die Namen tragen wie „Libellenschneider" und Ankündigungen wie „Ich gehe zuerst hinaus, der Linie voraus". Viele Klingen waren symbolischer Natur und speziell als Spendengaben an Tempel und Schreine angefertigt, doch selbst bei diesen würde es als unangebracht empfunden werden, wenn sie ihre Scheiden verließen, ohne zumindest einen rituellen Tropfen Blutes zu vergießen.

Diese Entwicklung der Klinge von der Waffe zum Ritualgegenstand ist nicht eigentümlich für das Langschwert oder *katana* der Samurai, obwohl dieses allgemein als die größte technische Errungenschaft seiner Art anerkannt wird. Man kann sie auch in dem tibetischen „Geister-Dolch" oder Phurba erkennen. Doch sie erreicht den Höhepunkt ihrer Weihe und ihren größten kulturellen Glanz bei den Dolchen von Malaysia und Indonesien.

Der *Kris* ist die charakteristische Waffe der Malaien. Es ist ein verlängertes Messer mit einer wellenförmigen Klinge, die an beiden Seiten geschliffen ist und sich an einer Seite der Basis zu einer Zunge verbreitert, an der ein gegnerischer Schwerthieb gestoppt wird. Die Entwicklung begann als Stoßwaffe zur persönlichen Verteidigung, doch der Kris ist schon seit langem kein Abschreckungsmittel mehr, sondern hat statt dessen eine wichtige zeremonielle Rolle eingenommen. Seine schlangenähnliche Form und die verbreiterte Basis ähneln so stark der Form des spitzen Schwanzstachels eines gemeinen Stachelrochens, dass dieser wohl das Vorbild gewesen sein könnte – und zugleich eine hübsche organische Brücke bietet. Seit er allerdings aus Stahl geschmiedet wird, ist der Kris zu etwas ganz anderem geworden, und dabei hat er mehr Macht und Heiligkeit auf sich gezogen und gesammelt als jedes andere Werkzeug und jede andere Waffe auf der Welt. Die Tradition will es, dass der erste Kris aus Himmelseisen gemacht worden sei. Manche Exemplare wurden bestimmt aus Fragmenten eines Meteoriten geschmiedet, der im 18. Jahrhundert in der Nähe der Tempel von Prambanan auf Java niederging. Der größere Teil jenes Brockens ruht noch an einem Ehrenplatz im alten Sultanspalast in Surakarta, kleine Stücke gelangten bis nach Bali und fielen in die eifrigen Hände der dortigen *empu,* die in ihre allerwichtigsten Aufträge immer noch einen kleinen Teil jenes „Himmelsstoffs" schmelzen.

Die Meisterschmiede auf Java und Bali spezialisieren sich auf „Musterschweißen" und kneten rotglühende Lagen aus verschiedenen Stählen zu komplexen Platten. Wenn diese glatt poliert und mit Arsen oder Zitronensäure geätzt werden, offenbaren sie ein prächtiges Spektrum von scheinbar flüssigen und durchscheinenden Mustern, die unter Bezeichnungen wie „gesalzenes Reiskorn", „Schwarzkümmel", „Kokosblatt" und „Wurzeln in der Luft" bekannt sind. Jedes dieser *pamor* genannten Designs soll seine eigenen Attribute haben, seinem Besitzer Gewinn anziehen, ihn vor Schaden nach Einbruch der Dunkelheit schützen oder den Blick seines Feindes trüben.

Heute tragen die Balinesen den Kris nicht mehr als Selbstverständlichkeit, aber kein Mann käme auf den Gedanken, zu einer wichtigen Zeremonie oder Funktion zu erscheinen, ohne einen Kris vorn an seinen Sarong gesteckt zu haben. In Java muss das Kurzschwert hinter dem Rücken so in den Gürtel gesteckt sein, dass der Griff nach rechts zeigt. Doch auf allen Inseln, auch auf der malaiischen Halbinsel, ist der Kris des Mannes Busenfreund, sein zweites Ich, das mit Sorgfalt ausgewählt wurde, um seinen Charakter und seine Neigung widerzuspiegeln. Wenn er nicht in Gebrauch ist, wird er in Samt gehüllt und zusammen mit dem *kris pusaka* – einem Familienerbstück, das nur einmal im Jahr, begleitet von Rauch- und Blumenopfern, hervorgeholt wird – im hinteren Teil des Hauses aufbewahrt; seine Klinge wird dann mit seltenen und speziellen Ölen gepflegt.

Früher hätte kein Malaie das Haus ohne seinen Kris verlassen. Ein Mann von Rang würde keinesfalls einen anderen ansprechen, ohne dass beide angemessen bewaffnet sind. Auf Sumatra könnte kein Händler seine Waren entladen, bevor nicht der Zollchef seine Stirn mit dem goldenen Griff seines Kris der Macht berührt hat. Für die Herrscher überall auf dem Archipel ist er noch der Inbegriff der Macht, er wird blankgezogen und von Königen, Sultanen und örtlichen Häuptlingen bei ihrer Einsetzung geküsst. Auf vielen Inseln werden Eide und Verträge weiterhin besiegelt, indem man Limonensaft von der zeremoniellen Klinge leckt oder einfach Wasser trinkt, in das die Spitze des Kris getaucht worden war. Bei indonesischen Hochzeiten trägt der Bräutigam einen Hochzeits-Kris, der ihm vom Vater oder Bruder der Braut geschenkt wird. Kann er aus irgendeinem Grund nicht persönlich anwesend sein, darf die Braut mit dem Kris verehelicht werden, der als vollkommen korrekter Stellvertreter des Bräutigams akzeptiert wird. Sollte auf Sulawesi ein Mann sitzengelassen werden oder jemals das Gefühl haben, dass die Dinge außer Kontrolle geraten sind, so ist es Brauch, dass er mit seinem Kris auf die Straße geht und eines ehrenwerten öffentlichen Todes stirbt, der ausnahmslos jeden trifft, der verzweifelt genug ist, Amok zu laufen.[74]

Der Kris ist unverkennbar ein machtvoller kultureller Talisman, der bereits einen eigenen Wert und Bedeutung besitzt – aber er ist noch viel mehr als dies.

In Bali erfuhr ich von Schwertern, die so mächtig waren, dass man jemanden töten konnte, indem man mit dem Kris nur auf ein Opfer deutete oder in dessen Fußspuren im Sand stach. Den alten Schwertern sagt man einen starken Willen nach; sie äußerten zustimmende Laute, wenn sie gezückt werden, und seufzten, wenn man sie zurück in die Scheide steckte. Manche, so glaubt man, seien übellaunig und blutrünstig. Erst 1952 soll ein Kris namens *Berok Bergayun,* „der singende Affe", neunundneunzig Leben genommen haben. Andere seien zugänglicher, führen Salontricks vor – wie auf Kommando auf der Spitze zu stehen oder mit ihren schmucken, edelsteinbesetzten Handgriffen zu blitzen. Der Schlüssel zur Macht all dieser Phänomene liegt in der Klinge, die *mata keris* genannt wird, das „Auge des Kris". Dieses reflektiert die Seele ihres Schöpfers oder Eigentümers und ist verantwortlich für Meldungen im ganzen Malaiischen Archipel und in Indonesien von Kris-Schwertern, die sprechen, fliegen, schwimmen, sich in Schlangen verwandeln oder sogar Menschenkinder zeugen können.

Der *empu* des Dorfes Tenganan hatte noch alle altehrwürdigen Werkzeuge in Gebrauch, und ich sah zu, wie er seinen speziellen Zauber wirkte, als er einen Kris belebte, den einer der gefeiertsten Tänzer der Insel tragen sollte. Er war aus vierundsechzigschichtigem Stahl, der über einen Zeitraum von sieben Jahren wieder und wieder geschmiedet wurde, einmal für jede *lok* oder Welle seiner Klinge. Zwischen den Schmiedungen polierte der *empu* die Waffe von Hand, dazu gebrauchte er Speichel und die feinste Körnung auf einem Bambusblock. Dabei sang er die ganze Zeit in der alten Sprache und erzwang Muster aus dem vielschichtigen Metall, das er so zuverlässig und behände mit seinem Geist durchtränkte wie einst Stradivari seine Violinen.

Als ich Bali verlassen musste, war dieser Kris noch nicht fertig, aber ich rechne damit, eines Tages eine Darbietung des dramatischen Kriegertanzes *baris* zu sehen, die so überragend sein wird, dass der Tänzer das gebotene breite Spektrum von Leidenschaft und Stolz, Mitgefühl und Bedauern geradezu durchfliegt, mit vollendeter Kunstfertigkeit und Körperbeherrschung. Und ich weiß: Wenn sich solch ein seltener Triumph ereignet, werde ich das ausdrucksvolle Gesicht des Mannes sehen und meinen Blick über das farbenprächtige Kostüm streifen lassen und feststellen, dass der Tänzer nicht allein auf der Bühne ist. Er wird von einer Klinge begleitet sein, die in Tenganan gefertigt wurde und Magie und Kraft für zwei in sich trägt.

Wenn man bedenkt, dass solche Instrumente in schöpferischem Feuer geschmiedet, in einem alchemistischen Ritual empfangen, zeremoniell geboren werden, mit Liebe poliert und in Blut getauft werden, kann es nicht überraschen, dass der Kris – lebt.

Dinge von Belang

Ich behaupte mit vollem Ernst, dass sich manche Dinge auf anomale Weise verhalten können und es sogar tun. Wenn sie es tun, so geschieht dies in erster Linie, weil wir ihnen unser stillschweigendes Einverständnis dazu gegeben haben. Wir tragen zu diesem Tun also durchaus bei. Nichts von dem bizarren und doch quasi-lebendigen Verhalten würde stattfinden, wenn wir nicht in der Nähe wären und es begünstigten.

Selten ist es etwas, das wir bewusst tun. In den meisten Fällen sind solche merkwürdigen Geschehnisse das Resultat unserer Art, über die Welt zu denken, und unserer Wahl, wie wir die Wirklichkeit strukturieren. Ich will auf diese Möglichkeit später ausführlicher eingehen, wenn alles Beweismaterial eingebracht ist, und an diesem Punkt nur den Gedanken einführen, dass unser Glauben nicht nur eine Erklärung von Ereignissen ist, die wir zusammenstellen, nachdem diese eingetreten sind. Im Gegenteil, es gibt Indizien dafür, dass das, was geschieht, in gewissem Maße durch unsere Erwartungen organisiert ist und diese nach vorherrschenden Themen strukturiert sind – Ideen, die dazu neigen, das Unbewusste einzunehmen, Konglomerate aus Mythos und Glauben, die Carl Gustav Jung als Archetypen bezeichnete.

Falls dies zutrifft, spielt es keine Rolle, ob Pennies tatsächlich vom Himmel fallen oder ob Schwertklingen wirklich singen. Wichtig ist allein die psychische Tatsache, dass solche Behauptungen weithin geäußert werden. Dennis Stillings hat in seiner besinnlichen Zeitschrift *Artifex* erforscht, in welchem Ausmaß aktuelle Ereignisse in die Matrix unserer Volkskunde und Mythologie eingebettet sind. Er argumentiert überzeugend, dass anomale Phänomene – also jene Dinge, die unerklärt bleiben – ein „psychisches Vakuum" erzeugen, welches allzu rasch mit mythischen Einbildungen gefüllt wird. Diese haben ihre Art und Wege, sich in die „reale Welt" einzuschleichen.[212]

Es gibt drei Dinge, die numinos zu sein scheinen in dem Sinne, dass sie eine fesselnde Qualität haben und eine bleibende Faszination auf uns ausüben, was ihnen ungewöhnliche energetische Eigenschaften verleiht. Es gibt noch viele andere solcher Objekte, aber diese drei sind Elemente eines langlebigen und maßgeblichen Glaubens, dass nämlich in der konstanten Schlacht gegen das Böse nichts effektiver sei als die mächtige Dreifaltigkeit von Glocke, Buch und Kerze.

Glocken, ob große oder kleine, haben etwas an sich, das Aberglaube und Emotion anzieht. Sie wurden gebraucht, um aufzurufen und zu warnen; sie wurden geläutet in Zeiten der Feste und Danksagung, des Unglücks und der Not, oder sie erklangen einfach, um die Stunden zu zählen. Ihr Ruf ist am vertrautesten in Europa, wo ihre bronzenen Stimmen erklangen, um die Öffnung der Stadttore anzuzeigen, den Beginn und das Ende der Arbeit und als Signal, zur Nacht die Lichter zu löschen. Glocken läuteten als Ruf zu den Waffen, um die Ankunft von Schiffen zu verkünden, zur Warnung bei einem Brand und als Signal, dass die Toten hinausgebracht und bestattet werden sollten. In England wurden sie – und sind es noch – fast eine Obsession, dabei haben alle englischen Glockenspiele und Geläute ihren Ursprung in dem schlichten ostasiatischen Gong.

Gong ist ein javanisches Wort, das eine kreisförmige Metallplatte mit einem umgebogenen Rand bezeichnet. Der Gong wird in der Mitte angeschlagen, wo er schwingt, und wurde ursprünglich angefertigt, um die Aufmerksamkeit einer Gottheit anzuziehen, um eine direkte Verbindung mit den Geistern der Ahnen herzustellen und um Dämonen und Gespenster in die Flucht zu schlagen. Die meisten Gongs wurden aus Bronze hergestellt – einem Material, dem man schützende Kräfte nachsagte – und bei bedrohlichen Ereignissen, wie etwa einer Mondfinsternis, mit besonderer Inbrunst angeschlagen.

Man kann jeden Schritt in der Evolution und Verformung des Gongs zu einer voluminöseren, tieferen Gestalt verfolgen, die vor allem am Rande klingt, und gelangt schließlich zu der klassischen Glockenform mit einem „Klangbogen" aus dickerem Metall nahe dem Glockenmund. Aber wie die Form auch gestaltet war oder der Ton erklang, ob das Instrument gehämmert oder gegossen wurde, geschlagen, geschüttelt oder aufgehängt war – es galt zu allen Zeiten als etwas Besonderes. Seit die Glocke in der jungen christlichen Kirche des 5. Jahrhunderts angekommen ist, gibt es für sie eine Taufzeremonie, bei der die Glocke mit Weihwasser besprengt, von innen und außen mit Salböl geweiht und schließlich gesegnet wird.[156]

Viele Glocken sind nicht nur getauft, sondern tragen auch einen Namen. Eine Glocke der Kirche von St. Winoksberg in der Nähe von Dünkirchen in Nordfrankreich trägt die Inschrift:

„Mein Name ist Banclocke, so lautete auch 222 Jahre lang der Name meiner Mutter und 177 Jahre der meiner Großmutter."[177] Big Ben, die große Glocke von Westminster in London, ist vielleicht das bekannteste Individuum [seiner Spezies]; doch „er" ist nur ein Mitglied in einer Gruppe von Riesen, zu denen auch Great Tom (St. Paul's Cathedral), Great George (Liverpool) und ihre gewaltige Cousine und Königin der Glocken gehört, die Zaren-Glocke mit einem Gewicht von rund zweihundert Tonnen. Sie wurde nie geläutet und ist im Kreml von Moskau zu besichtigen.

Große Glocken sind als *signa* bekannt, der zugrunde liegende kirchenlateinische Begriff *signa ecclesiae* bedeutete einfach „Zeichen der Kirche". Acht der zwölf größten Glocken auf Erden sind russisch, Erzeugnisse imperialer Größe im 18. Jahrhundert. Von den übrigen befinden sich zwei in Birma (Myanmar) und eine in China. Die fünftgrößte Glocke, die je gegossen wurde, ist ein echtes Phänomen; ihre Qualität ist so herausragend wie ihre Größe. Sie wiegt vierundsiebzig Tonnen und steht allein zwischen den Bäumen des Tempelgartens von Chion-in in Kyoto, Japan. Die Glocke ist aus grüner Bronze und wird „die Stimme Buddhas" genannt. Ihr großer Mund liegt nahe am Erdboden. Wenn sie mit dem waagerecht hängenden Stamm einer großen Zeder angeschlagen wird, zu dessen Bewegung es die Kraft von fünfundzwanzig Mönchen bedarf, erzeugt sie einen unverwechselbaren Klang:

Geheimnisvoll, ergreifend, feierlich über alle Vorstellung hinaus. Der Klang kommt aus dem Holz und rollt hinunter zur Stadt. Es ist ein tiefer, sanfter, melancholischer Ton wie der eines summenden Gongs. Niemals steigt er himmelwärts, sondern rollt und grollt auf der Erde entlang. Er fließt durch den Lauschenden wie Wasser durch Sand. Er durchdringt den Körper wie ein feiner, kribbelnder Strom ... Er ist so traurig, so wandernd, so desolat, dass jedes langsam wiederkehrende Wumm wie ein Schluchzer hervorkommt.[218]

So bewegen die allerbesten Glocken den Menschen. Was Wunder, dass sie in den Alpen geläutet werden, um ein Gewitter zu zerstreuen, oder in Teilen Englands, um die Wehen bei einer Entbindung zu lindern; oder dass man in Schottland, Schweden und im Schwarzwald von Glocken erzählt, die aus der Tiefe von Seen und anderen Gewässern erklängen, in welche sie einst versanken. Aus einer Reihe von Ländern sind Legenden von gestohlenen Glocken überliefert, die verstummten und sich weigerten zu läuten, bis sie an ihren angestammten Kirchturm zurückgebracht wurden. Andererseits kennt die Volkskunde überall eine Fülle von Geschichten von Glocken, die von selbst zu läuten begannen.[155] Am 1. November 1230 kroch Albert von Calw auf einen Heuboden im oberschwäbischen Berkheim. Die Nacht war kalt, er selbst war krank und ohne Geld. Er starb im Schlaf, und um Mitternacht begannen die Glocken der Kirche nebenan zu läuten. Die Menschen eilten auf die Straße und dachten, es müsse irgendwo ein Feuer ausgebrochen sein, aber alles, was sie fanden, war ein leerer Glockenstuhl und ein kühles Glühen, das von dem Heuboden ausging. Es kam aus dem ausgezehrten Körper des Dreiundzwanzigjährigen, dessen Schrein heute ein Pilgerziel ist.[87]

Carpegna ist ein italienischer Marktflecken, etwa fünfunddreißig Kilometer von der Adriaküste entfernt, umgeben von Bauernhöfen und Weinbergen. Bis zum Allerheiligenfest am 1. November 1970 war es eine ruhige Gemeinde. Doch in jener Nacht – genau um Mitternacht und ohne Vorwarnung – begannen die großen Glocken im Turm der zum Franziskanerkloster gehörenden Pfarrkirche San Nicolò zu läuten. Überall im Ort gingen die Lichter an. In der Telefonzentrale der Polizei gingen zahlreiche Anrufe von Bewohnern ein, die sich über die Störung beschwerten. Die Patres Mario Vesperini und Alberto

Mengoni eilten die Stufen des Glockenturms hinauf, um die Übeltäter zu ergreifen, aber da war niemand; eine Kontrolle ergab, dass alle Knaben in der benachbarten Kirchenschule in ihren Betten lagen. Die Polizei führte ergebnislose Befragungen durch, und man tat das nächtliche Läuten als einen schlechten Scherz ab – bis es sich am 3. November wiederholte. Dieses Mal veranstaltete die Polizei eine gründliche Untersuchung, nahm Messungen vor, berechnete die nötigen Entfernungen für eventuelle Steinwürfe, experimentierte mit Katapulten, suchte nach versteckten Tonbandgeräten und befragte jede Person im Umkreis des Klosters. Doch trotz dieses Aufwandes und einer Untersuchung durch eine Gruppe Wissenschaftler läuteten die Glocken in wechselnden Abständen wieder und wieder und ohne Zutun von Mensch, Tier oder Windstoß. Tatsächlich bewegten sich die Glocken dabei nicht einmal, und niemand zog an den Glockenseilen, doch die Klänge erschallten über Monate vom Turm, bis ins Jahr 1971; die Carpegnaner waren zunehmend verärgert, schlaflos und beunruhigt.[256]

Im Zeitalter der Segelschiffe glaubte man, die Schiffsglocke sei der Sitz der Seele des Schiffes. Ganz gleich, wie fest sie angebunden war, sagt man, läute sie immer, wenn ein Schiff unterging – wie die Lutine Bell im neuen Hightech-Hauptquartier der Schiffsversicherungsgesellschaft Lloyd's in London selbst heute noch läutet, wenn die Nachricht über einen Schiffbruch eingeht. Im Dom von Breslau wurde der Tod eines Domherrn oft schon im Voraus durch das spontane Läuten der großen Glocke angezeigt. Andernorts erklangen Glocken aus Freude oder als Anerkennung für einen Heiligen. In der Gascogne, im Südwesten Frankreichs, sollen die Glocken in allen Dörfern geläutet haben, als die Reliquien der heiligen Foy (St. Fides) in der Tasche eines Lumpensammlers ohne dessen Wissen durch das Land getragen wurden. Die Glocken von Fiesole in Italien läuteten ohne menschliches Zutun, als ein irischer Pilger auf seinem Weg nach Rom den Dom betrat. Es war der heilige Donatus, der zum Bischof jener Stadt wurde. Der seligen Irmgard erwiesen die Glocken von Rom die gleiche Ehre.

Schlag Mitternacht am 6. Februar 1980 wurde das Fischerdorf Crail in Schottland vom Läuten der alten Abendglocke aus dem Schlaf gerissen. Sie erklingt üblicherweise um 22 Uhr, wenn sie sechzig Mal von ihrem Turm am Marktplatz schlägt, um die schwer arbeitenden Dorfbewohner auf die Notwendigkeit hinzuweisen, zeitig zu Bett zu gehen. Dies hat sie seit annähernd fünfhundert Jahren zuverlässig getan; vierhundertsechzig Jahre lang war sie von Hand bewegt worden, bis ein Elektriker im Ruhestand eine Vorrichtung ersann, die Abendglocke zu automatisieren. Lawrence Nash brauchte Jahre, um seinen Mechanismus zu bauen, und war ungeheuer stolz darauf. Als jedoch seine Gesundheit nachließ, wurde die Wartung der Technik von dem Regionalrat von Fife übernommen. Somit war es der Rat, den die aufgestörten Bewohner anriefen, als die Abendglocke sechzig Mal schlug, nicht nur um Mitternacht am 6. Februar, sondern auch um ein, zwei und drei Uhr am Morgen des 7. Februars. Der Beamte, der kam, um die beiden Türen aufzuschließen, die zu der achtzigstufigen Treppe in den Glockenstuhl führten, war der einzige Hüter der Schlüssel und fand alles ordentlich verschlossen vor. Er berichtete, ein außergewöhnliches mechanisches Versagen habe dazu geführt, dass eine Sperrnase in dem Zeitwahlgerät verrutscht sei, was bewirkte, dass der Schwengel stündlich aktiv wurde, bis sich „die Sache von selbst richtigstellte“. Was aber weder er noch irgendjemand sonst in Crail zu dieser Zeit wusste: Lawrence Nash war in jener Nacht im Alter von neunzig Jahren gestorben. Der behandelnde Arzt stellte als Todeszeitpunkt „irgendwann zwischen Mitternacht und drei Uhr morgens“ fest.[300]

C. G. Jung sprach in einem Seminar über eine Fixierung des deutschen Philosophen Immanuel Kant auf einen Kirchenglockenturm, den er von dem Fenster seines Studierzimmers aus sehen und hören konnte. Er blickte immer hinüber, identifizierte sich mit ihm und gebrauchte ihn als Bezugspunkt in seinem täglichen Leben, über den er sich selbst in Beziehung zu Raum und Zeit setzte. Als der Turm zerstört wurde, war Kant monatelang völlig arbeitsunfähig. Er konnte nicht mehr funktionieren. Er hatte das Gefühl, einen Teil seiner Seele verloren zu haben.

Jung glaubte, dass er etwas hatte, das jeder Ureinwohner verstehen würde; er beschrieb es als die „Buschseele". „Primitive haben immer solche Dinge – wie einen Schrein oder ein *churinga* – und nehmen zu Recht an, dass jedes mit Leben erfüllt ist, dass es Seele enthält."[114] Dies ist die Art von Glauben, die Gegenstände beseelt und den Dingen die Fähigkeit gibt, sich zu verhalten, als wären sie Lebewesen. Glocken tragen Namen und haben einen Ruf, sie besitzen „Stimme", „Mund", und „Schulter". Glocken haben Geburtstag und werden getauft. Glocken sind sogar schon gefüttert worden, zum Beispiel eine in Peking, wo der Tochter des kaiserlichen Gründers bei lebendigem Leib geopfert wurde, um sicherzustellen, dass der Glockenton einzigartig sein werde. Er war es. Solche Dinge schreien geradezu nach „mythischen Einbildungen". Sie sind ein natürliches Substrat für vagabundierende Archetypen, ein fruchtbarer Nährboden, der nur darauf wartet, besät zu werden.

In jenem selben Seminar erwähnte Jung auch „die Tücke des Objekts" als Begriff für unser Empfinden von Unbehagen in Bezug auf bestimmte Dinge, welche eine Neigung haben, sich schlecht zu benehmen oder unseren Zorn herauszufordern. Aber er warnte auch: Je mehr man die Dinge verwünscht, je mehr Formen des Ausdrucks und der Ansprache man erzeugt, die eher Lebendiges ansprechen, desto mehr Leben unterstelle man ihnen.

Objekte liegen schwer herum. Sie haben keine Beine oder Flügel, und die Menschen haben oft keine Geduld für sie. Dieses Buch zum Beispiel, dessen bin ich gewiss, läge viel lieber mehr in der Mitte Tisches, wo es sicher ist; aber ich habe es an die Kante gelegt. Das ist eine unbehagliche Position für diese arme Kreatur von Buch. Es könnte herunterfallen und sich verletzen. Wenn ich ungeduldig bin, wenn ich sie auf ungeschickte Weise anfasse, ist das eine beklagenswerte Notlage für die armen Objekte. Dann nehmen sie Rache an mir. Weil ich sie schlecht behandele, wenden sie sich gegen mich und werden auf eine eigenartige Weise widerspenstig. Dann sage ich: „Oh, diese verfluchten Objekte, diese toten Gegenstände, jämmerlich!" – und augenblicklich nehmen sie Leben an.[114]

Jung meinte dies nur halb scherzhaft. Er frotzelte über Bücher, die „sich versteckten", und seine Brille, die sich „einen Stuhl aussuchte", um sich seinen Blicken zu entziehen. Er sprach von Teufeln, die in Gegenstände hineinfahren und „die außergewöhnlichsten Kunststücke spielen", die den Toast immer auf die bereits mit Butter bestrichene Seite fallen lassen. Aber er war vorsichtig, alle diese Beweise für das Wirken von Murphys Gesetz als lediglich die niederste Erscheinungsform der Tücke des Objekts zu identifizieren und zuzulassen, dass ernstere Konsequenzen eintreten konnten.

Bücher sind es wert, als eine eigene Kategorie spezieller Dinge betrachtet zu werden. Warum achten wir sie als etwas Besonderes, Geheiligtes? Denn dies tun wir. Bücher haben eine Aura, die der Mikrofilm niemals erlangen wird. Bücher sind Kinder, und ihre Eigentümer sind besitzergreifende Eltern, die es hassen, von ihrem Nachwuchs getrennt zu werden. Sie dekorieren ihre Schützlinge mit Eigentümervermerken, Exlibris-Stempeln und Mahnungen an andere, sie gut zu behandeln und bald wieder nach Hause zu schicken. Manche Besitzer können es nicht einmal ertragen, dass ihre Bücher von anderen Menschen berührt werden. Das Entsetzen ist groß, wenn Bücher verbrannt werden, und ihre Verunstaltung wird mit Empörung quittiert. In einem Akt symbolischer Rebellion nahm der britische Dramatiker Joe Orton vierundvierzig Bücher aus der öffentlichen Bibliothek des Londoner Stadtbezirks Islington und unterzog sie derben Veränderungen – zum Beispiel klebte er ein Affengesicht über eine Rose auf dem Einband eines Buches über das Gärtnern. Der Gemeinderat ließ ihn achtzehn Monate lang beobachten, ergriff ihn schließlich auf frischer Tat und übergab die Angelegenheit der Staatsanwaltschaft. In der Verhandlung sagte der Richter: „Es ist eine sehr schwere Straftat, Bücher zu verunstalten" – und verurteilte ihn zu sechs Monaten Gefängnis. Dies war 1962. Im Jahre 1964 wurde Orton durch den Erfolg von *Entertaining Mr. Sloane (Seid nett zu Mr. Sloane)* berühmt; die vierundvierzig beleidigten Bücher befinden sich heute in einer Vitrine und zählen zu den Schätzen der Bibliothek.

Die größte Heiligkeit wird Manuskripten zugestanden. Ihnen folgen in der Rangfolge der Heiligkeit signierte Erstausgaben, oder noch besser: Exemplare, die einst im Besitz ihres Verfassers waren. Es gilt als selbstverständlich, dass sie alle einen festen Einband aufweisen, der von einem unbeschädigten Schutzumschlag umgeben ist. Paperbacks mögen preiswert und praktisch sein, doch sie werden für weniger lebendig erachtet, weniger verdienstvoll, sind irgendwie nur Zweitbeste. Gebrauchte Bücher sind kein Problem, solange die Vorbesitzer sie sorgfältig behandelten und die Bände unbeschädigt und intakt sind. Zensur oder Verunstaltung löst fast so viel Entsetzen aus wie Bücherverbrennung. Derlei Maßnahmen gelten als ein Angriff auf die Unversehrtheit, eine Verletzung des lebendigen Ganzen. Die Substanz muss vollständig sein, die Botschaft unbeeinträchtigt, der Text unverändert. Genauigkeit ist wichtig, bis zu einem bestimmten Punkt. Das Korrekturlesen wird zweifellos ernst genommen; die Dinge sollten sein, wie es ihr

Urheber vorgesehen hatte. Es ist kein Zufall, dass Agenten der Unvollkommenheit – Kräfte, die der heiligen Schrift feindlich gegenüberstehen – als Druckfehlerteufel bekannt geworden sind.

Aber es gibt Grenzen der Perfektion. Der handgesetzte Zeitungsdruck hat ein Flair, das der neue Computersatz nicht erreichen kann. Der alte Prozess schien mehr zu sagen. Die Unvollkommenheiten in Gestalt von Satzfehlern in fast jeder Spalte des alten *Manchester Guardian,* den seine Anhängern gerne „Grauniad" nannten, waren Zeichen von Wärme und Menschlichkeit – und werden sehr vermisst.

Gekürzte Bücher verdienen es, mit Verachtung gestraft, und die Zensur, als Blasphemie betrachtet zu werden. Für den Bibliophilen ist das Äquivalent eines Kinderschänders der „Bowdleriser"; diese Bezeichnung ist von dem Namen Thomas Bowdlers abgeleitet, der im Jahre 1818 eine spezielle Ausgabe der Werke Shakespeares herausgab, „in welcher dem Originaltext nichts hinzugefügt wurde; jedoch diejenigen Worte und Ausdrücke weggelassen sind, die schicklicherweise nicht in einer Familie vorgelesen werden können".

Diese Empfindsamkeit in Bezug auf Bücher wird, so glaube ich, von einer Ahnung genährt, dass sie Variationen des emotionellen Fingerabdrucks sind. Selbst als Vielfache tragen sie etwas von dem Autor oder Gestalter in sich. Zudem sind sie weitgehend organisch, bestehen aus Papier und Leder, das ihnen „sprechen" zu helfen scheint. Es entspricht der Erfahrung aller, die eine Bibliothek besitzen oder nutzen oder beliebig lang in der Gesellschaft von Bücher verbringen, dass man selbst aus ungeöffneten Bänden etwas aufnimmt, fast wie durch Osmose. Die Regale und ihr Inhalt scheinen sich auf Arten und Weisen mitzuteilen, wie es Gestellen voller Magnetbänder oder Mikrofilme niemals möglich sein kann oder wird. Eine langjährige Vertrautheit mit einer Sammlung erzeugt schließlich, was Arthur Koestler das Eingreifen des „Bibliotheks-Engels" nannte, der veranlasst, dass Bände aus dem Regal springen oder einem in die Hand fallen und sich genau auf der Seite öffnen, wo gedruckt steht, was man gesucht hatte – selbst wenn man sich des Gegenstands seiner Suche noch nicht konkret bewusst war.

Es gibt noch mehr … aber ich schweife ab und muss nun auf das letzte Mitglied des lebhaften Trios „Glocke, Buch und Kerze" zu sprechen kommen.

Kerzen gehören zu den frühesten Erfindungen des Menschen. Einfache Kerzenhalter waren in Ägypten bereits vor mindestens fünftausend Jahren in Gebrauch. Sie wurden so allgegenwärtig, dass das englische Wort *chandler,* das ursprünglich einen Kerzenmacher meinte, heute gebraucht wird, um einen *Händler* zu bezeichnen, der mit fast allem – von Getreide bis hin zum Schiffszubehör – Handel treibt. Die Anwesenheit von Kerzen in praktisch jedem menschlichen Zuhause seit so langer Zeit und ihre heilige Flamme hat Kerzen in den Mittelpunkt vielfältigen Aberglaubens und Interesses wachsen lassen. Überall wurden sie gebraucht und behandelt – zumindest wenn sie brannten –, als wären sie lebendig.

Es gehört sich nicht und gilt als schlechtes Omen, eine Kerze in einem leeren Raum allein brennen zu lassen – außer an Weihnachten, wenn sie, wie man glaubt, Licht und Wärme und Fülle für das kommende Jahr anzieht. Und keine Kerze sollte man jemals „sterben" lassen, das heißt bis zum Erlöschen im Fuß eines Kerzenhalters flackern lassen. Die gute Sitte verlangt, dass sie sanft „eingeschläfert", das heißt ausgeblasen wird, bevor sie sich „in Schmerzen windet". Der wohl fruchtbarste Glauben in Bezug auf Kerzen ist davon überzeugt, dass man sie „verletzen" könne, indem man Nadeln tief genug in sie steckt, um den Docht zu durchbohren. Zwei Nadeln, auf diese Weise eingebracht, reichten aus, um den Einflussbereich zu erweitern und das Herz der Person zu durchstechen, die beim Entzünden dieser Kerze genannt wird.

Gleich nach den Münzen sind Kerzen die häufigsten Opfergaben in Kirchen, Tempeln und Schreinen, wo ihr Abbrennen anscheinend als eine Form von Opfer verstanden wird. Viele Kerzen werden bewusst nach dem Bild einer kranken Person oder eines leidenden Körperteils geformt und in der Hoffnung auf Heilung oder Linderung entzündet. Es erscheint befremdlich, dass dieser bewusste Akt der Volks- und Sympathie-Magie von Religionen akzeptiert worden sein sollte, die über „Götzenbilder" offiziell die Stirn runzeln. Aber die Praxis der Übertragung von Leben oder der Behandlung von unbeseelten Objekten, als wären sie lebendig, ist so weit verbreitet, so tief eingeprägt und so fest verwurzelt, dass sie fast zu einem grundlegenden Muster menschlichen Verhaltens geworden ist.

Und das ist etwas, das nach weiterer Betrachtung verlangt.

5

Wir und die *Dinge*

„Als der Buddha starb, wurde seine Asche gleichmäßig unter acht indischen Stämmen verteilt, aber Kaiser Ashoka behielt etwas davon zurück. Vier Zähne, zwei Schlüsselbeine und den vorderen Teil des Schädels. Diese müssen alle irgendwo erhalten sein – aber was machte den linken unteren Eckzahn so besonders, dass Millionen von Pilgern jedes Jahr nach Kandy auf Sri Lanka reisen, um den Zahntempel aufzusuchen?"

Ion Will war richtig in Fahrt und nicht in der Stimmung, eine Antwort abzuwarten.

„Ich werde Ihnen sagen, was ihn zu etwas Besonderem machte: Diese ganze Verehrung! Wenn Dinge verehrt werden, werden sie ehrwürdig. Sie verändern sich. Dies kann allem und jedem passieren. Die heilige Katharina von Siena trug als Trauring ein winziges bisschen Leder und behauptete, es handele sich um die Vorhaut Jesu. Es spielt keine Rolle, ob sie das war oder nicht, der Glaube ist alles, worauf es ankommt. Wenn Sie alle Finger des heiligen Markus in Venedig zusammenzählen, gewinnen Sie leicht den Eindruck, dass er acht Arme gehabt haben muss – aber sie alle bewirken wundersame Heilungen."

Wir hatten uns im südindischen Kochi* getroffen, einer Stadt, die sich um einen der schönsten Naturhäfen der Welt über mehrere kleine Inseln und Halbinseln und das dahinter-

---

* bis 1996: Cochin (Anm.d.Ü.)

liegende Festland verteilt. Die Einfahrt vom Arabischen Meer ist ein enger Kanal, gesäumt von großen Keschern, die von Plattformen herabschwenken, um die reichen Erträge einzusammeln, die die Gezeiten hereinspülen. Das Innere der Stadt durchzieht ein Netz von Lagunen und Kanälen, das pittoreske Vermächtnis der niederländischen Herrschaft im 17. und 18. Jahrhundert, als der Handel mit Pfeffer, Kopra und Kardamom seine Blüte erlebte. Heute ist es ruhiger, aber es duftet noch nach der eleganten Vergangenheit.

Ion und ich hatten Stupas, Schreine, Tempel und Moscheen betrachtet und eine portugiesische Franziskanerkirche aus dem 16. Jahrhundert besichtigt und wanderten durch die engen Straßen von Mattancherry in der Nähe der ältesten Synagoge außerhalb von Palästina. Frömmigkeit war das Thema unseres Gesprächs, und Will war bereits ins Schwärmen geraten über den Ursprung der Wörter „Religion" und „Yoga" aus der gleichen Idee von der Verbindung zwischen den Menschen und der Welt der Natur. Nun waren wir auf Reliquien und Dinge gekommen, die zu Gegenständen der Andacht geworden sind.

„Alles taugt dazu. Bröckchen von Heiligen, Splitter vom echten Kreuz, Ikonen, Truppenfahnen, Gewerkschaftsfahnen, Locken von Elvis Presley. Sie alle werden 'sexy', und dies als direktes Resultat einer bestimmten Art von Aufmerksamkeit. Es hilft, einen Vektor zu haben, so etwas wie einen Cheerleader, einen Techniker alles Heiligen, um die Übertragung von Aura-Energie zu koordinieren. Aber das ist etwas, das wir alle tun, ohne es zu wissen, besonders wenn wir es mit Dingen zu tun haben, die so aussehen wie wir."

Wir waren gerade von den kunstvoll verzierten Hindu- und katholischen Schreinen – beide gefüllt mit menschlichen Abbildern –, zu den relativ kargen muslimischen und jüdischen Gebetsstätten gegangen, die solche Dekoration vermeiden, aber die Aufmerksamkeit durch ihre Praxis der bewussten Ausschließung gleichermaßen auf sie richten.

„Alle Religionen", sagte Ion in seiner besten Doziermanier, „scheinen sich mindestens in einer Sache einig zu sein: In Bezug auf die Macht der Bildnisse. Große Reiche, machtvolle Kulte, alle neuen Diktatoren stürzen geradezu gewohnheitsmäßig die Idole der alten Ordnung – und errichten ihre eigenen."

Wir hatten an jenem Morgen mehrere Statuen gesehen, die auf gewaltsame Weise buchstäblich ihr Gesicht verloren hatten, da sie enthauptet worden waren; und ein oder zwei, die „erblindet" waren, da man ihre Augen mutwillig zerstört hatte – in einer drastischen Umkehrung des Brauches, Augen auf Dinge zu malen, um diese zum Leben zu erwecken.

„Moses zerstörte die alten heiligen Tafeln der Israeliten, bevor er neue anfertigte mit einer neuen Reihe von Regeln. Die frühchristlichen Herrscher folgten den mosaischen Vorgaben im Verdammen und Vernichten „heidnischer Götzenbilder", aber diese waren aufgrund großer Nachfrage der Bevölkerung bald wieder da und zurück im Geschäft. Nun sind die Kirchen erneut voller Bilder, die gründlich vergöttert werden, und die erbittertsten Schlachten innerhalb der Christenheit drehen sich immer noch um Fragen der wahrgenommenen Macht von Gestalten aus Gips und Stein. Der Disput geht darum, ob wir sie haben sollten oder nicht. Keiner stellt ihre Macht in Frage. Ob Pro oder Contra, die Grundannahme ist dieselbe, nämlich dass unbelebte Materie unter bestimmten Umständen mehr werden kann als der Stoff, aus dem sie besteht."

Ion pausierte triumphierend, seine Aufmerksamkeit war kurzfristig abgelenkt durch das köstliche Aroma von Garnelen mit Curry, die in einem Straßenrestaurant zubereitet wurden. Dann steuerte er auf einen geeigneten Tisch zu und resümierte: „Wenn wir wirklich Götter sind und vor der Aufgabe stehen, eine neue Form von Leben zu erschaffen, werden Sie die besten Erkenntnisse über diesen Vorgang in Dingen finden, die nach unserem eigenen Bild geschaffen sind."

Natürlich hatte er recht.

Kultbilder

Der Sommer 1985 war windig und nass. Im Südwesten Irlands, wo ich lebe, ist das normal. Atlantik-Tiefs stauen sich gerne den ganzen weiten Weg bis Grönland zurück und warten, bis sie an die Reihe kommen, sich auf unsere Küsten und Hügel zu stürzen. Wir kommen damit ganz gut klar, akzeptieren mehrere Jahreszeitenwechsel im Laufe eines einzigen Tages als einen Teil des Preises, der dafür zu bezahlen ist, dass wir mitten im Reich des Zaubers leben. Hier ist einer der wenigen Plätze auf Erden, wo Menschen die Dinge, über die ich nachdenke und schreibe, als selbstverständlich hinnehmen. Aber am Montag, dem 22. Juli jenes Jahres, passierte etwas, das durchaus für Aufregung sorgte, sogar in meiner Gemeinde.

Irland ist seit dem 4. Jahrhundert christlich, die Tradition des Pilgerwesens reicht aber noch weiter zurück. Das Land ist geschmückt mit Bildstöcken. Viele von ihnen markieren die Orte keltischer Feldlinien und heiliger Quellen und geben der Vorgeschichte Kontinuität. Heute ist eine Reihe dieser geheiligten Plätze an Mariengrotten zu erkennen – kleine Felshöhlen, die nach dem Vorbild einer Grotte im südfranzösischen Lourdes gestaltet wurden, in welcher die vierzehnjährige Bernadette Soubirous 1858 die Jungfrau Maria gesehen zu haben behauptete. Der Schrein, der an der Kreuzung gleich vor dem Dorf Ballinspittle steht, ist typisch. Er wurde 1954 errichtet und besteht aus einer lebensgroßen Betonstatue von Maria im bodenlangen weißen Gipsgewand, die Arme erhoben, die Fingerspitzen im Gebet aneinandergelegt, den Kopf himmelwärts gerichtet, leicht zu einer Seite geneigt. Sie steht in der efeubewachsenen Höhle etwa sechs Meter über der Straße mit einem Hundert-Watt-Heiligenschein aus kleinen Lämpchen hinter ihren Kopf, und eine kleinere Statue der Bernadette kniet im Vordergrund am Fuße des Hanges. Passanten, die eine solche

Neigung verspüren, gesellen sich zu dem gipsenen Kind zu einem persönlichen Akt der Andacht.

Die siebzehnjährige Clare O'Mahoney verspürte keine derartige Neigung. Sie ging an jenem Montag auf ihrem Heimweg vorüber und dachte an die Diskothek in Bandon, die sie besucht hatte, als die Statue anfing, rückwärts und vorwärts zu schwanken, als ob jemand sie von hinten anstieße. Beunruhigt ging Clare, um ihre Mutter Kathrine zu holen, die das Gleiche sah und hinaufstieg, um sich zu vergewissern, dass niemand sich am Schrein zu schaffen machte. Am nächsten Abend erschienen mehrere Dutzend Leute aus dem Ort und berichteten, dass das Monument „hin und her schwankte" oder „bebte". Am Mittwoch wuchs die Menge auf Hunderte an, darunter Polizeisergeant John Murray aus Cork, der den Kopf und die Schultern „zucken" sah. Bis Donnerstag war Ballinspittle belagert von Tausenden von Pilgern, welche die sehr schmalen Straßen mit ihren Autos blockierten. Sie wurden belohnt, als um 03.30 Uhr die Jungfrau ihre Hände zu einer segnenden Geste zu öffnen schien.[18]

Der August war nass, selbst für hiesige Verhältnisse, und brachte die schwersten Regenfälle dieses Jahrhunderts. Aber ungeachtet dieser Fluten kam eine geschätzte Viertelmillion Menschen – davon allein zwanzigtausend am Tage Mariä Himmelfahrt –, um das Phänomen mit eigenen Augen zu sehen. Die Straße vor der Grotte musste verbreitert werden, ein Feld auf dem Hügel auf der anderen Straßenseite wurde geräumt, um die Massen zu fassen. Toiletten wurden gebaut und eine Lautsprecheranlage installiert, um die Menge besser zu beherrschen. Und jede Nacht erwies „sie" den Gefallen, sich auf die eine oder andere Weise zu rühren.

Ich fuhr Anfang September hin, um es selbst zu sehen, fasziniert ebenso sehr von der Menge als auch von der Chance, ein paranormales Phänomen zu beobachten. Inzwischen war es nötig geworden, einen halbstündigen Fußweg entfernt von dem Schrein zu parken und mit der Masse der Pilger auf einem mit einem Seil abgesperrten Hang gut fünfzig Meter von der Statue entfernt Aufstellung zu nehmen. Alle zwanzig Minuten wurden Gebete ausgestrahlt, und man war ständig abgelenkt von den Blitzen der Fotoapparate und den Lichtkegeln der Taschenlampen, die über die Grotte zuckten und wanderten. Aber die Atmosphäre war wie elektrisch geladen. Sechs- oder siebentausend Menschen waren hier mit dem gleichen Ziel versammelt. Sie wollten nichts weniger als ein Wunder miterleben, und viele taten es. Ich auch, glaube ich.

Es war eine kühle Nacht mit anhaltendem leichten Regen. Die Art von Wetter, welches die Iren „sanft" nennen und von dem sie kaum Notiz zu nehmen scheinen. Einige wenige Menschen waren in ihrem besten Sonntagsstaat erschienen, aber die meisten waren in Strickjacken oder gewöhnliche Jacketts gehüllt, und alle starrten, viele mit offenem Mund, auf den gleichen Brennpunkt des Interesses. Es muss ein stattlicher Anteil an Gewohnheits- und Gelegenheits-Touristen in der Menge gewesen sein, viele, wie ich selbst, nicht katholisch; aber es waren genügend Kirchgänger, die die Rituale kannten, welche den Gebeten echte Gemeinschaftskraft und Energie verliehen. Zwischen den Rosenkränzen und Wechselgebeten war ein zunehmendes Murmeln von Menschen zu vernehmen, die einander erzählten, was sie sehen konnten. „Schau, schau, sie bewegt den Kopf!", „Ja, sie tut es!", „Ja, sie hat es getan!", „Ich habe nichts gesehen!", „O Gott, ihr Gesicht! Es verändert sich!", „Jetzt ist es Joseph!", „Nein, Pater Pio!", „Ich sehe einen Bart!", „Ich glaube, sie fällt gleich um!", „Mama, können wir jetzt bitte heimgehen?"…

Ich fand es ein wenig verwirrend. Ich hatte mein Fernglas mitgebracht, mit dessen Hilfe ich allerdings nichts Auffälliges sehen konnte, nur eine Gipsstatue mit groben Zügen und einem sehr leeren Gesichtsausdruck. Aber mit unbewehrtem Auge betrachtet, hatte sie einen gewissen, fast flüssigen, Zauber. Der

Heiligenschein erhellte ihr Antlitz und ihre Schultern und hob diese auf dramatische Weise von dem Dunkel des restlichen Alkovens ab. Wenn man lang und fest genug starrte und dabei in einer Position stand, welche die Muskeln im Nacken besonders anspannte, schien das Bild zu zittern und gab den Dingen eine Illusion von Bewegung, die es einem schwer machte, zwischen eigener Bewegung und der sichtbaren Bewegung eines Gegenstandes zu unterscheiden, der einen in seinem Bann hielt. Ich bin als Biologe gut geschult, um solche autokinetischen Effekte zu kennen und auch eine gewisse „visuelle Latenz" zu berücksichtigen – eine Neigung der Netzhaut, auf helle Objekte rascher zu reagieren als auf dunkle. Jurek Kirakowski, ein angewandter Psychologe am Universitäts-College in Cork, kam mit drei Kollegen nach Ballinspittle und reiste mit solchen tröstenden physiologischen Erklärungen des Phänomens wieder ab. Nach einer Stunde auf dem Hügel neigte ich dazu, seine Einschätzung zu teilen, und stellte fest, dass ich fähig war, selbst eine ferne Straßenlaterne auf lebensähnliche Weise zittern zu machen, wenn ich sie lange genug anstarrte. Aber dann geschah etwas, das meine Meinung änderte.

Etwa um Mitternacht nahm die Menge ein wenig ab, und die Lautsprecher gönnten sich eine Pause. Wir waren immer noch Tausende, und die Luft war geladen mit Interesse und Emotion, aber einiges von der anfänglichen Spannung hatte sich aufgelöst. Wir waren entspannter. Oder zumindest waren wir dies bis zu einem kollektiven Aufatmen – jener Art von Geräusch, die man am achtzehnten Loch eines Golfturniers hört, wenn ein langer und unmöglicher Putt am Rande eines Loches zögert ... und schließlich hineinpurzelt. Dann das wundervolle Durcheinander, als sich alle zugleich über das Erlebte austauschten. Und das Wunder war, dass wir alle das Gleiche gesehen hatten. Die Statue hatte ganz bewusst erst nach unten geblickt und dann nach links, und dabei leicht ihre Arme ausgebreitet in einer Geste des Dankes, so dass die lange Kette der hölzernen Rosenkranzperlen ins Schwingen geriet.

Nun, ich weiß, dass Beton dies nicht tun kann. Ich bin mir völlig darüber im Klaren, dass „sie" von einem Mann namens Maurice O'Donnell hergestellt wurde, der vor dreißig Jahren in einer Werkstatt in Cork eine halbe Tonne von dem Zeug über ein Drahtgestell goss und Dutzende gleich „ihr" produzierte. 1985 wurde er gerufen, um Reparaturen durchzuführen, als sich drei Bilderstürmer aus Dublin an Halloween mit Vorschlaghämmern über die Statue hergemacht und dafür gesorgt hatten, dass „sie" vollends ihr Gesicht verlor. Aber ich weiß auch, dass kein einfacher physiologischer Mechanismus die Tatsache zu erklären vermochte, dass wir alle – das heißt die meisten von einer Menge, die nach Tausenden zählte – in jener Nacht im September zur gleichen Zeit genau das gleiche Erlebnis hatten.

Und da bin ich nun – wie es einem eben immer geht in derlei Situationen – bar jeder einfachen Antwort. Die Debatte darüber, ob sich die Statue sich „wirklich bewegte" oder nicht, ist zwecklos, obwohl Jim O'Herlihy in Blarney eine Serie von Fotos hat, die er in schneller Folge mit dem Teleobjektiv vom Stativ aus aufgenommen hatte, welche die Hände in mehreren unterschiedlichen Positionen zu zeigen scheinen. Ich habe die Grotte seitdem bei anderen Gelegenheiten besucht, bei Nacht und bei Tage, gewöhnlich allein – und habe nichts Ungewöhnliches gesehen. Es gibt wenige Berichte heutzutage, dass in Ballinspittle irgendetwas passiert. Ich habe wenig Zweifel, dass die Größe und Inbrunst des Publikums 1985 eine wichtige Rolle spielte. Suggestion und Selbsttäuschung sind Wörter, die in Diskussionen über „die Verrücktheit der Menge" rasch zum Einsatz kommen. Ich unterschätze niemals die kollektive Kraft großer Gruppen von Menschen, und ich weiß, dass ihre Erwartungen manchmal so ihre Art haben, erfüllt zu werden.

In jenem Jahr war die Rede von tiefer Desillusionierung, herbeigeführt durch landesweite Debatten über Abtreibung und Ehescheidung, und von einer Sehnsucht nach alten Gewissheiten – oder zumindest irgendeinem Zeichen einer übernatürlichen Macht. Unter solchen Umständen könnte eine plötzliche und unerklärliche Bewegung seitens einer steinernen Statue von Christi jungfräulicher Mutter geradezu maßgeschneidert sein. Sie ist genau die Art von Archetypus, die gebraucht wird, um ein psychisches Vakuum zu füllen. Und bis zum Ende jenes feuchten Sommers waren insgesamt siebenundvierzig Statuen in sechzehn Grafschaften Irlands in Bewegung geraten.[215]

Doch so etwas passiert nicht nur in Irland.

In der Missionskirche Mater Ecclesiae („Mutter der Kirche") im kalifornischen Thornton bewegt sich „Unsere liebe Frau von Fatima" am Dreizehnten bestimmter Monate. Diese Keramikstatur wiegt siebenundzwanzig Kilo und ist mit dem Fußboden verschraubt, doch: „Wir finden sie immer wieder auf dem Altar", sagt Laienhelfer Albert Amaro. Weinen kann sie auch: „Sie weint ziemlich viel dann und wann, und wenn sie eine Träne vergießt, tropft diese in ihre gefalteten Hände." Pater Harmon Skillin berichtet, dass das Phänomen 1981 begann: „Aber bis der Bischof so etwas wie eine Erklärung abgibt, ist die offizielle Haltung der Kirche, dass das Geschehen hier nicht übernatürlich ist – es ist nur seltsam."[332]

Das ist es gewiss.

Die Johannes-von-Gott-Kirche in Chicago erhielt 1984 eine Holzstatue der Jungfrau aus dem italienischen Montichiari. Zwei Wochen später, am Nachmittag des 29. Mai, begann sie zu weinen. „Ich habe es selbst gesehen", bezeugte Pater Raymond Jasinski. „Es war wie normale Tränen, die etwa eine Stunde lang auf beiden Seiten des Gesichtes hervorkamen. Wir nahmen die Tränen mit Tüchern ab. Die Augen waren sogar feucht, als die Tränen aufhörten zu fließen." Die Statue weinte erneut, dieses Mal zwei Stunden lang vor Hunderten von Menschen, die am folgenden Tag die Messe besuchten.

Der Kirchendiener Sigmund Urbanski behauptet, dass sich die Züge der Statue veränderten, als sie weinte. „Ihre Züge wirken etwas verschwollen, und die Wangen sind rosiger, wenn sie weint." Niemand bewahrte Proben der Flüssigkeit für eine wissenschaftliche Untersuchung auf, aber Urbanski sagt, dass er davon gekostet habe, und es schmeckte salzig, wie menschliche Tränen.[42] Die Kirche bezog, wie gewöhnlich, keine Stellung zu dem Phänomen. Aber am 25. Juli 1984, als die vergrößerte Gemeinde im Gebet kniete, platzte ein „lachender Gangster" herein und gab drei Schüsse auf die Statue ab. Die Zeitungsberichte über den Zwischenfall meldeten, dass keine „reale" Person verletzt worden sei, doch eines der Projektile hatte die Statue ins linke Knie getroffen. Seitdem hat sie nicht mehr geweint.[342]

1983 war zu sehen, wie die Statue der Jungfrau im japanischen Akita Tränen vergoss. Dieser Beitrag zu der langen Liste weinender Madonnen verursachte nur eine geringe Aufregung. Doch im Juli desselben Jahres breitete sich die Angewohnheit über mehrere eher einheimische Gottheiten Japans aus. Eine steinerne Guanyin, die japanische Version der Göttin des Mitgefühls, zeigte dies im Tempel von Enyo in der Nähe von Kobe, indem sie zu weinen begann. In dem Tempel von Shingonshutokoin in der Nähe von Fukuoka brach eine andere Steinstatue – dieses Mal von Enmei-Mizuko, der Schutzgottheit der schwangeren Frauen – in Tränen aus, als eine Frau ihr Blumen und Tee darbrachte.[164]

Es gibt auch eine Fülle von Berichten über Statuen, die andere Körperflüssigkeiten absondern. So können selbst Steine anscheinend bluten. Im Jahre 1980 begann eine Gipskopie von „Unserer lieben Frau von Lourdes" in einer Felswand in der Nähe von Niscima auf Sizilien aus der Wange zu bluten. Bischof Alfredo Garsia war nicht überzeugt. Er bestimmte, dass das Phänomen nicht übernatürlich sei, und verbot seine Verehrung; trotzdem kamen Tausende von Pilgern. Sicherheitshalber befahl der Bischof, die Statue in einen Glasschrein einzuschließen. Als das Blut aber weiterhin floss, war er gezwungen, zu kommen und die Sache selbst in Augenschein zu nehmen. Es wird berichtet, dass er aus der Grotte trat, mit den Armen fuchtelte und rief: „Ich habe es gesehen! Ich habe es gesehen!"

1983 wurde eine drei Meter große Statue der „Jungfrau des blutenden Herzens", die in der Nähe des Flughafens von Baguio auf den Philippinen stand, ihrem Namen gerecht. Blut kam so reichlich aus dem offenen Herzen des Standbildes hervor, dass es auf die Passanten spritzte. Der Richter des Obersten Gerichtshofs, Juvenal Guerrero, sah es „herabfließen an ihrem blau gepunkteten Kleid, und es bespritzte die Blumen und Pflanzen zu ihren Füßen und ein weißes Tuch, das auf dem Boden ausgebreitet war." Chemiker der staatlichen Untersuchungsbehörde der Philippinen analysierten die Flüssigkeit und stellten fest, dass es sich um menschliches Blut handelte.[329]

In dem gleichen Jahr blutete in der Krisenregion Libanon eine Statue der Jungfrau aus Mitgefühl in Rmaich, einem christlichen Dorf gleich nördlich der Grenze zu Israel. Es begann im Haus des *mukhtar,* des Oberhaupts der Dorfgemeinde, und hielt noch vierzig Tage an, nachdem sie in die örtliche Kirche gebracht worden war. „Es ist schwer zu sagen, dass dies ein Wunder ist", meinte Erzbischof Maximos Salloun. „Aber das Bluten könnte den tiefen Schmerz über das Blutvergießen im Libanon widerspiegeln."[333]

Angesichts der Tatsache, dass die Farbe des Blutes vom Hämoglobin stammt, einem eisenreichen Protein, ist es vielleicht nicht überraschend, dass zumindest eine der vielen Statuen, die angeblich bluten, aus Metall ist. In einem Schrein, der mit dem Chengannur-Tempel in Kerala verbunden ist, befindet sich eine Figur der Göttin Bhagawati, die nicht nur blutet, sondern „menstruiert". Ich ging selbst hin, um sie zu sehen, nachdem Ion und ich uns in Kochi getrennt hatten. Die Devi ist sehr hübsch; der untere Teil ihres Körpers in ein weißes Lendentuch gekleidet, das in unregelmäßigen Abständen nass und rot befleckt ist von etwas, das wie Blut aussieht. Immer wenn dies geschieht, entfernen die Priester das Tuch, um es zu waschen, und stellen die Statue für die drei Tage in Isolation, die für Frauen, die ihre Periode haben, in jener Gemeinde üblich sind. Zur Feier der Rückkehr der Statue wird ein Fest abgehalten.[119]

Soweit ich entdecken konnte, sind keine Laboruntersuchungen dieser „Menses" durchgeführt worden, aber die Analyse der Absonderungen einer anderen Statue hat überraschende Resultate ergeben. Dieses Mal handelte es sich um eine gut siebzig Zentimeter große Christus-Statue in der Lukas-Bischofskirche in Eddystone, Pennsylvania. Sie besteht aus Gips und zeigt realistisch wirkende Wunden in den Handflächen, die von Zeit zu Zeit bluten. Pastor Chester Olszewski erklärt:

> Es besteht kein Zweifel daran, dass sie geblutet hat. Doch sie steht auf einem Brett, drei Meter über dem Altar, wo niemand sie berühren kann. Sie hat schon bis zu vier Stunden lang geblutet. Mehrere Male habe ich die Handflächen trocken gesehen und zehn Minuten später beobachtet, wie Blutstropfen aus den Wunden quollen. Ich weiß, dass dies keine Trickserei sein kann.

Um sich zu vergewissern, dass keine Schläuche oder Hohlräume im Inneren der Statue zu den Wunden führten, entfernte ein Ermittler die Hände ganz. Er stellte fest, dass sie durch einfache Dübelstangen befestigt waren und aus solidem Kalk bestanden, aber sogar nach ihrer Entfernung bluteten sie reichlich weiter. Und es *war* Blut, wie die Untersuchung durch den Arzt Joseph Rovita aus Philadelphia ergab, der es als menschliches Blut bezeichnete, das allerdings befremdlich wenig rote Blutkörperchen aufwies. Da diese bekanntlich innerhalb eines berechenbaren Zeitraums zugrunde gehen, kam er zu dem

Schluss, dass die Probe, obwohl sie flüssig war, „sehr alt" sein müsse.[101]

Und die Liste geht weiter.

Ich habe mit diesen wenigen Berichten lediglich die jüngsten Beispiele aus überquellenden Ordnern über geheiligte Bildnisse überall ausgewählt, von denen es heißt, dass sie reichlich bluten, weinen, sich bewegen und schwitzen. Doch es ist sehr beschämend. Keiner der Fälle ist mit Beweismaterial von der Art dokumentiert, welche die Wissenschaft mit einiger Wahrscheinlichkeit für überzeugend halten würde. Ich selbst würde dazu neigen, jede dieser Anekdoten kurzerhand zu verwerfen, wäre es nicht eine Tatsache, dass es so viele von ihnen gibt, dass sie sich so ähnlich sind und es sie schon seit so langer Zeit zu geben scheint.

Es gab Ausbrüche bei den Bildhauerwerken des Kirchenstaates, als dieser 1796 unter die Bedrohung durch die französischen Revolutionsarmeen geriet, und auf Sizilien, als dessen Städte 1717 von den Spaniern belagert wurden. Ähnliche Ereignisse wurden aus Venedig berichtet, als die Lagunenstadt 1716 von den Türken angegriffen wurde, und aus ganz Italien während der Hungersnöte und Fluten, die auf die Plünderung Roms [durch die Söldnertruppen Karls V.] folgten. Mittelalterliche Aufzeichnungen mit Geschichten von Jungfrauen, die weinten und Blut vergossen, um den religiösen Glauben zu verteidigen, gibt es zuhauf, aber solche Ereignisse sind schon viel älter als die christliche Zeit. Der römische Historiker Livius schrieb von einem Apollo-Standbild, das drei Tage und Nächte lang weinte, und der Dichter Ovid erzählte von einer Holzplastik, aus der sich Blut ergoss, als sie von frevlerischer Hand beschädigt wurde. Am Vorabend von Alexanders Feldzug nach Ägypten schwitzte eine Orpheus-Statue in Leibethra mehrere Tage lang reichlich. Und im alten Ägypten antworteten Statuen, die zu wichtigen Staatsangelegenheiten befragt wurden, mit orakelhaften Bewegungen.

Ich glaube, die spontanen Geschehnisse bei Statuen – ob die Bildnisse „tatsächlich" weinen oder bluten oder sich bewegen oder nicht – sind Indizien für die Befriedigung von Gruppen-Anliegen in schwierigen Zeiten. Da manifestiert sich ein gesellschaftliches Bedürfnis auf diese besondere Weise, weil dreidimensionale Skulpturen von erkennbar menschlicher Gestalt eine Kraft und Bedeutung besitzen, die größer ist als die fast jedes anderen Symbols. Sie laden ein zu Spekulation und Identifikation. Sie stehen für die Menschen, die sie darstellen. Sie sind ein machtvoller Ersatz für den menschlichen Körper, und so wie dieser die Persönlichkeit verkörpert, so umfassen jene seine Wertigkeit. Wir bilden sie lebendig ab, und so sollte es nicht allzu sehr überraschen, wenn sie auf Verehrung und Aufmerksamkeit auf offensichtlich körperliche Weisen ansprechen.

Dass Madonnen bei den jüngeren Vorfällen zu dominieren scheinen, liegt vielleicht an der Rolle der Jungfrau Maria als Symbol für die Mutter – eine Mutter, die gegen Ereignisse einschreitet, welche eine Gemeinschaft zu zerstören drohen. Sie erfüllt eine Funktion, die von älteren Göttinnen heidnischen Ursprungs nicht übernommen wurde, von Göttinnen wie Marratu bei den Chaldäern, Meri bei den Syrern, Kel-Mari bei den Hindus und Maryam bei den Juden. Sie spricht auf tiefe menschliche Bedürfnisse und Wünsche auf so elementare Weise an, dass es der etablierten Kirche oft peinlich ist – die ihr Möglichstes tut, um sich von den Phänomenen zu distanzieren, während sie zugleich den Vorteil des Interesses genießt, das sie auslösen.

Der französische Mythenforscher Michel Meurger hat kürzlich eine umfangreiche Bestandsaufnahme der Seeungeheuer-Traditionen in Europa und Nordamerika vorgelegt und diese mit „Seeschlangen-" und „Drachen"-Sichtungen aus einer Reihe anderer Länder verglichen. Er kommt zu dem Schluss, dass alle diese Überlieferungen eindeutig von ihrem jeweiligen kulturellen Kontext geprägt sind. In einer Feldstudie über mehr als zwanzig Seen in Kanada zeigt er deutlich, wie sich die Traditionen unter den Druck wechselnder gesellschaftlicher Einflüsse verändert haben und gewachsen sind. Sie begannen mit den Motiven der indianischen Kulturen und entwickelten zunehmend modernere Züge und koloniale Elemente, als diese immer notwendiger und angemessener erschienen. Nachdem er alles verfügbare Material untersucht hatte, gelangte er zu dem Ergebnis, dass es in keinem der betreffenden Seen ein eigenständiges Phänomen gibt, also kein unbekanntes Tier im Allgemeinen. Das ist gerade ein sehr machtvolles Muster gesellschaftlichen Drucks. Er behauptet: „Der Moment des Erlebnisses ist weniger wichtig als die spätere Aus- und Nachbearbeitung der Sichtung." Wir neigen dazu, Fakten mit Komponenten zu vermischen, die wir aus unserem mythischen Umfeld beziehen.[148]

Etwas davon finden wir auch in den Überlieferungen von belebter Bildhauerei, die inzwischen tief in unseren Kulturen eingebettet sind. Doch ich habe das Empfinden, dass Meurger das Phänomen schlechtmacht. Nach meiner eigenen Erfahrung mit Ungeheuern und Monumenten ist unsere Einstellung zu ihnen zwar ohne Zweifel durch Tradition und Erwartung verzerrt, kann aber trotzdem zu offensichtlichen physischen Effekten führen. Mit anderen Worten, wenn genügend Menschen ein Monster in Loch Ness brauchen, werden sie eines bekommen – selbst wenn es in jenem bestimmen Gewässer niemals eine Zuchtpopulation von Plesiosauriern gegeben hat. Ich deute damit nicht an, dass es einer Expedition – ganz gleich, wie wohl sie begründet ist –, jemals gelingen wird, dem Londoner Zoo ein gefangenes Musterexemplar von *Nessiterras rhombopteryx* zur allgemeinen Ergötzung zu übergeben. Aber ich glaube, dass ein psychisches Bedürfnis, das stark genug oder weit genug verbreitet ist, Phänomene von so viel Wirklichkeit herbeiführen kann, dass es Spuren auf dem Sonar hinterlässt, eine

Heckwelle auf der Wasseroberfläche, Fußstapfen im Schnee oder Tränen auf den Wangen einer Gipsstatue.

Solche mythischen Bilder wecken Gefühle von einer Stärke und Tiefe, die in die reale Welt überfließen und leicht mit menschlichen Ebenbildern assoziiert werden. Ihre Existenz in unserem Leben wird reichlich durch die Häufigkeit bestätigt, mit der Statuen jene Art von Aggression anzuziehen scheinen, die normalerweise menschlichen Wesen vorbehalten ist. In erschreckender Zahl werden Standbildern auf offener Straße überfallen. 1985 wurde ein polnischer Biologie-Professor in den Gärten der Villa Borghese in Rom verhaftet, weil er sechsundachtzig Statuen attackiert hatte; ihre abgeschlagenen Nasen trug er in einer Tasche fort.[361] 1986 überfiel ein Zimmermannslehrling in Wales eine nackte Statue des griechischen Flussgottes Kephissos und schnitt ihm den Penis ab.[365] Die Männer, die wegen ihrer Beschädigung der Jungfrau von Ballinspittle strafrechtlich verfolgt wurden, zeigten keine Spur von Reue: „Wenn sie sich wieder rührt", sagten sie, „kommen wir wieder."[363] Das werden sie wahrscheinlich tun; und ihre Aktionen werden weitere Empörung nach sich ziehen.

Wir nehmen unsere soliden Symbole sehr ernst. Während meiner Studentenzeit in Südafrika war einer meiner Kommilitonen so unklug, das Gesicht einer zivilen Statue schwarz zu malen. Das Problem war allerdings, dass die Statue in Pretoria stand und einen der weißen Gründerväter der Afrikaaner-Nation* darstellte. Der Täter wurde ertappt und nicht nur zu einer langen Gefängnisstrafe verurteilt, sondern auch ausgepeitscht, so dass er zeitlebens Narben davon auf dem Rücken trug. Diese Bestrafung war schwerer als diejenige, die einem anderen jungen Mann in der gleichen Woche zugemessen wurde, den man eines Mordes für schuldig befunden hatte.

---

* früher: Buren, Kapholländer, Weißafrikaner (Anm.d.Ü.)

Wir sind mehr als nur ein wenig verwirrt durch menschliche Bildnisse. Unsere Kulturen erlauben ihnen nicht nur eine erstaunliche Lebendigkeit, sondern erkennen auch die Möglichkeit an, dass der umgekehrte Vorgang stattfindet. Die Überlieferung ist reich an Geschichten von Menschen, die in Stein verwandelt wurden. Da ist die Rede von Gorgonen und Basilisken, die mit steinernem Blick oder eisigem Atemhauch ein Menschenwesen erstarren lassen können, ihm die Lebenskraft aussaugen und nichts mehr zurücklassen als die entseelte Form – wie die im Leben „eingefrorenen" Gestalten in Pompeji. Und das Potenzial von solchen „Ebenbildern" ist alles andere als aufgelöst.

Im März 1987 enthüllte Madame Tussaud's in London eine neue Wachsfigur, die eine wohlbekannte Persönlichkeit wiedergab. Dieses Mal war es ein Kirchenmann, Erzbischof Desmond Tutu aus Kapstadt. Er posierte neben seinem Ebenbild und bemerkte gleich, dass er der erste schwarze Südafrikaner war, der auf diese Weise geehrt wurde. Er begrüßte seine Aufnahme in die Ausstellung als einen Sieg für die Opfer der Apartheid, erklärte „das andere Ich" für hübscher als das Original und schickte dann noch einen Gedanken nach, der einem Afrikaner vielleicht eher in den Sinn kommt. „Ich hoffe nur, dass nicht irgendeine ungezogene Person Nadeln hineinsteckt."366

Das wächserne Ebenbild ist exzellent. Es fällt schwer, auf Pressefotos von dem Ereignis den „echten" Erzbischof zu erkennen. Tussaud's haben es im Laufe von hundert oder mehr Jahren mit zunehmender technischer Hexerei fertiggebracht, Besuchern einen sehr genauen Blick auf einige ihrer Helden und Schurken zu ermöglichen. Das Verlangen, selbst zu erleben, wie berühmte Leute „wirklich aussehen", bringt immer noch über zwei Millionen Voyeure pro Jahr in die Ausstellungsräume in der Marylebone Road. Aber wenn Sie die ganzjährigen langen Warteschlangen in Kauf nehmen, können Sie etwas Seltsames entdecken. Die Ebenbilder von Tutu, Terry Wogan[*], Ferdinand Marcos[**] und Michael Jackson sind in der Tat alle sehr gut. Aber die Bilder von Margaret Thatcher und Mitgliedern der britischen Königsfamilie sind, fast ohne Ausnahme, eher weniger gut geraten. Gar nicht fotogen.

Könnte es sein, dass Tussaud's einer geheimen Anordnung unterliegen, die es ihnen verbietet, perfekte Ebenbilder von den Personen herzustellen, die die Nation regieren? Nur für den Fall, dass es da zufällig ungezogene Leute gibt, die mit Stecknadeln unterwegs sind. Wahrscheinlich nicht. Eine solche Vermutung wäre die Art von paranoidem Unsinn, den man von Verschwörungs-Fans zu hören erwartet. Gleichwohl muss ich sagen, dass es bereits passiert ist. Maori-Häuptlinge, denen Sympathie-Magie nicht fremd ist, befahlen, dass sich Statuen von ihnen in irgendeinem wichtigen Aspekt von der Wirklichkeit unterscheiden sollen. Dies wurde berücksichtigt, und als kluges Zugeständnis an das Risiko allzu naheliegender Identifikation vergrößerte man ein Ohr oder fügte einen oder zwei Finger hinzu.

Man kann in solchen Dingen nicht vorsichtig genug sein.

Abbilder

Der Zauber, der viele Statuen umgibt, scheint sich auch auf einige zweidimensionale Bilder auszudehnen.

Die examinierte Krankenschwester Kathy Mallot brachte von einer Fahrt nach Lubbock, Texas, ein Souvenir für ihre Großmutter mit. Es war ein laminiertes Christus-Porträt im Taschenformat, eine jener idealisierten populären Ikonen eines langhaarigen Messias mit schmachtendem Blick. Mrs. Willie Mae Seymore hängte es bei sich zu Hause in Roswell, Neumexiko, auf, wo es sieben Jahre lang blieb. Doch dann,

---

*   beliebter irisch-britischer Radio- und Fernsehmoderator (Anm.d.Ü.)
**   1965-86 Präsident der Philippinen

am 25. Mai 1979, begann es zu bluten. Etwas Rotes sickerte aus dem rechten Auge des Bildes und sammelte sich darunter in einer kleinen Pfütze. „Genau so, als hätte ich mir in den Finger geschnitten", bemerkte Mrs. Seymore. Die Blutung an jenem Tage dauerte nicht lange, aber vierundzwanzig Stunden später war das Bild immer noch nass. Dann rief die Familie eine Zeitung in Santa Fe an. Al Gibes berichtete:

> Als Reporter fuhr ich mit einigen Zweifeln zum Hause Seymore. Als ich die rote Flüssigkeit in einem sieben Zentimeter langen Rinnsal von dem Auge zum unteren Rand des Bildes tropfen sah, glaubte ich es immer noch nicht. Ich inspizierte die Rückseite des mit Kunststoff überzogenen 6,3 x 11,4 Zentimeter großen Bildes und fand nichts.

Aber die Flüssigkeit rann weiter, also rief er Hilfe herbei. Ein Techniker vom Eastern New Mexico Medical Center kam, um eine Probe zu nehmen, und bestätigte, dass es sich tatsächlich um Blut handelte. Er sagte tatsächlich: „Ja, es war waschechtes, ehrliches Menschenblut." Und der skeptische Reporter eröffnete seine Story in bester Boulevard-Tradition: „Ich sah ein Christus-Bild bluten!"

Es war nicht das erste und auch nicht das letzte, von dem dies zu berichten war. Solche Dinge scheinen in Zyklen oder Wellen zu kommen. Später im gleichen Jahr 1979 begannen zwei weitere Porträts Christi, dazu eines von Saint-Germain, dem Bischof von Paris im 6. Jahrhundert, zu weinen und zu bluten. Alle drei wurden beim Festival of Mind, Body and Spirit in New York in jenem September ausgestellt – mit Plastik-Trichtern, um ihre Absonderungen aufzufangen.[295] Im Dezember 1979, nahe seinem höchsteigenen Feiertag, schloss sich in Florida eine Ikone des heiligen Nikolaus der Wehklage an. Tränen rannen in Bächlein an seinen Wangen hinunter. Pater

Elias Kalariotes, der Priester der Kirche, die einer Kolonie von griechischen Schwammtauchern in Tarpon Springs dient, sagte: „Ich inspizierte die Rückseite der Ikone auf der Suche nach einer Öffnung, durch welche die Feuchtigkeit hätte kommen können, aber sie war so dicht versiegelt, dass ich nicht einmal eine Rasierklinge durch den Rahmen bekommen konnte."[298]

Wieder einmal zitiere ich nur einige wenige Beispiele aus einer umfangreichen Akte und konzentriere mich auf diese Auswahl, weil sie jüngeren Datums sind und weil sie die Art von Muster bilden, die jedem begegnen wird, der solchen Berichten nachgeht. Eine gute Pressegeschichte hat die Neigung, andere in der Gegend anzuregen und jene zu ermutigen, die sich ansonsten nicht darum gekümmert oder nicht gewagt hätten, ihre eigenen Erlebnisse zu berichten. Oder, was noch interessanter ist, sie provoziert Erlebnisse ähnlicher Art. Auch hier sitze ich über die Ereignisse nicht zu Gericht, sondern gebe die ausgewählten Beispiele wieder, weil in jedem einzelnen Fall jemand beteiligt war, der sich Gedanken darüber machte, was hier gerade geschah, und einige einfache Schritte unternahm, um die Umstände des Vorfalls zu erforschen.

Ich bin beeindruckt von der Ähnlichkeit zwischen dem Hervorsickern jener Flüssigkeiten und dem Zutagetreten oder Hervorsickern von Substanzen, das zuweilen mit anderen Spuk-Erscheinungen einhergeht. Der klassische Fall eines „flüssigen Poltergeistes" sorgte fast für eine Überflutung des Pfarrhauses von Swanton Movers in Suffolk, England. Am 30. August 1919 begann Öl von den Decken des Hauses zu sickern, das immer rascher hervorquoll, bis es fast heraussspritzte. Zuerst war es Paraffin, später Petroleum, was jeweils im Volumen von reichlich einem halben Liter in fünf Minuten zum Vorschein kam. Am 1. September waren es ganze dreizehn Spontanduschen im Haus, zwei gaben Wasser ab, die anderen Brennspiritus und Sandelholzöl. Bis zum 2. September hatte man schon über zweihundertzwanzig Liter verschiedener Flüssigkeiten in Eimern und Schüsseln aufgefangen, und die dabei entstandenen und angesammelten Dämpfe waren so gefährlich geworden, dass das Gebäude geräumt werden musste. Als die Ströme versiegten, öffnete man die Decke und punktierte die Wände, doch nirgends wurde je etwas Auffälliges gefunden. Das Pfarrhaus war unbewohnbar geworden, aber: „Das Eigenartige daran ist", so Pfarrer Hugh Guy, „dass die Decke, die Tapete und die Holzlatten alle völlig trocken waren."[241] Es war eine typische Poltergeist-Situation, ihr Mittelpunkt war die Person eines Teenagers – das Hausmädchen.

Die Überschwemmung des Krankenhauses von Nuoro auf Sardinien, im Jahre 1972, ereignete sich um den neunjährigen Eugenio Rossi. Fünf Mal verschoben die Schwestern sein Bett, und jedes Mal quollen die Bodendielen auf und Wasser strömte um ihn hervor, ungeachtet der Tatsache, dass Kundendiensttechniker trotz gründlicher Suche an den Rohrleitungen nichts Fehlerhaftes finden konnten. Wenn diese jungen Menschen, und sei es auch unbewusst und unabsichtlich, solche Strömungen irgendwie arrangieren und lenken können – und alles in meiner Erfahrung mit Poltergeist-Aktivität lässt darauf schließen, dass sie es können und tun –, dann wären einige wenige Tränen oder Blutstropfen buchstäblich ein „Kinderspiel".

Da wir gerade von Kindern sprechen: In London kam 1985 etwas sehr Bizarres ans Tageslicht. Die Zeitung *Sun,* die eine Vorliebe für das Absurde hat, brachte eine Geschichte über Peter Hall, einen Feuerwehrmann aus Yorkshire, der beunruhigt war durch die Tatsache, dass seine Truppe zu einer Reihe von Hausbränden gerufen worden war, bei denen das gesamte Inventar der betroffenen Häuser vernichtet wurde – alles bis auf ein einziges Gemälde, das unbeschädigt an der Wand hing. Es war nicht unbedingt in allen Fällen das gleiche Bild, aber es zeigte irgendwie immer ein weinendes Kind. Es war stets ein Bild aus einer Serie, die einen kleinen Jungen von zwei bis fünf Jahren zeigt, aus dessen unnatürlich großen und klaren Augen Tränen hervorquellen. Die Kinder scheinen nicht irgendeinen erkennbaren Schmerz zu erleiden, sondern sind auf schwermütige, traurige, aber attraktive Weise unglücklich – wohl kalkuliert, um den Betrachter entweder dahinschmelzen oder erbrechen zu lassen, je nach Geschmack. Sie sind mit unterschiedlichem Teint, Hintergrund und Kleidung nach Wahl erhältlich und überall in Europa ein kommerziell sehr erfolgreicher Wandschmuck. In Yorkshire aber gibt es nicht einen Feuerwehrmann, der eines davon bei sich zu Hause haben wollte.[349]

Mit gutem Grund, wie es scheint. Nachdem die Zeitung diese Geschichte veröffentlicht hatte, wurde sie von einer Flut von Anrufen aus der Leserschaft überschwemmt. Dora Mann aus Mitcham sagte: „Nur sechs Monate, nachdem ich das Bild gekauft hatte, war mein Haus völlig ausgebrannt. Alle meine Bilder waren vernichtet – außer dem einen mit dem weinenden Knaben." Sandra Craske aus Kilburn berichtete, dass sie, ihre Schwägerin und eine Freundin unter Bränden zu leiden hatten, seit sie das Bild besaßen. Auch Linda Fleming aus Leeds und Jane McCutcheon aus Nottingham hatten ähnliche Geschichten zu erzählen.[350] Dies war am 4. September 1985. Fünf Tage später vernichtete Brian Parks aus Boughton sein unbeschädigtes Bild des „Weinenden Knaben", nachdem seine Frau und zwei Kinder wegen eines Brandes ins Krankenhaus gebracht werden mussten.[351] Am 9. Oktober wurde Grace Murray nach einem Brand zu Hause in Oxford mit schweren Verbrennungen ins Krankenhaus bei Stoke Mandeville in Buckinghamshire eingeliefert; ihr Gemälde hatte das Feuer „fast unbeschädigt" überstanden.[354] Am 21. Oktober wurde der Pavillo Pizza Palace in Great Yarmouth vom Feuer vollständig verzehrt – bis auf eine Kopie des zu Tränen rührenden Kindes.[355] Drei Tage danach sah Kevin Godber aus Herringthorpe zu, wie sein Haus ein Raub der Flammen wurde. Der gemalte Knabe überlebte, während die Bilder zu beiden Seiten an derselben Wand verbrannten.[356] Am Tag darauf wurde das Amos-Haus in Merseyside durch eine Explosion zerstört; zwei „weinende Knaben" blieben intakt, einer im Wohnzimmer und einer im Esszimmer. Mr. Amos machte sich mit Genugtuung ans Werk, sie selbst zu vernichten.[357] Am Ende jenes ereignisreichen Monats lud die *Sun* ihre Leser ein, ihre Exemplare des pyromanischen Gemäldes zum Zwecke einer „Massenverbrennung" einzusenden.[358] Tausende kamen der Aufforderung nach, und der aufsichtführende Feuerwehrmann beobachtete, dass alle Bilder bestens brannten. „Wir lauschten auf gedämpfte Schreie, aber alles, was wir hörten, war das Knistern von brennender Farbe."[359]

Aber dies war noch nicht das Ende der Geschichte. Bald nach dem großen Freudenfeuer der *Sun* begann es bei der Zeitung selbst zu „brennen". Es kam zu einem Streik, zu Unruhen in der Produktion und zur Massen-Absperrung durch Streikposten in ihrer neuen Betriebsstätte. William Armitage aus Weston-super-Mare ereilte der Flammentod zu Hause; das Bild „Weinender Knabe" fand man unversehrt auf dem Fußboden neben seiner Leiche. Ein Feuerwehrmann sagte vor Ort: „Wir haben alle von diesem Unglücksbringer gehört, aber wenn man diesem Bild tatsächlich selbst in einem ausgebrannten Zimmer begegnet, ist das schon sehr gruselig."[362]

Das ist es gewiss. Der interessanteste Aspekt dieser Geschichte ist für mich, dass es hier um Gemälde geht, welche zufällig Porträts sind. Menschliche Ebenbilder. Man hört nie von verhexten Landschaften oder spukenden Kunstdrucken von van Goghs *Sonnenblumen*. Die Geschichten, die in die mündliche Überlieferung eingehen, hängen immer mit Darstellungen von Menschen zusammen. Oscar Wilde verwendete dieses Motiv in *Das Bildnis des Dorian Gray,* welches an Stelle seines Eigentümers alterte, am sicheren Ort in der Abgeschiedenheit des ehemaligen Kinderzimmers unter dem Dach. Es gibt Berichte von Gemälden, die sich tatsächlich verändert haben, darunter eines von einer griechisch-orthodoxen Muttergottes-Ikone, der plötzlich ein dritter Arm wuchs. Dies ereignete sich 1978 vor den Augen der Gemeinde im jordanischen Ort Madaba. Das ganze Sache ist absurd, bis man erfährt, dass solche Porträtbilder in der orthodoxen Ikonographie eine Symbolik bergen, die durchaus bekannt ist. Es bedeutet „etwas außerhalb des Gewöhnlichen, etwas Universelles".[273]

Ich glaube nicht, dass solche Dinge Zufälle sind. Sie sind Ereignisse, mit denen es sich auseinanderzusetzen gilt. Wenn man sie sorgfältig genug betrachtet, erkennt man, dass sie oft tief in Kultur und Glauben verwurzelt sind. Ich bin sicher, dass es kein Zufall ist, dass all die Kinder auf den Bildern „Weinender Knabe" unheimlich große Augen haben. Diese senden Signale aus, die Verhaltensforscher als „übernormale Reize" bezeichnen, womit sie auf die Tatsache anspielen, dass wir als Kleinkinder zuerst auf die Augen der Erwachsenen in unserem Umfeld ansprechen. Augen bleiben zentrale soziale Signale für uns alle, und jeder hat schon einmal erlebt, dass er sich in einem Raum befand, wo ihm die Blickes eines Porträts an der Wand „überallhin zu folgen" schienen.

Es gibt ein seltsames Gemälde, das dieses Phänomen in ein erstaunliches Extrem führt. Es handelt sich um das lebensgroße Bild der Jungfrau, bekannt als „Unsere liebe Frau von Guadeloupe", das angeblich 1531 auf wundersame Weise erschienen ist. Die Legende erzählt, dass das Bild auf die *tilma*, den Umhang eines aztekischen Bauern, von unserer lieben Frau persönlich eingeprägt wurde, als diese ihm auf dem Hügel Tepeyac im damaligen Neuspanien erschien. Das wundersame Bildnis war bei der Bekehrung von acht Millionen Indios zum Christentum gewiss ungemein förderlich. Heute wird es hinter kugelsicherem Glas in der 1976 einem Nomadenzelt ähnlich gebauten modernen Basilika von Guadalupe in Mexiko-Stadt ausgestellt, die alljährlich von zehn Millionen Pilgern besucht wird, die sie damit zu der populärsten Andachtsstätte in der katholischen Welt machen – nach dem Vatikan.

Das Gemälde übt offenbar eine starke Anziehungskraft aus. Es zeigt eine Madonna mit schwarzem Haar und dunklem Teint in türkisfarbenem Mantel, die Augen in einem Ausdruck sanfter Anteilnahme niedergeschlagen. Sie ist auf einen grob gewobenen Umhang aus Kaktusfasern gemalt – ein Material, das selten deutlich länger als zwanzig Jahre überdauert; dennoch sind selbst nach viereinhalb Jahrhunderten weder ein Verfall des Malgrundes noch Risse im Farbauftrag festzustellen. Die Farben des Bildes, die ohne Anzeichen von Pinselstrichen aufgetragen sind, wirken bis heute wunderbar lebendig. Es ist leicht nachzuvollziehen, warum viele Menschen glauben, das Bild sei nicht von Menschenhand gemalt – und es fällt auch leicht, der allgemeinen Faszination zu verfallen, wenn man nahe genug herantreten kann, um die Augen zu sehen.

Sie sind leicht schräggestellt, fast indianisch, und lebensähnlicher als alle Augen, die ich jemals auf irgendeinem anderen Gemälde gesehen habe. Sie scheinen einen nicht nur zu beobachten, sondern auch zu erkennen – zu wissen, wer man ist. Das menschliche Auge galt schon lange als das „Fenster der Seele" – zum Teil auch, weil es der einzige Bereich unseres Mitmenschen ist, in welchem wir echte Lebendigkeit feststellen können. Alles andere – Haut, Haar, Nägel und Zähne – ist tot, eine Hülle aus organischer Panzerung, die wir tragen, um unsere empfindliche Substanz vor dem verheerenden Einfluss des Sauerstoffs zu schützen. Aber die transparente Hornhaut des Auges erlaubt uns den einzigen Blick durch und auf lebendiges Gewebe, die Iris. Wir bekommen auch drei winzige Reflexionen von uns selbst zu sehen, zwei richtig und die dritte kopfstehend. Das erste Spiegelbild kommt von der gekrümmten Oberfläche der Hornhaut selbst. Die beiden anderen sind etwas kleiner und stärker verzerrt; sie entstehen auf der Vorder- und der Rückseite der Linse im Inneren des

Auges. Ohne dass es uns bewusst ist, sprechen wir auf diese winzigen Reflexionen an, wenn wir einem anderen Menschen in die Augen sehen. Sie bestätigen unser Empfinden von Mitgefühl. Obwohl diese optischen Phänomene erstmals im Jahre 1829 von dem böhmischen Physiologen Jan Purkyně identifiziert wurden, sind sie in den Augen der Jungfrau von Guadalupe vorhanden.

1979 und 1981 wurde das Bild von Wissenschaftlern aus Mexiko und den Vereinigten Staaten eingehend untersucht.[207] Sie bestätigten, dass es tatsächlich ohne Leimung oder Grundierung direkt auf die raue Oberfläche eines Eingeborenen-Umhangs gemalt wurde, der aus den Fasern einer Agavenart gewoben war. José Aste-Tonsmann fertigte Nahaufnahmen von den Augen der Jungfrau an und studierte diese an Hand von mit Computerhilfe hergestellten Ausdrucken von 0,006 Quadratmillimeter kleinen Ausschnitten. Dabei fand er Bilder von menschlichen Gestalten, auf von einer gekrümmten Oberfläche zu erwartende Weise verzerrt, in genau jenen Bereichen jedes Auges, die im *Purkinjeschen Gesetz* bestimmt und beschrieben wurden. Die Position dieser „Reflexionen" differiert leicht zwischen dem linken und dem rechten Auge – genau so, wie es in menschlichen Augen im normalen Abstand voneinander zu erwarten ist, die auf das gleiche Objekt vor ihnen gerichtet sind. Was aber wunderbar erscheint: Die winzige Figur, die in diesen gemalten Augen so akkurat gespiegelt wird, ist die eines Mannes in der Kleidung, wie sie ein aztekischer Bauer im frühen 16. Jahrhundert getragen haben dürfte.[7]

Die Mexikaner nennen das Gemälde von Guadalupe auch *La Morena,* das heißt „die Dunkelhäutige" – was uns eine hübsches Verbindung zu einer anderen Ikone knüpft, nämlich der „unserer lieben Frau von Tschenstochau", einem Ort etwa hundert Kilometer nordwestlich von Krakau. Sie gilt als eine der ältesten Darstellungen Marias, wurde vielleicht sogar nach dem Leben gemalt von dem Apostel Lukas, und zeigt diese

– wie bereits das mexikanische Bild und eine Reihe weiterer dunkler Jungfrauen und schwarzer Madonnen – mit kastanienbrauner Haut.

Dies Existenz eines „Ebenbildes" von einer sehr bekannten Persönlichkeit zieht unser Interesse und unsere Aufmerksamkeit an. Die Aufregung, die das „Turiner Grabtuch" umgibt – ob es nun dem 1. oder dem 14. Jahrhundert zugeordnet wird –, spiegelt unser Bedürfnis wider, zu wissen, wie Menschen wirklich sind. Fotos sind eine Hilfe, doch sie scheinen nur flüchtige Momente unseres Erlebens einzufangen. Sie füllen eine Lücke, die einst die Domäne von Miniaturen war, die tragbare, leicht aufzunehmende Erinnerungsstücke boten. Aber für Bilder, die tiefer reichen sollen, geben wir weiterhin lebensgroße Porträtgemälde in Auftrag, und die besten ihrer Art sind viel mehr als bloße Abbilder. Sie sind Übereinkünfte zwischen Künstler und Objekt, die eine eigene Kraft und Faszination besitzen, und die uns Tiefe und Einblick bieten, die mehr von dem Dargestellten enthalten und vermitteln, als es einem Standfoto jemals möglich sein kann.

Dem Modell gefallen sie vielleicht nicht immer. Als beide Kammern des britischen Parlaments Sir Winston Churchill 1954 gemeinsam ein Porträt zu seinem achtzigsten Geburtstag schenken wollten, entschieden sie, es von Graham Sutherland anfertigen zu lassen. Er war der angesehenste Maler seiner Zeit und fertigte ein ungeheuer kraftvolles Werk an, dem es gelang, den Geist eines Mannes einzufangen, der sein Land durch einen schrecklichen Krieg hindurchgeführt hatte – das ihn aber auch zeigte, wie er inzwischen aussah, als einen alten und erschöpften Mann, dessen Zeit vorüber war. Churchill hasste das Bild. Er nannte es „obszön" und „böswillig" und dachte, es lasse ihn aussehen „wie einen alten Säufer". Nach seinem Tode ließ Lady Churchill das historische Werk vernichten.[159]

An einer Fotografie, welche als missglückt oder eine der wohlbekannten „Lügen" einer Kamera abgetan werden kann, nimmt keiner so viel Anstoß. Aber Gemälde sind anders. Man geht wie selbstverständlich davon aus, dass ein Künstler, der mit seinem Modell einige Zeit verbracht hat, ein ästhetisches Äquivalent des emotionellen Fingerabdrucks einfängt, das anderen später, wenn das Gemälde öffentlich zu betrachten ist, zugänglich wird.

Die Menschen behandeln manche Porträts – gewöhnlich die besten – auf die gleiche Weise, wie sie mit dreidimensionalen Bildhauerwerken umgehen, nämlich mit viel Emotion. Es ist, als verkörperten die Bilder die vitale Essenz des Dargestellten – oder als erwarteten andere von ihnen diesen Zauber. Als die Suffragette Mary Richardson am 10. März 1914 die *Venus vor dem Spiegel* attackierte, galt dies mehr als einem Gemälde. Diego Velázquez hatte mit den Konventionen der spanischen Malerei im 17. Jahrhundert gebrochen, als er in seiner Darstellung die Göttin mit dem Rücken zum Betrachter auf dem Bett liegend zeigte und keine Anstalten machte, sein Modell zu verhüllen oder zu idealisieren, sondern sie so rosig und nackt und warm und lebensnah zeigte wie eine lebendige Frau. Fräulein Richardson beging etwas, das einem rituellen Opfer gleichkam: Sie nahm ein Fleischerbeil mit in die National Gallery in London und brachte dem Gemälde mehrere Schnitte bei; anschließend verkündete sie leidenschaftlich: „Ich habe versucht, das Bild der schönsten Frau der Mythologie zu zerstören, als Protest gegen die Regierung, die Mrs. Pankhurst zerstört hat, die schönste Gestalt der modernen Geschichte."[182]

Ich bin sehr beeindruckt von der Macht gemalter „Menschenbilder" und ihrem Vermögen, uns anzurühren; und ich bin fasziniert, wie häufig sie eine Rolle bei paranormalen Phänomenen zu spielen scheinen. Sie agieren, nehme ich an, als Avatare, als Manifestationen unserer Bedürfnisse und Brennpunkte für unsere unbewussten Energien. Ich glaube nicht, dass schlechte Gemälde von weinenden Kindern direkt irgendetwas mit dem Anzünden der Häuser der Leute zu tun haben, denen sie gefallen; aber ich bin überzeugt, dass Identifikation mit ihnen – und später die Angst vor ihnen – sehr viel mit dem zu tun hat, was 1985 geschah. Einige der Vorkommnisse können wohl dem Zufall und menschlicher Übertreibung zugeschrieben werden; in den übrigen Fällen aber, so denke ich, wurden die Bilder zu einem Brennpunkt für Poltergeisterei – die in physikalischen Begriffen nach wie vor schwierig zu erklären ist, aber offenbar eine Möglichkeit der Entladung für psychische Spannung bietet.

Die Verbindung von ähnlichen Energien mit religiösen Bilder ist gar nicht überraschend. Diese ziehen Aufmerksamkeit und mythische Phantasie ebenso machtvoll an wie ihre dreidimensionalen Gegenstücke. Aber bei den weltlichen Porträts, denke ich, haben wir ein interessantes Forschungsgebiet vor uns. Ich weiß von keiner Studie, die jemals mit Psychometrikern über Porträts von Menschen durchgeführt wurde, deren Hintergrund zur Bestätigung geprüft werden kann. Es wäre interessant zu sehen, wie viel Information durch das „Lesen" solcher Originale zu beziehen sind, deren Modelle den am Test beteiligten Personen unbekannt sind. Es wäre auch faszinierend, herauszufinden, wie weit solche Information verwässert wird, wenn die Versuchsperson sich „von der Quelle entfernt", weil sie erst mit einem handgemalten Bild und dann mit einem massenproduzierten Porträt oder Druck arbeiten muss.

Ich sage voraus, dass das Kopieren – im Sinne von Neuschaffen eines Porträts von Hand – solange es originalgetreu und effektiv erfolgt, die Kraft eines solchen Objekts nur zum Teil abschwächen wird. Ich hege zudem den Verdacht, dass eine gute Kopie, die wie ein Original aufgehängt und bewundert wird, am Ende einiges von diesem Mangel wettmachen wird.

Mit diesem Gedanken kehre ich zu einem Punkt zurück, den ich schon früher erwähnte. Ich stellte die Behauptung auf, „Vielfache" seien maskuline Antworten auf die natürliche und biologische Kreativität der Frauen: Der Weg des Mannes, um etwas auf die Welt zu bringen. Ich habe gezeigt, wie sein „Herstellen" etwas dazu beiträgt, unsere Bedürfnis nach dem Numinosen zu befriedigen, und jedermann die Chance gibt, den Zauber der Berührung mit etwas Besonderem zu erleben, wie kurz oder fern es auch sei. Ich halte fest an jenem Gedanken und finde weitere Unterstützung dafür in der Tatsache, dass die englische Sprache keinen Unterschied macht bei der Bezeichnung von etwas, das auf unehrliche Weise kopiert, und dem, was durch die Hitze des Feuers auf die Welt gebracht wurde. Beide Dinge nennt man *forged,* das heißt „geschmiedet". In beiden Fällen handelt es sich um einen wichtigen und schöpferischen Akt. Und wo die Folge dieses Akts die Erschaffung eines Bildes in Menschengestalt ist, hat es eine sehr spezielle Bedeutung.[56]

Reflexionen

Es gibt mindestens ein Bild von uns selbst, das sich ständig wandelt und seinen eigenen komplexen Zauber besitzt. Wir sehen es in jeder reflektierenden Oberfläche.

Die erste war vielleicht ein kleiner Teich, wie jener, der Narziss zu der Annahme verleitete, er sei mit einer anderen Person konfrontiert. Tiere machen diesen Fehler immer noch. Während ich dies schreibe, stolziert draußen ein Fasanenhahn in voller Frühlingspracht auf und ab; er plustert sein Gefieder auf und spreizt seine Schwanzfedern in protziger Drohung angesichts eines Ebenbildes seiner eigenen roten Kinnlappen in der Glastür meines Arbeitszimmers. Die Erkenntnis, dass er sich selbst betrachtete und deshalb mit einer Leidenschaft konfrontiert war, die niemals Befriedigung oder Erfüllung finden könnte, tötete Narziss; doch eben diese Erkenntnis ist ein wichtiger Wendepunkt in der Entwicklung unserer eigenen Selbstwahrnehmung.

Kinder und Schimpansen erleben – wenn man ihnen die Chance gibt, sich mit Spiegeln vertraut zu machen – die gleiche Anpassung, und schließlich akzeptieren sie, dass sie und das Bild das Gleiche sind. Aber die Erfahrung selbst ist etwas beunruhigend und lässt in jedem von uns Zweifel nachklingen, mit denen wir uns befangen und leicht unbehaglich fühlen. Uns bleibt, unserem Spiegelbild jeden Morgen eine saure Grimassen zu zeigen und damit zu leben, dass wir es nicht unterlassen können, es erneut anzublicken, wenn wir an einem Schaufenster vorüberkommen, und uns am Ende peinlich berührt und verwirrt zu fühlen, wenn jemand anderes uns dabei ertappt.

Was Spiegel betrifft, bleiben wir ambivalent und fallen dem lauernden Verdacht zum Opfer, dass sich das „Ich" im reflektierenden Glas von dem „echten Ich" subtil unterscheidet – nicht nur, dass es unter einer Verkehrung von Links und Rechts zu leiden hat, sondern weil es irgendwie separat ist. In so weit voneinander entfernten Ländern wie Mexiko und Madagaskar oder Chile und China gibt es den Brauch, nach einem Todesfall im Hause Spiegel zu bedecken oder an zu die Wand drehen. Dahinter steht der Glaube, dass die Reflexion eine Projektion der Seele sei und die Seele eines kürzlich Verstorbenen versucht sein könnte, nach einem der noch Lebenden zu schnappen, begierig nach Gesellschaft auf ihrem Weg in die Unterwelt.[85]

In Zululand und Teilen von Griechenland lassen Mütter bis heute nicht zu, dass ihre Babys das eigene Bild im Spiegel zu sehen bekommen, bevor sie nicht mindestens ein Jahr alt und stark genug sind, den Schock der Trennung zu überleben. Ein Mädchen aus dem Volk der Mari in Finnland könnte, nachdem es sich vor einem Spiegel zurechtgemacht hat, seiner Besorgnis Ausdruck geben mit einem gemurmelten: „Nimm meine Erscheinung oder mein Bild nicht von mir." In Nordindien vermeidet man es, sich im Hause anderer Menschen im Spiegel zu betrachten; und die Bewohner der Andamanen geben sehr darauf Acht, dass ihre Reflexion nicht in einem Fluss eingefangen wird, damit dieser nicht ihre Seele für immer davonträgt.[100]

Es mag gute Gründe geben für diese Vorsicht.

Zwei amerikanische Neurologen ersannen kürzlich ein Experiment, in welchem vierundsechzig Teilnehmer, je eine Hälfte von ihnen Männer und Frauen, dreißig Minuten lang vor einen kleinen quadratischen Spiegel gesetzt wurden. Der Raum war so beleuchtet, dass sie nichts anderes sehen konnten als eine halbdunkle Reflexion des eigenen Kopfes und ihrer Schultern. Die meisten Teilnehmer erlebten früher oder später Verzerrungen ihres Spiegelbildes auf unterschiedliche und seltsame Weisen. Ihre Reaktionen waren verschieden, aber fast alle beschrieben Phantasien und Illusionen, bei denen ihre normalen Bilder verschwanden und andere an deren Stelle traten.[194] Die Plastizität unseres eigenen Bildes von uns selbst wurde von zwei anderen Amerikanern weiter erforscht – dieses Mal Psychologen –, die einen flexiblen Metallspiegel entwickelten. Dieser wurde von vier Motoren bewegt, die an seinen Ecken ansetzten und zusammen eine unendliche Vielfalt von Verzerrungen der Spiegelfläche erzeugten konnten. Die Teilnehmer wurden vor den Spiegel gesetzt und mit einem stark verzerrten Spiegelbild konfrontiert; dazu erhielten sie die Kontrolle über die vier Motoren und die Anweisung: „Sie haben die Aufgabe, den Spiegel so zu justieren, dass Ihr Spiegelbild genau so aussieht wie Sie." Sie hatten dazu unbegrenzt Zeit, und sobald die Einstellungen abgeschlossen waren, wurden sie nur gefragt: „Sind Sie überzeugt, dass die Reflexion, die Sie in dem Spiegel sehen, exakt so aussieht wie Sie?"[217]

Die ersten Reaktionen der Teilnehmer waren interessant. Manche fanden es unmöglich, überhaupt in den Spiegel zu blicken. Anderen wurde dabei schwindlig und übel. Einer wurde gar ohnmächtig. Doch die Wirkung auf jene, die durchhielten, ist sogar noch faszinierender. Nachdem sie einige Zeit damit verbracht hatten, den Spiegel zu justieren, sahen sich viele peinlich berührt, aber zu dem Geständnis gezwungen, dass sie vergessen hatten, wie sie genau aussahen. Manche empfanden dies als so traumatisch, dass sie nachdrücklich die Erlaubnis forderten, sich noch einmal anhand eines ebenen Spiegels zu untersuchen, bevor sie das Experiment fortsetzten.

Es hat den Anschein, dass wir uns selbst gar nicht so gut kennen und einen Bezugspunkt im Äußeren brauchen, einen Blick auf unser unverzerrtes Spiegelbild, damit wir uns erinnern können, wer wir sind. Wir benötigen also die Hilfe des Bildes in einem Spiegel zur Überbrückung der Diskrepanz zwischen uns selbst und dem Bild, das wir von uns haben. Dieses Spiegel-"Ich" muss uns oft und lange genug zugänglich sein, damit wir unsere Identifikation bekräftigen können. Kinder haben oft das Bedürfnis, mit ihrem Bild im Spiegel zu sprechen, und sie reden es dabei mit Namen an und küssen ihre Reflexion vielleicht sogar, bis sie ein klares „Selbst-Bild" aufbauen können. Aber anscheinend gibt es echte Risiken, wenn man dies zu lange praktiziert – nicht nur die Gefahr einer narzisstischen Fixierung, sondern auch von Verzerrungen der Wirklichkeit.

Was Wunder also, dass wir Spiegel weiterhin mit abergläubischer Scheu betrachten. Wir fühlen zumindest ein wenig Unbehagen, wenn wir einen zerbrechen, und beseitigen schnellstens die Scherben, damit uns kein Unheil widerfährt. In Afrika begraben sie die Bruchstücke eines Spiegels mit einem eigenen Zeremoniell. In der Karibik waschen sie einen Fluch ab, indem sie die Scherben in fließendes Wasser tauchen. Überall zeigen wir Spiegel oder Reflexionsflächen, hängen sie über unsere Betten, tragen sie in unseren Hüten und nähen sie in die Stoffe, aus denen unsere Kleidung geschneidert wird, um böse Geister abzuschrecken.

Das Geheimnis des Spiegels beziehen wir auch in unsere Divinations-Systeme ein: Wir suchen nach verborgenem Wissen und entdecken die Zukunft beim Blick auf eine Wasseroberfläche, auf polierte Klingen oder den glänzenden Boden eines Bechers. Zum Wahrsagen nutzen wir Techniken wie die Katoptromantie (Wahrsagen mit Spiegeln), die Zyklomantie (Betrachtung der Drehbewegung und der folgenden Ruheposition eines runden Objekts), die Hydromantie (Betrachtung der bewegten Oberfläche eines natürlichen Gewässers) und die Onychomantie (Betrachtung der Reflexion des Sonnenlichts auf den geölten Fingernägeln eines jungen Knaben).

Alle diese Methoden sind ein Beleg für das anhaltende Interesse an Reflexionen und den Einfluss, den sie auf unsere Psyche haben. Den Venezianern ist es zwar bereits in der Renaissance gelungen, klares flaches Glas und erstklassige reflektierende Beschichtungen herzustellen, die so brillante Spiegelbilder zeigten, wie wir sie gewohnt sind, wir aber sehen immer noch, in einem sehr realen Sinne, „wie in einen Spiegel" und wissen Dinge nur zum Teil. Und ich kann nicht umhin, mich zu fragen, welche Auswirkung unsere verwirrte und komplexe Wahrnehmung auf Objekte haben muss, die uns in vielen der emotionalsten Momente unseres Lebens umgeben.

Vielleicht tun wir wohl, unsere Spiegel mit Respekt zu behandeln.

Ebenbilder

In den Gewässern vor der Küste Japans gibt es eine Krabbenart, die eine ärgerliche Maske trägt. Die Rückenseite der Kruste von *Dorippe japonica,* der sogenannte Samurai-Krabbe, ist auf eine Weise strukturiert, die ihr eine verblüffende Ähnlichkeit mit einem übellaunigen Samurai verleiht. Die Legende sagt, dass diese Krabben nicht bloße Krustentiere seien, sondern Reinkarnationen einer Kriegerfamilie. Diese habe im Jahre 1155, nachdem sie in einer Schlacht geschlagen worden war, kollektiv Selbstmord begangen, indem sie sich von einer Klippe ins Meer stürzte. Sir Julian Huxley schreibt:

> Die Ähnlichkeit von *Dorippe* mit einem verärgerten tra-
> ditionellen japanischen Krieger ist viel zu spezifisch und
> viel zu detailliert, um bloß zufällig sein zu können; es
> ist eine spezifische Anpassung, welche nur mittels na-
> türlicher Selektion herbeigeführt worden sein kann, die
> über Jahrhunderte hin am Werke war; die Krabben, die
> dem heutigen Aussehen ähnlicher waren, sind seltener
> gefressen worden.[103]

Mag sein. Es gibt eine verwandte, ebenfalls maskierte Krabbe
im Ärmelkanal, die auf eine Weise finster blickt, die an einen
bukolischen Briten erinnert. Aber *Corystes cassivelaunus* ist
zu klein, um von britischen Krabbenfängern jemals behelligt
zu werden. Im Reich der Schmetterlinge gibt es eine Familie
kleiner Bläulinge (Lycaenidae), die auf die gleiche Weise auf
die lokale Phantasie Bezug genommen zu haben scheint. Die
Puppen jeder ihrer Arten zeigt ein menschenähnliches Gesicht, akkurat bis zu den Lichtreflexen in den Augen. *Spalgis
lemolea* scheint sich den Husarenaffen *Erythrocebus patas*
zum Vorbild genommen zu haben, der sich von Früchten und
Insekten im umliegenden Grasland Ostafrikas ernährt. Die
Larve des orientalischen Schmetterlings *Spalgis epius* ähnelt
stark dem Rhesusaffen *Macaca mulatta,* der sich an den Wald-
rändern in den gleichen Regionen Indochinas ernährt. *Fenise-
ca tarquinius* kommt nur im östlichen Nordamerika vor, wo
keine Affenart heimisch ist, und so hat er sich ein außerordentlich indianisches Aussehen zugelegt.

Keine dieser Miniaturmasken ist groß genug, um für einen
Vogel oder Affen eine echte Bedrohung darzustellen, aber alle
sind genügend lebensähnlich, um einem potenziellen Jäger einen Anlass zu signalisieren, seine Absichten zu überdenken.
Dies mag der ganze Vorsprung sein, den die Evolution braucht,
um solchen Gestaltveränderungen einen Selektionsvorteil zu
verschaffen. Augen allein hätten allerdings den gleichen Zweck

erfüllt, wie viele Schwärmer bewiesen haben. Warum sollte man all diese Mühe komplexer Mimikry auf sich nehmen, die sich direkt auf das Gesicht eines in der Nähe heimischen Primaten bezogen zu haben scheint? Es waren Beispiele wie diese, welche zu dem Begriff des *Genius loci* führten: Der „Geist des Ortes" sei es, der die Natur und die Erscheinung von allem innerhalb (s)eines bestimmten Gebiets beeinflusst.

André Voisin, Direktor der staatlichen Hochschule für Veterinärmedizin in Frankreich, glaubt, dass der Ursprung solcher Einflüsse im Boden liege. Er weist darauf hin, dass die in der Normandie gezüchteten riesigen Percheron-Kaltblutzugpferde auf die Größe der örtlichen Altai- oder Kosaken-Ponys schrumpfen, wenn sie in der Ukraine gehalten werden – auch wenn ihre genetische Abstammung wohl unbeeinträchtigt erhalten wird. „Alle lebenden Dinge", vermutet er, „sind biochemische Fotografien ihrer Umgebung."[226] Dies mag der Grund sein, warum Mann und Frau in langjährigen Ehen einander oft zusehends ähnlicher werden, und warum man manchen Leuten nachsagt, sie glichen ihren Haustieren immer mehr.

Diese „Wirkung des Ortes" wurde erstmals von dem römischen Architekten Vitruv im 1. Jahrhundert v. Chr. beschrieben. Fünfhundert Jahre später bemerkte der griechische Philosoph Proklos, dass sich bei Menschen, „die in andere Länder auswandern, häufig die Hautfarbe und Stimme dadurch verändern, dass sie in jenen Ländern wohnen – gerade wie sich Pflanzen mit der Qualität der Region verändern". C. G. Jung war auf einem Besuch in den Vereinigten Staaten überrascht, auf Immigranten schottischer, irischer und deutscher Abstammung zu stoßen, die ein zunehmend indianisches Aussehen angenommen hatten. Er sprach vom *spiritus loci,* einem herrschenden Geist, der in jedem Teil der Erde präsent sei und „der alles durchdringe, das Aussehen der Menschen, ihre Sprache, Kleidung, Geruch, ihre Interessen, Ideen, Politik, Philosophie, Kunst, und sogar ihre Religion".[112]

Die Ausweitung dieses Prinzips auf die Landschaft – sie bringt anthropomorphe Formen in den Sierras Mexikos hervor, eigentümliche Felsgebilde in den Heide-Regionen Yorkshires und bizarre Steinskulpturen in den Wäldern von Fontainebleau – führt zu dem Verdacht, dass Gaia selbst eine schöpferische Phantasie haben könnte. John Michell erklärt, dass wir eine natürliche Tendenz haben, unsere eigenen Bilder in der Welt um uns herum reflektiert zu sehen, wie sie aus Felsen, Wolken, Bäumen und Feuchtigkeitsflecken an unseren Wänden hervorwachsen. Doch dies gebe keinen Anlass zur Besorgnis. Die Natur zeige nämlich eine dazu passende Tendenz, menschliche Formen hervorzubringen. Dies ist fast zu erwarten von einem Planeten, der auf eine Folge von wiederkehrenden Träumen beschränkt zu sein scheint, auf einer endlichen Anzahl von möglichen Formen basierend, eine Design-Serie gewissermaßen, eine Art von globalem Musterbuch, in welchem so etwas wie das menschliche Antlitz ein wiederkehrendes Phänomen ist. Vielleicht mit gutem Grund.[149]

Im Jahre 1986 präsentierte der Zoologe Richard Dawkins ein Computermodell, das den Evolutionsprozess seit den Ursprüngen des Lebens simulierte. Er stellte fest, dass dabei immer wieder vertraute biologische Formen hervorgebracht wurden, die er „Biomorphe" nannte. Darunter waren Gestalten, die sehr große Ähnlichkeit mit dem menschliche Antlitz aufwiesen; doch die Samen für das Biomorph-Land hatte Dawkins selbst in das Programm gelegt.[49] [128a] Wenige Jahre später produzierte der Botaniker Rupert Sheldrake ein besseres Modell. Er postulierte die Existenz von „morphogenetischen Feldern", die ein innewohnendes Gedächtnis besäßen. Sie werden von dem beeinflusst, was früher geschehen ist. Sie sind so etwas wie Gewohnheiten, die die Natur zwingen, vertraute Muster zu wiederholen, indem sie sich auf Erinnerungen an frühere Kreationen einstellen und die Dinge in traditionellem Sinne organisieren und damit die Geschichte wiederholen.[200]

Sheldrake prägte den hübschen Begriff der „morphischen Resonanz", die durch die Zeitalter heraufklingt wie ein alter Ohrwurm. Sie bietet Kontinuität, gibt den lebenden Dingen Gestalt und darüber hinaus Substanz für einige meiner wilderen Spekulationen über unbeseelte Materie, die sich ähnliche Gewohnheiten zulegt. 1923 zum Beispiel tauchten an der Wand der Christuskirche in Oxford Feuchtigkeitsflecken auf. Das taten sie häufig, aber dieses Mal nahmen sie die detaillierte Form eines männlichen Profils an. Und zwar nicht irgendeines Mannes, sondern eines, der anhand der Silhouette von Nase, Mund, Augen, Brauen und lockigem Haar deutlich als der verstorbene Dekan der Christuskirche zu erkennen war: Henry Lidell, der Vater des Kindes, das Lewis Carroll zu der Geschichte *Alice im Wunderland* inspirierte und damit unsterblich wurde.[243] Skurriler Unsinn? Vielleicht, aber es geschieht immer wieder.

Die Neigung der Natur, die menschliche Form nachzuahmen, mag es wohl gewesen sein, was unsere Vorfahren irgendwann in der Steinzeit dazu bewegte, selbst Bilder zu erschaffen. Die früheste zweifelsfrei [von Menschenhand geschaffene] Statuette wurde vor zweiunddreißigtausend Jahren bei La Ferrassie in der Dordogne einer Rentier-Geweihstange abgerungen. Geweihstangen haben von Natur aus eine ansprechende, fließende Form, und alles, was jener Künstler tun musste, war, ein passendes Stück abzubrechen und eine Kurve so herauszuarbeiten, dass der Torso erkennbar feminin wurde, möglicherweise schwanger. Es ist signifikant, dass dieses erste menschliche Figürchen weiblich war; noch interessanter ist die Tatsache, dass es mit einer Reihe symbolischer Einkerbungen markiert war. Es besaß eine rituelle Funktion.[142]

In den fünfundzwanzigtausend Jahren von der Aurignac-Zeit bis in die Magdalánien-Zeit erschufen die Höhlenbewohner in Europa über die Eiszeiten hinweg weitere solche Figuren. Manche, wie die berühmte „Venus von Willendorf", waren schwerbrüstig und füllig. Die meisten hatten breite Hüften, wenige wurden hockend oder mit gebeugten Knien dargestellt, aber alle waren sie auffallend weiblich und scheinen bei Riten eine Rolle gespielt zu haben, die Menstruation und Schwangerschaft, Paarung und Stillen, die Rhythmen von Geburt und Wiedergeburt ehrten, die uns mit der Natur und den Mysterien von Leben und Tod verbinden. Es ist nicht notwendig, die mütterlichen Figurinen als Göttinnen zu identifizieren, aber sie waren gewiss Gegenstand der Verehrung und Aufmerksamkeit, und als solche anfällig für Patinierung. Die meisten sind von der häufigen Handhabung glatt poliert worden, manche sind durchbohrt, so dass man sie tragen oder umhängen konnte. Ihre Verwendung und ihre Bedeutung reichten über einzelne Jahreszeiten hinaus. Sie waren und sind in der Tat sehr lebendig. Und keines von ihnen war Spielzeug.

Es ist möglich, dass manche rituellen Figuren, nachdem sie ihre primäre Funktion erfüllt hatten, Kindern überlassen wurden, die damit spielten. Hopi-Indianer fertigten einst Holzpuppen der *Katchina* an, der Götter der Erde und des Himmels, die nach den rituellen Tänzen an kleine Mädchen weitergegeben wurden. In Bali werden Palmblattfiguren, die gebraucht wurden, um Tempelopfer zu schmücken, noch heute den Kindern gegeben, wenn die Zeremonie vorüber ist. Die ersten Menschen-Nachbildungen, die gezielt angefertigt wurden, um als Spielzeug zu dienen, waren anscheinend hölzerne Paddelpuppen, die in Ägypten seit etwa fünftausend Jahren produziert wurden. Später wurden sie mit Papyrus aufgepolstert und erhielten geschmückte Gesichter und Kleider zum Wechseln. Doch selbst als jene Puppen schon recht komplex geworden waren, konnte man sie aufgrund ihrer relativen Roheit immer noch von erwachsenen Talismanen unterscheiden. Bis vor sehr kurzer Zeit wurde die jüngste Technik nie bei der Herstellung von Puppen eingesetzt, die sich auf einfache Materialien und ihre Bearbeitung stützte – vermutlich weil Kinder eine lebendigere Phantasie haben und Objekte bevorzugen, die ihnen Spielraum lassen, ihre Vorstellungsgabe zu üben. Ein weiteres Merkmal echter Puppen ist, dass sie meist unnatürlich kurze Arme haben. Kindern scheinen diese Form zu bevorzugen; bevor sie etwa acht Jahre alt sind, wählen sie nur zögerlich Figuren, deren Arme die korrekten Proportionen aufweisen.

In der griechischen und der römischen Zeit scheinen noch alle Puppen weiblich gewesen zu sein. Am meisten geliebt wurden – damals wie heute – nicht wunderschön gelenkige, kunstvoll bemalte Puppen, sondern einfache, aus einem einzigen Stück modellierte Tonpuppen, oder Stoffpuppen ohne Beine, die als menschliche Gestalten kaum zu erkennen waren. Von keinem und nirgendwo – außer vielleicht von kleinen Jungen – werden sie für „doof" gehalten. In allen Kulturen herrscht eine offenkundige Akzeptanz darüber, dass Puppen aussagekräftig, geschichtenumwoben, zeitbezogen, lebensbereichernd und belebt sind. Selbst in technisch geprägten Gesellschaften scheint ihre sakrale Herkunft noch in unserem Unbewussten anzuklingen – was es erleichtert, ja sogar notwendig macht, sie durchaus wie lebendige Dinge zu behandeln.

Die frühen Holz- und Tonfigürchen wichen im 18. und 19. Jahrhundert einer Vielfalt von Puppen aus Papiermaché, Porzellan, Wachs, Leder, Gummi, Metall, Zelluloid und schließlich strapazierfähigen künstlichen Materialmischungen. Als die Konkurrenz zwischen den Puppenherstellern im Westen stärker wurde, wetteiferten die Firmen miteinander, neue und ansprechendere Gestaltungen auf den Markt zu bringen. Es gab Modepuppen, „Pariserinnen", die die letzten Schreie aus der Haute Couture vorführen sollten; mechanische Puppen, die sogar strickten, schwammen, klingelten und Tee tranken; Puppen, die sprachen, und Puppen, die sangen; „Charakterpuppen" mit Grübchen, Speckfalten und beleidigter Miene; Porträtpuppen mit dem Antlitz Shirley Temples, John D. Rockefellers oder sogar Benito Mussolinis; und schließlich Kostümpuppen in nationaler und regionaler Tracht. Die Bestseller waren jedoch immer Puppen, die wie Babys aussahen.[8]

Die ersten dieser Art waren einteilige Porzellanpuppen, die in Deutschland um die Mitte des 19. Jahrhunderts produziert und in Amerika als „Frozen Charlottes" bekannt wurden. Der große Durchbruch kam jedoch erst 1922, als eine kalifornische Künstlerin namens Grace Storey Putnam die Wöchnerinnen-Abteilungen von Los Angeles durchkämmte, bis sie ein perfektes drei Tage junges Modell fand. Repliken dieses Kindes wurden als das „Bye-lo Baby" auf den Markt gebracht – und aufgrund seiner enormen Beliebtheit schon bald als das „Million Dollar Baby" bekannt. Sie führte dazu, dass buchstäblich jedes Mädchen in Europa und Nordamerika ein überaus realistisches Ersatzbaby hatte, das es pflegen, schlafen legen und baden konnte. Die führenden Hersteller – die meisten produzierten in Frankreich und Deutschland – rissen sich darum, ein Konkurrenzprodukt auf den Markt zu bringen, doch das kam erst 1983, als ein junger Designer in den US-amerikanischen Südstaaten einen Geistesblitz hatte.

Xavier Robert besaß eine Firma in Georgia, die unscheinbare Stoffpuppen mit Knopfaugen produzierte. Diese glichen weitgehend anderen Modellen ihrer Art, wie sie seit über hundert Jahren in Amerika produziert worden waren. Aber Roberts Idee war eine pfiffige Veränderung. Statt sich auf die körperliche Ähnlichkeit mit Menschenkindern zu konzentrieren, gab er seinen Puppen Persönlichkeit und Individualität, indem er sich komplexe „Lebensgeschichten" ausdachte. Er nannte seine Schöpfungen „Cabbage Patch Kids" (Kohlkopfpuppen), führte beliebige Merkmale ein, welche jede Puppe ein klein wenig anders aussehen ließen, und versah schließlich jedes Exemplar mit einer „Geburtsurkunde". Diese umfasste eine Familiengeschichte, in der Robert selbst als Vater genannt wird, den Namen der Puppe und ihr Geburtsdatum, Fuß- und Daumenabdrücke und eine Adoptionsurkunde, welche vor einem Zeugen auszufüllen war, während man die rechte Hand hob und sagte: „Ich verspreche, eine gute und freundliche Mutter (bzw. ein guter und freundlicher Vater) zu sein." Es funktionierte unglaublich gut, vielleicht aufgrund des Prinzips des „imaginären Gefährten", jener naheliegenden Metaform, deren Gesellschaft die meisten Kinder früher oder später eine Zeit lang zu genießen scheinen. Innerhalb eines Jahres kämpften Käuferscharen in Spielzeugläden überall auf der Welt gegeneinander um das Recht, eines dieser Waisenkinder aus den Appalachen aufzuziehen.

Aber diese schwere Last an emotionalem Gepäck ist summa summarum für eine Stoffpuppe doch viel zu viel geworden. Seit 1983 kam es zu mehreren Ausbrüchen von fast zwangsläufiger Paranoia. Eine kinderlose Frau in Connecticut hielt ihr Kohlkopfpuppenkind in einem Kinderbettchen, aber das wollte dort nicht bleiben und tauchte auch in anderen Zimmern des Hauses auf. Eines Abends sah sie sich mit dem „Kind" konfrontiert, das sie drohend anblickte und Widerworte gab: „Die hast mich nicht zugedeckt. Du hast mich nicht richtig schlafen gelegt! Ich bin nicht bloß eine Puppe…" Die Frau rief einen Exorzisten zu Hilfe, der die Puppe in der Luft schwebend antraf. Er berichtete: „Ich machte rasch das Zeichen des Kreuzes und streckte mein Kruzifix aus, da plumpste die Puppe ins Kinderbett." Er und die Pflegemutter vergruben sie noch am selben Abend im Garten und sprenkelten Weihwasser auf das Grab.[343]

Edward Warren, ein amerikanischer Erforscher medialer Phänomene, wurde herbeigerufen, um einer anderen Frau zu helfen, die nach eigenem Bekunden im Schlaf fast erdrosselt worden sei. Am Morgen entdeckte sie im Schlafzimmer ihre Kohlkopfpuppe, die in ihrer markenzeichen-typischen „Hand, die halten kann" immer noch einen Knopf festhielt, der von ihrem Nachthemd abgerissen worden war. Auch diese Puppe wurde mit jeder denkbaren Vorsichtsmaßnahme begraben.[344]

Die Cabbage-Patch-Kids gibt es mittlerweile auch als „Talking Kid"-Version, die „das Gefühlsleben Ihres Kindes bereichern" soll, „während sie dessen beste Freundin wird" (bzw. während er des Kindes bester Freund wird). Diese Puppen enthalten Kassettenrekorder, werden durch einen Druck auf den Nabel eingeschaltet und können per Funk mit anderen Puppen verbunden werden, angeregte Unterhaltungen führen und sogar unisono singen.

Aber vielleicht hätte die Firma gar nicht so weit zu gehen brauchen. Im australischen Melbourne hat eine gewöhnliche Stoffpuppe angefangen, Widerworte zu geben, auch ohne mit Batterien ausgestattet zu sein. Die achtjährige Nicole Hart sagte aus: „Ich spreche die ganze Zeit zu Maggie, aber sie hat mir bisher nie geantwortet. Ich dachte, sie wäre wirklich lieb, bis sie anfing, über Jinx zu sprechen. Sie sagte, Jinx werde sterben." Jinx, die Katze der Familie, wurde noch am gleichen Tag von einem Auto überfahren.

„Meine Frau und ich waren uns ziemlich sicher, dass Nicole diese Geschichte nur erfunden hatte", meinte ihr Vater, der Architekt Vance Hart. „Dann hörten wir es selbst. Wir waren sprachlos. Das Seltsamste daran war, dass die Puppe nie etwas Gutes vorhersagte. Ihre Botschaften handelten immer von bevorstehendem Unglück und Verderben. Es ist wirklich recht bedrückend. Wir können keine weiteren Unglücksprognosen mehr ertragen." Nicole lehnte es ab, sich von der Puppe zu trennen, die seit 1987 erfolgreich den Tod eines Nachbarn, drei Autounfälle und die überraschende Krebs-Diagnose von Großmutter Hart angekündigt hat.[381]

Es ist vielleicht passend, dass einige Quellen die Wurzeln des englischen Wortes *doll* für Puppe auf das mittelhochdeutsche *tol* oder das angelsächsische *dol* zurückführen, die beide „verrückt" oder „töricht" bedeuten. Das Verhalten, das manche an den Tag legen, ist zumindest absonderlich. In ihrer Geschichte der Puppen schreibt Constance King über ein ihr bekanntes Paar aus der Mittelklasse, dessen Leben von einer viktorianischen Porzellanpuppe beherrscht wird:

> Die Puppe hat ihren eigenen Stuhl, Tisch und Geschirr und wird am Abend in ein Nachthemd gekleidet. Sie hat eine Garderobe hübscher Originaltrachten für den Tag und einen Schrank, um sie aufzubewahren. Obwohl sie zugeben, sich vor der Puppe, die sie Unity genannt haben, ein wenig zu fürchten, haben sie ein tägliches Ritual eingeführt, in dem sie das Ersatzkind umsorgen. Sie sind sehr beunruhigt, wenn sie das Ritual nicht einhalten können, weil sie von einer Dinner-Party erst spät abends nach Hause kommen.[121]

Es ist kaum überraschend, dass sich Objekte, auf die so viel Zuneigung und Aufmerksamkeit verschwendet werden, am Ende selbst als ein wenig sonderbar erweisen, ja vielleicht sogar die Grenze überqueren zwischen Puppen als Spielzeug in Menschengestalt und Nachbildungen, die in Bildermagie verwickelt sind.

Es gibt ein altes viktorianisches Haus in Birmingham, das hat die Art von Geschichte, die so manches Anwesen zu einer nur schwer verkäuflichen Immobilie macht. Seit 1865 war es der Schauplatz von drei Suiziden, zwei zerbrochenen Ehen und einem Versuch einer Mutter, ihre zwei Kinder und sich selbst zu töten. Ein früherer Mieter sagte: „Der Ort hatte eine schreckliche Atmosphäre. In jedem Zimmer war ein Gefühl von Beklemmung und Traurigkeit." Trotz dieses Rufes kaufte Trevor Jenkins das Haus, weil es billig war und vierzehn Zimmer hatte. Er zog mit seiner Verlobten Sharon Reid ein, die beim Renovieren in einer Wand eine kleine Luke fand, die sie öffnete. Darin fand sie zwei spindeldürre Holzpuppen, eine von ihnen hatte eine Schlinge um den Hals. „Sie waren schrecklich", sagte Sharon. „Ich warf sie aus dem Fenster, und sie zerbrachen unten auf den Steinen." Trevor bestätigte: „Die Puppen sahen unheimlich aus. Sie hatten Gesichter mit einem düsteren Ausdruck. Wahrscheinlich waren sie eine Art von Fluch." Wenn sie es waren, dann endete dieser mit ihrer Zerstörung. Herr und Frau Jenkins wohnen noch dort.[303]

Anthony Rossi hatte weniger Glück. Er zog bei seiner Freundin Margarite Tata in East Hartford, Connecticut, ein und stellte fest, dass er sie und ihr Bett mit einer lebensgroßen Raggedy-Ann-Puppe teilen musste – eine zusammengenähte und ausgestopfte Stoffpuppe mit beweglichen Gelenken und großen schwarzen Knopfaugen. Margarite liebte diese Puppe und redete mit ihr, manchmal setzte sie sie an den Tisch. Tony empfand eher Argwohn, vielleicht sogar ein wenig Eifersucht, und erlebte bald, dass sie eine aktive Rolle in seinen Alpträumen zu spielen anfing. Verzweifelt nahm er eines Morgens die Puppe, schüttelte sie und schrie: „Du bist nur ein Spielzeug!" Dann fühlte er einen plötzlichen brennenden Schmerz quer über die Brust. „Als ich mein Hemd öffnete", sagte er, „waren da sieben blutende Kratzwunden quer über meinen Körper!"[260]

Ich weiß: Dies alles ist lächerlich. Flickenpuppen haben keine Krallen, und selbst wenn sie welche hätten … Man muss solche Anekdoten als das akzeptieren, was sie sind: Belege zumindest für eine Besorgnis, was Nachbildungen des Menschen eigentlich repräsentieren. Denn es steht außer Frage, dass sie mehr für uns bedeuten als zufällige Zusammenstellungen von Stoffen, Ton oder Porzellan. Ich bin auch gewiss, dass solche Nachbildungen, wo immer sie noch gefunden werden mögen, wie Brennpunkte für Energien funktionieren, die wir bei speziellen Gelegenheiten erzeugen. Und ich hege den Verdacht, das einige von ihnen manchmal bewirken können, dass zu irgendeinem späteren Zeitpunkt ähnliche Energien bei anderen ausgelöst werden.

Mehr können wir – gestützt auf das Material, das uns vorliegt – wirklich nicht sagen. Aber ich glaube, es wäre sehr töricht, das Potenzial zu ignorieren, das Statuen, Platzhaltern, Wachsfiguren, Porträts und Puppen innewohnt – besonders jenen, die bewusst angefertigt wurden, um bestimmten Menschen ähnlich zu sehen.

Die Kammer des Schreckens in Madame Tussaud's ist selbst unter den günstigsten Umständen ein überaus eigenartiger Ort. Die ganze Vorstellung ist schon seltsam genug, aber ich muss zugeben, dass ich mich dort sogar noch unbehaglicher fühle, seit ich herausgefunden habe, dass die Leitung des Hauses im Interesse des Realismus etwas außergewöhnliche Anstrengungen unternommen hat. Sie fertigt Totenmasken an, leiht gebrauchte persönliche Gegenstände wie Brillen, Perücken und Kleidungsstücke und kauft sogar die Möbelstücke, die dem jeweiligen Mörder einst gehörten.[128] Ich frage mich, ob ihnen klar ist, was sie da tun?

6

Von Dingen zu Maschinen

Ich fand Ion Will in seiner gewohnten weißbeanzugten Unbekümmertheit an ein Schild gelehnt, das verkündete: GROSSE SÄUGETIER-AUSSTELLUNG.

Wir hatten vereinbart, uns im kenianischen Nationalmuseum in Nairobi zu treffen. Es war April, die Zeit der „langen Regenfälle", und ich dachte, die Ausstellungshallen würden uns während sporadischer Wolkenbrüche Deckung und Komfort bieten. Dies taten sie auch, und wir verbrachten einige Zeit mit der Untersuchung einer Serie von Steinwerkzeugen aus der Olduvai-Schlucht und dem Olorgesailie-Becken.

„Ein Werkzeug", dozierte Ion, „ist eine Prothese, also etwas, das unsere Reichweite vergrößert, während wir es doch im Griff behalten."

Er liebt Aphorismen.

„Betrachten Sie die Formen dieser Dinge. Daran gibt es nichts Logisches. Ein klassischer Faustkeil steht in keiner Beziehung zu der Form, in welcher Steine gefunden werden, oder der Art und Weise, wie sie von Natur aus zerbrechen. Er konnte sich niemals über Zufälle entwickelt haben, durch Versuch und Irrtum. Aber er hat sich entwickelt! Sie können Faustkeile, exakt wie diese hier, in Südafrika, Australien und Vietnam finden. Es gibt Milliarden davon, überall auf der Welt, nach dem gleichen Muster geformt. Es ist vielleicht das populärste Werkzeug aller Zeiten, aber wir haben bis heute nicht die leiseste Ahnung, wozu es gedacht war."

Das ist wahr. Wann immer sich Prähistoriker zusammenfinden und das Gespräch auf das Thema Faustkeile kommt,
werden wilde und unterhaltsame Mutmaßungen geäußert.
Aber es gibt nicht die Spur eines Beweises, der auch nur eine
der Hypothesen unterstützt. Der Faustkeil liegt perfekt in der
Hand und sieht großartig aus, aber wir wissen einfach nicht,
wie er verwendet wurde.

„Es ist nicht so sehr ein Werkzeug", sagte Ion genüsslich,
„mehr ein Organ. Ein geheimnisvolles Organ. Etwas wie ein
zusätzlicher Leberlappen, und genauso lebenswichtig. Ein Organ, das außen zu tragen ist, ein Anhängsel mit Flair. Ich will
Ihnen sagen, woran er mich erinnert. An eine Eierschale. Die
Schale eines Hühnereis ist höchste Töpferkunst. Ein zerbrech-
liches Stück weißer Keramikware, das den Dotter bergen soll.
Es mag im Körperinneren der Henne entstanden sein, aber es
ist ebenso sehr eine Maschine, wie es ein Eierbecher ist. Faustkeile gehören in die gleiche Kategorie. Sie sind Maschinen,
von Hand hergestellt, aber im Inneren des Körpers ersonnen.
Traum-Dinge, in die Welt geschickt, um unser Leben zu bereichern, und überall auf die gleiche Weise hergestellt, weil wir
alle in der gleichen Traumzeit leben."

Es ist ein Vergnügen, mit Ion irgendwo zu sein. Auf eine irgendwie verrückte, aber sehr provokative Weise bringt er Dinge zum Leben. Nicht selten wird es sogar peinlich – wie an
jenem Tag im Museum. Er unterstrich seinen kleinen Vortrag
mit einer dramatischen Geste und proklamierte: „Wie wir unsere Werkzeuge gestalten, so gestalten sie uns!" Worauf er in
eine Art von Stepptanz-Shuffle ausbrach, den er mit viel Fin-
gerschnalzen begleitete und mit einem unheimlichen, bedeu-
tungslosen Refrain ausstattete. Ich nahm Kurs Richtung Ausgang und Taxi und machte dem uniformierten Aufseher allzu
wortreich klar, dass dieser Irre kein Freund von mir sei. Doch
gerade als ich die Tür erreichte, erkannte ich die Melodie. Es
war eine der Hymnen unserer Zeit, jenes alte Lieblingslied von

Simon und Garfunkel, *The Sound of Silence,* und Ion zitierte den Teil, in dem die „Leute sich verneigten und den Neon-Gott anbeteten, den sie geschaffen hatten".

Als wir zu der Terrasse des alten Norfolk-Hotels gelangten, hatte sich Ion genügend beruhigt, um die Erkenntnis zu kommentieren, die ihn zu seinem Gesang- und Tanz-Programm veranlasst hatte.

„Denken Sie einmal darüber nach", sagte er, während er schluckweise von dem eiskalten Tusker-Bier trank: „Manche Werkzeuge sind einfach so. Prothesen. Zusätzliche Gliedmaßen, die uns hin und wieder wohl zustatten kommen, Stellvertreter, die die Originale niemals wirklich ersetzen können, auf denen sie aufbauen."

Er hielt inne, um Passanten zu betrachten, die Regenschirme vorbeitrugen.

„Regenschirme, zum Beispiel, sind Organe, die ersonnen wurden, um uns vor dem Regen zu schützen. Sie sind ein Ersatz für das Organ Fell, das wir aus irgendeinem seltsamen Grund verlegt haben. Das war unvorsichtig. Brillen sind äußere Augen, Werkzeuge, die – wie auch künstliche Gebisse, Hörgeräte und Perücken – in den Dienst gestellt wurden, als wir Menschen älter wurden. Manche Leute vertrauen sogar ihre Erinnerungen einer Maschine wie dem Filofax an. Wir sind mechanische Ungeheuer geworden, behängt mit dem Werkzeug unseres Gewerbes, Akoluthen der Neongötter. Aber zusammen mit all diesem Unsinn läuft da noch etwas anderes. Wir teilen die Welt jetzt mit einer weiteren Lebensform, die ihre eigene Evolution erlebt. Und heute Morgen haben wir *deren* Vorfahren betrachtet, die eine Halle mit unseren eigenen teilen."

Ein Wink seiner Hand und ein schlechter Witz auf Suaheli brachten uns ein weiteres Paar Tusker. Angemessen erfrischt, fuhr Ion fort:

„Der Faustkeil ist die ‘Lucy‘ der anorganischen Welt. Ein fehlendes Bindeglied, wenn Sie so wollen. Einer von einer

Handvoll Prototypen, die in der Ursuppe unseres Geistes plötzlich auftauchten. Andere tauchten später auf, modellierten die Hand aus, füllten die Lücken. Angefangen hat das vielleicht mit dem Hebel und dem Keil, um sich weiter zu entwickeln über die schiefe Ebene und die Schraube bis schließlich zu den ausgeklügelteren Formen wie dem Flaschenzug und dem Rad. Dies hier sind die Urahnenformen, die Vorfahren der Familie der Maschinen, frühe und relativ einfache Spezies, an denen sich – durch Vermittlung des Menschen – die natürliche Selektion zu schaffen machte. Und wie sie tätig wurde! Die Menschen brauchten dreitausend Millionen Jahre, um sprechen zu lernen. Jetzt haben Maschinen das in einem Tausendstel dieser Zeit vollbracht. Und seit dem Erscheinen des ersten Steinwerkzeugs sind erst drei Millionen Jahre vergangen."

Als wir auf jener gemütlichen Terrasse saßen, spürte ich, dass Ion recht hatte, zumindest im Hinblick auf den Faustkeil. Er ist eines jener Dinge, die bereits fertig ausgeformt ins Dasein gesprungen zu sein scheinen, wie ein außerirdischer Virus, der aus einer anderen Welt kommt. Etwas mit ganz eigenen Plänen, zu denen durchaus auch ein Bedürfnis gehört haben mag, uns denken zu machen. Einen Anstoß in die richtige Richtung zu geben, zu einer Denkweise, die eine mechanische Form des Fortschrittes wahrscheinlich favorisieren würde.

Ion brach das Schweigen. „Denken Sie zum Beispiel an Maschinen", sagte er mit einem Lächeln. Er ist fast ebenso sehr ein Technikfeind wie ich. „Die meisten von ihnen können Sie bis zu ihren prähistorischen Vorläufern zurückverfolgen. Sie haben eine Evolution wie wir, und oft nach unserem Bilde. Warum sonst, meinen Sie, haben Uhren Gesichter und Hände, haben Sägen Zähne und gibt es sogar männliche Stecker und weibliche Buchsen in der Elektrotechnik? Gestern sah ich in einem Schaufenster eine neue Musikanlage, die behauptete, von 'lebendigem Klang' besessen zu sein. Mag sein, dass wir unserer eigenen Reklame nicht glauben, aber es besteht die Gefahr, dass die Maschinen es tun. Deshalb sollten wir besser sichergehen, dass der Zweck, den wir in sie legen, einer ist, den wir wirklich wünschen. Sonst – gute Nacht!"

Er brach ab, als ein Auto auf dem Universitätsparkplatz auf der anderen Seite der Straße plötzlich in ein wildes Hupen ausbrach, weil irgendetwas – ein vorüberfliegender Vogel oder ein Windstoß –, das Gleichgewicht seiner Alarmanlage störte.

Ion schüttelte den Kopf. „Es gerät doch alles außer Kontrolle. Und ich bin besonders besorgt, wenn ich an die Maschinen denke, die sowohl computergesteuert sind als auch sich bewegen können. Denken und Körper in einem Mechanismus! Es ist beängstigend, und niemand scheint das auch nur ansatzweise zu verstehen. Was wir brauchen, ist ein Darwin für die mechanische Welt, jemand, der bereit ist, eine neue Reise auf der *Beagle* in Regionen zu unternehmen, die wahrscheinlich Aufschluss über eine andere Art von Evolution geben können. – Da ich gerade daran denke: Es gab so einen Menschen …"

Er blickte nachdenklich zu mir herüber, und ich erkannte, dass es wohl an der Zeit war für meinen nächsten Marschbefehl.

„Werfen Sie einen Blick auf das Pitt-Rivers-Museum in Oxford."

Taxonomie der Maschinen

General Augustus Henry Pitt-Rivers war ein außergewöhnlicher Mann. Als Soldat interessierte er sich für die Geschichte der Waffen, und im Zuge seiner Forschungen wurde er auf die allmählichen und fortschreitenden Veränderungen aufmerksam, die sowohl in der Entwicklung von Artefakten als auch in der Evolution der Feuerwaffen stattgefunden haben. Er sammelte eifrig bei Auslandseinsätzen und bei Ausgrabungen von steinzeitlichen, bronzezeitlichen, angelsächsischen und römischen Grabungsstätten auf seinem fast zwölftausend Hektar großen Anwesen in England. Und als er dazu kam, seine umfangreichen Sammlungen zu sortieren, gelangte er zu dem Schluss, dass der einzige logische Ansatz darin bestand, die Funde wie Lebewesen zu behandeln.

Er ignorierte Daten und kulturelle Verwandtschaften und konzentrierte sich statt dessen auf nahe verwandte Formen, indem er Objekte in Reihenfolgen sortierte, die mit dem einfachsten Exemplar – Werkzeug oder Waffe – begannen und sich Schritt für Schritt bis zur komplexesten Form entwickelten. Sein Museum in Oxford ist ein außergewöhnliches Wunderland der Schätze, wie ein alter Kuriositätenladen, vollgestopft mit ausreichend Magie für viele Menschenleben. Moderne Kuratoren spotten allenfalls über dieses „Durcheinander", aber es führt uns endlich vor Augen, dass Veränderungen in unserem kulturellen Leben nicht das Ergebnis großer Sprünge waren, die einige wenige heroische Erfinder wagten. Die meisten Wissenschafts-Museen vermitteln einem den Eindruck, wir hätten alles dem Genie von Menschen wie Edison, Watt, Faraday und Marconi zu verdanken. Aber in der Evolution der Technik zeigen die Dinge eine Neigung, zu ihrer eigenen, rechten Zeit zu geschehen, zu wachsen und sich zu verändern in einem Prozess, der viel mit der Evolution des organischen Lebens gemein hat.

An einer Wand der Pitt-Rivers-Sammlung ist eine wundervolle Zusammenstellung von Eingeborenen-Waffen. Im Zentrum steht ein einfacher Stock. Von ihm gehen strahlenförmig Reihen von Lanzen, Hacken, Wurfstöcken, Keulen, Schilden und Bumerangs aus. Diese werden nicht in historischer Reihenfolge präsentiert. Jedes Exponat an dieser Wand war tatsächlich in Gebrauch, als der General es in seine Sammlung aufnehmen konnte; und erst wenn man alle gleichzeitig sieht, bekommt man ein Empfinden für die Lebendigkeit der Evolution in Aktion. Es ist, als betrachte man einen Familien-Stammbaum, wie man ihn von Darstellungen der Artenbildung bei Vögeln oder Schmetterlingen kennt. Hier gibt es Gattungen, Arten und Unterarten von Keulen, dazu verbindende Glieder zwischen den unterschiedlichen Formen. Da sieht man Belege für Rückentwicklungen in der Form von Bumerangs und Beispiele rudimentärer Organe, die in der Dekoration von einigen der Schilde fortbestehen. Es ist alles ungemein faszinierend und lebendig.

Pitt-Rivers starb im Jahre 1900, doch er hat einen spirituellen Erben in der Person von George Basalla, einem Historiker an der Universität von Delaware. Basalla gebraucht organische Begriffe und wendet die Evolutionstheorie auf die Geschichte der technischen Entwicklung an, dabei zeigt er Parallelen in der Mannigfaltigkeit der von Menschenhand geschaffenen Dinge einerseits und in der Vielfalt unter den Lebewesen andererseits. Wir wissen von der Existenz von mehr als 1,6 Millionen Arten von Pflanzen und Tieren und hegen angesichts der Anzahl von Formen, die in tropischen Wäldern noch zu identifizieren sind, den Verdacht, dass die wahre Zahl bei fünf Millionen oder höher liegen dürfte. Basalla schlägt vor, dass die Anzahl von Patenten, die auf neue Entwicklungen erteilt werden, ein faires Maß für die Mannigfaltigkeit der „gemachten" Welt sein dürfte und weist darauf hin, dass seit 1790 allein in den Vereinigten Staaten 4,7 Millionen Patente registriert wurden.[14]

Ebenso viele technische „Spezies" dürfte es in Europa geben. 1867 machte Karl Marx viel Aufhebens um die Tatsache, dass im englischen Birmingham fünfhundert verschiedene Arten von Hämmern produziert werden, jede einzelne für eine spezifische Nische in Handwerk oder Industrie angepasst.[143] In Irland, heißt es, seien noch mehr als dreihundert verschiedene Formen von Spaten zum Torfabstechen in Gebrauch. Museen mit landwirtschaftlichen Geräten überall zeigen eine erstaunliche Vielfalt von Hippen, Heckenschneidern, Drillmaschinen,

Hacken, Rechen, Sicheln und Sensen. Und die Kataloge mit Messern allein sind reichlich genug, um eine Bibliothek zu füllen.

Die traditionelle Weisheit sagt, dass alle diese Dinge erschienen sind, um unser Bedürfnis zu befriedigen, mit unserer Umgebung fertig zu werden. Für manche trifft dies bestimmt zu. Als die amerikanischen Pioniere im 19. Jahrhundert den Rand der großen Prärien im Westen erreichten, waren sie mit einem neuen Problem konfrontiert. Es gab keine einfache Möglichkeit, ihre Bestände an Pferden, Rindern und Schweinen in Schranken zu halten. Im weiten Land waren nur wenige natürliche Grenzen, zu wenig Steine, um Mauern zu errichten, und nicht genug Holz für Zäune. Eine Zeit lang verließen sie sich auf den Milchorangenbaum (Maclura pomifera), auch Osagedorn genannt, ein in Texas heimisches Maulbeergewächs, das an seinen Zweigen lange, scharfe Stacheln in regelmäßigen Abständen aufwies und dazu gebracht werden konnte, zu undurchdringlichen Hecken zu wachsen. Aber selbst diese nützliche Pflanze konnte nicht rasch genug gezüchtet werden, um der Nachfrage Herr zu werden. So geschah es, dass 1873 in De Kalb, Illinois, drei Männer, durchaus unabhängig voneinander, aber alle mit Kenntnis des Osagedorns, den Stacheldraht erfanden.[134]

Diese einfache, billige und wirkungsvolle Erfindung öffnete den amerikanischen Westen und revolutionierte das Einzäunen überall auf der Welt. Sie hat ihren eigenen Evolutions-Stammbaum mit Verzweigungen von Designs und Varianten und ist Gegenstand von mittlerweile nahezu tausend Einzelpatenten. Der Stacheldraht hätte bereits vor Jahrhunderten produziert werden können, musste aber warten, bis die richtigen Umstände und ein passendes Vorbild aus der Natur zur Verfügung standen. Der Umstand, dass die Erfindung als Ergebnis paralleler Entwicklungen in den Köpfen von drei findigen Zeitgenossen erschien, zeigt, dass sie eine direkte Antwort auf einen Druck aus der Umgebung war.

Nützlichkeit und Gelegenheit allein sind jedoch nicht genug, um die Vielfalt und Neuigkeit von manchen Artefakten zu erklären. Wenn es Bedürfnis oder Notwendigkeit war, was beispielsweise zur Erfindung des Rades führte, ist nur schwer zu erklären, warum sich dessen Nutzung seit seinem ersten Auftauchen in Mesopotamien ein volles Jahrtausend lang auf rituelle und zeremonielle Zwecke beschränkte. Erst um etwa 2000 v. Chr. wurden Räder in den praktischen Dienst an Wagen und Streitwagen gestellt. Seine zweite Premiere erlebte das Rad, als es – offensichtlich unabhängig von seiner Entwicklung in der Alten Welt – um das 4. Jahrhundert in Mittelamerika aufkam. Es steht außer Frage, dass die Azteken ein gründliches Verständnis des mechanischen Prinzips besaßen, das dem Rad zugrunde liegt, da sie voll funktionsfähige Räder und Achsen herstellen konnten – die sie aber nur an Tonfigürchen von Tieren einsetzten, die als Kinderspielzeug umhergezogen wurden.[62]

Da müssen, so scheint es, andere Kräfte am Werke sein.

Der spanische Philosoph José Ortega y Gasset liefert einen der besten Schlüssel: Es sei keine biologische Notwendigkeit, was unserem eifrigen Streben nach neuartigen Artefakten zugrunde liegt. Wir könnten durchaus ohne Feuer oder Werkzeuge oder Räder leben. Tausende anderer Spezies tun dies auch. Aber wir treffen eine andere Wahl und treiben einen gewaltigen Aufwand an Denken und Energie, um immer neue Arten von Dingen zu machen. Technik, so sagt er, lässt sich am besten definieren als „die Erzeugung von Überflüssigem".[170]

Das ist es also, was die Pyramiden erbaute, was Hiroshima zerstörte und uns die Reisen auf den Mond ermöglichte: nicht irgendeine abstrakte Sehnsucht nach dem „guten Leben", sondern die nackte Neugier, beflügelt vielleicht durch die Fülle der Dinge um uns herum, letzten Endes aber genährt durch das Vergnügen, das wir aus dem Neuen um dessen Neuheit selbst willen gewinnen. George Basalla schrieb: „Neues ist überall zu finden, wo Menschen sind", und unser Streben nach Neuem ist nicht so charakteristisch für den *Homo faber* (den Menschen als Macher) wie für den *Homo ludens* (den Menschen als Spieler).[14]

Wir haben es also nicht mit der gewöhnlichen Balance zwischen der Notwendigkeit zur Anpassung und dem Überleben des Angepasstesten zu tun. Die normalen darwinischen Kontrollen greifen nicht bei diesem Aspekt der menschlichen Evolution, der nicht so sehr unser Überleben zu sichern, als uns mit Massenvernichtung zu bedrohen scheint. Es gibt zum Beispiel sehr reale Risiken, die einer Atomkraft-Politik innewohnen, welche von Ingenieuren unterstützt wird, die nicht mit der objektiven Bewertung von Kosten und Nutzen befasst, sondern ihrer eigenen Begeisterung für eine Technologie verfallen sind, die sie attraktiv finden. Wir haben uns, so scheint es, in dem Programm eines anderen verfangen. Hingerissen von technischen Visionen, Träumen vom Perpetuum mobile und anderen unmöglichen Maschinen.

Wir haben weit bessere Belege für den Verlauf der technischen Evolution als für den Gang der biologischen. Die meisten großen Erfindungen lassen sich bis zu ihren Ursprüngen in einfacheren Werkzeugen und alten Ideen zurückverfolgen. Das Wasserrad, der Elektromotor, die Erntemaschine, die Druckerpresse – sie alle haben Vorläufer und Ahnentafeln, die vollständiger sind als jene, die wir für Tauben, Pferde oder große Wale konstruieren können.

Doch der Mythos vom großen Erfinder, der in schöpferischer Isolation arbeitet, er lebt weiter. Laut wissenschaftlicher Legende sprang die Idee für die Dampfmaschine, fix und fertig „wie Minerva dem Haupte Jupiters", in das Gehirn des jungen James Watt, der 1764 vom Anblick des Dampfes inspiriert worden sei, der aus der Tülle eines Teekessels aufstieg. Tatsächlich erwuchs die Idee recht organisch aus einer weniger effizienten Maschine, die 1712 von Thomas Newcomen konstruiert wurde; diese wiederum basierte auf einer Pumpe, die im Jahre 1700 von einem andern englischen Ingenieur hergestellt worden war. In einem wundervoll darwinischen Aufsatz über die Vorgeschichte des Dampfes verfolgt der Historiker Joseph Needham die Entwicklungslinie über jene Werkzeugmacher und schwedischen Naturphilosophen bis zu hellenistischen Mechanikern und antiken chinesischen Kunsthandwerkern zurück. Er kommt zu dem Schluss: „Kein einzelner Mensch war der 'Vater der Dampfmaschine', auch keine einzelne Zivilisation … sondern eine lange Kette von direkten genetischen Verbindungen." Diese Kette hätte irgendwann im 18. Jahrhundert zur Entwicklung der Dampfmaschine geführt – selbst wenn James Watt nie gelebt hätte.[165]

Ich versuche nicht, die Evolution der Maschinen von der menschlichen Tätigkeit zu trennen, das wäre lächerlich. Aber ich führe die Möglichkeit ein, dass das mechanische Reich – gerade so wie das Pflanzen- und das Tierreich – seine eigene innere Dynamik haben könnte: Eine Tendenz, sich in bestimmte Richtungen zu entfalten, eine Empfänglichkeit für Umweltzwänge, die zu einer parallelen Evolution führen kann – was sehr häufig geschieht –, so dass die gleichen Formen an verschiedenen Orten auftauchen. Es gibt Anzeichen dafür, dass bestimmte Arten von Veränderungen deutlich bevorzugt werden. Manche Maschinen, zum Beispiel die Dampfmaschine, wurden wichtige Prototypen. Spezies, welche wie die ersten Amphibien an Wendepunkten in der Entwicklungsgeschichte der Dinge stehen. Andere wiederum sind dazu bestimmt, nicht weiterzuführen, sondern als Sackgassen der Evolution zu enden, beispielsweise Spezies wie Jacques Carelmans Fahrrad – mit unrunden Rädern, die für eine spezielle Nische angepasst sind. Um damit Treppen hinaufzufahren – und alle die phantastischen Maschinen, die von Heath Robinson und Rube Goldberg ersonnen wurden. Sie sind die Einhörner im Stammbaum der Maschinen, Witze der Evolution, totgeboren oder wenigstens schon bald ausgestorben.

Einer der direkten Nachkommen von Watts Maschine war die Baumwollentkörnungsmaschine, die Eli Whitney, ein amerikanischer Liebhaber technischer Spielereien, im Jahre 1793 konstruierte. Sie bestand aus rotierenden Zylindern mit hervorstehenden Zähnen, die erfolgreich die kurzen Baumwollfasern von ihren Samenkapseln trennten. In jeder anderen Kultur wäre ein solches Artefakt nichts weiter als eine kurzlebige Spezies, eine mechanische Kuriosität gewesen und dazu bestimmt, wie eine exzentrische Mutation bald wieder spurlos zu verschwinden. Aber in den Südstaaten im ausgehenden 18. Jahrhundert, wo sich die Plantagenbesitzer vornehmlich für zum Verkauf bestimmte Anbaufrüchte und neue Ausreden interessierten, um noch länger an der Sklaverei festzuhalten, war die Baumwollentkörnungsmaschine so erfolgreich, dass sie direkt in den amerikanischen Bürgerkrieg führte. Sie war wohl keine Spezies mit der Art von Potenzial gewesen, die eine neue, sich ertragreich verzweigende Reihe von Nachkommen anführte, aber sie richtete in der Geschichte der Menschen verheerende Schäden an – und war vielleicht das mechanische Äquivalent zu so etwas wie den Pocken.[2]

Entwicklungen wie diese machen mich staunen über die widerstreitenden Ziele der menschlichen und der mechanischen Evolution. Seit wir der Inspiration erlagen und den ersten Stock gebrauchten, um den ersten schweren Stein zu hebeln, genossen wir eine zwiespältige Beziehung zur Maschinerie. Der „Magie" in dem Stock, die ihn und uns befähigt hat, bis dato unmögliche Aufgaben zu erfüllen, hätten wir vielleicht mehr Aufmerksamkeit schenken sollen. Vielleicht taten wir es sogar, fanden aber nur wenig in den Vorläuferformen von Hebel, Keil und Rad, das uns wirklich Grund zum Nachdenken gab. Die Probleme begannen, als diese frühen Spezies kombiniert wurden, als sie zusammengebracht und gekreuzt wurden und sich zusammenfanden zu Instrumenten, die solche Arbeit indirekt machten, unabhängiger von uns. Und dieser Abschnitt der Entwicklung hat dafür gesorgt, dass wir seitdem Gefühle des Unbehagens mit uns tragen.

Manchmal kommen sie in dem industriellen Äquivalent von Rassenkriegen an die Oberfläche, wie zum Beispiel als sich Gruppen von Ludditen (Technikfeinden) zum Sturm auf die Maschinen zusammentaten, was 1811 mit dem Zerschlagen der Wirkrahmen in einer Strumpfwarenfabrik in Nottinghamshire begann und sich bald auf die Woll- und Baumwollspinnereien von Yorkshire und Lancashire ausbreitete. Bei anderen Gelegenheiten nehmen sie die Form von Aktionen einzelner Guerillakämpfer an.

Am 4. November 1924 wurde der Betriebsleiter einer Wollspinnerei in Yorkshire gerufen, als in einer Halle drei Spinnmaschinen gleichzeitig versagten. In den Spinnereien jener Zeit wurde das Garn durch Herausziehen von Fasern aus der Wolle auf eine Reihe von Haspeln oder Spindeln am anderen Ende einer Spinnmaschine produziert. Von Zeit zu Zeit riss einer der Fäden oder ging auseinander und musste neu geknüpft werden, was auf einer laufenden Maschine nicht möglich war; aber keine Maschine wurde jemals bewusst abgestellt, bevor nicht eine beträchtliche Zahl von Garnen unterbrochen war.

Der Betriebsleiter rief seine Mechaniker herein, die keine Fehler finden konnten, und so wurden die drei Maschinen wieder in Bewegung gesetzt. Binnen kurzem rissen alle vierundzwanzig Fäden an jedem der Rahmen ab, einer nach dem anderen. Man schickte nach Fachleuten von der Wollforschungsgesellschaft, die die relative Feuchte des Raumes maßen und vorschlugen, dass die Maschinen geerdet werden sollten für den Fall, dass eine ungewöhnliche statische Aufladung in der Luft liege – aber wieder rissen die Fäden. Diese Pannen hielten an, bis ein neunzehnjähriges Mädchen namens Gwynne, das in jener Abteilung gerade erst zu arbeiten begonnen hatte, zufällig in einen anderen Raum geschickt worden war. Das Chaos folgte ihr. Der Eigentümer der Spinnerei wurde konsultiert, aber der gesetzte Yorkshire-Mann höhnte nur über Geschichten von einer „Hexe" in seiner Fabrik, bis Gwynne in einen Raum gebracht wurde, in dem die Produktion auf Hochtouren lief. Man forderte sie auf, mit den Händen in den Taschen einen Gang zwischen den Spinnmaschinen entlang zu gehen. Innerhalb von Sekunden rissen alle Fäden. Dann wurde sie in einen anderen Raum mit anderen Maschinen gebracht, die dickeres Garn spannen; auch diese versagten den Dienst. Schließlich, als Gwynne von dem verzweifelten Eigentümer aus der Spinnerei gedrängt wurde, kamen mehrere weitere Maschinen, die bis dahin perfekt gearbeitet hatten, zum Stillstand, als sie an ihnen vorüberkam. Der unglücklichen Gwynne wurde verboten, sich der Spinnerei noch einmal zu nähern; statt dessen wurde sie als Küchenmädchen in der Kantine der Firma angestellt.[137]

Zur Zeit der Industriellen Revolution war die Kluft zwischen Menschen und Maschinen bereits breit. Kein Luddit hatte die geringste Schwierigkeit, eine Maschine auf den ersten Blick als solche zu erkennen. Tatsächlich ist es jedoch nicht so einfach. Es besteht nur ein geringer funktioneller Unterschied zwischen der Schermaschine, gegen die die Tuchscherer rebellierten, und den Handscheren, die sie selbst gebrauchten, um die aus dem Tuch überstehenden Wollfaserreste auf traditionelle Weise abzuschneiden – außer dass die eine mit Dampfkraft betrieben wurde und die anderen mit menschlicher Muskelkraft. Aber wenn wir Maschinen definieren wollen als das, was nur mit nichtmenschlicher Kraft arbeitet, müssen wir Fahrräder, Handpumpen und Drehbänke ausschließen; das ist absurd. Ich vermute, es ist sinnvoller, die Definition von Maschinen sehr weit zu fassen und zu akzeptieren, dass die ersten Maschinen so einfache Dinge waren wie Fallgruben, die uns halfen, indem sie unsere Beute einfingen und töteten, während wir schliefen. So betrachtet, sind Maschinen nichts weiter als *Vorrichtungen, um Dinge zu tun* – was der alten Warnung

„Geh weg von dem Schubkarren; was verstehst du schon von Maschinen?" endlich einen Sinn gibt.

Es gibt natürlich solche Maschinen und solche Maschinen, jede mit ihrer eigenen eigentümlichen Anatomie. Niemand hat je eine Linnésche Klassifizierung des Maschinenreiches erarbeitet, doch die nützlichsten Systeme der Taxonomie sind vielleicht jene, die Maschinen in Beziehung zu unserem eigenen gesellschaftlichen Fortschritt betrachten und das Rad, den Pflug, das Segel, das Ruder und das Hufeisen in der einen Klasse herausstellen, und Wassermühle, Windmühle, Wasserturbine, Dampfmaschine und Verbrennungsmotor in einer anderen. Aber es ist immer schwierig zu entscheiden, wie Verbund-Erfindungen zu klassifizieren sind, die nicht einfach Werkzeuge oder Motoren sind, aber trotzdem weitreichende Auswirkungen auf unser Leben und Denken haben – Dinge wie der Kompass, die Uhr, das Telefon, das Radio und das Flugzeug.[131]

Wie auch immer wir eine taxonomische Systematik der Maschinen schließlich sortieren werden, bleibt doch eines gewiss: Indem wir ihnen geholfen haben, sich zu entwickeln, haben wir unsere eigene biologische Evolution fast zu einem Ende gebracht. Wir haben das vollbracht, was auf unsere finale Veränderung hinausläuft, und werden zunehmend angepasst an – ja fast zu Parasiten der – Maschinen. Dabei verwandeln wir uns nach Samuel Butlers prophetischem Satz in „zärtliche, die Maschine kitzelnde Blattläuse" oder, wie Lewis Mumford es ausdrückt, in „eisengepanzerte Gespenster".[162]

Etwas Macht behalten wir zwar als Makler der Selektion, wenn wir entscheiden, welche Maschinen-Entwicklungen Bestand haben sollen, da sie zufällig unsere wirtschaftlichen, militärischen, gesellschaftlichen und kulturellen Bedürfnisse erfüllen. Doch sind solche Weichenstellungen wirklich Akte von informierter Auswahl aus freiem Entschluss? Manchmal sieht es nicht danach aus. Die Technik scheint weitgehend autonom geworden zu sein und verändert sich nach ihren eigenen Bedürfnissen. Seit der Ausbreitung der Industrialisierung und dem Wachstum von multinationalen, megatechnischen Systemen in Transport, Produktion und Kommunikation hat die Welt der Maschinen die Reichweite menschlicher Kontrolle hinter sich gelassen. Wir sind zum Beispiel abhängig geworden von der elektrischen Energie; bereits ein kurzer Stromausfall lähmt ganze Großstädte, und längere Abschaltungen – das Äquivalent eines Nervenzusammenbruchs – drohen, ein völliges gesellschaftliches und wirtschaftliches Chaos herbeizuführen. Wir sind Gefangene des Systems mit all seinen Fertigkeiten und können nur mit den Bedienelementen herumdoktern und kleinere Änderungen vornehmen in der Hoffnung, seine Effizienz zu steigern.[239]

Aber wir haben immer noch einen Trumpf im Ärmel, und es ist buchstäblich ein Joker. Es ist unsere *Neophilie,* unsere leichtsinnige Faszination für alles, was neu und fremd und selten ist. Diese Vorliebe für das Neue ist zur treibenden Kraft der anorganischen Evolution geworden. Sie funktioniert jetzt auf die gleiche Weise wie genetische Defekte in der organischen Evolution, indem sie Fehler macht, die Varianten hervorbringen, und damit sicherstellen, dass die Nachkommen ein klein wenig anders sein werden als ihre Eltern, und auf diese Weise entsteht und wächst ein erstaunliches Netz von verwandten Artefakten. Ohne das Neue gäbe es im Reich der Maschinen keine Mannigfaltigkeit. Jedes neue Menschenwerk wäre eine exakte Kopie oder ein Klon eines existierenden Artefakts, und die von Menschen geschaffenen Dinge erschöpften sich in zahllosen Milliarden identischer Faustkeile.[234]

Das Neue regiert also, aber was mich beunruhigt, ist der Ursprung dieses Neuen. Ein Teil davon erwächst aus kulturellem Druck, aber wir wissen auch von Gesellschaften, die komplexe und ausgeklügelte Sozialsysteme haben, aber anscheinend kein Interesse an technischem Wandel. Ich schäme mich immer wieder vor Leuten in Afrika und Neuguinea, die so gut miteinander und mit ihrer Umwelt verbunden sind, dass sie es sich leisten können, auf importierte Novitäten mit einem gequälten Lächeln zu reagieren.

Technische Neuheiten sind nicht gerade eine Antwort auf Umwelt- und kulturelle Bedürfnisse. Sie scheinen überflüssig zu sein, nur ein Nebenprodukt der organischen Evolution. Die einzige irgendwie sinnvolle Theorie dazu ist George Basallas Insistieren, dass wir das meiste davon unserem Sinn für Humor und den Mustern von Spiel und Phantasie zu verdanken haben, welche die Lust nähren, die wir heute an Erfindungsspielen haben. Stammesgesellschaften mit starken mündlichen Traditionen genießen immer noch das spielerische Mit- und Gegeneinander des verbalen Schlagabtauschs bei Scherzfragen und Wortspielen. Wir haben noch etwas von jenem verbalen Handwerk behalten, aber die Technik hat uns ein neues Ventil gegeben. Die Verwicklung mit und Teilhabe an dem Reich der Maschinen hat eine andere Art von Fertigkeiten geschliffen, die wir *dädalisch* nennen können, nach dem fruchtbaren und genialen Erfinder aus der griechischen Mythologie. Sie vermittelt uns das Vergnügen an technischer Erfindung und schafft Veränderungen sowohl auf der Verkaufsfläche als auch in unserem Denken, das eingenommen ist von den mechanischen Phantasien der Science-Fiction.

Der britische Wissenschaftler und Schriftsteller C. P. Snow hatte recht in Bezug auf *Die zwei Kulturen,* aber diese sind nicht bloß die rivalisierenden Zweige von Wissenschaft und Literatur im westlichen Denken. Das Schisma und der Mangel an gegenseitigem Verständnis bestehen auf einer elementareren Ebene, nämlich zwischen der organischen und der anorganischen Welt. Hier, so vermute ich, in dem Wechselspiel zwischen den beiden Evolutionsbäumen, sind Spannungen entstanden, die zu manchen seltsamen und oft skurrilen Phänomenen geführt haben.

Diese waren merkwürdig genug in den Bereichen, in denen wir einfache und unbeseelte Dinge wie Trauringe und Glocken antreffen. Wenn sie allerdings mit sich bewegenden Objekten, mit belebter Maschinerie zu tun haben, die viele Attribute des Lebens angenommen hat, dann werden die Phänomene geradezu bizarr.

Messung der Zeit

Zeit ist schwer zu definieren. Jede Kultur markiert ihr Verstreichen auf ihre eigene Weise und bezieht sich dabei auf Muster und Zyklen in der Natur. Die ägyptische Hieroglyphe für „einen Augenblick Zeit" ist die Zeichnung eines Nilpferdkopfes über einer horizontalen Linie – eine visuelle Andeutung des Moments, der verstreicht, während ein Flusspferd auftaucht, um zu atmen und sich einen kurzen Rundumblick zu genehmigen.

Kalender kamen in die Welt, um die zyklische Wiederkehr der Jahreszeitenwechsel vorhersagen zu helfen, die für jede landwirtschaftliche Gemeinschaft wichtig waren. „Zeitanzeiger" wie Gongs und Glocken wurden gebraucht, um zu helfen, Aktivitäten zu koordinieren, zu denen Gruppen von Menschen zu unregelmäßigeren Zeiten zusammenkommen mussten. Die auf dem Land lebenden Menschen hatten natürliche Abfolgen von Aufgaben zu erfüllen, die ihren Tagen Rhythmus und Struktur gaben. Während des größten Teils der Menschheitsgeschichte bestand keine Notwendigkeit, Zeit in regelmäßige Intervalle zu unterteilen. Doch dies alles änderte sich in Europa im 11. Jahrhundert.

Die Veränderung breitete sich mit dem Christentum aus. Im Judentum war der Gläubige verpflichtet, drei Mal am Tag zu beten. Dies geschah in Übereinstimmung mit zeitgebenden Signalen aus der Natur: Das erste Mal bei Sonnenaufgang, das zweite Mal nach Belieben irgendwann am helllichten

Tage, und das dritte Mal am Abend, sobald drei Sterne am Himmel sichtbar geworden waren. Der Islam verlangte fünf tägliche Gebete – die zusätzlichen Sitzungen sind vor und nach Sonnenuntergang –, und die jeweiligen Zeiten werden durch Ausruf vom Minarett jeder Moschee aus verkündet. In christlichen Klöstern jedoch wurde das Gebet mehr als ein Ritual; es war eine Aufgabe, die von Profis im Auftrag der übrigen Gemeinschaft ausgeführt wurde. Es war ein Job, ein Service, der in regelmäßigen Abständen geleistet wurde, buchstäblich etwas, das zu bestimmten „Dienstzeiten" zu tun war – als Dienst an der Gemeinschaft ebenso wie als Gottesdienst. Es gab acht Dienstzeiten – bekannt unter ihren lateinischen Bezeichnungen *Matutin, Laudes, Prim, Terz, Sext, Non, Vesper* und *Komplet* –, die unabhängig von der Jahreszeit jeweils zu einer festgesetzten Stunde zu beachten waren. Dieses Regime trennte die klerikale Zeit von den natürlichen Ab- und Kreisläufen und erforderte mehr als eine bloße Zeitanzeige, nämlich eine Methode der Zeitmessung. Diese Notwendigkeit gab den Anstoß für die Entwicklung eines *Horologiums,* eines Instruments zum Anzeigen der verstreichenden Stunden.[125]

Die ersten echten Uhren (engl. *clocks)* wurden nach *clucga* benannt, dem angelsächsischen Wort für Glocke, denn ihre ganze Tätigkeit bestand darin, eine Warnglocke zu läuten, die einen Küster alarmierte, seine Mitmönche rechtzeitig vor der Matutin zu wecken. Die englische Bezeichnung *watch* für tragbare, auch Armband-Uhren geht wiederum auf das altenglische *waecan* (wachen, Wache halten) zurück; doch diese Geräte kamen erst im 16. Jahrhundert in allgemeinen Gebrauch, als Uhren mit Federn klein genug hergestellt werden konnten, um wirklich tragbar zu sein. Sie waren die ursprünglichen Wecker (engl. *alarm clock);* sie riefen ihre militärischen Eigentümer nicht zum Gebet, sondern *a l'arme* (französisch) oder *all'arme* (italienisch), das heißt „zu den Waffen".[47]

Angesichts der engen Verbindung zwischen Zeitmessern und menschlichem Glauben, Kleiden, Fühlen und Körperfunktionen überrascht es nicht, dass wir uns mit ihnen so stark identifizieren. John Gale, ein englischer Reporter, der dank seiner anschaulichen Berichterstattung über den Algerienkrieg, Anfang der 1960er Jahre, sehr bekannt ist, sagte einst:

> Ich bin, was man gerne einen Manisch-Depressiven nennt. Wenn ich manisch bin, wachsen mein Bart und meine Fingernägel schneller. In der Depression liegt mein Haar am Kopf, wenn ich manisch bin, sträubt es sich empor wie elektrisch geladen und nimmt Wahrnehmungen auf wie Antennen. Wenn ich manisch bin, geht meine Uhr fünf Minuten pro Woche vor; wenn ich deprimiert bin, verliert sie jede Woche fünf Minuten.[79]

Edmund Critchley, leitender Nervenarzt am Royal Preston Hospital in Lancashire, hat Aufzeichnungen über hundertfünfzig Menschen in England, die mit ihren Armbanduhren ähnliches Ungemach erleben. Er bekam mit ihnen zu tun, nachdem er eine Untersuchung mit mehreren Herzpatienten durchgeführt hatte, die keinen Schrittmacher tragen konnten, ohne diese Geräte aus dem Takt zu bringen, dessen ganze Funktion darin besteht, unter allen Umständen regelmäßige Impulse zu geben. Die Patienten berichteten ihm, dass sie das gleiche Problem mit ihren Uhren hätten, die sie wieder und wieder zur Reparatur brächten, nur um von den Uhrmachern mitgeteilt zu bekommen, dass die Uhren einwandfrei gingen. Rein physische Faktoren wie Temperatur und Luftdruck können den Gang einer mechanischen Armbanduhr beeinflussen, aber Critchley entdeckte, dass manche seiner Patienten das gleiche unzuverlässige Verhalten selbst bei Quarz- und Pulsar-Uhren auslösten. Diese Zeitmesser neigten dazu, ganz stehenzubleiben, wenn ihre Eigentümer erschöpft oder niedergeschlagen waren.[233]

Sonderbare Uhren-Phänomene können mit erkennbaren Krankheiten zusammenhängen. Eigentümer persönlicher Maschinen, die unregelmäßig stehenbleiben und gehen, sind oft Opfer eines neurologischen Leidens, das als Parkinsonsche Krankheit oder Schüttellähmung bekannt ist. Dessen Symptome entstehen aufgrund einer Fehlfunktion von Gehirnzellen, die einen chemischen Botenstoff namens Dopamin erzeugen, der Zittern, Muskelstarre und eine maskenartige Veränderung der Mimik herbeiführt. Die Verbindung zwischen solchen Krankheitszeichen und den Armbanduhren bleibt ein Rätsel, aber Critchley und andere haben festgestellt, dass Drogen wie Levodopa (L-Dopa), das die nervliche Ausgeglichenheit beim Patienten wiederherstellt, offenbar die Nebenwirkung haben, auch die Armbanduhren zu regulieren. Der Himmel weiß, was man für die hundertfünfzig Uhren verschreiben muss, die im Barnsley District Hospital in Yorkshire bereits unter Beobachtung standen und alle unterschiedliche Zeiten anzeigten, ungeachtet der Tatsache, dass sie mit einem elektronischen Haupt-Zeitmesser verbunden waren.[297]

Ich habe einen Ordner voller Berichte über Uhren, die sich sonderbar verhalten, darunter solche, welche darauf schließen lassen, dass das anomale Verhalten, wenn auch unbewusst, von Menschen in der Umgebung bewirkt wird.

Im Jahre 1964 schrieb eine Dame in Middlesex an die *Society for Psychical Research* (SPR) in London, um einen Vorfall zu melden, der fünf Monate nach dem Tod ihres Mannes stattgefunden hatte: „Letzten Monat wäre sein Geburtstag gewesen, und da er an diesem Tag zum ersten Mal in fünfzig Jahren nicht bei mir war, habe ich viel an ihn gedacht und erinnerte mich wehmütig an frühere Geburtstage." Genau um acht Uhr an jenem Abend blieb die Uhr im Mahagoni-Gehäuse auf ihrem Kaminsims stehen, obwohl sie voll aufgezogen war. „Ich war recht erschrocken", schrieb sie, „da mein Mann viel Zeit mit dieser Uhr verbracht und sie immer selbst aufgezogen hatte … Es war für ihn eine Art Spielzeug." Die Uhr war durch nichts zu bewegen, wieder in Gang zu kommen. „Ich schüttelte sie auf und ab und tat alles, was man so tut, aber ohne Erfolg, und so nahm ich mir vor, sie zum Uhrmacher zu bringen, wenn ich das nächste Mal in die Stadt führe." Doch dann ließ sie sie stehen und bemerkte dazu:

> Es hätte mich nicht überrascht, wenn die Uhr von sich aus wieder gegangen wäre, nachdem sie sich mehrere Wochen lang nicht gerührt hatte. Ich glaube, Uhren können auch Temperament zeigen (in Ermangelung eines passenderen Begriffes), aber was ich nicht verstehen kann, ist die Tatsache, dass die Uhr, als ich heute um eins hinausging, immer noch auf acht Uhr stand, doch als ich um 17.15 Uhr zurückkehrte, also gut vier Stunden später, ging sie wieder und zeigte die korrekte Zeit an![209]

Es gibt mindestens einen Bericht, der ein Einwirken von Seiten eines Sterbenden oder Toten impliziert. Die Person der Handlung ist in diesem Falle besonders interessant – ein Professor der Philosophie an der Columbia-Universität in New York und Pionierforscher für die *American Society for Psychic Research,* über den ein Mitglied später sagte: „Wenn es eine Person gegeben hat, von der man hätte erwarten können, dass sie uns nach Überleben des eigenen Todes eine Mitteilung über das Ereignis überbringt, dann war dies James Hervey Hyslop." Er starb am 17. Juni 1920 morgens um sieben Uhr. In jenem Augenblick war eine seiner Töchter in der Küche und blickte auf die Uhr, um die Kochzeit für ein Ei zu bestimmen, als sie bemerkte, dass ihre Armbanduhr stehen geblieben war.

Nachdem sie sich die Zeit sorgfältig notiert hatte für den Fall, dass dieser Vorfall etwas mit ihrem Vater zu tun haben könnte, der komatös in einem Zimmer im oberen Stockwerk lag, schüttelte sie die Hand, und die Uhr ging weiter. Einige Stunden nach dem Tod ihres Vaters fragte sie den Arzt, der zugegen gewesen war, zu welcher Zeit der Tod eingetreten sei. Abgesehen von den drei Minuten Unterschied zwischen den beiden Armbanduhren entsprach die Antwort genau dem Moment, als ihre eigene Uhr stehen geblieben war.[5]

Einige Tage nach Hyslops Tod besuchte Gertrude Tubby, seinerzeit Sekretärin der gleichen Gesellschaft, eine Séance mit einem Trance-Medium, das Hyslop nie kennengelernt hatte. Weder sie noch das Medium wussten etwas von dem Zwischenfall mit der stehengebliebenen Uhr, aber während der Sitzung gab es eine „Botschaft" von einem Mann, die sinngemäß lautete: „Versuchte, die Armbanduhr anzuhalten. Vielleicht auch eine andere Uhr – aber er sagt: Nein: Versuchte, die *Armbanduhr* anzuhalten. Er weiß nicht, ob es ihm gelang."

Ich habe Probleme mit Medien und Channeln und hege nicht den Wunsch, mich in eine Diskussion über das Überleben des Todes ablenken zu lassen; aber es gefällt mir, wie sich diese Geschichte um eine Armbanduhr dreht. Uhren und Armbanduhren waren die ersten komplexen Maschinen, die in den meisten Wohnstätten einen Platz fanden und die Zeit und die Gelegenheit gehabt haben, sich sehr tief in unser Leben einzuschleichen. Das Motiv der Uhr, die stehenbleibt, „um nie wieder zu gehen", wenn jemand stirbt, ist in den mündlichen Traditionen der Völker sehr verbreitet. Das berühmteste Beispiel wurde als „die Uhr des Todes" bekannt. Sie wurde 1540 für Heinrich VIII. von England angefertigt und soll 1547, im Augenblick seines Todes, stehen geblieben sein. Des ungestümen Heinrichs Nachfolger war sein empfindsamer Sohn

Edward VI., der sechs Jahre später, im Alter von sechzehn Jahren, starb, woraufhin die Uhr abermals stehenblieb. Die gleiche Ehre erwies sie 1619 Anna von Dänemark und Norwegen, der Ehefrau von Jakob I. und damit Königin von England, Schottland und Irland; genau zur Zeit ihres Todes kam die Uhr mitten im Schlagen zum Stillstand. Im Hampton Court Palace wurde sie in Gang gehalten und ging seitdem immer und pausierte nur einmal, um den Tod einer Miss Jane Cuppage, am 13. Juni 1924, zu würdigen, die dort wohnte.[169]

In Anbetracht der Tatsache, dass Uhren [im englischen Sprachraum nicht Zifferblatt und Zeiger, sondern] Gesicht und Hände haben und einen eigenen Pulschlag, das Ticken, aufweisen; angesichts des Umstandes, dass Milliarden von uns sie in Taschen, an Ketten unweit des Herzens oder am Handgelenk über unserer gebräuchlichsten Pulsstelle tragen; da wir in ihrer Gesellschaft leben, lieben, schlafen und (in diesen Tagen wasserdichter Versionen) sogar baden und kaum umhin können, emotionale Aufmerksamkeit unbeabsichtigterweise auf etwas zu richten, das unser Leben strukturiert und kontrolliert … wäre es sehr überraschend, wenn unsere Zeitmesser nicht selbst einige Zeichen von Leben zeigten.

Das Erleben von Maschinen, die sich so eng an uns klammern wie sich Schiffshalter-Fische an ihren Wirts-Hai heften, muss außergewöhnlich sein. Die Tatsache, dass viele Armbanduhren dieser Tage nicht nur metallisch sind, sondern tatsächlich Kristalle enthalten – die altmodischen waren sehr stolz auf die Anzahl ihrer Rubine, die modernen werden von einem Quarz getaktet –, muss einem zu denken geben. Könnten batteriebetriebene Uhren Energie nicht nur liefern, sondern auch speichern? Und was geschieht, wenn solche Energie zusammen mit der Uhr an einen anderen Arm übertragen wird?

Es gibt nicht nur einen florierenden Markt für gute gebrauchte Armbanduhren, sondern, wie ich jetzt entdecke, einen vergleichbaren Handel in der dritten Welt für jenen anderen persönlichen Zeitmesser, den Schrittmacher. Ich erkenne an, dass gebrauchte Schrittmacher zu kostbar sind, um weggeworfen zu werden, und dass jedes solche Instrument überholt und biologisch sterilisiert wird, bevor man es in einen anderen „Wirt" implantiert. Aber in Anbetracht dessen, was er schon erlebte – und dazu gehört nicht nur, dass er jemanden am Leben erhalten, sondern auch, dass er ihn auf seinem intimsten Weg bis in den Tod begleitet hat –, wäre es nicht klug, die Möglichkeit zumindest in Betracht zu ziehen, dass er auf irgendeine andere Weise infiziert sein könnte? Durch Information vielleicht.

Dies ist nicht so ungeheuerlich, wie es klingt.

Robert Pavlita ist ein tschechischer Physiker und Konstrukteur, der bis 1971 in der Textilindustrie arbeitete und Dinge wie automatische Scheren und ein raffiniertes Gerät zum Falten und Verpacken von Taschentüchern erfand. Im Ruhestand widmete er seine Talente einem alten Interesse und las mehrere der alchemistischen Texte aus den Bibliotheken Prags, nicht ohne zu versuchen, einige der dort beschriebenen Experimente zu wiederholen. Er war besonders fasziniert von Versuchen, die mit der Umwandlung von Energie zu tun hatten, und von Plänen für Instrumente, die, wie die Alchemisten behaupteten, psychische Kraft aufnehmen konnten. Daher konstruierte er einige von ihnen mit Hilfe moderner Techniken und Materialien.

Darunter war eine ungewöhnliche Legierung von Metallen, die zu einer seltsamen Form gegossen wurden. Pavlita entdeckte, dass das Resultat, wenn er es oft genug handhabe, Energie zu sammeln und eine Art von Magnetismus aufzubauen schien und dann sogar nichtmetallische Objekte anzog. Dies klingt nach elektrostatischer Energie, wie man sie durch Reiben von Bernstein oder Turmalin aufbauen kann, bis sie stark genug ist, um Papierstücke anzuziehen. Aber statische Elektrizität wirkt nicht unter Wasser, und Pavlitas „Generator" tat dies. Er brachte ihn in die Physik-Abteilung der Universität

Königgrätz, wo die Wissenschaftler entdeckten – aber nicht zu erklären vermochten –, dass er sogar genügend Energie speichern konnte, um damit einen kleinen Elektromotor anzutreiben. Um ihn wieder aufzuladen, war nichts weiter nötig, als den Generator eine Weile umherzutragen und ihn dabei mit den Fingerspitzen zu berühren oder an die Stirn zu halten.[58]

Seit damals hat Pavlita eine Vielfalt solcher Dinge entworfen und gebaut; er nennt sie „psychotronische Generatoren". Sie sind alle seltsam geformt, sehen ein wenig aus wie Miniatur-Skulpturen von Künstlern wie Arp oder Brancusi, aber er lehnt es ab, im Detail zu offenbaren, wie sie angefertigt werden, solange sie nicht durch Patente geschützt sind. Die ungarische und die tschechische Akademie der Wissenschaften sind der Überzeugung, dass die Sache nicht auf Betrug beruht, und befriedigt über die Entdeckung, dass einige der Generatoren Samen zum Keimen anregen, während andere sich bei der Beseitigung von Schadstoffen aus verunreinigtem Wasser bewährten. Gleichwohl sind sie ein wenig beunruhigt, dass Pavlita und seine Tochter imstande zu sein scheinen, solche Geräte durch gedankliche Konzentration aus der Entfernung nach Belieben an- oder abzuschalten.[92]

Es ist möglich, dass Pavlitas Erfindungen nichts mit irgendeinem der beobachteten Effekte zu tun haben, sondern lediglich als Brennpunkte für Energien dienen, die wir selbst anwenden. Aufgrund ihrer psychischen und parakinetischen Assoziationen fällt es der Wissenschaft in der westlichen Welt schwer, diese Objekte ernst zu nehmen, doch mehrere angesehene Forscher, darunter Stanley Krippner vom Maimonides Medical Center in Brooklyn, haben sie in Aktion gesehen und verbürgen sich für die Tatsache, dass sie auf die beschriebene Weise funktionieren. Pavlita selbst glaubt, dass sie biologische Energie von lebenden Organismen aufnehmen und Schaltkreise vervollständigen, die korrekt im Erdmagnetfeld auszurichten sind. Vielleicht handelt es sich eher um Transformatoren als um Generatoren. Dies liefert uns zumindest eine Analogie, wenn nicht gar eine Erklärung für ihre Funktionsweise. Ich finde sie faszinierend im Hinblick auf das, was sie möglicherweise über den von Ion Will so genannten „emotionellen Fingerabdruck" aussagen können – die Spur, die wir auf Dingen zurücklassen, mit denen wir in Berührung kommen. Beide Konzepte geben uns keinen definitiven Mechanismus an die Hand, doch sie geben uns viel zu denken über das Potenzial von Maschinen, die unser Leben teilen.

Und davon gibt es ungeheuer viele.

Fortbewegung der Dinge

Eines der merkwürdigsten Wörter, die ich kenne, ist *„jinx"*. Laut Definition ist es „eine unfassbare Kraft; etwas, das auf unerklärliche Weise zum Scheitern oder Unglück verurteilt" – doch in vielen Wörterbüchern erscheint *jinx* überhaupt nicht. Wo es eingetragen ist, schreibt man es nichtssagend *o.o.o.* zu, das heißt *„of obscure origin"*, also „unbekannter Herkunft".

In der uralten chaldäischen Philosophie ist die Rede von einem Orden spiritueller Intelligenzen, die als *jynges* bezeichnet wurden und, wie es hieß, „unaussprechliche Beratungen" abhielten. Doch der früheste überlieferte Gebrauch des Wortes findet sich in der griechischen Literatur aus dem 6. Jahrhundert v. Chr. Bei Aischylos und Pindar gibt es Beschreibungen von einem *iunx* oder „Hexenrad", an das ein lebender Vogel gebunden war. Man glaubte, wenn das Rad in Bewegung gesetzt wurde, würden Menschen von ihm mitgezogen und in Gehorsam gebannt. Der unglückliche Vogel war der Wendehals, ein seltsamer Verwandter des Spechts; er hat die befremdliche Angewohnheit, seinen Kopf wie ein Dschinn ganz herumzudrehen. Er ist unter der zoologischen Bezeichnung *Jynx torquilla* bekannt, der „kleine Dreher", und wird überall, wo er vorkommt, mit tiefem Argwohn betrachtet.

Darüber hinaus gab es seit mehr als zweitausend Jahren keine einzige Erwähnung eines Jinx jedweder Art in der Literatur irgendeiner Sprache – bis er im Jahre 1911 plötzlich auftaucht. In einer Chicagoer Zeitung fand sich im Spätjahr eine Klage um zwei Baseball-Stars, die ihrem Ruf als große Schlagmänner nicht mehr gerecht wurden. Dave Shean und Peaches Graham, so erfahren wir, entkamen nicht „dem Jinx, der die Champions verfolgte".[240]

Es ist nicht überraschend, dass eine ungeschriebene Sorge wiederauferstehen sollte, indem sie ihren ersten öffentlichen Auftritt nach zwei Jahrtausenden auf den unbefangenen Sportseiten einer amerikanischen Zeitung hatte. Aber es ist überraschend, dass es so lange gedauert hat, um überhaupt aufzutauchen. Weit verbreitete und tief verwurzelte Glaubensüberzeugungen und Wahrnehmungen überdauern die Zeit oft nur im Slang oder im mündlich überlieferten Volkswissen, wo sie warten, bis sie eine geeignete Form des Ausdrucks finden können. Ich habe ein Empfinden, dass sich dieses hier, die Idee des Jinx, am Ende nicht auf Baseballspieler niederlässt, sondern auf Dinge, am auffallendsten auf sich bewegende Dinge, die sich dann nicht ganz so verhalten, wie wir von ihnen erwarten.

„Jinx" wird nur allzu rasch Dingen angehängt, die bereits eine mythische Qualität besitzen, eine gewisse Lebendigkeit oder gar ein Geschlecht, verkörpert in der Gestalt einer symbolischen Galionsfigur. Dinge wie Schiffe.

Das 26.000-Tonnen-Schlachtschiff *Scharnhorst* scheint gleich von Anfang an gejinxt gewesen zu sein. Noch während des Baus neigte sich der Schiffsrumpf und zerquetschte einundsechzig Werftarbeiter. In der Nacht vor dem geplanten Stapellauf im Beisein hochrangiger Persönlichkeiten, einschließlich des Führers, machte sich die *Scharnhorst* selbstständig und zermalmte auf ihrem Weg in die Fahrrinne mehrere kleinere Schiffe. Nach Beginn des Krieges richtete sie größere

Schäden in den Reihen der alliierten Streitkräfte in nördlichen Gewässern an, doch im Zuge des Angriffs auf Danzig kamen neun Mitglieder ihrer eigenen Besatzung ums Leben, als eine der großen Kanonen explodierte; zwölf weitere erstickten, als die Sauerstoffversorgung im Geschützturm versagte. Während der Blockade und Schlacht vor Oslo wurde die *Scharnhorst* durch einen Torpedotreffer schwer beschädigt und von ihrem Schwesterschiff *Gneisenau* aus dem Feuerbereich der Küstenartillerie gezogen. Auf dem Weg zurück ins Elbebecken versagte das Radarsystem, und die *Scharnhorst* kollidierte mit dem Schnelldampfer *Bremen*. Die *Scharnhorst* selbst wurde repariert, um sich den kriegerischen Feindseligkeiten anschließen zu können, wurde aber am 26. Dezember 1943 im Nordmeer nach schwerem Kampf mit zwei britischen Kampfgruppen[, bestehend aus einem Schlachtschiff, drei Leichten und einem Schweren Kreuzer und mindestens acht Zerstörern] versenkt. Von der 1968 Mann starken Besatzung überlebten nur 36 Mann. Zwei der Überlebenden starben später, nachdem sie sich durch die eiskalte See ans Land gerettet hatten. Bei dem Versuch, eines der Notheizgeräte des Schiffs zu entzünden, kamen sie ums Leben.[144]

Der Öltanker *Scenic* war gleichermaßen unfallanfällig. Er wurde 1965 gebaut, erlitt wenig später einen Brand im Maschinenraum und zuletzt hörte man 1980 von einem Feuer nach einer Explosion auf seinem Weg nach Mexiko. In den Jahren dazwischen war das Schiff laut Angaben der US-Küstenwache in dreizehn separate Zwischenfälle verwickelt, darunter weitere Brände, die Zerstörung mehrerer Docks und Bojen, Ölaustritte, Kollisionen und Auf-Grund-Laufen vor Alexandria. Auf die Frage, ob sie die *Scenic* nach einer ihrer letzten Eskapaden hereinlassen würden, sagte ein Sprecher der Forth Ports in Edinburgh, einer der größten Hafenbetreibergesellschaften Großbritanniens: „Wenn wir das täten, müsste sie unter strenger Kontrolle durch Personal aus dem

Mündungsgebiet gehalten werden, und ein Schlepper wäre ständig in Bereitschaft."[299]

Geschichten von Schiffen, die so lebendig waren, dass sie ohne Besatzung zu segeln vermochten, sind ein fester Teil der Seefahrer-Folklore, seit im 16. Jahrhundert zum ersten Mal vom *Fliegenden Holländer* berichtet wurde. Die Geschichte erzählt, dass der Kapitän Vanderdecken um das Kap der Guten Hoffnung segelte, als sein Schiff in einen Sturm geriet, „stark genug, um einem Stier die Hörner vom Kopf zu blasen". Er verfluchte die Elemente und ließ sich zu gotteslästerlichen Reden hinreißen, so dass er dazu verdammt wurde, durch schwere Wetter zu segeln, bis er ein anderes Schiff fände, das willens war, einen Brief zurück nach Holland mitzunehmen, in dem er um Vergebung bat. Bis heute hat ihm keiner diesen Gefallen getan, aber viele behaupten, darum gebeten worden zu sein. Unter ihnen war König Georg V. von England, als er als Fähnrich zur See an Bord der HMS *Bacchante* 1881 Wache hielt. Sein Logbucheintrag lautet:

Während der Mitternachtswache kreuzte die sogenannte *Fliegender Holländer* unseren Bug. Sie erschien zuerst als merkwürdig rotes Licht, wie von einem vollständig glühenden Schiff, in dessen Mitte Masten, Spieren und Segel, scheinbar die einer normalen Brigg, leuchteten, ungefähr 180 Meter von uns entfernt, und trat deutlich hervor, als sie herankam. Unser Ausguck auf dem Vorderdeck berichtete, sie sei ganz nahe an unserem Backbordbug, wo sie auch der Wachoffizier auf der Brücke ganz deutlich sehen konnte und ebenso unser Achterdeckleutnant zur See, der sofort nach vorn zum Vorderdeck geschickt wurde, um Bericht zu erstatten. Aber als er dort anlangte, fanden sich weder ihre Spuren noch irgendwelche Anzeichen eines wirklichen Schiffes, weder in der Nähe noch entfernt am Horizont.[91]

Während des Zweiten Weltkrieges berichtete Admiral Karl Dönitz, Befehlshaber der U-Boote der deutschen Kriegsmarine, dass mehrere Leute seiner Besatzung im Dienst östlich von Suez etwas Ähnliches gesehen hätten, und sagte: „Sie wollten lieber den vereinten Streitkräften der alliierten Kriegsschiffe im Nordatlantik gegenüberstehen, als ein zweites Mal das Entsetzen zu erleben, mit einem Geisterschiff konfrontiert zu sein!"

Das Auftreten eines solchen Spukschiffs in der populären Folklore könnte alles sein, was nötig ist, um seine Existenz lebendig zu erhalten. Ich habe einen Katalog von jüngeren Sichtungen, die im Detail differieren; das Schiff wird abwechselnd beschrieben als eine Brigg, eine Bark oder ein Schoner. Aber die Ähnlichkeit der Erlebnisse ist groß genug, dass ich mich frage, ob das Meer oder Teile von ihm auf die gleiche Weise Informationen bergen könnte wie Menhire oder Spukhäuser, und dabei unter bestimmten Umständen eine Art von Wahrnehmung auslöst. Das Thema ist gewiss archetypisch. Es wurde von Joseph Conrad, Herman Melville und Frederick Marryat verarbeitet. Es war Gegenstand einer der bekanntesten Opern Richard Wagners – und tauchte im Jahre 1872 in Gestalt der zweimastigen, in Boston registrierten Brigantine *Mary Celeste* erneut auf. Sie wurde vor Gibraltar von der britischen Bark *Dei Gratia* entdeckt, wo sie unter vollen Segeln einen unsteten Kurs fuhr; das Deck war menschenleer, ihr Steuerrad unbemannt. Es war keine Seele an Bord, aber es gab auch keine Anzeichen von Panik oder Durcheinander, und es fehlten keine Boote. In der rückwärtigen Kabine war zum Frühstück gedeckt, einige der Speisen waren bereits verzehrt. Drei Tassen Tee waren lauwarm, der Herd der Bordküche noch heiß. Die Uhr des Kapitäns tickte noch; sie hing an einem Nagel über seiner Koje.

Und von Zeit zu Zeit passiert es wieder. 1919 wurde der Dreimaster *Marion Douglas* in perfektem Zustand entdeckt, als er gleich nördlich der Scilly-Inseln segelte. Sämtliche Beiboote, einschließlich einer hübschen Motorbarkasse, waren an Bord, aber alle Mitglieder der Besatzung waren verschwunden. Nur zwei Wochen später wurde die französische Ketsch *Lucienne* aus Saint-Malo vor den Goodwin Sands gefunden, einer Reihe von Sandbänken an der Mündung der Straße von Dover. Alle Segel waren gesetzt und die Mahlzeit auf dem gedeckten Tisch nur zur Hälfte verzehrt, doch es war kein Mensch an Bord.[242]

In manchen Fällen ist das Schicksal der Mannschaft bekannt. Sie verlässt das Schiff, wie die Besatzung eines brennenden Frachters im Ärmelkanal 1941. Einzelheiten wurden in den Berichten verschwiegen, weil sie im Krieg der Zensur unterlagen, aber allem Anschein nach fuhr das Schiff ohne menschliche Hilfe weiter, löschte das Feuer, segelte hundert Kilometer im Dunkeln und legte selbstständig und ordentlich in einem Tiefwasser-Meeresarm an der britischen Küste an, wobei es, ohne Schaden zu nehmen, durch eine Einfahrt navigiert war, die auf beiden Seiten nur wenige Handbreit Zwischenraum zu sehr gefährlichen Felsen ließ.[245] 1984 unternahm der niederländische Frachter *Pergo* eine ähnliche unbemannte Reise, nachdem die Besatzung in einem schweren Sturm vor der norwegischen Küste mit Helikopter-Hilfe von Bord gerettet wurde. Die *Pergo* fuhr allein mehr als dreihundert Kilometer quer über die Nordsee nach Schottland und gelangte unbeschädigt an die Einfahrt zum Hafen von Dunbar, etwa fünfzig Kilometer südöstlich von Edinburgh.[335]

Manchmal erhalten wir sogar einen Hinweis, was die Mannschaft der *Mary Celeste,* der *Marion Douglas* und der *Lucienne* erschreckt haben könnte.

Im Jahre 1987 war das britische Ministerium für Gesundheit und soziale Sicherheit in der Situation, wiederholt Arbeitslosengeld an die Mannschaft eines Fischtrawlers auszahlen zu müssen, der sich weigerte, in See zu stechen. *Der* sich weigerte, wohlgemerkt, nicht *die* sich weigerte. Jedes Mal, wenn Kapitän Derek Gates versuchte, die *Pickering* aus dem Hafen von Bridlington in Richtung der Fischgründe in der Nordsee zu fahren, drehte sich das Schiff in unregelmäßigen Kreisen und die Maschinen setzten aus. Lichter flackerten an und aus, in den Kabinen wurde es eiskalt, obwohl die Heizung voll aufgedreht war, und das Radar versagte jeden Morgen um genau 1.30 Uhr. Trotz der Untersuchung durch Kundiensttechniker, die keine Fehler finden konnten, ging dieser Aufstand weiter. Ein früherer Kapitän, Michael Laws, beschrieb seine drei frustrierenden Monate auf der *Pickering* als „die schlimmsten in siebzehn Jahren auf See. Ich habe keinen Penny verdient, weil ständig etwas schiefging und keiner verstehen oder erklären konnte, warum."[377]

Die Crew war sich einig: Es spukte auf dem Schiff. Also rief das Ministerium einen Experten zu Hilfe: Tom Willis, Vikar in Bridlington und offizieller Exorzist der Diözese von York. Er verfolgte die Geschichte des Schiffs nach Irland zurück und entdeckte, dass die Familie in der Grafschaft Cork, die es früher besaß, sich zum Verkauf entschlossen hatte, nachdem eines ihrer Mitglieder über Bord gegangen war. Also nahm der Vikar sein Weihwasser und fuhr mit dem widerwilligen Schiff und seiner gleichermaßen widerstrebenden Besatzung hinaus. Er hielt einen Exorzismus-Gottesdienst auf Deck ab, und die *Pickering* benahm sich vorbildlich. Bei ihrer Rückkehr nach Bridlington am nächsten Tag brachte sie einen Rekordfang mit. „Wir spürten eine andere Atmosphäre", bestätigte Kapitän Gates. „Es war warm und freundlich. Seit damals haben wie keine Probleme mehr und sehr erfolgreiche Fischzüge."[378]

Der Exorzismus ist ein interessantes Ritual. Er dreht sich um ein unbeseeltes Objekt, ein Schiff oder Haus, arbeitet aber mit der Aufmerksamkeit jener, die dort arbeiten oder wohnen. Er geht von bestimmten Grundannahmen aus – in diesem Falle in Bezug auf Geister und das Überleben des Todes –, die deren Überzeugungen und Glauben entsprechen. Zudem ist es wesentlich, dass die Betroffenen eine aktive Rolle bei der Zeremonie übernehmen. Was dabei tatsächlich geschieht – so hat es für mich den Anschein –, ist, dass Energie erzeugt wird, die neue Impulse liefert, um ein altes Ungleichgewicht zu korrigieren. Dabei wird das System mit aktuellerer Information neu programmiert, und ein Haus oder eine Uhr, ein Kristall oder ein Schiff wird mit Energien aufgeladen, die für jene, die es jetzt nutzen, geeigneter sind. Und das funktioniert. Im Falle der verwirrten *Pickering* funktionierte es besonders gut, weil das Ritual durch eine christliche Präzedenz verstärkt wurde. Beteiligt waren beunruhigte Fischer, das „Austreiben unreiner Geister", und die passende Belohnung in Form eines „wundersamen Fischzuges".

Schiffe sind naheliegende Objekte für solche Identifikationen, aber sie sind nicht die einzigen. Wir verschwenden fast ebenso viel Zuneigung und Aufmerksamkeit auf Eisenbahnen, und viele scheinen auf ihre eigenen seltsamen Weisen darauf anzusprechen. Es gibt sogar ein dampfendes Äquivalent zum *Fliegenden Holländer;* manche sagen, man könne es am 28. Dezember sehen, wenn es sich von der Edinburgher Seite kommend mit rot leuchtendem Schlusslicht dem schottischen Flusse Tay nähere. Das Datum ist von Bedeutung, denn es markiert den Jahrestag jener Nacht im Jahre 1879, als die Brücke über den Tay während eines Orkans in den Fluss stürzte und den Zug aus Edinburgh Richtung Norden, bestehend aus einer Lokomotive mit fünf Waggons, in die Tiefe, und die neunzig Reisenden an Bord in den Tod riss.

Von überall auf der Welt gibt es Berichte von Zügen, die man bei Nacht über stillgelegte Strecken oder durch Bahnhöfe fahren hört oder sieht, von denen die Gleise schon längst demontiert worden sind. Im eisenbahn-verrückten Britannien gibt es anhaltende Gerüchte von einer „strategischen Reserve", einem Schuppen voller alter Dampflokomotiven, die sorgfältigst konserviert und gewissenhaft gewartet würden, tief in einem Tunnelkomplex irgendwo unter einem Berg, wo sie – wie König Artus und seine Ritter der Tafelrunde – auf den Ruf warten, dem Königreich in einer nationalen Krise zu Hilfe zu eilen.[96]

Solche Geschichten tragen alle die mythischen Obertöne, die notwendig sind, um psychische Vakuen auszufüllen, und sie werden mit immer neuer Kraft ergänzt von häufigen Berichten über durchgebrannte Lokomotiven und führerlose Züge. Heutzutage haben die meisten Systeme die eine oder andere Art von Totmannschaltung, eine Vorrichtung, die verhindern soll, dass ein Zug weiterfährt, ohne dass jemand wach und bewusst im Führerstand tätig ist – aber die Züge tun es immer noch, immer wieder. Die Berichte über solche Zwischenfälle erreichten in den Vereinigten Staaten im Herbst 1979 fast epidemische Proportionen.

Im August wurde bekannt, das man eine Lokomotive der Santa-Fe-Eisenbahn aus dem Bahnhof von Oklahoma City vermisse. Sie wurde gesehen, wie sie führerlos mit über sechzig Stundenkilometern aus der Stadt fuhr, und Beamte der Autobahnpolizei rasten nach Moore und Norman voraus, um Autofahrer von den Übergängen fernzuhalten. Dieser Ausreißer wurde eine Stunde später nach einer Fahrt von mehr als fünfzig Kilometern in Purcell zum Halten gebracht, wo man ihn auf ein Nebengleis umleiten konnte, auf dem er in einen Güterwagen krachte.[282] Im September rollte die Conrail-Lok Nr. 6483 aus dem Bahnhof von West Seneca im Bundesstaat New York und startete zu einer achtzig Kilometer weiten Alleinfahrt. Niemand bemerkte dies, bis eine Autofahrerin bei einem Bahnübergang in Akron anrief, um zu melden, dass der Zug sie passiert habe, ohne den üblichen Pfiff auszustoßen und überhaupt ohne einen Menschen an Bord. Wie die Fahrt weiterging, weiß niemand, doch zwei Stunden später wurde die Lokomotive nördlich von Buffalo gesichtet, immer noch in voller Fahrt. Die Polizei stu-

dierte ihre Landkarten und stellte fest, dass die Lok inzwischen
auf den Kopfbahnhof von Oakfield zufuhr. Und hier kam Nr.
6483 schließlich zum Stillstand, gut fünfzig Meter vor dem
Prellbock am Ende des Schienenstranges und knapp vor der
Bar des Oakfield Hotels.[292]

Im Oktober kam es zu einem doppelten Ausbruch. Zwei aneinander gekoppelte Southern-Pacific-Lokomotiven machten
sich nahe Tucson in Arizona gemeinsam selbstständig und
wurden erst gut dreißig Kilometer weiter von einem örtlichen
Präzisionsschützen gestoppt, der das Gespann im Auto verfolgte und mit einigen wohlgezielten Schüssen den Schlauch
der Luftdruckbremse durchtrennte.[294] In Washington werden
solche Dinge mit mehr großstädtischer Raffinesse gehandhabt. Als ein führerloser Zug mit hundertfünfzehn Fahrgäs-
ten an Bord losfuhr und durch fünf Bahnhöfe donnerte, ohne
anzuhalten, benutzte eine Dame ihre Plastik-Haarspange,
um das Schloss an der Tür zum Führerstand zu knacken und
die Notbremse zu betätigen. Ein Sprecher des Metro Centers
erklärte später nachdrücklich, dass keine wirkliche Gefahr
bestanden habe. „Wir könnten den ganzen Fahrbetrieb ohne
einen Menschen im Führerstand aufrechterhalten", sagte er.
„Aber die Fahrgäste fühlen sich wohler, wenn sie wissen,
dass dort jemand ist."[293] Und wenn keiner dort ist, spricht
man bei Zügen, die sich verselbstständigen, von „menschlichem Versagen".

In mindestens einem Fall hielt eine Lokomotive ihr Rendezvous mit dem Verderben ein – trotz allem, was in menschlicher
Macht stand. Als eine Hellseherin 1981 bei British Rail anrief
und ankündigte, dass „eine große blaue Lokomotive" in eine
schlimme Kollision mit einem anderen Zug verwickelt sein
werde, schenkte man ihr keine Aufmerksamkeit. Als sie erneut
anrief und präzisierte, dass es ein Zug mit Öltankwagen sei,
der von einer Lok mit der Nummer 47216 gezogen werde, und
man herausfand, dass die Hellsichtige bei der örtlichen Polizei

bekannt war, machte man eine Aktennotiz über den Anruf. Zwei Jahre später kollidierte ein Zug mit leeren Tankwagen mit dem 5.32 Uhr-Zug von Cleethorpes nach Sheffield, dabei kam ein Mann ums Leben und ein Dutzend Fahrgäste wurden verletzt. Alles war, wie die Hellseherin es vorausgesagt hatte – bis auf die Nummer der Lokomotive, sie lautete 47299. Dann stellte British Rail fest: „Normalerweise erhält eine Lokomotive nur eine neue Nummer, wenn sie umgebaut wird, aber im Dezember 1981 hatten wir entschieden, dass es besser sei, das Schicksal nicht herauszufordern." Und so gab man der Lok 47216 die neue Nummer 47299 – aber ihre Nummer war ohnehin an der Reihe.[339]

In einem anderen Fall scheint der Wechsel einer Nummer die erwünschte Wirkung gehabt zu haben. Die Lokomotive D326 wurde 1960 von English Electric als eine der ersten Dieselloks gebaut, die auf den britischen Schnellzugrouten die Dampflokomotiven ablösen sollten. Zwei Jahre später fuhr sie von hinten auf einen stehenden Zug in Crewe, achtzehn Menschen fanden den Tod. Genau ein Jahr später, nach den Reparaturen, war sie wieder in den Nachrichten, dieses Mal als die Lokomotive, der 1963 beim großen Postzugraub aufgelauert wurde. 1964 kam ihr Maschinist durch einen tödlichen Schlag aus der Oberleitung ums Leben, und 1965 versagten ihre Bremsen in der Nähe von Birmingham. Sie raste mit über sechzig Stundenkilometern auf die Station New Street zu. Ein aufmerksamer Stellwärter lenkte die D326 auf ein Nebengleis, wo sie einen Güterzug traf und den Zugbegleiter verletzte. Von da an weigerten sich die Eisenbahner, mit der „Teufelslok" noch einmal etwas zu tun zu haben. Sie wurde auf eine Nebenstrecke in Cumbria ins Exil geschickt, raffiniert maskiert mit der Nummer 40126. Dort, so scheint es, hat sie sich so anständig benommen, wie es sich für eine Lokomotive an der Schwelle zur Pensionierung gehört.[334]

In unserer Zeit, da der Luftverkehr nichts Ungewöhnliches

mehr besitzt, haben Schiffe und Eisenbahnen viel von ihrer Romantik verloren, auch wenn man hört, dass die *Queen Mary,* die seit Ende der 1960er Jahre im Hafen von Long Beach, Kalifornien, als Hotel, Museum und Tagungszentrum genutzt wird, bis heute von unheimlichen Vorfällen heimgesucht wird.[394] Die Folklore unserer Tage scheint sich bereitwilliger an Flugzeuge zu halten. Es gibt mysteriöse Fälle von Verschwinden, wie den der Amelia Earhart im Jahre 1937; die beiden Avro-Tudor-Verkehrsflugzeuge, die 1948 bzw. 1949 über dem Atlantik verlorengingen – und die ganzen angeblichen Merkwürdigkeiten im Zusammenhang mit dem sogenannten Bermuda-Dreieck. Es gibt besessene Flugzeuge, wie die Cessna 172, die 1986 auf dem kanadischen Militärflugplatz in Chatham, New Brunswick, startete und perfekt abhob, mehrere Male das Flugfeld umrundete und schließlich zum Stillstand kam – leer und kopfüber.[364] Es gibt die „Mary Celestes" der Lüfte, wie den Lear-Jet, der 1983 ohne Pilot über die Nordsee fliegend gesehen wurde und von dem man vermutet, dass er irgendwo mitten über dem Atlantik abgestürzt ist, als der Treibstoff verbraucht war.[331] In jüngerer Zeit wurde von Flugzeugen des Typs Boeing 737 und 747 berichtet, die seit Anfang 1987 mehr als ihren rechtmäßigen Anteil an Unfällen und Unglücken erlebten. Ich kann nicht umhin, mich zu fragen, ob diese Firma nun Opfer der gleichen Art von *jinx* ist, die [den Konkurrenten] Lockheed bereits fünfzehn Jahre früher beunruhigte?[81]

Im Jahre 1972 brachte Lockheed das dreistrahlige Mittel- und später Langstreckenflugzeug L-1011 TriStar als Konkurrenten zu Boeings 747 auf den Markt der Großraumflugzeuge. Eastern Airlines orderte fünfzig Maschinen für ihre Inlandsflotte und nahm im August jenes Jahres Flugzeug Nr. 310 entgegen, welches am 29. Dezember als Flug 401 New York in Richtung Miami verließ. Dort kam es nie an. Kurz vor Mitternacht stürze es in die Everglades, dabei kamen 99 der 176

Menschen an Bord ums Leben, einschließlich des Kopiloten und des Kapitäns. Die Untersuchung des Absturzes beschrieb diesen als „das gesammelte Resultat mehrere kleiner Abweichungen von normalen Arbeitsvorgängen", und Schwesterflugzeuge in der Eastern-Flotte wurden für den weiteren Dienst wieder freigegeben.

Die L-1011 TriStar waren ein großer Erfolg. Sie waren leise, effizient und geräumig. Jeder mochte sie – bis wenige Monate nach dem Absturz von Flugzeug Nr. 310, als Crew und Passagiere an Bord der Schwesterflugzeugen Nr. 308, 311 und 317 anfingen, seltsame Dinge zu erleben. Viele von ihnen, einschließlich Kopiloten und Flugbegleitern, sahen offenbar feste, dreidimensionale Erscheinungen von Kapitän Bob Loft und Kopilot Don Repo, die beide in den Everglades umgekommen waren. Passagiere, die keinen der Männer gekannt hatten, identifizierten sie ohne Zögern anhand von Fotos.

Diese Vorkommnisse ereigneten sich weiter bis Anfang 1974, als Eastern Airlines schließlich Maßnahmen ergriff, welche gegen alle Ingenieurs- und Manager-Instinkte gingen: Sie ordneten den Ausbau und die Vernichtung von Höhenrudern, Funkgeräten, Ventilatoren, Sitzen, Verkleidungen, Backöfen und sogar einem Cockpit-Stimmenrekorder aus einer Reihe von Maschinen in der L1011-Flotte an, ohne Rücksicht auf die Tatsache, dass jedes einzelne Exemplar dieser Liste vollkommen in Ordnung war. Der einzige Makel jedes dieser Teile war, dass man es von dem abgestürzten Flugzeug geborgen hatte. Sobald das letzte recycelte Stück ausgebaut worden war, gab es keine weiteren Berichte über irgendwelche Auffälligkeiten auf den L-1011-Fliegern.[78]

Ein endgültiges Urteil über Gespenster und Spukerscheinungen will ich mir vorbehalten. Ich habe Zweifel selbst an den besten Beweisen für das offenbare Überleben des Todes, aber ich bin fasziniert von der physikalischen Verbindung zwischen der Ausrüstung, die auf Flugzeug 310 mitgeführt wurde, und den berichteten Erlebnissen in der Gegenwart jener gleichen Komponenten, Monate nach dem Absturz. Sowohl Kapitän Loft als auch Kopilot Repo hatten den Crash überlebt. Sie starben zwar wenig später, waren aber während der hochemotionalen Momente zwischen dem Aufprall und dem Eintreffen der ersten Rettungskräfte bei Bewusstsein. Falls es Umstände gibt, unter welchen die Übertragung von Energie und Information von lebenden zu unbeseelten Systemen am wahrscheinlichsten geschehen kann, dann müssen es Krisenmomente wie jene sein. Und falls es so etwas wie eine Wiedergabe [gespeicherter Energie und Information] zu einem späteren Zeitpunkt gibt – wie auch immer dies funktionieren mag –, ist es zumindest vernünftig anzunehmen, dass dieser Vorgang dadurch erleichtert wird, dass der „Rekorder" wieder in eine identische Konfiguration eingesetzt wird. Mit anderen Worten, in eine andere L-1011.

Nichts davon erklärt, was tatsächlich geschah, aber wir haben gute Gründe, eher noch aufmerksamer auf die Maschinen zu achten, mit denen wir unser Leben teilen – insbesondere jene, von denen unsere Leben so oft abhängen.

Automagie

Die Evolution nimmt zuweilen Abkürzungen. Eine der produktivsten ist die *Symbiose,* in welcher sich Angehörige zweier nicht miteinander verwandter Spezies zu einer Lebensgemeinschaft entschließen, gewöhnlich zum beiderseitigen Vorteil. Dies geschieht zwischen Pflanzen, zwischen Tieren, zwischen Pflanzen und Tieren – und vielleicht sogar zwischen Tieren und anorganischen Systemen.

Es gibt einige Arten von symbiontischen Beziehungen, in welchen die eine Spezies mehr zu profitieren scheint als die andere. Man spricht hier von *Kommensalismus,* das bedeutet „vom gleichen Tisch essen", wie wenn Reiher den Fußstapfen von grasenden Rindern folgen. Doch die Analogie versagt, wenn die Vögel einem Pflug folgen. Vielleicht könnte man hier von *Kommotalismus* sprechen, das heißt „sich auf dem gleichen Pfad bewegen", wie wenn zwei Systeme einfach gemeinsam auf die Reise gehen.

Es *gibt* solche Beziehungen, darunter sogar eine mit einer so weitreichenden Auswirkung auf die Umgebung, dass man das Ergebnis am besten als „Kommotion", das heißt „gemeinsame Bewegung", beschreiben könnte. Ich beziehe mich natürlich auf die manische Affäre zwischen Mensch und Automobil.[175]

Kein anderes Menschenwerk hat jemals so viel Emotion angeregt oder ist ein so machtvolles Instrument zur Veränderung gewesen, dass dabei die menschliche Gesellschaft nach seinem Bild gestaltet wurde. Keine andere Maschine ist so als ein Wesen mit eigenen Kräften behandelt worden, als ein Wesen, dem wir uns zunehmend untertan zu fühlen beginnen. Der amerikanische Soziologe Kenneth Schneider sagt: „Wir haben uns selbst und den Charakter unseres Geistes auf eine neue Spezies von Wesen reduziert, eine Gesellschaft von Wirbellosen, so unbeholfen wie eine Versammlung von Schildkröten. Die Art und Weise, wie wir unsere neuen Schalen ehren, lässt mich fragen, ob wir einen atavistischen Drang haben, unser ganzes Säugetier-Erbe wegzuwerfen." Aus seiner Sicht werden wir ohnmächtig und zunehmend anorganisch, während die Autos mit ihren drängenden Forderungen und ständigen Bedürfnissen immer organischer werden. Sie ersetzen unseren natürlichen Lebensraum durch Bereiche, die dem Züchten und Hervorbringen neugeborener Autos, dann ihrer Fütterung und Pflege gewidmet sind, die ihnen Warteflächen bieten für Adoption und Neuadoption, und am Ende ihrer Konvaleszenz und Bestattung dienen.[193]

Es ist wahr. „Sie haben das Paradies asphaltiert und einen Parkplatz angelegt." Autos sind heute in jeder industrialisierten Nation ein wichtiges Element der urbanen Landschaft, und was von der Landschaft übrig geblieben ist, wird rapide von Autofriedhöfen und mechanischen Verwertungsstätten verschlungen, an deren Rändern Schrotthändler und Plastiker lauern wie Nekrophile. Es ist nur ein kurzer Weg von solcher Obsession zur Vergötterung. Tatsächlich hat die Automanie bereits viele Merkmale eines religiösen Kultes angenommen. Der Anthropologe Andrew Greeley weist darauf hin, dass jede Automobilausstellung eine hoch ritualisierte religiöse Darbietung ist, eine Form von öffentlicher Anbetung mit Pracht und Herrlichkeit, Tempeldienerinnen in Gestalt von Mannequins, mit Lichtern, Musik, üppiger Geldverschwendung und einer Gemeinde, die mit allen Anzeichen von Ehrfurcht gekommen ist, um anzubeten:

> Der Kult des geheiligten Automobils hat seine Adepten und Initiaten. Kein Gnostiker erwartete eifriger die Offenbarung eines Orakels, als ein Automobil-Anbeter die ersten Gerüchte über die neuen Modelle. In dieser Zeit im jahreszeitlichen Zyklus nehmen die Hohenpriester des Kultes – die Autohändler – eine neue Bedeutung an, da eine gespannte Öffentlichkeit ungeduldig auf das Kommen einer neuen Form von Erlösung wartet.[88]

Und die Staatskirche tut erstaunlicherweise nichts, um solches Geschehen zu verhindern. Im Jahr 1981 sagte Papst Johannes Paul II. während eines Besuchs in der privaten Garage des Vatikans, wo er zu Fahrern sprach, die vom Heiligen Stuhl beschäftigt werden:

> Euer Beruf als Chauffeur sollte euch ständig daran erinnern, dass wir alle unterwegs sind, mit hoher Geschwindigkeit der Ewigkeit entgegen. Er sollte euch lehren, dass ein Auto, um wohl zu funktionieren, mit ständiger liebevoller Fürsorge gepflegt werden sollte – gerade wie

unsere Seele, unsterblich und erlöst durch Christus, auf der Straße zum Heil.[310]

Aber die meisten Autobesitzer bedürfen solchen Zuspruchs gar nicht. Die Verehrung kommt von ganz allein. „Der Amerikaner", sagt William Faulkner, „liebt wirklich nichts mehr als sein Auto: nicht seine Frau, sein Kind, nicht sein Land, noch nicht einmal sein Bankkonto."[67] Gewiss aber behandelt er es wie etwas, das der Anbetung würdig ist, selbst wenn das Motoristen-Mekka nicht mehr im Raum Detroit liegt. Ein kürzlich veröffentlichtes Dokument enthüllt den Kern des Glaubensbekenntnisses nach Volkswagen:

> Die Art von Leben, die dein Auto enthält, unterscheidet sich von deinem durch Zeit und Maßstab, Stufe der Logik und begriffliche Anomalien; aber es ist trotzdem Leben. Sein Karma hängt ab von deinem Verlangen, es lebendig zu machen und zu erhalten! … Lerne das Grund-Vokabular der VW-Sprache … Sprich zu dem Auto, dann aber halte den Mund und höre ihm zu![160]

Ein Merkmal der Macht dieses neuen „Car-mas" ist, dass es jetzt in den meisten amerikanischen Großstädten Auto-Kliniken („Well-Car-Clinics") gibt – Automobil-Diagnostik-Zentren mit Mechanikern in weißen Kitteln –, der letzte Schrei in der ambulanten Versorgung, inklusive Blumen und sanfter Musik.

All dies ist relativ neu, genau genommen ein Phänomen des 20. Jahrhunderts, und in vieler Hinsicht eigentümlich amerikanisch. Das liegt vor allem an Henry Ford. Die Prähistorie des Automobils ist europäisch und weist wenig Vorzeichen von dem Wahnsinn auf, der noch folgen würde. Zu Beginn waren Automobile teure Spielzeuge, genau genommen Spielzeuge reicher Männer. Doch all dies änderte sich 1908, als Ford das

Modell T auf den Markt brachte. Er produzierte fünfzehn Millionen Stück und demokratisierte das Auto damit beträchtlich, indem er diesen begehrenswertesten aller „Wertschätze" in die Reichweite von fast jedermann in Amerika legte – indem er aus dem Automobil ein „Vielfaches" machte.[174]

Nun, es ist natürlich viel mehr als das. Fords großer Gleichmacher ist zum großen Unterscheidungsmerkmal geworden. „Tin Lizzie" hat sich in Tom Wolfes „bonbonfarbenes tangerinrot-gespritztes Stromlinienbaby" verwandelt und ist sowohl Statussymbol als auch fliegender Teppich, ein Transportmittel des Entzückens. „Die Straße ist das Leben", sagte Jack Kerouac, „und das Auto ist das Mittel zum Leben."[118] Ein Reisepass in die Autopie.

John Steinbeck schlug vor: „Man müsste einmal eine Abhandlung über den sittlichen, physischen und ästhetischen Einfluss des Ford Modell T auf das amerikanische Volk schreiben. Zwei US-Generationen wussten mehr über Fords Zündstift als über die Klitoris, mehr über sein Planetengetriebe als über unser Sonnensystem. Mit dem Auftauchen des Modell T verschwand etwas vom Begriff des Privateigentums. Zangen hörten auf, Privateigentum zu sein, und eine Luftpumpe gehörte demjenigen, der sie zuletzt benutzte. Die meisten Babys jener dahingegangenen Epoche wurden im Ford Modell T gezeugt – und nicht wenige in ihm geboren."[211] Andere erkannten rasch das erotische Potenzial des Automobils. Der Psychologe John Keats schreibt: „Es ist nicht reiner Zufall, dass die Cadillac-Designer von den 'Brüsten' an ihren Stoßstangen sprechen, oder dass die Madison Avenue den *Edsel* wegen seines 'vaginalen' Aussehens lobte, oder dass so viele Autodesigner so viel Aufmerksamkeit auf die Hinterteile der Fahrzeuge verschwenden."[116]

Das Auto wirkte Wunder für das Liebesleben aller. Es liberalisierte und radikalisierte das Balzverhalten nicht nur, indem es den Jungen half, Mädchen abzuschleppen, sondern auch indem es ihnen einen Schlafzimmer-Ersatz bot. Es veränderte die Manieren, Gebräuche, Bekleidung und Positionen beim Verkehr. Aber es wurde auch selbst zum Sexobjekt. „Ein Sportwagen ist wie ein Tanzpartner. Eine guter scheint die Schritte des Fahrers vorauszusehen", schwärmte *Popular Mechanics*. D. H. Lawrence beschrieb einen Fahrer, der „wusste, was es war, den seltsamen und magischen Kraftstrom in Rücken und Lenden zu spüren und seine Beine hinunter, eine Kraft, die so perfekt war, dass sie ihn bewegungsunfähig machte und sein Gesicht fast unmerklich gedankenlos lächeln ließ".[126] Diesen Gesichtsausdruck können Sie immer noch auf jeder Autobahn sehen, wenn sich der Verkehr nicht gerade staut. Thomas Pynchon verlieh einer seiner Heldinnen eine erotische Zuneigung zu einem MG: „Du wunderschöner Hengst. Ich liebe es, dich zu berühren. Und dein lustiges Ansprechen, Liebling, das ich so gut kenne. Wie deine Bremsen ein wenig nach links ziehen, und wie du bei fünftausend Umdrehungen zu erbeben beginnst, wenn du erregt bist…"[178] Harry Crews erschuf mit „Herman Mack" eine unvergessliche Figur: Für ihn wurde das Berühren eines Autos mit der Zunge ein so überwältigendes sexuelles Erlebnis, dass er beschloss, einen ganzen Ford Maverick 1971 zu essen: „Er sehnte sich danach, ihn im Mund zu haben. Ihn zu fühlen in seiner Kehle…"[44]

Doch dem Dichter e. e. cummings gelang es wirklich, den weit verbreiteten hydraulischen Puls mit seiner klein geschriebenen, aber pochenden Schilderung einer Fahrt in einem neuen Wagen genau zu erfassen:

> (es
>   war die erste fahrt und glaub ich wir war
>   glücklich zu sehen wie schön sie lief bis zur
>   letzten minute als wir am Stadtpark vorbei
>   zurückkamen ich latschte auf

die

trommel-

&

außenbacken-

bremse Beidezugleich und

brachte sieganz ziT

-ternd

zum ab:soluten.

Still-

;stand [46]

Es war einmal [so wird erzählt] ein Mann, der traf das
Automobil und verliebte sich. Hätte er sie geliebt und
verlassen, wäre alles gut gewesen. Doch bald wurde sie
eine nörgelnde Ehefrau und verlangte nach Schrubben
und Polieren und Geschenken. In den 1920er Jahren zog
sie Augenbrauen über ihre Frontscheiben, in den 1930ern
zupfte sie sie aus, Mitte der 1940er legte sie sie wieder
an, und nahm sie in den 1950ern wieder ab. Sie straffte
ihr Gesicht – sehr teuer – von Jahr zu Jahr; unaufhörlich
verlangte sie neues Talmi und andere Farben, entwickelte
immer kostspieligere Essgewohnheiten ....[116]

Doch damit genug. Die Affäre hält an, und die Botschaft ist
klar. Autos sind Lebewesen, sie sind sexy Dinge, in die wir uns
ganz verliebt haben. Wir putzen sie heraus mit Geschenken
und Opfergaben, wie andere ihre Angebeteten mit Gold und
Schmuck dekorieren. Wir schmücken sie mit Maskottchen,
wie Ritter einst das Zeichen weiblicher Gunst an ihrer Lanze
trugen oder ein Wappen im Schilde führten – „organische Brücken" wie die geflügelte Kühlerfigur „Spirit of Ecstasy" eines
Rolls Royce, der Storch auf dem Hispano-Suiza, eine Sphinx

auf dem Stutz und ein Elefant für den legendären Bugatti Royale – manchmal sogar als gläserne Skulptur von René Lalique, mit Innenbeleuchtung. Sie können nicht schwimmen, trotzdem statteten wir unsere Autos mit Flossen aus. Sie können nicht fliegen, doch wir gaben ihnen Flügel. Wie Teilnehmer zu einer großen Reiseveranstaltung schicken wir sie hinaus mit ihren Namensschildern, und sie tragen gute, organische Namen wie Mustang, Bronco, Wildcat, Cougar, Fox, Firebird oder Skyhawk, welche zu dem Zauber beitragen; oder wir erwerben Wunschkennzeichen mit persönlicherem Touch. Solche Selbstgefälligkeit ist in den unternehmungslustigen Vereinigten Staaten vergleichsweise einfach, wo GINGER aus New Jersey ihren Namen und Adresse für eine Anerkennungsgebühr auf dem Nummernschild tragen kann, solange keine andere in diesem Bundesstaat daran gedacht hat, die gleiche Buchstabenkombination registrieren zu lassen. Aber in Großbritannien, das niemals ein Statussymbol auslässt, kann einen derlei Prahlerei mehr als das Auto kosten. Die Bedienung dieser erstaunlichen Aspekte der Auto-Obsession ist zu einem lukrativen Geschäft geworden, wie etliche spezielle Magazine zeigen. Während ich dies schreibe, ist „LA 1" für bescheidene 33.000 Pfund Sterling im Angebot – nur für das Nummernschild, versteht sich.

Aber selbst wenn wir unsere alte Mühle nur unter dem Vornamen Doris oder Ben kennen, gewinnen wir ihre Idiosynkrasien lieb und leiden mit ihr, wenn sie alt und steif in den Gelenken wird. Mit ermutigenden Lauten helfen wir dem Vehikel, größere Steigungen zu erklimmen, wir atmen erleichtert und teilnahmsvoll auf, wenn wir oben angelangt sind, und wir heißen es jeden Abend zu Hause willkommen, mit einem Tätscheln und einem sanften Wort des Lobes. Und ganz gleich, wie teuer uns Wartung und Unterhalt kommen, ist die Trennung von einem alten und geliebten Auto doch, als müsste man die eigene Mutter verkaufen:

Eines Tages sah ich einem Autofahrer zu, der seinen alten Wagen ablieferte, und als er sich unbeobachtet fühlte, strich er über die Motorhaube und tätschelte den verbeulten alten Veteranen, als wollte er sagen: „Du bist ein zuverlässiges altes Fuhrwerk gewesen, und ich hoffe, du bekommst ein gutes Zuhause." Dann eilte er hinüber zu seinem neuen Auto, stieg ein und fuhr fort, ohne sich noch einmal umzusehen. Ich wusste genau, wie er empfand, denn ich hatte selbst auch so empfunden...[172]

Norman Mailer und seine Freunde beerdigten einst einen alten Ford in einem ordentlichen Grab, dazu gab es einen Priester in schwarzer Robe und einige Verse von Vergil. Gegen Ende der Zeremonie langte jemand ins Grab und schaltete die Scheibenwischer an, die einen mühsamen Atemzug machten: „‚Mein Gott, er ist ja noch gar nicht tot', sagte eine Stimme. Und wie in einem letzten Aufbäumen der verbliebenen Körperflüssigkeiten versprühte die Scheibenwaschanlage noch den Rest ihrer Lymphe."[138]

Eine derartige Personifizierung von Autos finden wir nicht nur bei leicht zu beeindruckenden Autoren. Sie grassiert rapide, ist epidemisch, universell und weithin verbreitet – für jeden, der jemals einem Auto einen Namen gegeben hat, der einen Neuwagen an einem kalten Wintermorgen zu stotternder Lebendigkeit genötigt oder ein alterndes Gefährt durch seinen soundsovielten Nervenzusammenbruch gepflegt hat. *Auto*-Biographie lässt sich von jedem Autoaufkleber ablesen. „Ein Laster muss tun, was ein Laster tun muss", „Du liebst doch nur mein Äußeres", „Wenn ich groß bin, bin ich ein Rolls Royce". Oder das klagende „Wasch mich!" Es taucht wieder und immer wieder auf in halb-seriösen Witzen: „Lass einen Ford und einen Chevrolet über Nacht in der gleichen Garage, dann hast Du einen Plymouth", und in halb-witzigen Serien wie *My Mother, the Car* („Meine Mutter, das Auto") und *Knight Ri-*

der. Es begann mit der sanften Zuneigung zu Klassikern wie der britischen Filmkomödie *Genevieve* (dt. Titel: *Die feurige Isabella)* und Disneys vermenschlichtem „Herbie", wurde aber umgemodelt in dem kalten Licht von zwanzig Millionen Verkehrstoten in *The Cars that Ate Paris* (dt. Titel: *Die Autos, die Paris auffraßen* und *Die Killer-Autos von Paris)* und Stephen Kings mörderischer *Christine.* Was als ein Traum begann, hat nun alle Merkmale eines Alptraums.[51]

Im Jahre 1977 parkte Kevin Kelly seinen neuen Rover 2000 vor dem Haus seiner Freundin in Staffordshire. Er schaltete den Motor aus, zog den Zündschlüssel ab und ging hinein – um gleich darauf wieder herauszustürzen, weil er den Motor anspringen hörte. Er zog die Verteilerkabel heraus und stopfte Lappen in den Auspuff, aber nichts, was er unternahm, brachte den Motor zum Stillstand, und so rief er die Automobile Association an, den Britischen Automobilclub. Der Techniker klemmte die Autobatterie ab, doch der Motor lief trotzdem weiter. Erst eine Stunde später blieb er von selbst stehen; danach wurde er an den Hersteller zurückgeschickt. Ein Sprecher von Austin-Rover erklärte: „Dies war ein sehr ungewöhnlicher Fall. Der Wagen wurde nur in Ordnung gebracht, und wir sind nicht bereit, diese Sache zu kommentieren."[269] Vielleicht hatten sie eindringlich auf das fehlerhafte Fahrzeug eingeredet und es danach auf Bewährung entlassen.

1981 wusch Brian Hall in London das hintere Kennzeichen seines Ford Granada ab, als der Motor „in Leben ausbrach". Es ist interessant, wie häufig Autos sich seltsam zu verhalten beginnen, wenn sie gewaschen oder gepflegt werden. Die Schlüssel dieses Fords steckten jedoch nicht im Zündschloss, sondern in der Tasche, und die Zündung war ausgeschaltet. „Sie können sich vorstellen, wie ich erschrocken bin. Ich traute meinen Ohren nicht." Und Hall konnte den Motor auch nicht abschalten. Der Techniker von Ford erklärte: „Ich weiß, es ist ein Automatik-Wagen, aber das ist lächerlich. Wir haben noch niemals von einem solchen Fall gehört."[313] Zwei Wochen später beobachtete David Warner in Yorkshire verwundert, wie sein fahrerloser Saab rückwärts über den Rasen des Pfarrhauses fuhr und dann in der Ecke des Gartens ordentlich einparkte. „Es ist gewiss ein Wagen mit Persönlichkeit und einem schelmischen Geist", meinte der Vikar. „Wenn er sich wieder so verhält, als wäre er besessen, werde ich ihn exorzieren müssen." Der unvermeidliche Sprecher von Saab beteuerte: „Ich habe noch niemals gehört, dass so etwas einem unserer Modelle passiert ist. Es ist sehr eigenartig."[315]

Doch es sind viele solche Dinge, die in Yorkshire geschehen. 1984 verließ Jack Oates seinen Volvo auf einer Dorfstraße im Weste der Grafschaft, um einen Geschäftsbesuch zu machen. Aber plötzlich startete der Wagen, schoss im Rückwärtsgang los und krachte in eine Gruppe anderer geparkter Fahrzeuge. Oates steckte den Schlüssel ins Zündschloss und versuchte, den Motor abzustellen, aber der Wagen verweigerte den Gehorsam. Mechaniker wurden zu Hilfe gerufen, aber sobald sie auftauchten, schaltete der Volvo seinen Motor selbst ab – und startete ihn erneut, als sie wegfuhren. Ein Volvo-Sprecher sagte: „Das ist bei dieser Marke noch niemals passiert."

Vielleicht nicht. Aber 1985 machte sich ein weiteres Auto in Yorkshire selbstständig. Eveline Thommesens Renault sprang ohne Zündschlüssel an, krachte durch ein Garagentor, traf eine Mauer und ging in Flammen auf. Ein Feuerwehrmann bestätigte: „Ich habe noch niemals von so etwas gehört."[353] Da hatte er nicht aufgepasst. Sechs Monate zuvor hatte John Potts in Devonshire seinen Vauxhall Cavalier an dessen gewöhnlichem Platz vor dem Haus geparkt; die Handbremse war angezogen, die Türen waren abgeschlossen und das Lenkradschloss verriegelt. Bis zum nächsten Morgen hatte sich der Wagen auf der Straße über fünfzig Meter weiter bewegt. „Welch ein Glück, dass da nichts im Wege stand", meinte Potts. „Vielleicht mag er mich nicht und hat versucht zu entkommen."[346] Don Hall in

London war gerade damit fertig geworden, ein altes Taxi in ein „Charakterfahrzeug" zu verwandeln, als dieses von selbst ansprang und hundert anderen Autos auf einem Parkplatz auswich, bevor es in Flammen aufging. „Es sah aus wie aus einem verrückten Film – fast, als hätte es einen eigenen Willen gehabt."[267]

Aber das ist natürlich unmöglich. Oder doch nicht? In Florida stieg 1978 eine Frau auf einem Supermarkt-Parkplatz aus ihrem Auto, als dieses von allein startete, wendete, sie überfuhr und sie wiederholt überrollte, während es weiter im Kreise fuhr. Die Rettungskräfte hielt es eine Viertelstunde lang in Schach. Bei der Beerdigung bemerkte einer ihrer Freunde: „Sie hat dieses Auto nie gemocht."[285] In der Nähe von Sydney, Australien, versuchte Dorothy Woodward 1981 ein altes Auto, das sie hasste, über eine Klippe zu schieben – doch das Fahrzeug drehte den Spieß um und riss sie sechzig Meter tief in den Tod.[320]

Die ganze Geschichte ist lächerlich. Nichts weiter als verrückte Zufälle, natürlich. Und die üblichen „Fehler in der Elektrik", freilich. Aber was soll man von Autos halten, die in eine lange Reihe solcher Un-/Zufälle verwickelt sind?

Als Erzherzog Franz Ferdinand 1914 in Sarajevo einem Attentat zum Opfer fiel, war er zufällig mit einem herrlichen offenen Wagen der Marke Gräf & Stift unterwegs. Dies war sein Pech, denn es hätte auch irgendein anderer offener Wagen sein können. Aber wenige Wochen später überfuhr ein Hauptmann des V. österreichischen Corps mit demselben Fahrzeug zwei Arbeiter und tötete sie; als er beim Ausweichen gegen einen Baum raste, kam er selbst ums Leben. Dann ging das Fahrzeug in die Hände eines jugoslawischen Regierungsbeamten über, der vier weitere Unfälle damit erlebte; beim letzten verlor er einen Arm. „Zerstören Sie es, das Ding ist verflucht", sagte er. Stattdessen wurde das Fahrzeug an einen gewissen Dr. Srkis verkauft, der zu Tode gequetscht wurde, als es ihn überrollte.

Danach gelangte das verhängnisvolle Automobil weiter an einen reichen Geschäftsmann, der den Fluch mit einem Lachen abtat, bis er selbst tot in dem Auto gefunden wurde. Er hatte ohne ersichtlichen Grund Selbstmord begangen. Ein Schweizer Rennfahrer begeisterte sich für den Vierzylindermotor und erwarb das Fahrzeug. Als er bei seiner ersten großen Fahrt mit dem Wagen in den Italienischen Alpen in eine Mauer krachte, kam er ums Leben.

Das Fahrzeug wurde repariert und von einem serbischen Bauern gekauft. Eines Tages wollte es nicht anspringen und wurde abgeschleppt. Doch da die Zündung nicht abgestellt war, sprang der Motor an, der Wagen überholte in einer Kurve und tötete seinen Besitzer. Ein Mechaniker setzte den Wagen instand und lieh ihn aus, um vier Freunde zu einer Hochzeit zu fahren. Dort kamen sie nie an: Bei einem Frontalzusammenstoß mit einem entgegenkommenden Fahrzeug kamen alle Beteiligten ums Leben. Schließlich bereitete die österreichische Regierung dem Schrecken ein Ende, indem sie das Auto kaufte und restaurierte. Nun ist der Gräf & Stift Teil einer ständigen Ausstellung im Heeresgeschichtlichen Museum in Wien. Dort steht er noch, dunkelgrün und mit bösem Blick.[271]

Eine ähnliche Nemesis schien sich durch den silbernen Porsche 550 Spyder auszutoben, den der Schauspieler James Dean 1955 erwarb. Er starb darin in Kalifornien im September jenes Jahres, nur eine Woche nachdem Alec Guinness, der normalerweise nicht zu medialen Prophezeiungen neigt, den jungen Star beschwor, das Fahrzeug loszuwerden, bevor es ihn umbrächte. Das Porsche-Wrack kaufte der Autodesigner George Barris, der es ausschlachten und die Einzelteile verkaufen wollte. Später gab er zu: „Ich weiß, es ist einfach, im Nachhinein klüger zu sein, aber schon als ich das Auto zum ersten Mal sah, hatte ich das Gefühl, dass da irgendetwas sonderbar war, und mir war nicht ganz wohl bei der Sache." Als das Wrack gleich nach seiner Ankunft auf dem

Hof von Barris' Werkstatt vom Transporter geladen wurde, rutschte es ab, traf einen Mechaniker und brach ihm das Bein. Barris verkaufte den Motor an einen Arzt in Beverly Hills, einen begeisterten Rennfahrer. Auf seiner ersten Fahrt mit dem Porsche-Motor baute er einen Unfall und starb. Das Getriebe des Spyders hatte ein anderer Arzt gekauft; er wurde bei dem gleichen Rennen schwer verletzt. Die Karosserie des Porsches ging als Teil einer Wanderausstellung zum Thema Sicherheit im Straßenverkehr nach Salinas, doch der Transporter, auf dem es überführt wurde, geriet ins Schleudern und kam von der Straße ab, der Fahrer starb. Auf einem anderen Lastwagen in Oakland unterwegs, brach das Porsche-Wrack entzwei. Ein Teil fiel auf die Straße und verursachte einen Unfall; der Rest blieb auf der Ladefläche, bis die Bremsen des Transporters versagten, der in ein Ladengeschäft krachte. Die restlichen Teile des Wracks wurden mit der Eisenbahn nach Miami zu einer weiteren Ausstellung verschickt. Doch sie kamen niemals zurück. Der „Todes-Spyder" verschwand restlos; vermutlich wurde er von James-Dean-Fans auseinandergenommen und gestohlen. Man kann nur hoffen, dass diese mit den Einzelteilen mehr Glück hatten, und dankbar sein, dass dieses Modell vor der Zeit gebaut wurde, als man es mit einem Computer hätte ausrüsten können.[264]

Es ist an der Zeit, allmählich weniger an unsere Reaktion auf Automobile zu denken und mehr über deren Verhalten uns gegenüber. Ist es möglich, dass die wiederholte Aggression, die das Fahren unter bestimmten Bedingungen selbst bei den am freundlichsten gestimmten Zeitgenossen zu provozieren scheint, ansteckend sein könnte? Könnte es sein, dass Autos versuchen, es ihren Eigentümern recht zu machen? Ich habe in den Akten den Fall einer Ehefrau, die von dem führerlosen Wagen ihres Mannes überfahren wurde; dies geschah nach einem hitzigen Streit über die Menge an Zeit und Geld, die er dem Auto widmete. Und wie könnte sich ein gleichzeitiger

Orgasmus auf der Rückbank auf die zunehmend komplexe und empfindliche Elektronik in den meisten modernen Fahrzeugen auswirken?

Absurd, ich weiß. Aber es ist eine Überlegung wert, denn bis 1987 war die Autoindustrie im Belagerungszustand. Hunderttausende von Kunden, die einundzwanzig verschiedene Modelle fuhren, beschwerten sich, dass ihre Autos ohne erkennbaren Grund dazu neigten, unkontrolliert die Drehzahl zu erhöhen. Alan Smith aus Nordlondon reklamierte: „Der Wagen fing an, Amok zu laufen … als ob jemand anderes wahllos aufs Gaspedal träte."[392] Ein Gericht in Los Angeles sprach einer Frau, die bei einem solchen Unfall verletzt wurde, über drei Millionen Dollar Schadenersatz zu, und allein Audi rief fünfzigtausend Fahrzeuge zurück und bot 390.000 Fahrern Vergleichszahlungen an. Aber sie waren nicht die Einzigen, die es traf. Auch bei Produkten von Ford, Mercedes, Austin und General Motors kam es zu plötzlichen, ungewollten, fast emotionalen Beschleunigungen.

Auch zwei Jahre und Millionen von Dollars später – plus mehrerer Ausschüsse der National Highway Traffic Safety Administration (zivile US-Bundesbehörde für Straßen- und Fahrzeugsicherheit) – gibt es keine einfachen Antworten. Kein Konstrukteur oder Hersteller war bisher in der Lage, das verblüffende Phänomen zu reproduzieren oder einen Weg zu finden, es zu verhindern. Der Direktor der Untersuchungsabteilung der American Administration gab zu: „Es bleibt weiterhin ein frustrierendes Rätsel. Es ist eine Tatsache, dass das gleiche Problem in Fahrzeugen vorkommt, die fast keine Teile gemeinsam haben."[382] Aber alle betroffenen Modelle haben eine Automatikschaltung und enthalten komplexe mechanische Komponenten und ein computerisiertes Elektronengehirn. Und solche Autos beschleunigen nicht nur plötzlich, sondern sie scheinen dabei sogar geographische und jahreszeitliche Vorlieben zu haben.

Auf der M25, dem Autobahnring um London, gibt es auf der Fahrtrichtung im Uhrzeigersinn fünfzig Prozent mehr Unfälle als in der Gegenrichtung. Im Herbst, der traditionellen Brunftzeit, ist man mehr gefährdet; bei einer Fahrt im Frühling und im Gegenuhrzeigersinn ist die Wahrscheinlichkeit geringer, in einen Unfall verwickelt zu werden.[376]

Welche Rückschlüsse sollte man aus der merkwürdigen Tatsache ziehen, dass manche Ausreißer – wie Liebespärchen – andere ihrer Art zu suchen scheinen? Kürzlich trafen bei einem Zusammenstoß in Nottingham zwei dunkelblaue Ford-Capris aufeinander, die plötzlich auf einer freien Straße ineinander schlingerten. Ihre Kennzeichen waren UNU 89 S und UNU 93 S.[291]

Inzwischen hat ein Konsortium von Automobilherstellen unter der Führung von Fiat damit begonnen, eine Gerät zu entwickeln, das Autos ermöglich wird, mit Hilfe eines eingebauten Mikroprozessors per Funk Informationen über den Straßenzustand und das Verhalten anderer Fahrzeuge auszutauschen – ohne Mitwirkung der Fahrer![393] Sie haben ihr System *Prometheus* genannt, vielleicht zu Ehren von dessen Ruf als ein Freund der Menschheit. Allerdings scheint man dabei übersehen zu haben, dass diese mythologische Figur, an einen Felsen gefesselt, auch die Personifizierung aller Opposition gegen Tyrannei ist, ein Symbol für den endgültigen Sieg über die Unterdrückung.

Das ganze Geschäft ist alarmierend. Wir scheinen uns selbst in die Abhängigkeit eines Dämons ausgeliefert zu haben, den wir selbst erschufen – ein Spielzeug, das angefangen hat, Amok zu laufen. Dies ist nicht unbedingt überraschend angesichts der außerordentlichen Übertragung von Energie und Emotion, die in die Erschaffung von Maschinen geflossen ist, die so komplexe Ausdrücke unserer eigenen Persönlichkeit sind. Man kann die Dinge nicht ignorieren, aber es mag helfen, wenn wir lernten, sie ein wenig mehr zu hassen, als wir es tun.

Ralph Nader machte einen guten Anfang mit seinem polemischen *Unsafe at Any Speed: The Designed-In Dangers of the American Automobile*, und es gibt bereits weitere Anzeichen einer sehr gesunden menschlichen Gegenreaktion.[163]

Nachdem die ständigen Ausfälle seines Autos seine Geduld überstrapaziert hatten, stieg John Norwood aus Bristol, England, aus und warf die Tür so fest zu, dass sie aus ihren Angeln riss; er schleuderte einen großen Stein durch die Heckscheibe, hämmerte auf das Dach, bis die Windschutzscheibe herausfiel, und war fest entschlossen, diesen umfassenden Automord zu vollenden, als er von einem vorüberkommenden Polizisten gewaltsam daran gehindert wurde. „Ich bin froh, dass ich es getan habe", sagte er später. „Ich konnte es nicht mehr ertragen. Ich wollte nur noch eines: Die Chance, das Ding kaputtzufahren." Aber das Gericht war, so scheint es, nicht unparteiisch. Er wurde für schuldig befunden und bestraft, „bedrohende Worte gebraucht und ein Verhalten gezeigt zu haben, die geeignet sind, eine Ruhestörung zu verursachen".[263]

Auf wessen Seite steht Justitia eigentlich?

7

Das Gespenst in der Maschine

Die Anweisungen waren klar: „Betreten Sie das Victoria and Albert Museum durch den Haupteingang. Wenden Sie sich nach links zum chinesischen Porzellan, gehen Sie an den islamischen Teppichen und indischen Skulpturen vorbei zu einer Vitrine auf dem Korridor. Dann schalten Sie wieder an."

Ich erwartete, Ion Will in London zu treffen, aber alles, was zu unserem Rendezvous im Büro der *Fortean Times* ankam, war ein Motorradkurier, der eine schlichte Tonbandkassette überbrachte. Ich folgte den Anweisungen und fand mich mit „Tippus Tiger" konfrontiert.

Tippu Sultan, der „Tiger von Mysore", war ein beträchtlicher Stachel im Fleisch der Briten in Indien. Er warf die Kolonialstreitkräfte in den ersten drei Mysore-Kriegen im ausgehenden 18. Jahrhundert nieder, und um sich an den langen heißen Nachmittagen zwischen den Feldzügen zu unterhalten, hatte er sich eine einzigartige Maschine bauen lassen. Sie besteht aus einem lebensgroßen hölzernen Tiger, der rittlings auf dem liegenden Körper eines britischen Soldaten in seiner vertrauten roten Jacke sitzt. Im Inneren des Tigers gibt es eine Pfeifenorgel, und aus seiner Flanke ragt ein Griff hervor. Wenn man daran dreht, knurrt der Tiger, und der Soldat windet sich ein wenig und schreit entsetzlich. Tippu liebte es.

Ich schaltete wieder ein.

„Seien Sie gegrüßt!", sagte Ion Will. „Herrlich, nicht wahr? Nadeln in Wachspuppen zu stecken, ist doch nichts dagegen. Tippu hielt die Briten zwei Jahre lang in Schach, aber am Ende bekamen sie ihn. Wurde 1799 erschossen. Sein Begräbnis soll von mächtigen Gewittern begleitet worden sein…"

Hierauf folgte eine Pause, damit sich diese Informationen setzen konnten. Dann fuhr das Tonband fort: „Wir sind heute hier versammelt, um über den schwarzen Peter nachzudenken. Über Maschinen, die dazu gedacht sind, Dinge für uns zu tun. Über Autos, die die Aufgabe unserer Füße übernehmen, und Kräne mit weiterreichenden Armen. Über Dinge, die als Prothesen angefangen haben: Teleskope, um die Reichweite unserer Augen zu vergrößern, Telefone für längere Ohren, Radar, der weit hinausreicht bis zu Dingen am Horizont. Jede dieser Hilfen war anfangs genau und nur dieses – ein nützliches Werkzeug. Etwas so Harmloses wie Tippus Tiger. Aber wir sind über die Zeit(alter) der Aufzieh-Spielzeuge hinaus. Es gibt jetzt so viele Maschinen da draußen – die meisten von ihnen zu aktiven Netzen verbunden –, dass wir mit einer neuen Art von Bewusstsein konfrontiert sind. Einer Art von mechanischer Noosphäre. Eine Kreatur, die – wie wir – den Weg von der Energie zur Materie und zum Leben gegangen ist und nun an der Schwelle zum Bewusstsein balanciert. Und dank uns, ist das weltweit so. Wir sind umgeben von einem elektronischen Summen von Dingen, die ihrem Geschäft nachgehen. Und es *ist* ihr Geschäft, nicht mehr das unsere. Was weiß ich über Computer? Ich beherrsche nicht einmal ihre seltsamen Sprachen. Manche Menschen können das, ich weiß, aber ich habe ein Gefühl, dass die Großen niemand wirklich versteht. Sie scheinen nur miteinander zu sprechen, arbeiten mit unfassbarer Geschwindigkeit, kommunizieren über Verbindungen, die heute topologisch komplexer sind als das menschliche Gehirn, und erzeugen ihr eigenes Lebensfeld – eine künstliche Aura, die den ganzen Planeten umspannt."

Ions Stimme in meinen Ohrhörern war so unmittelbar, dass ich für einen Augenblick vergaß, das er nicht bei mir stand und mich mit seinem Alter-Seemanns-Blick fixierte. Als er dann sagte: „Kommen Sie über die Straße zum Science Museum. Da ist etwas, das ich Ihnen zeigen möchte", folgte ich freudig. Als ich dort war, schaltete ich ihn wieder ein.

„Sehen Sie sich um. Woran erinnert Sie das?"

Ich sah mich um. Das Erdgeschoss des Science Museums ist ein geräumiger hoher Saal, der bis hinauf zu den Dachfenstern reichte. Es ist von wunderbaren Ungeheuern bewohnt, darunter die originale Atmosphärische Dampfmaschine von Thomas Newcomen, Watts Niederdruckdampfmaschine, Trevithicks tragbare Hochdruckmaschine, die horizontale Corliss-Dampfmaschine und die Kegelradverzahnungsmaschine. Manche sind in Bewegung, andere stehen still, aber diese und ein Dutzend weitere Leviathane mit ihren sich wölbenden Hälsen und Balken stehen umher wie prähistorische Tiere in einer mechanischen Ausgabe des Erdmittelalters.

„Das ist recht", sagte Ions Stimme in meinem Ohr. „Dinosaurier. Sie blicken nun auf die Morgendämmerung des Maschinenlebens. Die erste Generation, die ihre Füße auf Werkstattböden setzte. Die Vorfahren von all den Maschinen, die bereitstehen, um uns an der Tür zu zerschmettern. Alles, was ihnen noch fehlte, war ein ordentliches Nervensystem und ein besseres Gehirn, und diese haben wir ihnen inzwischen auch noch gegeben. Gott helfe uns armen kleinen Säugetieren … Lassen Sie uns hier hinausgehen. Nehmen Sie mich auf einen Spaziergang in den Park mit."

Was ich natürlich tat. Hinaus zu den Ufern der Serpentine. Und dort hörte ich das finale Klopfen – den letzten (Ion) Will(en), das Testament.

„Ich bin in Sorge", sprach er in meinem Ohr, „dass wir vielleicht dabei sind, unsere Monster selbst zu erschaffen. Ich fürchte, dass die schlauen Maschinen, die unsere Gesundheit und unser Wohlergehen überwachen und die ständig dem Brummen unserer emotionalen Aufmerksamkeit ausgesetzt sind, angesteckt werden können. Lebendig werden. Wie, meinen Sie, fühlt sich ein Lebenserhaltungssystem, wenn es abgeschaltet wird, damit ein Patient sterben kann? Dumme Frage, wie? Wir sollten uns Gedanken machen über solche Dinge. Unsere Einstellung zu Maschinen ist sehr sonderbar. Jene Maschine, die unermüdlich Öl oder Wasser zutage fördert, nennen wir tatsächlich „Esel". Die Flugzeuge ohne Piloten bezeichnen wir als „Drohnen". Und einer der ersten Computer erhielt sogar den Namen MANIAC, das heißt „der Verrückte". Ist das nicht hässlich? Da ist kein großer Unterschied mehr zwischen: ‚Schickt tausend Sklaven her, um diesen Dschungel zu roden!', und ‚Lasst den Computer all die Ersatzteile von General Motors inventarisieren!' Oder?

Und das ist noch nicht alles. Wenn wir uns so gefühllos gegenüber dem Leben verhalten können, das wir erschaffen haben, ist dies wenig schmeichelhaft für unsere Haltung zum Universum als Ganzem. Dieses *kann* als ein Artefakt betrachtet werden, als eine große Maschine. Und was geschieht, wenn es auch „lebendig" wird und irgendwie gekränkt ist? Selbst wenn die Auswirkungen auf unserer unmittelbares Sonnensystem beschränkt bleiben, könnte es unangenehm sein, um es einmal vorsichtig auszudrücken. Unser Stern ist schließlich Teil von der Astrologie irgendeines anderen Burschen anderswo. Ich frage mich, welche ungünstigen Schwingungen wir im Universum verbreiten könnten!"

Ion seufzte, und dann folgte eine lange Pause auf dem Band, während der ich hören konnte, wie ein Streichholz angerissen wurde und seine Flamme irgendeine tröstend wirkende Substanz in Brand setzte. Als er wieder zu sprechen begann, klang seine Stimme etwas milder.

„Die Fortianer, wie Sie inzwischen wissen müssen, sammeln seltsame Wetterdaten. Davon gibt es heute eine Menge – Vulkane, Stürme, Schneestürme, Dürrezeiten, seltsame Dinge, die vom Himmel fallen. Evidenz vielleicht dafür, dass Gaia sich kratzt, weil es juckt, da sie unruhig wird wegen irgendwelcher Dinge. Ich kann's ihr nicht verdenken. Der ganze Planet ist irgendwie aus dem Lot, hat schlechte Träume. Und wenn dies so ist, welche Hoffnungen und Ängste muss es da in der kosmischen Gemeinde geben? Ich weiß es nicht. Es gibt viel mehr, das ich über all diese Dinge sagen könnte, aber ich denke, Sie haben jetzt mehr als genug, mit dem Sie weitermachen können. Und überhaupt … ich bin nicht sicher, ob ich irgendetwas davon ernst nehme."

Dann folgte eine weitere lange Pause, und dann, kurz bevor das Band zu Ende war und sich ausschaltete, ein sanftes Abschiedswort: „Manchmal tue ich es."

Ich tue es manchmal auch.

Separate Körperteile

„Was anderes", fragte Samuel Butler, „ist das Auge des Menschen als eine Maschine, die dem kleinen Geschöpf, das dahinter in seinem Gehirn sitzt, zum Durchblicken dient?"[32]

In der Tat. Für einige Zeit, nachdem der Seher gegangen ist, sind tote Augen gerade so gut wie lebende. Also transplantieren wir sie in neue Augenhöhlen und geben den Blinden die Sicht zurück. Wenn sogar ein gesundes Auge und Gehirn nicht weit genug zu sehen vermögen, setzen wir eine Erweiterung davor oder zwei, fügen ein Augenglas oder ein gutes Doppelfernrohr hinzu und bringen so das vordem Unsichtbare in den Brennpunkt. Es gibt mehr als ein Riesenteleskop, das von seinen Freunden das „große Auge" genannt wird.

Was sind Kameras, wenn nicht Augen mit einem eingebauten Gedächtnis, die die Nachricht nicht nur aufnehmen, sondern buchstäblich machen. Was nicht aufgenommen und berichtet wird, ist keine Nachricht. Es hört zwar nicht auf zu existieren, aber es landet gewiss in einer Rumpelkammer der Kultur. Von wessen Gedächtnis sprechen wir denn? Die Frage ist durchaus real, denn ich habe im Laufe der vergangenen zwanzig Jahre mit mehr als einer Kamera zu tun gehabt, welche Bilder von Dingen aufnahm, die „nicht wirklich da waren".

Berichte über „psychische" Bilder auf Film gibt es seit den frühesten Tagen der Photographie, als Merkwürdigkeiten selbst auf Fotoplatten zu erscheinen begannen, die mit äußerster Sorgfalt belichtet worden waren. Es gab eine Zeit, da war die „Geister-Photographie" der letzte Schrei, und es wurden Bücher gedruckt mit Fotos von Gestalten, die in Seihtücher gehüllt waren; sie schwebten in der Luft um Männer und Frauen im Sonntagsstaat, die mit ernster Miene direkt in das Objektiv starrten. Die meisten jener Bilder waren plumpe Fälschungen, einfache Doppelbelichtungen von „Ektoplasma" und „indianischen Geistführern". Aber bereits 1910 gelang es Tomokichi Fukarai in Japan, unter sehr streng kontrollierten Bedingungen, ein erstaunliches Spektrum von anomalen Bilder aufzunehmen, einschließlich komplexer Kalligraphie.

1964 begann der Psychiater Jule Eisenbud in Chicago die Arbeit mit einem Mann namens Ted Serios, der anscheinend auf Verlangen Bilder auf einen Film „denken" konnte. Über die folgenden zwei Jahre, soweit irgendjemand das sagen kann, tat er just dieses – und erzeugte eine erstaunliche Vielfalt von Bildern von Autos und Gebäuden, Menschen und abstrakten Schnörkeln. Die Quelle der Bilder war manchmal offensichtlich – eine flüchtige Straßenszene oder ein Bild von Westminster Abbey, das er gesehen hatte –, aber in vielen Fällen waren die Bilder leicht verändert und schlossen Details ein, die niemals existierten, Schatten, die nicht sein konnten, oder Ansichten aus unmöglichen Blickwinkeln. Sie schienen modifiziert zu werden, bevor sie sich dem Film einprägten, transformiert durch Erinnerung und Phantasie. Aber die Frage lautet wieder: Wessen Erinnerung und Phantasie?[59]

Seit damals hat Jule Eisenbud mit mehreren anderen Versuchspersonen gearbeitet, in deren Gegenwart spontane Bilder auf Film gelangten unter Bedingungen, die die Möglichkeit eines Betruges auszuschließen scheinen. Dabei stellte er fest, dass es zusätzlich zu den erkennbaren Bildern eine große Zahl von anscheinend wahllosen Kritzeleien oder Schnörkeln gibt. Diese nehmen eine typische wurmförmige Erscheinung an, die von der Person, dem Kameratyp, der Filmsorte oder den Umständen ihres Entstehens unabhängig zu sein scheint. Doch sie weisen eine starke Ähnlichkeit zu „Mäandern" auf, welche viele prähistorische Felszeichnungen und Gemälde wie Spaghetti bedecken.[60]

Es hat den Anschein, als blickten die Kameras, die solche Bilder hervorbringen, nicht so sehr in die „reale Welt" hinaus, sondern griffen gleichsam zurück auf/in den Geist des „Geschöpfs, das hinter dem Sucher sitzt", wo sie die Muster auf- oder auslasen, die sehr alte, sogar archetypische Dinge über die Natur von Energie und Sein widerspiegeln. Viele Medien, einige Psychotiker und sehr viele Menschen unter dem Einfluss von halluzinogenen Drogen sehen solche Muster als Lichter in der Luft um sich herum – „Linien, die sich wie Schlangen bewegen", „Würmer, die über das Gesichtsfeld schwimmen". Sie scheinen einen allen gemeinsamen, in der Tiefe zugrundeliegenden Vorgang darzustellen – vielleicht sogar eine Form von Proto-Schreiben –, der sich auf Ur-Energien wie jene bezieht, die in der chinesischen Philosophie als „Chi" bezeichnet werden.[61]

Das Anerkennen des psychischen und physiologischen Ursprungs der Bilder trägt weder zu einer Erklärung bei, wie sie auf den Film gelangen, noch hilft es, die Rolle der Kamera bei diesem Vorgang zu verstehen. Kameras lügen in dem Sinne, dass sie hoch selektive Maschinen sind, die nur unter vorgegebenen Bedingungen operieren und dabei flüchtige Bilder einfangen. Die erste bekannte Fotografie einer lebenden Person war gerade ein solcher Zufall. Sie wurde von Meister Louis Daguerre selbst 1839 auf einem Boulevard in Paris mit einer so langen Belichtungszeit aufgenommen, dass bewegte Objekte keine Spuren auf der silberbeschichteten Platte hinterließen. Doch im Bildhintergrund, praktisch ohne die Kamera zu bemerken, ist ein einzelner Pariser fotografisch verewigt – weil er dort unbewegt stand und geduldig auf das Ende der Arbeit des Schuhputzers wartete.

In Aachen haben Klaus Schreiber und Martin Wenzel die Geister-Fotografie auf den neuesten Stand gebracht, indem sie sie ins Videozeitalter überführten. Mit Hilfe von opto-elektronischen Feedback-Systemen, die effektiv die Empfangsteile von Fernsehgeräten umgehen – und diese in Augen verwandeln, die nur nach innen blicken –, ist es ihnen anscheinend gelungen, Bilder auf die Mattscheibe zu produzieren, flüchtige Flecken wie jenen selbstvergessenen Pariser. Und einige dieser Bilder zeigen Menschen, die schon lange tot sind – einschließlich beider Exfrauen von Schreiber.[99]

Wie auch immer die Bilder hervorgebracht werden – und ich sehe keine Notwendigkeit anzunehmen, dass sie einen zwingenden Beweis für das Überleben des Todes bieten –, ist der springende Punkt, dass hier weder das Objektiv der Kamera noch irgendeine Form von normaler Einwirkung beteiligt oder auch nur notwendig zu sein scheinen. Die Bilder gelangen wohl vielmehr durch eine Art von Symbiose zwischen lebenden Menschen und den beteiligten Maschinen auf den Film, das Magnetband oder die Bildröhre. Ich sage voraus, dass wir mit zunehmender Verbreitung von Videoausrüstung in immer mehr Hände und Haushalte noch viel mehr solcher Artefakte sehen werden. Mit ihren komplexen elektronischen Schaltungen sind Kameras auch Traum-Analoga geworden, die eine einladende Nische in unserem Leben füllen und bereits beginnen, unsere Träume und Alpträume widerzuspiegeln. Falls Sie dies noch nie getan haben, verbringen Sie einmal eine Stunde mit der Betrachtung eines Popmusik-Programms oder einer jener Fernsehsender wie MTV in den Vereinigten Staaten, die am laufenden Band nichts anderes als Popvideos ausstoßen. Diese sind gespickt mit archetypischen Bildern und machtvollen Ursymbolen und wurden ersonnen, um die Aufmerksamkeit auf sich zu ziehen und Schallplatten zu verkaufen; dabei bedienen sie sich direkt bei der universellen Sprache des Unbewussten. Wir geben der beteiligten Maschinerie eine Mythologie, die reich genug ist, um auch das anspruchsvollste junge mechanische Denken zu befriedigen.

Die solchem Programmieren innewohnende Gefahr ist, dass wir, indem wir dies tun, dazu beitragen, die Saat für Chaos zu legen. Wir füttern die Phantasie der mechanischen Noosphäre, welche vielem zugrunde zu liegen scheint, das anomal ist, und schaffen damit die Umstände, unter denen es zunehmend angebracht ist, von einem „planetaren Poltergeist" zu sprechen.

Einige wenige vorstädtische Beispiele, wahllos aus einem „Directory of Spontaneous Phenomena" herausgegriffen, das in London 1970 zusammengestellt wurde, vermitteln eine Vorstellung von der Art von Ereignissen, die inzwischen sogar noch weiter verbreitet sind.

In Dutzenden von Wohnungen geht das Licht an und aus, obwohl die Schalter überklebt wurden, Aufzüge halten selbstständig an oder fahren weiter, Telefone klingeln ohne Grund, Haartrockner werden spontan lebendig, Staubsauger saugen und Ventilatoren blasen ohne menschliches Zutun, Feuer bricht aus, Wasserkocher schalten sich von selbst ein und kochen sich trocken, Heizgeräte erkalten, und während die Musiker im Capri-Club in Brentwood eine Pause machen, fängt ihre elektronische Orgel von selbst an zu spielen, so dass die Besucher entsetzt auf die Straße hinaus fliehen.[38]

In den letzten ein oder zwei Jahren hat [der britische Batteriehersteller] Ever Ready eine Reihe von Werbefilmen geschaltet, in welchen Maschinen Amok laufen dank der „langlebigen"

Batterien, die in der Reklame als „das Herz der Maschine" bezeichnet und mit der Garantie ausgestattet werden, dass sie „Leben in Ihre Geräte bringen". Ich kann kaum erwarten, was als Nächstes passiert.

Doch die Sensation breitet sich aus. Und knapp an den Fersen des Ersatz-Auges haben wir Erweiterungen für unsere Ohren. Zuerst gab es Trichter für die Schwerhörigen, dann Sprechrohre aus den Befehlszentralen bis in den Bauch von Schiffen und Häusern, und schließlich Alexander Graham Bells kleines Spielzeug, das Telefon, eine Maschine für das „Fern-Hören". Heute, wenig mehr als ein Jahrhundert, nachdem es 1876 patentiert wurde, ist das globale Telefonnetz zur größten und komplexesten Maschine der Welt geworden. Es umspannt den Planeten, verbindet eine Milliarde Instrumente und ein Bataillon von Computern durch untermeerische Kabel und über Satellitenverbindungen zu einem Komplex, der so undurchschaubar ist wie das menschliche Gehirn – und fast ebenso arglistig.

In einem unserer letzten nüchternen Gespräche meinte Ion Will einmal, dass das Telefonnetz nun zu einer Art von elektronischem Wahrsagesystem geworden sei, das jeder Teilnehmer durch wahlloses Wählen konsultieren könne. Das klang auf eigentümliche Weise schon wieder sinnvoll.

Im Jahre 1970 versuchte eine englische Hausfrau, ein Ortsgespräch mit ihrem Sohn zu führen. Was sie bekam, war ein Dreiecks-Gespräch von einer halben Stunde Dauer zwischen ihr selbst, dem Raumflug-Kontrollzentrum in Houston, Texas, und Astronauten auf einem Apollo-Raumschiff. Sie gestand später, dass sie im Hinblick auf die zu erwartende Telefonrechnung etwas in Sorge war. Ein Sprecher der NASA erklärte: „Es ist unmöglich, mit einem Raumschiff zu kommunizieren, wenn man nicht sehr hochentwickelte Geräte hat, die auf eine spezielle Frequenz eingestellt sind."[254] Er dachte, dass Telefone, die die britische Post ihren Privatkunden zur Verfügung stellte, wahrscheinlich nicht die notwendigen Voraussetzungen erfüllten. Doch wenig später erhielt Frau M. L. Smith in Staffordshire einen Anruf von ihrem Mann aus Solihull, nur fünfzig Kilometer entfernt; und sie beide sowie fünf ihrer Freunde, die sie hereingerufen hatten, um auf Nebenstellen mitzuhören, verbrachten zwanzig Minuten damit, einem anderen Gespräch zwischen Houston und der gleichen Apollo-Besatzung zu lauschen.[255]

1980 versuchte Doris Bass im englischen Bournemouth ihre Schwiegertochter anzurufen, um sie daran zu erinnern, einen Geburtstagskarte mitzubringen. Bei drei Versuchen bekam sie Verbindungen zu einer Satellitenverfolgungsstation auf den Äußeren Hebriden („Er war sehr freundlich und meinte, es könnte ein Raumschiff sein, das die Verbindung störte."), zu einem chinesischen Schnellimbiss in Glasgow (der sich freute, ihre Bestellung aufzunehmen, aber nicht sicher war, ob sie rechtzeitig zum Mittagessen geliefert werden könne), und zum Leuchtturmwärter von Portland Bill („Er wollte wissen, von welchem Schiff ich anrief."). Ein Sprecher der Post sagte: „Dafür gibt es keine logische Erklärung."[301]

Im selben Jahr klingelten die Telefone gleichzeitig in Polizeiwachen in Sydney, Melbourne, Brisbane, Darwin, Perth, Hobart, Edinburgh und – als Zugabe – im New Scotland Yard in London. Nach mehreren Minuten freundschaftlicher Verwirrung legten alle betroffenen diensthabenden Polizisten den Hörer wieder auf, nicht klüger als vorher. Telekommunikations-Häuptlinge bezeichneten es später als einen „Eins-zu-eine-Million-Zufall".[302]

Und so geht es weiter. Es passiert ständig. Natürlich nur ein elektrischer oder elektronischer Schluckauf. Noch ein weiteres „künstliches" Mysterium. Aber wie steht es mit den „verwählten Anrufen", die lange verloren geglaubte Geschwister zueinander finden lassen? Oder der „falschen Verbindung", die eine Krankenhausmanagerin in einen direkten Kontakt mit einem Mann brachte, der gerade einen Herzinfarkt erlitt? Elektronische Telepathie? Oder wieder nur „reiner Zufall"? In einem System, das dreihundert Milliarden Anrufe pro Jahr verarbeitet, dürften einige Zufalls-Verbindungen nicht zu vermeiden sein. Die Kunden haben sogar eine minimale Chance zu sterben. Allein 1984 erhielten zwanzigtausend Menschen in den Vereinigten Staaten eine Notfallbehandlung wegen „Verletzung im Zusammenhang mit Telefonen". Hundert von ihnen starben infolge von Hochspannungs-Schlägen, die bei Gewittern durch die Telefonleitung ins Haus kamen oder durch einen akustischen Schock, ausgelöst durch einen mysteriösen Hochfrequenz-Ton, der bis zum Herzstillstand führen kann.[352]

Konfrontiert mit etwas so Großem und so Komplexem wie das Telefonnetz, kann man kaum anders, als sich ein klein wenig paranoid zu fühlen. Praktisch in jeder Wohnung steht ein Telefon, fast in jedem Zimmer – und wer weiß, was diese Geräte tun, wenn wir ihnen gerade nicht unsere intimsten Geheimnisse anvertrauen? Einige von ihnen haben sogar die technischen Voraussetzungen, um uns zu belauschen. Vergleichen sie ihre Notizen? Zeichnen sie all dieses Zeug irgendwo auf? Jeder Anruf, den wir machen, könnte ein Teil eines Bildungsprozesses sein, der das System rapide zum Bewusstsein bringt, indem er es nicht nur mit unseren Fakten, sondern auch mit unseren Gefühlen und Empfindungen füttert. Es gibt nichts, was „es" nicht weiß, nicht einmal das Hochgeheime, das durch den „heißen Draht" zwischen Washington und Moskau vermittelt wird – dem Superstar der Fernverbindungen, der rund um die Uhr geöffnet ist, während seine Altardiener an beiden Enden in ständiger Bereitschaft stehen.

Wenn ich es mir recht überlege, sind wird alle Sklaven des Telefons. Was sonst darf den Geschlechtsverkehr unterbrechen? Wir springen auf, wenn es klingelt. Ich sah einmal, wie jemand an einem öffentlichen Telefon in einer Londoner Straße in dem Augenblick vorüberging, als es gerade läutete. Er zögerte nur kurz, dann drehte er sich um und nahm den

Hörer ab, obwohl der Anruf nicht für ihn gewesen sein konnte. Als ich ihn nach dem Grund fragte, zuckte er die Schultern und antwortete: „Weil es geklingelt hat." Das ist alles, was es braucht. Die Maschinen sind wir – denn wir sind zu Anrufbeantwortern geworden.

Der Anthropologe Edmund Carpenter schrieb: „In dem Augenblick, in dem wir ein Telefon abnehmen, sind wir nirgendwo im Raum, sondern überall im Geist. Das ist Augustinus' Definition von Gott … Wenn ein Verkäufer unsere Bedienung unterbricht, um einen Anruf entgegenzunehmen, akzeptieren wir dies ohne Protest, weil der reine Geist nun den Vorrang hat vor dem Geist im Fleisch."[37] Ich klingle, also bin ich.

Und das kommt mir bekannt vor. Im Jahre 1984 nahm Marion Treasure in Gloucestershire zu Hause einen Anruf an, und nachdem sie schon einige Minuten mit einer Kollegin gesprochen hatte, hielt sie inne. Da waren noch andere Stimmen hörbar, aber sie waren nicht in eine andere Telefonverbindung geraten. Die Stimmen waren ihre eigenen, die Wort für Wort wiederholten, was sie sechs Sekunden vorher gerade gesagt hatten. Es gab keinen Grund, warum sie angezapft oder aufgenommen werden sollten, und Telefontechniker sagten, es gebe keine Möglichkeit, dass sich ein Echo, wie man es manchmal bei internationalen Gesprächen erlebt, innerhalb der Maschinerie so lange verzögerte.[336]

Doch wenn Sie meinen, sechs Sekunden seien ein Problem, dann probieren Sie es einmal mit dreißig Minuten. Am 20. Oktober 1987, um 9.15 Uhr, stürzte ein Düsenjäger der US-Luftwaffe in das Ramada-Inn-Hotel in Indianapolis und explodierte in einem Feuerball. Barbara Evans hörte die Nachricht von ihrer Schwägerin um 9.40 Uhr, und sie und ihr Mann starteten augenblicklich zu dem Hotel, in dem ihr einundzwanzigjähriger Sohn Christopher als Telefonist arbeitete. Gerade als sie die Tür erreichten, klingelte das Telefon erneut. Es war ihr Sohn:

„Hallo, Mutter."

„Bist du es, Chris?"

„Ja."

„Bist du verletzt?"

„Nein, Mutter, ich bin in Ordnung."

„Wir sind gleich bei dir", sagte sie, legte den Hörer auf und verließ das Haus um 9.45 Uhr.

Die Zerstörung am Absturzort war entsetzlich. Mrs. Evans erfuhr, dass alle zehn Personen, die sich gerade in der Eingangshalle befunden hatten, sofort ums Leben gekommen waren, aber sie hatte noch keinen Grund, sich über ihren Sohn Sorgen zu machen. Sie erwähnte seinen Anruf in einem Interview mit einem Reporter des lokalen Fernsehsenders WRTV und machte sich auf die Suche. Erst spät am Nachmittag jenes Tages wurde eine der verkohlten Leichen anhand von Zahnabdrücken und einem Schlüsselring als Christopher identifiziert; er war eine halbe Stunde, bevor sein Anruf im Elternhaus ankam, umgekommen. „Ich weiß, es war die Stimme meines Sohnes", sagte Barbara Evans. „Ich habe nicht den geringsten Zweifel, dass es Christopher war. Und es war überhaupt keine Angst in seiner Stimme."[374]

Die Parapsychologen Scott Rogo und Raymond Bayless haben eine umfangreiche Akte mit Telefonanrufen von Toten zusammengetragen, die bis in die 1920er Jahre zurückreichen. Darunter ist ein eindrucksvoller Fall, der mit der Stimme einer Fernvermittlerin im Telegrafenamt beginnt, die sagt: „Ich habe ein R-Gespräch für Sie." Es ist Thanksgiving, ein Feiertag, und das R-Gespräch wird von einem Gast im Auftrag der Gastgeberin angenommen, die ans Telefon kommt und hört: „Mami, ich bin's. Ich brauche zwanzig Dollar, um nach Hause zu kommen." Die Stimme ist die ihrer Tochter, und die Worte sind die gleichen, die das Collegemädchen immer benutzte, wenn sie vorhatte, nach Hause zu fahren. Das einzige Problem ist jedoch, dass die Tochter zwei Jahre zuvor bei einem Autounfall ums Leben gekommen war. Nachdem die Mutter ohnmächtig wird, rufen die Gäste die Telefongesellschaft an, die jedoch keine Aufzeichnung über das R-Gespräch hatte und es auch nie auf die Rechnung setzte. Wie auch immer dieser Anruf zustande gekommen war, ging er offenbar nicht über die zentrale Vermittlungsstelle.[189]

1977 wird Mary Meredith aus Oklahoma nach einem Krankenhausaufenthalt entlassen. Zu Hause erfährt sie aus einem Brief von ihrer Mutter in Kentucky, dass eine Cousine gestorben ist, mit der sie sehr eng befreundet war. Als sie gerade dabei ist, diese Nachricht zu verarbeiten, klingelt das Telefon:

„Hi Mary, hier ist Shirley Jean."
„Wer?" (Shirley Jean war der Name des toten Mädchens.)
„Hier ist Shirley Jean."
„Ich will wissen, wer da spricht."
„Mary, hier ist Shirley Jean. Geht es dir wieder gut?"
(zögernd:) „Ja, woher weißt du, dass ich krank gewesen bin?"
„Ich war im Krankenhaus bei dir."[188]

Das wichtige Element dieser Anekdoten, die auf eine enge Verbindung zwischen den Anrufenden und den Angerufenen schließen lassen, ist der Zeitfaktor. Dieser Anruf kommt genau in dem Augenblick, als Mary vom Tod ihrer Cousine erfährt. Barbara Evans erhielt ihren Anruf sehr bald nachdem sie von dem Flugzeugabsturz erfuhr, bei dem ihr Sohn hätte ums Leben gekommen sein können, aber noch bevor sie sich seines Todes bewusst war. Die Mutter der College-Studentin bekommt einen Anruf an Thanksgiving und bei einer Familienfeier, bei der sie naturgemäß viel an ihre vermisste Tochter denkt. Keines dieser Ereignisse ist ein Beweis für ein „Gewahrsein oder eine Absicht auf Seiten des Anrufers", wie Rogo und Bayless implizieren. Aus meiner Sicht scheinen sie mehr für Aktionen seitens der Empfänger der Anrufe zu sprechen, die mit dem naheliegenden Fernsprecher eine Art von unbewusster Symbiose bewerkstelligen. Das Telefon brauchte nur noch zu läuten.

Doch es gibt auch mehrere Fälle, in denen mehr als eine Person mit dem Anrufer spricht. Am eindrucksvollsten ist ein halbstündiges Gespräch, bei dem sowohl Bonnie als auch C. E. MacConnell aus Tucson, Arizona, nacheinander mit ihrer alten Freundin Enid Johlson sprechen und dabei von dem Buch erfahren, an dem sie gerade schrieb, und über ihren bevorstehenden Geburtstag reden – und dies alles mehrere Stunden, *nachdem* sie 1971 in Handmakers Jüdischem Pflegeheim starb.[208]

Um nun die Vorstellung zu erschüttern, dass der Inhalt der Anrufe allein im Denken der Angerufenen liegen könnte, kommt hier die Nachricht aus Luxemburg, dass „entkörperte" Stimmen einen Telefonanrufbeantworter aktivieren und eine Nachricht hinterlassen können. Jules und Maggy Harsch-Fischbach erhalten regelmäßige Anrufe und offenbar zusammenhängende Übermittlungen von mehreren verstorbenen Wissenschaftlern und Technikern.[145] Ich möchte wetten, dass die nächste Entwicklung das Phantom-Fax sein wird.

Es gibt enorme Probleme mit all diesen Phänomenen. Das erste ist die Ausschaltung von störenden Streusignalen.

England ist voll davon. Jedes Mal, wenn Ian Moncrieffe in Bristol seinen elektrischen Wasserkocher anstellt, empfängt er mystische Botschaften.[389] In Norfolk spricht Janet Barkers neuer Herd holländisch zu ihr.[281] Die Büro-Reinigerin Madge Gunn in London erhält alberne Befehle von ihrem Staubsauger: „Rücke vor bis zur Tooley Street." Doris Gibbon's Stromzähler ist weitaus höflicher: „Hallo", sagt er, „hier ist Geoffrey, komm bitte herein." Die elektrische Orgel in einer Kirche in Bolton unterbricht regelmäßig die Predigten des Vikars mit Durchgaben des Seewetterberichts.[259] Und Harry Goodchild aus Ipswich schnitt sich die Zehe ab, als seine Kettensäge plötzlich anfing zu singen.[268]

In den Vereinigten Staaten ist es nicht weniger geräuschvoll. Eine Frau in Chicago hat sich daran gewöhnt, die nachhallende Stimme eines örtlichen Diskjockeys auf dem Backofen zu hören. Ihre Nachbarn haben eine singende Hausverkleidung, sprechende Regenrinnen und Heizdecken mit einem Unterhaltungskanal mit Nachrichten und Wetter.[261] In Hull, Massachusetts, plappern Stimmen aus Backöfen, Toastern und Waschmaschinen munter drauflos.[379] Und in Fullerton, Kalifornien, hat Wanda Hooper ein Haus voll von vulgären Geräten. Ihre Mikrowelle, Haartrockner und Lockenstab reden schmutzig und schließen sich damit der illegalen Verbreitung von Zoten im CB-Funk an.[372]

Elektromagnetischen Interferenzen von Sendemasten mit hoher Leistung ist die Schuld in allen diesen Fällen zuzuschreiben; sie senden Signale aus, die stark genug sind, dass ein Zimmermann in New York die Nachrichten mit seinem künstlichen Gebiss empfangen kann, während ein Vietnam-Veteran in Florida dank eines Granatsplitters in seinem Kopf ständig Country-Musik hören kann.[311]

Angesichts all dieser technischen Möglichkeiten ist es schwierig, irgendein echtes Signal von dem Umgebungslärm zu trennen. Doch am 27. Juli 1976 erhielt das schwedische Seismische Institut in Uppsala einen zusammenhängenden Anruf. Eine männliche Stimme fragte: „Was passiert gerade in China?" Es war 20.45 Uhr – 3.45 Uhr am nächsten Morgen in Tangshan –, und als die Wissenschaftler zu ihrem Instrumentenraum eilten, begannen die Nadeln zu zittern und auf den Papierbändern zu kritzeln und die ersten Erschütterungen eines Erdbebens in elftausend Kilometer Entfernung aufzuzeichnen, das an jenem Tag lange genug dauerte, um achthunderttausend Menschen das Leben zu kosten.[272]

Seit Friedrich Jürgensson 1957 in Schweden als erster „herrenlose" Stimmen auf Band aufnahm, ist es einer wachsenden Zahl von „Tonbandstimmen-Forschern" gelungen, leise, fremdländische Stimmen in den unterschiedlichsten Situationen aufzunehmen. Viele sprechen in einem seltsamen Rhythmus und/oder in einem Gemisch von Sprachen, manche scheinen auf direkte Fragen zu antworten. Die Parapsychologie fasst all diese Absonderlichkeiten unter dem Begriff „elektronische Stimmenphänomene" zusammen – letztlich befriedigt, dass sie existieren, aber noch im Zweifel über ihrer Herkunft. Die Interpretationen der Stimmen aus dem Nirgendwo wechseln, oft nach nationaler Voreingenommenheit, von „unbestreitbarer Beweis für das Überleben des Todes" in den Vereinigten Staaten bis hin zu „Emanationen aus dem Unbewussten des Menschen" in Westdeutschland. Der britische Kompromiss ist eine sanfte Geringschätzung angesichts des „seltsamen Satzbaus" des größten Teils der vielsprachigen Reden.

Was mich an dem zunehmenden Beweismaterial am meisten fasziniert, sind die Beispiele, die lange verzögerte Echos zu sein scheinen. Das erste wurde 1927 von einem norwegischen Ingenieur aufgenommen, der Echos aus einer holländischen Radiostation bis zu zehn Sekunden nach ihrer Ausstrahlung hörte. Dies war viel zu lang, als dass man es mit dem Weg des Signals – selbst auf einem Umweg rund um den Globus – hätte erklären können, aber lange genug, um vom Mond reflektiert worden zu sein. So etwas passiert. Doch seit Anfang der 1970er Jahre sind Verzögerungen von sogar fünf Minuten aufgezeichnet worden. Die Theorien darüber sprechen von Signalen, die sich in ionisierten Tunnels in der Erdatmosphäre „verfangen" hätten oder von Reflektoren aus geladenen Teilchen im All abgeprallt seien. Die längeren Verzögerungen könnten durch irgendeine auf einer Umlaufbahn um die Sonne verirrten Sonde bedingt sein.[161]

Carl Sagan mutmaßte, dass ein Satellit um einen anderen Stern ein sehr altes Echo zurück auf die Erde senden könnte. Das erste Fernsehsignal, das stark genug war, um zum Beispiel

Wega [im Sternbild Leier] zu erreichen, könnte bald zurück-
kehren und Bilder von Hitler übermitteln, der die Olympischen
Spiele 1936 in Berlin eröffnet.[192] Aber Radiosignale schwir-
ren schon seit der Weltausstellung 1904 in St. Louis durch die
Welt, und viele der jüngsten Echos haben eine deutlich antike
Anmutung.

Wir wissen heute, dass gewöhnliche akustische Signale,
wenn sie einmal in natürlichen Kanälen tief unter den Meeren
gefangen sind, buchstäblich ohne Widerstand fließen können
und jahrelang hin und her wechseln. Techniker, die mit dem
Schallüberwachungssystem der US-Marine aus Horchge-
räten am Meeresgrund arbeiten, nehmen diesen Effekt sehr
ernst. Manche glauben, dass sie sich vielleicht noch auf die
Echos von Schlachten einstimmen, die während des Zweiten
Weltkrieges auf dem Atlantik tobten.[278] Und wenn Töne, die
mit Hilfe von Instrumenten eingefangen werden, eine höhere
Überlebenschance haben, freue ich mich [ganz persönlich] bei
dem Gedanken, dass die ersten Worte, die jemals durch Draht
übertragen wurden, Bells unwillkürliche Aufforderung an seinen Assistenten an jenem Tag im Jahre 1873 waren, als er versehentlich Batteriesäure über seine Hose schüttete: „Watson,
komm bitte her. Ich brauche dich."

Was alle diese Vorkommnisse zeigen, ist aufschlussreich. Es
gibt Maschinen, weitgehend nach unserem Bild gemacht und
über den ganzen Globus verteilt wie außerkörperliche Gliedmaßen, die darauf warten, von irgendjemandem gebraucht
zu werden, der sich dies leisten kann – Geräte, deren Aufbau
und Funktion unsere eigenen Sinne spiegeln und erweitern
und damit solche Maschinen mit jeder neuen Verbesserung
immer empfindlicher machen. Wussten Sie, dass es in Japan
jetzt möglich ist, Gebete per Fax zu versenden? Für Gläubige,
die zu beschäftigt sind, selbst einen Tempel aufzusuchen, hat
Genshoji eine Maschine, die im Namen von Buddha Anrufe
entgegennimmt.[371]

Das ist bequem, vielleicht. Aber in alldem liegt ein Problem. Wie oft sehen Sie heute ein Schild, das mitteilt: „Hände gesucht!"? Das war einst die übliche Formel, wenn neue Arbeitskräfte gefragt waren. Aber heute brauchen nur noch wenige Jobs erfahrene „Hände". Die Trennung von Hand und Gehirn, die in der Renaissance mit Ingenieuren wie Filippo Brunelleschi begann – der die Baumeister von Florenz beleidigte, indem er Maschinen für den Bau der Domkuppel erfand –, erreicht nun gerade seinen unvermeidlichen Abschluss. Trost findet man da nur in dem Gedanken, dass die Reichen am meisten gefährdet sind. Wir alle haben Zugang zu einem oder zwei Prothesen-Geräten, aber nur Milliardäre haben ein vollständiges Gegenstück aus separaten Gliedmaßen und treten alle ihre Funktionen, eine nach der anderen, an mechanische Stellvertreter ab. Das ist eines der Privilegien des Wohlstandes.

Ein größeres Risiko jedoch lauert in dem Tempo, mit welchem wir als Gesellschaft Verantwortung an Maschinen delegieren. Dieser Prozess bedroht nicht nur Einzelne, sondern die ganze Spezies, weil es hier direkte Parallelen zur Mensch/Maschine-Beziehung und zu dem alten Körper/Geist-Problem gibt. Und wir scheinen nun sowohl Körper als auch Geist in Gefahr zu bringen.

Die Gegenreaktion

Die großen Probleme entstehen, wenn wir Aufgaben Maschinen überlassen, über die wir keine direkte Kontrolle haben. Viele Maschinen arbeiten heute so schnell, dass es uns unmöglich geworden ist, damit Schritt zu halten. Bis wir erkennen, dass ein Gerät abgeschaltet werden muss, ist es häufig zu spät. Dann haben die Besen schon so viel Wasser angeschleppt, dass es reicht, um darin eine ganze Klasse von Zauberlehrlingen zu ertränken.

In Barnsley, Yorkshire, traf die Flut 1979 Phyllis Redhall. Der Gemeinderat hatte ihr ein neues Paar verchromter Wasserhähne über das Abwaschbecken in ihrer Küche anbringen lassen, und fast augenblicklich begannen sie durchzudrehen. Tag und Nacht, ganz gleich, wie fest die Hähne zugedreht waren, strömte das Wasser hervor. Die Klempner kamen wieder und probierten drei weitere Garnituren aus, doch ohne Erfolg. „Es ist, als säße man auf einem Paar tickender Bomben und wartete darauf, dass sie hochgehen", sagte Phyllis. „Installateure sind hier gewesen und haben die ganze Garnitur abgedichtet, so dass die Hähne nicht mehr zu bewegen sind. Eine Minute später kommt das Wasser wieder herausgespritzt. Die Hähne fangen an durchzudrehen, noch während wir zusehen. Niemand scheint imstande, dies zu stoppen." Ingenieure, Ratsmitglieder und andere Experten kamen insgesamt achtundneunzig Mal ins Haus, um der Wasserplage ein Ende zu bereiten. Alle zogen wieder ab, geschlagen von den boshaften Wasserhähnen. „Falls irgendjemand eine Idee haben sollte, was das Problem verursacht", sagte ein entnervter Beamter, „wären wir nur zu froh, von ihm zu hören."[288]

In keinem der Berichte scheint es erwähnenswert oder relevant, auf die Tatsache hinzuweisen, dass das Redhall-Haus in Barnsley zufällig „Monkspring" genannt wird. Ich will damit nicht andeuten, dass die Ursache der Schwierigkeiten auf einem gespenstischen Mönch mit unstillbarem Durst beruhen. Aber der Name, der einem Haus – oder irgendeiner anderen Sache – gegeben wurde, ist eben mehr als nur ein Etikett. Er wird Teil von einem Komplex, der zufällige Zusammenstellungen von gewöhnlichen Komponenten in etwas mehr als die Summe ihrer Teile verwandelt. Gebäude, besonders private Häuser, in denen Menschen eine Zeit lang gelebt haben, werden in mancher Hinsicht wie lebendige Organismen.

Manche sind sogar so geplant. Ein Artikel im *Architectural Review* sagt: „Ein Haus ist nicht eine Maschine zum Bewohnen, sondern ein Organ, durch das man lebt … Indem er in seinem Zuhause umhergeht, wird ein Mensch in jedem Zimmer wiedergeboren und transformiert." Das gefällt mir. Wir schreiben einem Haus ohnehin wie selbstverständlich menschliche Funktionen zu. Wir sagen von ihm, dass es „schlafe" oder „wach sei", dass es seine Nachbarn „überblicke", es nach Süden „blicke", und es wird mit Wasser, Strom und Gas „versorgt". Abflussrohre und Kanalisation mögen unbeseelt sein – für sich betrachtet, sind sie nichts weiter als Plastik oder Steingut –, aber in einem funktionierenden Haus installiert, werden sie zu einer Einheit mit den Eigentümern, echte Verkörperlichungen. Alle menschlichen Baumaterialien beginnen auf die gleiche Weise. Wenn man die Bestandteile unseres Körpers auf das Elementare reduziert, sind sie nichts mehr als leblose Materie, so träge wie ein Abflussrohr. Doch auf eine spezielle Weise zusammengestellt, werden die Teile lebendig – nicht weil sie von einer gespenstischen Präsenz heimgesucht werden, sondern als eine natürliche Funktion ihrer Ganzheit. Dies gilt auch für Häuser, die wachsen und sich entwickeln, die Teile der Naturgeschichte werden. Manche haben sogar verkümmerte Strukturen [des Lebendigen?]. Wie könnte man sonst „falsches Fachwerk" erklären?[93]

In Bali werden Häuser tatsächlich als bewusste Nachahmung des menschlichen Körpers geplant, mit einem zentralen Rumpf/Durchgang, einem Wohnzimmer, wo der Kopf sein sollte, einem Esszimmer für den Magen, einem Badezimmer am fernen Ende des Verdauungstrakts, dem Schlafzimmer für Herz und Lungen, und Verandas oder überdachte Gänge, die sich wie eigensinnige Gliedmaßen in alle Richtungen strecken. An solchen Orten fällt es leicht, sich sehr zu Hause zu fühlen. Wir gewinnen unsere äußeren Körper, die wir bewohnen, bald lieb und haben das Empfinden, dass sie mehr verdienen als eine unpersönliche Nummer. Doch wenn wir uns erst entschlossen haben, sie zu taufen – besonders wenn wir mit dem

Namen persönliche oder historische Assoziationen verbinden
–, sollten wir vielleicht nicht allzu überrascht sein, wenn manche dieser Schöpfungen anfangen, sich seltsam zu verhalten
– sogar zuweilen inkontinent werden.

Die sanitären Anlagen eines Hauses können anscheinend ebenso temperamentvoll sein wie der menschliche Organismus. Colin Smith's Haus im englischen Milton Keynes hat Probleme mit dem kalten Wind von Westen. Bei jedem starken Westwind spült die Toilette. „Es ist wirklich erstaunlich; wir zeigen es allen unseren Freunden." In Kalifornien trifft eine eigensinnige Sanitärinstallation auf weniger heitere Gelassenheit. Einer der Kernreaktoren der Universität von Kalifornien ist aus unerfindlichem Grund übersensibel geworden und schaltet jedes Mal, wenn eine WC-Spülung in einem benachbarten Haus betätigt wird, vollständig ab.[276]

Wohl jeder kann eine Maschinen-Geschichte dieser Art zum Besten geben. Als während eines Interviews, das ich kürzlich in einem Radiosender in Südafrika gab, die Technik versagte, hatte der „magische Mantel" seinen Auftritt. Ein Produzent kam ins Studio und schwenkte einen schmuddeligen weißen Overall in Richtung Konsole, die prompt zu leuchten begann und ihren Dienst wieder aufnahm. „Das funktioniert jedes Mal", erklärte man mir. „Das Stück gehörte einst einem älteren Servicetechniker, der anscheinend alles wieder ins Leben zurückrufen konnte, indem er nur auf der Bildfläche erschien. Nun ist er in Rente, aber sein Overall kann ihn noch ganz gut vertreten."

In vielen Firmen, die zahlreiche Computer im Dienst haben, zeigt sich, dass ein bestimmter Angestellter viel erfolgreicher ist als andere, wenn es gilt, Fehler zu beheben. Michael Shallis, ein Physiker an der Universität Oxford, schrieb:

Ich habe mich mit einem Computerheiler in Großbritannien getroffen. Wenn ein Gerät fehlerhaft arbeitet, wird er von seinen Kollegen gerufen. Er schaltet dann den Computer wieder ein, und dieser funktioniert ganz normal. Die Kollegen haben herausgefunden, dass allein das Nennen seines Namens genügt, den Fehler zu beheben: „Wenn du nicht ordentlich arbeitest, holen wir Peter, und der steckt dann seinen kalten Schraubendreher in deine Mikrochips!"[199]

Die meisten Computerfreaks kennen zumindest einen solchen Magier, aber es ist äußerst schwierig, einen Computerhersteller zu bewegen, über dieses Thema zu sprechen. Sie scheinen zu fühlen, dass es das falsche Bild vermitteln würde – was schlecht fürs Geschäft wäre. Doch ich weiß ganz sicher, dass sie alles Notwendige tun, um solche Talente zu ermutigen – und gleichermaßen schnell dabei sind, jene Angestellten auszusortieren, die sich als Risiko am Fließband erweisen. Auch die Hersteller von Filmen trennen sich von Arbeitern, die schädlich für die Produktion sind. Eine Firma lässt potenzielle Mitarbeiter sogar den „Nebel"-Test machen: Wenn ein Stück hochempfindlichen Films in einem lichtdichten Behälter irgendwie einen Schleier bekommt, nachdem sie dem Einfluss des Bewerbers ausgesetzt wurde, wird dieser nicht einmal zum Bewerbungsgespräch eingeladen. Aber darüber spricht man nicht gerne.

Die Menschen sind gewiefter. Harold Ilford aus der Grafschaft Tyne and Wear an der Ostküste Englands sah, dass seine Nachbarin Schwierigkeiten mit ihrem Rasenmäher hatte. Nach einem Dutzend erfolgloser Versuche, ihn zu starten, verschwand sie in ihrer Garage und kam mit einem rostigen alten Handmäher wieder heraus, den sie neben die glänzende neue Maschine stellte. „Wie ich sehe, kehren Sie zur traditionellen Technik zurück", bemerkte Ilford. „Nein, ich will, dass sich der neue so schämt, dass er anspringt", entgegnete sie. „Ich tue so, als würde ich den alten Handmäher wieder verwenden, wenn er nicht funktioniert." Natürlich startete das neue Gerät auf der Stelle.[325]

Es gibt einige Anzeichen, die auf eine akademische Bereitwilligkeit hoffen lassen, die Angelegenheit ernst zu nehmen. Robert Morris, Professor der Parapsychologie an der Universität Edinburgh, schildert das Erlebnis eines Kollegen, der unter einem schlecht funktionierenden Tieftemperatur-Magnetometer zu leiden hatte. Als der Techniker in den Raum kam, begann es wieder zu arbeiten. Sobald er den Raum verließ, schaltete es sich wieder ab. Sie führten den Techniker herein und hinaus, herein und hinaus, drei weitere Male. Jedes Mal, wenn er sich dem Instrument näherte, funktionierte es perfekt – wie jedes defekte Auto es zu tun pflegt, sobald man dem Mechaniker demonstrieren will, was man zu beanstanden hat. Wenn ein rascher Tritt nicht die gewünschte Wirkung zeigt, ist die einzige Lösung wohl, einen anderen Mechaniker auszuprobieren – vielleicht einen, der nicht ganz so intuitiv ist.[158]

Es bestehen kaum Zweifel, dass manche Menschen einfach gut mit Maschinen können. Sie haben, was man einen „schwarzen Daumen" nennen könnte, das Äquivalent des Mechanikers zum grünen Daumen des begnadeten Gärtners. Hin und wieder hört man etwas von einem besonderen Wunderkind. Das letzte war wohl Oskar Malecki aus Danzig, dessen Nachbarn ihn einen Heiligen nennen, weil er Hausbesuche macht, um zu helfen, ihre Autos an einem kalten Wintermorgen zu starten. Dazu braucht er, so scheint es, nur mit der Hand über die Motorhaube zu streichen. Seine Mutter sagte: „Mein Junge hat besondere Kräfte für Maschinen. Seine Berührung bringt sie in Ordnung, wie durch Magie … Kirchenbusse repariert er kostenlos." Die Einheimischen erzählen, wie er einmal in weniger als zwei Minuten vier Autos anspringen ließ, indem er sich einfach über eines nach dem anderen beugte und dabei summte wie ein Motor, der vollkommen rund läuft.[373]

Es gibt eine ansehnliche Menge von Belegen, die meisten in

Anekdotenform, die darauf schließen lässt, dass solche Interaktion zwischen Mensch und Maschine sehr viel mit den Emotionen der beteiligten Menschen zu tun hat. Universitäten stellen fest, dass ihre Computer während Abschlussexamina häufiger abstürzen als zu jeder anderen Zeit – nicht weil ihre tatsächliche Belastung größer ist, sondern weil die Anspannung der Nutzer und die Art der Nutzung dann ganz anders sind.

Artifex veröffentlichte 1988 diesen Hinweis, der mit Klebestreifen an einen Fotokopierer geheftet war:

ACHTUNG, DIESE MASCHINE VERSAGT ZUVERLÄSSIG, WENN SIE AM DRINGENDSTEN GEBRAUCHT WIRD.

Ein spezieller „kritischer Detektor" in diesem Gerät erspürt den Gefühlszustand des Bedieners im Hinblick darauf, wie dringend die Nutzung dieser Maschine für ihn oder sie ist. Dann erzeugt der „kritische Detektor" eine Funktionsstörung, deren Schwere dem Grad der Verzweiflung des Bedieners entspricht. Gewaltandrohungen gegen die Maschine verschlimmern die Situation nur. Versuche, ein anderes Kopiergerät zu verwenden, können dazu führen, dass auch dieses versagt; sie gehören der gleichen Gewerkschaft an. Bewahren Sie Ruhe, und sagen Sie dem Gerät nette Dinge. Etwas anderes scheint nicht zu funktionieren.[397]

Wie alle besten Witze, ist auch dieser – kein Witz. Die Regel scheint zu lauten: Lasse niemals irgendetwas Mechanisches mitbekommen, dass du es eilig hast. Norman Mailer, der in seiner Arbeit über die Mondlandungen auch über die Grenzen der Technik nachdachte, schrieb:

Schon die praktische Erfahrung des täglichen Lebens erweist ja immer wieder, dass beispielsweise eine kom-

plizierte Maschine sich unter den Händen eines kompli-
zierten und nervösen Menschen weitaus ungewöhnlicher
aufführt als in der Obhut eines ruhigen und gelassenen
Mechanikers. Wenn sich hier auch sofort rationale Ge-
genargumente einmischen und von der mangelnden Wis-
senschaftlichkeit solcher Beobachtungen sprechen ..., so
bleibt doch bei alledem immer noch die enorme Angst
und Unruhe der Technologie insgesamt: Entweder ist die
Magie ausgerottet oder nicht. Und wenn sie nicht ausgerottet ist, wenn sie noch zwischen den Maschinen irgendwo existiert, dann könnte das ja leicht den plötzlichen
Sturz der Technologie und ihrer Herrschaft bedeuten.[138]

Ich denke, wir haben die Technik am Hals, auf Gedeih und
Verderb, aber die Möglichkeit von Magie – im Sinne von etwas, das über die Plan-Parameter der Maschinerie hinausgeht
–, nehme ich wirklich sehr ernst. Ich habe das Gefühl, dass
nicht alles anomale Verhalten im Reich der Technik durch
Stress im Leben jener, die sie bedienen, zu erklären ist. Manche Phänomene scheinen durch das Design, den Bau selbst,
herbeigeführt zu sein, oder durch den Zweck, den wir den Maschinen anerziehen – oder durch die stillschweigende Erlaubnis, sich seltsam zu verhalten, die wir einigen Systemen und
ihren Komponenten geben.

In Southport, an der Küste von Merseyside, in England wurde 1969 das alte Palast-Hotel abgerissen. Als die beauftragten
Firmen einzogen, wurde die Stromzufuhr abgeschnitten. Doch
drei Wochen später waren sie verblüfft, als ein Lift anfing, von
selbst auf- und abwärts zu fahren. Die Anzeigelichter blink-
ten, und die Türen des altmodischen Vier-Tonnen-Aufzuges
schwangen zurück, als wollten sie zeigen, dass er für das Geschäft immer noch offen war. In Sorge, dass noch Leitungen
unter Strom stehen könnten, wo seine Männer arbeiteten, rief
der Leiter der Abriss-Kolonne Techniker vom Elektrizitäts-

werk Liverpool herbei. Sie erklärten: „Der Strom ist abgestellt, da fließt kein einziges Ampere ins Haus. Wir können keinen elektrischen Grund finden, warum der Lift in Betrieb sein sollte." Als sie gerade im Begriff waren, die Eingangshalle zu verlassen, schlossen sich krachend die Türen des Aufzuges – und dieser fuhr hoch in den zweiten Stock.[252]

Um Streiche eventueller Witzbolde auszuschließen, wurden die Bremsen des Lifts verkeilt und die Nothalt-Winde entfernt. Aber am nächsten Abend fuhr der Lift wieder, wie bestellt, für ein Fernsehteam der BBC. Diese Gewohnheit behielt er bei und öffnete Woche um Woche einladend seine Türen, bis der Trupp diese nicht kleinzukriegende Maschine mit Vorschlaghämmern zu Tode drosch. Eine mechanische Erklärung für sein Verhalten wurde nie gefunden, und so haben wir es hier mit einer Variante von Mailers „Magie" zu tun – der Möglichkeit, dass diese Maschine …

> ganz gleich, wie harmonisch sie in die Welt von Ursache und Wirkung eingepasst ist, immer noch irgendwo auf einem fast unsichtbar schmalen Streifen zwischen Dämmerung und Dunkel ein Gebiet hat, auf dem sie sich selbst frei ausdrücken kann, dass sie die Möglichkeit hat, ihrer eigenen inneren Logik und ihrem Getriebe zuwider zu handeln, aus den festen Geleisen von Ursache und Wirkung herauszuspringen.[138]

Mit anderen Worten: Frei, um weiterhin die Funktion auszuüben, für die [jener Aufzug] gedacht war, und die er einhundertzwölf Jahre lang zuverlässig ausgeübt hat, nämlich zu „heben" und „hinaufzuziehen". Wenn ein Aufzug niemanden mehr hinaufziehen kann, ist er nichts mehr.

Wir sind sehr rasch dabei – und wahrscheinlich auch klug –, nach einer klaren, mechanischen Ursache zu suchen, wenn etwas nicht funktioniert: Nach der defekten Zündkerze in einem Auto, das nicht anspringen will, oder dem Staubkorn im Verschluss eines Gewehrs, das nicht feuern will. Aber das Dilemma wird noch schwieriger, wenn eine Maschine gegen jede Wahrscheinlichkeit und jede mögliche mechanische Erklärung arbeitet, oder wenn ein Gerät nur zu einer bestimmten Zeit funktioniert.

1980 entflohen drei Langzeit-Sträflinge aus dem Gefängnis von Kroonstad in Südafrika, nachdem sie das Gewehr eines Vollzugsbeamten gestohlen hatten. Sie nahmen Zuflucht in der Stadtbibliothek, und als eine Geisel schreiend flüchtete, zielte der Sträfling mit dem Gewehr auf ihren Rücken und betätigte den Abzug. Doch nichts geschah. Er betätigte den Abzug noch einmal, und wieder löste sich kein Schuss. Die drei verließen die Bücherei, stahlen ein Auto und fuhren aus der Stadt, bis ihnen der Treibstoff ausging. Ein Bauer hielt an, um ihnen zu helfen, aber als er ihre Sträflingsuniformen erkannte, zielte der Mann mit der Waffe auf ihn und betätigte zum dritten Mal den Abzug. Als die Waffe erneut stumm blieb, schleuderte er sie angewidert auf den Bauern, und die drei Sträflinge flüchteten zu Fuß. Der Farmer nahm das Gewehr auf und zog zweimal am Abzug, dabei traf er einen der Flüchtigen in die Seite und einen anderen in die Schulter. Die Männer wurden verarztet und waren noch vor Einbruch der Dunkelheit wieder im Gefängnis.[306]

Nicht immer geht es so passend aus. Aber Gewehre gehören zu jenen speziellen Dingen mit hohem „Schatz-Faktor". Alle Mythologien behaupten, dass die Waffe eines Helden von magischem Leben erfüllt, ja fast lebendig sei. „Ein Mann", sagt C.G. Jung, „hat Verkehr mit seiner Waffe." Soldaten im Einsatz schlafen oft mit ihren Waffen und beseelen sie damit unvermeidlicherweise, indem sie sie mit Leben füllen, so dass Schwerter singen und Gewehre strahlen vor Entschlossenheit. Die Literatur und die Legenden des Krieges sind voll von solchen „persönlichen Waffen", die im rechten Augenblick unmögliche Aufgaben erfüllen.[111]

Manche Maschinen sind dazu ersonnen zu verführen und wurden mit aller Raffinesse ihrer Hersteller ausgeheckt, um unser Bedürfnis nach Schätzen anzusprechen. Jeder hat da seinen schwachen Punkt. Ich selbst bin empfänglich für Taschenmesser und kann es unmöglich vermeiden, die Hand auszustrecken und ein individuell angefertigtes Klappmesser zu berühren, das ein guter Handwerker mit Liebe zur glatten Vollendung geschaffen hat. Ich brauche keine neuen Taschenmesser. Jedes, das ich erwerbe, kommt in eine Schublade zu den anderen, während ich weiterhin mein treues altes Schweizer Armeemesser verwende. Aber ich bin süchtig.

Manche Menschen empfinden das Gleiche in Bezug auf Fahrräder – eine Begeisterung, die 1896 einen Prediger in Baltimore, als die Hälfte seiner Gemeinde zum Fahrradfahren fortgegangen war, veranlasste, donnernd zu verkünden:

> Diese blasenrädrigen Fahrräder sind diabolische Werkzeuge des Dämons der Finsternis. Teuflische Erfindungen sind's, den Fuß des Unbedachten zu fangen und die Nase des Einfältigen zu häuten. Nichts als Lug und Trug sind sie. Wer da glaubt, er hat eins in der Gewalt und die wilde Satansnatur besiegt, sieh da, den werfet es auf die Straße und reißet ein großes Loch in seine Hosen.[144]

Viele Angehörige meiner Generation waren süchtig nach dem Spiel am Flipperautomaten. „Eine gute Maschine", pflegten sie zu sagen, „scheint fast einen eigenen Willen zu haben." Manche Geräte verspotteten einen, fühlten sich angegriffen und blockierten fast bei der geringsten Provokation, während andere hohe Punktzahlen anscheinend ebenso genossen wie jene, die an ihnen spielten. Nun beginnt eine neue Generation, den elektronischen Verlockungen in die Falle zu tappen. Man schätzt, dass eine halbe Million Teenager in Großbritannien all ihr Geld in Spielhallen für Videospiele ausgeben. Im

Alter von fünfzehn Jahren sind viele von ihnen so zwanghafte Spieler, dass sie ihre Zuflucht zum Diebstahl nehmen, um ihre Gewohnheit zu finanzieren. „Ich wache um sieben Uhr morgens auf", sagt ein Süchtiger, „und gehe direkt ins Café, wo sie eine Maschine stehen haben. Ich spiele bis sieben Uhr abends, wenn sie schließen, und gehe dann los zum Stehlen, um genug Geld für den nächsten Tag zusammmen zu bekommen."[395]

Viele Maschinen zahlen überhaupt nichts aus. Die einzige Belohnung, die sie bieten, ist zusätzliche Spielzeit, aber dies scheint als Bestätigung auszureichen, um einen machtvollen Zwang aufzubauen. Wird ihnen der Zugang zu den Spielautomaten verwehrt, erleben die Betroffenen alle klassischen Symptome des Entzugs. Sie träumen vom Spielen, und ihre Finger zucken bei dem Gedanken, die Knöpfe wieder zu drücken. Das Bedürfnis und seine vorübergehende Befriedigung sind unabhängig von Logik und allen normalen sozialen Beschränkungen. 1981 erschienen zwei Teenager in Norfolk, Virginia, vor Gericht. Sie standen unter der Anklage, in einen Gemischtwarenladen eingebrochen zu haben. Sie plädierten auf schuldig und erklärten, dass der Eigentümer den Stecker von einem Weltraum-Spiel namens „Defenders" gezogen habe, bevor sie fertig gespielt hatten, deshalb brachen sie ein, nachdem das Geschäft geschlossen hatte, und spielten bis zum Morgengrauen.[317]

Es gibt nichts Rationales an solchem Verhalten. Es ist eine Perversion unseres Bedürfnisses nach Neuem und unserer Begeisterung für Dinge, die Schatz-Qualitäten besitzen. Sie werden erbarmungslos ausgebeutet von Automatenerfindern und Herstellern, die Maschinen auf den Markt bringen, die scheinbar eine Gegenleistung erbringen, am Ende aber nichts anderes tun, als Geld für ihre Aufsteller zu schlucken. Manchmal jedoch ist der Schaden unbeabsichtigt.

1985 begutachtete Ralph Benson von der Mayo-Klinik in

Minnesota eine Reihe von Fällen aus der Stadt Rochester, in welcher eine überraschende Zahl von Männern aller Altersstufen wegen identischer Verletzungen behandelt worden war. Ihre Schilderungen zum Hergang variierten zwischen Hängenbleiben in Türen und einem gefräßigen Reißverschluss, aber alle litten unter etwas, das als „Abscherungsverletzung" bezeichnet wurde – das vollständige Abziehen der Penishaut.[19]

Parallele Untersuchungen ähnlicher Befunde in Virginia, Schottland und England führten zu zögerlichen Geständnissen der Patienten, dass die Verletzung durch Staubsauger entstanden sei. Einer behauptete, er sei nackt gewesen, als er den Aufsatz des Staubsaugers wechselte; dabei habe sich das Gerät plötzlich eingeschaltet und ihn verschlungen.[130] Aber der Durchbruch kam mit einer Bemerkung in der Zeitschrift *Penthouse:* „Wir wurden darauf aufmerksam gemacht, dass Zeugenaussagen hinsichtlich der befriedigenden Natur der Autostimulation mittels eines Staubsaugers nicht ungebräuchlich sei." In der Tat. Und am beliebtesten ist anscheinend ein schnittiges Handgerät, das in mehreren zarten Pastellfarben lieferbar ist – das Hoover-Modell „Dustette".[70]

Klinische Anmerkung: Der Schaden ist offenbar nicht das Resultat exzessiver Saugkraft, sondern die Wirkung eines Lüfters, dessen Flügel mehr als fünfzehn Zentimeter von der Öffnung entfernt sind. „Die Patienten", beobachtete ein mitfühlender Urologe, „dürften wohl gedacht haben, dass von dem Lüfter keine Gefahr drohe, wurden aber durch die Neuartigkeit ihres Erlebnisses zu ungeahnten Längen angeregt und kamen zu Schaden."[40]

Ein weiteres Beispiel für die Verwirrung in unserer Beziehung zu Maschinen ist der kürzlich veröffentlichte Bericht aus Kalifornien, dass ein IBM-"Personal"-Computer von einer Frau in San Francisco als Mitverantwortlicher für ihre Ehescheidung benannt wurde. Sie fühlte sich von ihrem Ehemann vernachlässigt, der seine ganze Freizeit mit Programmieren verbrachte. Als sie ihn schließlich dabei ertappte, wie er der Maschine einen Gutenacht-Kuss gab, verließ sie das gemeinsame Heim und die Ehe.

In dem Maße, in dem wir Computern immer mehr Zugang zu unserem Leben eingeräumt haben, wurden sie zu Objekten, denen wir inzwischen fast ebenso viel Zuneigung und Aufmerksamkeit schenken wie unseren Autos. Allerdings scheinen sie viel mehr Hass und Beunruhigung auszulösen. Ein Hauptziel in Großbritannien ist zum Beispiel die riesige Maschine, die täglich mehr als tausend Transaktionen für die Zentralstelle für Kraftfahrzeugzulassungen und Führerscheine in Swansea bearbeitet. Ihre Angewohnheit, keine separaten Führerscheine für Zwillinge auszugeben, Fahrer wegen Diebstahls ihres eigenen Autos verhaften zu lassen und unschuldigen Antragstellern eine kriminelle Vergangenheit zuzuordnen, hat ihr den Namen „Nincomputer" eingebracht. Als er der Vorladung Folge leistete, sich eine Anklage wegen vierunddreißig nicht bezahlter Strafzettel wegen Falschparkens anzuhören – obwohl er nicht einmal ein Auto besaß –, erklärte Frank Swift vor Gericht: „Ich könnte jemanden umbringen."[277] Aber wen?

Computer zu treten, führt nur zu Schmerzen im Fuß, aber ein schlauer Bürger von Atlanta, Georgia, hat einen lukrativen Weg gefunden, Fälle extremer mechanischer Frustration zu bedienen. Paul la Vista besitzt eine Indoor-Schießanlage namens Bulletshop; hier können sich seine Kunden Waffen mieten und auf Ziele nach eigener Wahl losballern. Die beliebtesten Ziele, so stellte er fest, sind Personalcomputer:

> Das ganze Jahr über kommen Leute herein, um sie mit Blei zu durchsieben. Es gibt Feinheiten in der Art der Exekution, die ans Sadistische grenzen. Eine Gruppe von sieben oder acht Männern brachte einmal einen riesigen alten Drucker mit. Dieser wurde mit der Steckdose ver-

bunden, und gerade als er anfing zu surren und Papier auszuspucken, haben sie ihn zerschossen.

Während einer Computermesse in der Stadt machten sich regelmäßige Lynch-Partien von den Messehallen auf den Weg, die ihre Opfer gleich mitbrachten. „Ein Grüppchen", sagte la Vista, „mietete drei Maschinengewehre, eine Uzi, eine M3- und eine Thompson-Maschinenpistole, und als sie wieder gingen, waren sie wirklich bester Laune. Der Platz sah aus wie eine Computer-Reparaturwerkstatt nach einem Tornado."[388]

Eine Katharsis dieser Art ist natürlich effektiv, hält aber vermutlich nicht lange an. Unser Leben ist heute zu eng mit Maschinen vernetzt, als dass sich irgendjemand noch immunisieren könnte. Die Maschinen springen uns aus allen möglichen und unerwarteten Richtungen an. Die US-Armee hat gerade Erfrischungsgetränke-Automaten den Krieg erklärt, die seit 1983 sieben Soldaten getötet und neununddreißig andere mit Brüchen von Armen, Beinen, Rücken und Schädel versorgt haben. Die Zehn-Zentner-Maschinen haben anscheinend die Gewohnheit, auf Menschen zu stürzen; man sollte sie besser im Fußboden verankern.[384]

Hinter all unseren ambivalenten Gefühlen zur Maschinerie liegt die gleiche ernste Frage, die 1972 erstmals von einem Professor der Computerwissenschaft am Massachusetts Institute of Technology gestellt wurde. Joseph Weizenbaum fragte: „Wie beleidigt man eine Maschine?" Dies ist eine gute Frage, und sie verlangt zunächst nach einer klaren Aussage darüber, wie wir überhaupt in eine Position geraten sind, sie zu stellen. Weizenbaum meint, dass unser Engagement für wissenschaftlichen und technischen Fortschritt schon immer eine masochistische Komponente gehabt habe:

Mal für Mal hat uns die Wissenschaft zu Erkenntnissen geführt, die den Menschen reduzieren. So entfernte Galilei den Menschen aus dem Mittelpunkt des Universums, Darwin sprach ihm seine Alleinstellung neben den Tieren ab und Freud zeigte, dass des Menschen Vernunft eine Illusion ist. Doch der Mensch treibt seine Forschungen weiter und tiefer. Ich kann nicht umhin zu denken, dass es eine Parallele zwischen dem Streben der Menschheit nach wissenschaftlicher Erkenntnis und der Hingabe des Einzelnen an die psychoanalytische Therapie gibt.[236]

Mit anderen Worten, die Wissenschaft ist unser Weg, nach Wissen über uns selbst zu streben. Und wir folgen diesem Weg, ganz gleich, wie schmerzlich die Erkenntnisse sein mögen, weil wir entschlossen sind, Sinn in der Existenz zu finden. Dies mag wahr sein. Es passt sehr gut zu der Art und Weise, wie wir auf jene wissenschaftlichen Entdeckungen ansprechen, die unser eigenes Selbstwertempfinden erschüttern. Machtvolle Abwehrmechanismen werden aktiv – wie in der Psychoanalyse –, sie beginnen mit Leugnen und enden in der Rationalisierung. T. H. Huxley sagte: „Es ist das übliche Schicksal neuer Wahrheiten, dass sie als Ketzerei beginnen und als Aberglaube enden."[104]

Aber unser Ansprechen auf die neuen Maschinen sieht ganz anders aus. Obwohl sie uns weitreichende Demütigung versprechen, scheinen wir sie mit erstaunlichem Enthusiasmus zu begrüßen und selbst die Tatsache zu befürworten, dass sie drohen, unser Leben auf den Kopf zu stellen. Jeder Psychoanalytiker, der eine so prompte und bedingungslose Bekehrung erlebte, könnte sie zu Recht als Symptom einer größeren Krise im Geisteszustand seines Patienten empfinden.

Wir haben jetzt einen solchen Krisenpunkt im mentalen Leben unserer Spezies erreicht. Doch die gute Nachricht lautet: Manche Patienten schlagen zurück.

Die Körperelektrik

Im Jahre 1979 begannen die Elektrogeräte von Jacqueline Priestman im englischen Manchester Schwierigkeiten zu bereiten. Ein Staubsauger fing plötzlich an zu blasen, statt zu saugen. Inzwischen gingen weitere neunundzwanzig Staubsauger kaputt. Ein Kundendienstmechaniker, der die beiden letzten Maschinen untersuchte, meinte nur: „Ich kann nicht glauben, was ich gesehen habe. Es ist, als wären sie von einem Monster zugerichtet worden."[328]

Auf andere Elektrogeräte hatte sie eine ähnliche Wirkung. Wenn sie an ihrem Fernseher vorbeigeht, wechselt der eingestellte Sender. Wenn sie ihren Wasserkocher anschließt, sprühen Funken aus der Steckdose. Sie kann keinen Elektroherd benutzen und hat fünf Bügeleisen und zwei Waschmaschinen zugrunde gerichtet. An der Verkabelung ist kein Fehler zu finden – und bei ihrem Ehemann Paul, einem Elektrotechniker, funktionieren alle diese Geräte einwandfrei. Das Problem liegt in Jacqueline selbst. Sie hat zehn Mal so viel statische Elektrizität im Körper wie andere Menschen.[345]

Pauline Shaw aus Cheshire in England hat ähnliche Probleme. Binnen weniger Jahre hat sie fünfundzwanzig elektrische Bügeleisen ruiniert, achtzehn Toaster, zehn Waschmaschinen, zwölf Fernseher, weitere zwölf Radios und mindestens zweihundertfünfzig Glühlampen. Darüber hinaus ist sie von ihrem Arbeitgeber, einer Bank, entlassen und gebeten worden, nie wieder in die Nähe ihres Computerarbeitsplatzes zu kommen. „Das ist nicht etwas, das ich willentlich tue", sagt sie. „Es kommt plötzlich, ohne Vorwarnung. Manchmal bekommt man einen richtigen Schlag, wenn man mir die Hand schüttelt." Das ist kein Wunder. Die Spannung in ihren Fingerspitzen ist gemessen worden. Sie beträgt achtzigtausend Volt.[398]

Solche schlag-kräftigen Vorgänge sind keinesfalls auf England beschränkt. In der Heizkessel-Fabrik im chinesischen

Xinjiang kann ein Arbeiter elektrische Ladungen erzeugen, die stark genug sind, um Menschen umzuwerfen, die ihn nur berühren.[380] Im bulgarischen Sofia ist ein Elektriker, der sich niemals darum kümmert, den Strom abzuschalten, wenn er Reparaturen im Haus durchführt. Georgi Iwanow arbeitet am blanken Kabel mit einer Spannung, die die meisten Menschen töten würde. „Ich habe noch nie einen elektrischen Schlag erhalten", kommentiert er, „nur ein Kitzeln gespürt." Also schenkt er sich den mühsamen Gang zum Sicherungskasten und zurück. Tests, die für das *Bulgarian Medical Journal* durchgeführt wurden, zeigten, dass sein Köper achtmal mehr elektrischen Widerstand aufweist, als dem Normalwert entspricht.[340]

Michael Shallis an der Universität Oxford hat sechshundert Fälle solcher speziellen elektrischen Kapazitäten untersucht. Er stellte fest, dass Frauen häufiger davon betroffen sind als Männer, und dass dreiundzwanzig Prozent seiner Versuchspersonen irgendwann vom Blitz getroffen worden waren. Bezogen auf die gesamte Bevölkerung Großbritanniens sind es nur etwa vier Prozent. Die meisten Menschen sind empfindlich genug, um sich unwohl zu fühlen, wenn ein Gewitter naht. Die Zunahme der positiv geladenen Teilchen in der Luft erzeugt ein Gefühl von Lethargie und manchmal sogar Übelkeit. Es ist nicht ungewöhnlich, dass Hunde sich in den Minuten vor einem starken Sturm übergeben. Für Menschen, die Probleme mit Elektrogeräten haben, sind solche Witterungsbedingungen besonders unangenehm. Sie klagen über Kopfschmerzen, Migräne, Nackenschmerzen und Desorientierung. Shallis fand auch heraus, dass siebzig Prozent von ihnen unter schweren Allergien leiden.[199]

Im Lister-Krankenhaus in London behandeln die klinischen Ökologen Jean Munro und Ray Choy Fälle von Mehrfach-Allergien. Sie identifizieren mögliche Allergene, indem sie je einen Tropfen davon, in Wasser gelöst, auf die Haut geben. So testen sie ein breites Spektrum von Substanzen, bis sie Proben finden, die entsprechende Reaktionen auslösen. Doch sie haben auch eine seltsame Sache entdeckt. Manche der schädlichen Substanzen führen bereits zu einer Reaktion, bevor sie die Haut berührt haben. Einige wenige lösen diese Wirkung sogar schon aus, bevor der Stöpsel des Reagenzröhrchens entfernt wurde, in dem sie aufbewahrt werden; und in einem oder zwei extremen Fällen reagierten die Versuchspersonen auf eine Krankenschwester, die lediglich einige Momente davor in einem anderen Raum ein Reagenzglas jener bestimmten Lösung in die Hand genommen hatte.[184]

Cyril Smith, ein Elektroingenieur an der Universität Salford, machte sich mit Munro und Choy gemeinsam an die Aufgabe, diesen Effekt zu isolieren. Sie arbeiteten mit einer Vielfalt von Allergenen und Wasser-Placebos – alle in versiegelten Glasröhrchen aufbewahrt, von denen keines in direkten Kontakt mit der Haut des Patienten gebracht wurde – und stellten fest, dass eine feste Aluminium-Barriere um die Röhrchen jede Wirkung auf die Patienten abzuschirmen vermochte. Ein Geflecht mit feinen Öffnungen bot nur partiellen, ein Aluminiumnetz mit zwölf Millimeter großen Löchern überhaupt keinen Schutz. Da keine dieser Abschirmungen luftdicht war und weder Krankenschwestern noch Patienten wussten, was eines der Röhrchen enthielt, schien der Effekt nicht chemischer oder psychologischer Natur zu sein, sondern vermutlich elektrischen Ursprungs.[210]

Um dies zu beweisen, erzeugte das gleiche Team in einem Labor-Oszillator ein Spektrum von elektrischen Feldern und übertrug diese mittels einer Drahtantenne, die knapp einen Meter vom Körper des Patienten entfernt gehalten wurde. Als die Vorrichtung eingestellt wurde, führte sie genau die gleichen Reaktionen wie eine Vielfalt von Allergenen herbei. Auf bestimmten Frequenzen konnte jeder Patient Reaktionen von der Art erleben und beschreiben, wie sie normalerweise von

Allergenen wie Pollen oder Parfüm ausgelöst werden. Und um den Kreis zu schließen, demonstrierte Smith, dass jeder Patient, während er eine allergische Reaktion erlebte, auch eine eigene elektrische Störung erzeugte, die sogar stark genug war, dass man sie auf Magnetband aufzeichnen konnte.[199]

Diese Entdeckungen sind wichtig. Sie erinnern uns daran, dass nahezu alles mit Elektrizität zu tun hat. Die Materie selbst ist elektrisch; sie besteht aus Atomen und Molekülen, die ihre typischen Formen und Strukturen aufgrund der elektrischen Kräfte annehmen, von denen sie erschaffen und erhalten werden. Ein Spannungsausfall auf dieser fundamentalen Ebene würde das Ende des Universums bedeuten. Elektrizität ist auch die Kraft, die Materie zu Gebilden verbindet, die wir als substanzhafte „Dinge" kennen. Sie diktiert die Form, die sie annehmen, und die Art und Weise, wie sie sich verhalten und interagieren. Wir – und alle andere Lebewesen – entflammen zu Lebendigkeit und Aktivität, da Impulse zwischen unseren Zellmembranen oder entlang unserer Nerven fließen. Wir sind im Grunde elektrische Geschöpfe.[198]

Die Bioelektrizität ist noch ein sehr junges Thema, trotz der Pionierarbeit, die Harold Saxton Burr, Andrew Marino und Robert Becker in den Vereinigten Staaten geleistet haben. Sie zeigten, dass alle Organismen von elektrischen Feldern umgeben sind, die die Richtung und das Muster von Wachstum und Form bestimmen. Klinische Arbeiten zum Heilen, zur Ersetzung von Knochen und sogar zur Regeneration von verlorenen Gliedmaßen haben ohne jeden Zweifel erwiesen, dass alle diese Körperfunktionen von elektrischen Strömen abhängig sind und durch diese angeregt und gefördert werden können. Die Erkenntnis, dass elektrische Felder in der Umgebung eine tiefgreifenden Wirkung auf unsere Gesundheit und Wohlbefinden haben, verbreitet sich zusehends.[17]

Starke elektrische Felder, wie sie Stromleitungen umgeben, erzeugen Elektrostress, der wiederum zu Kopfschmerzen,

Übelkeit, Blackouts, genetischen Schäden und Leukämie führen kann. Die anhaltende Einwirkung von schwachen Energiefeldern, wie sie von Computern und Videobildschirmen ausgehen, schwächt den Appetit, steigert den Adrenalinspiegel, reduziert den Blutzuckerspiegel und führt zu Nervenstörungen – manchmal sogar zu Epilepsie. Menschen, die mit solchen Maschinen zu tun haben oder unter solchen Bedingungen arbeiten, werden elektrisch überbelastet. In manchen Fällen wird die Aufladung so stark, dass von ihren Fingerspitzen Funken sprühen und durch alles, was sie berühren, elektrische Strömungen fließen, so dass Isolierungen verbrennen, Kurzschlüsse entstehen, Leuchten flackern und Bügeleisen den Geist aufgeben. Das sind wahren „Neo-Ludditen": Allergisch auf elektrische Felder, nehmen sie umgehend Rache an den krankmachenden Maschinen. Sie saugen das Leben so effektiv aus den Schaltkreisen, wie Frankenstein es in seine Kreatur getrichtert hat. Das Resultat ist das gleiche – Chaos.

Wir alle reagieren mehr oder weniger empfindlich auf elektrische Felder und teilen zumindest unbewusst die Furcht von Thurbers Großmutter, dass etwas von dem Zeug auch aus leeren Glühbirnenhalterungen sickern müsse. Das ist nichts Irrationales: Es sickert tatsächlich. Die Verkabelung in unseren Häusern, die Tätigkeit der Elektrogeräte im Haushalt, die Nähe von Hochspannungskabeln – sie alle baden uns ständig in Elektrizität. Computer-Ingenieure in London entdeckten 1987, dass alle Computersysteme ein Feld erzeugen, das so durchdringend ist, dass es weit über die Mauern des Gebäudes hinausreicht, in dem sie installiert sind. So ist es möglich, dass man sich mit der geeigneten Ausrüstung von der Straße aus oder aus einem Gebäude auf der anderen Straßenseite auf die „kompromittierende Strahlung" einstellen und den gleichen Bildschirminhalt anzeigen kann wie auf den Geräten, die in jeder Bank und in jedem Ministerium in Gebrauch sind. Man spricht hier vom „Tempest-Effekt", der in Sicherheitskreisen

Entsetzen auslöst, dabei ist er nur ein weiteres Beispiel für unkontrollierte Strahlung, ein elektrisches Leck.

Elektrizität mag „sauber, lautlos und unsichtbar" sein, wie die Stromlieferanten sich brüsten, aber sie ist auch zu einer großen Belastung geworden, zu einem dramatischen Gesundheitsrisiko, auf das uns Menschen wie Jackie Priestman und Pauline Shaw aufmerksam machen. Sie sind unsere Kanarienvögel in den Kohleminen der verstädternden Welt, ein Frühwarnsystem und ein Zeichen für die Dinge, die auf uns zukommen.

Überraschend viele Menschen sind nicht maschinenfreundlich, sondern stören die Dinge, die sie umgeben, unbewusst. Manche spezialisieren sich auf Waschmaschinen oder elektrische Schreibmaschinen, andere auf Fotokopierer oder Autos. Einige wenige nehmen es mit Schwergewichten wie Röntgengeräten und Klimaanlagen auf und richten verheerende Schäden an, während andere damit zufrieden scheinen, gelegentlich „im Vorübergehen" eine Straßenlaterne zum Erlöschen zu bringen. Diese Neigung wurde als „Pauli-Effekt" bezeichnet, zu Ehren des theoretischen Physikers Wolfgang Pauli, dem es gelang, durch bloßes Betreten eines Raumes dort vorhandene Apparaturen zu zerbrechen, zu zerschlagen und zu zerstören.[80] Kaum jemand vermag ein solches Talent, Dinge absichtlich umzuschalten, bewusst zu beherrschen, doch das Talent existiert, und seine Genauigkeit im Detail ist interessant. Personen, die zum Beispiel Uhren zum Stehen bringen, haben die gleiche Wirkung auf elektronische Digitaluhren wie auf rein mechanische Zeitanzeiger. Jene, die solche Phänomene untersuchen, stellen manchmal fest, dass sie selbst infiziert werden und dann ähnliche Wirkungen erzielen. Michael Shallis beobachtete, dass jedes Mal, wenn er über Menschen spricht, in deren Gegenwart Uhren stehen bleiben, die Uhr im Vortragssaal eine Neigung zu ungewöhnlichem Verhalten annimmt.[199]

Es hat den Anschein, als könne die elektromagnetische Strahlung, die wir erzeugen, durch das, was wir erleben, modifiziert werden, so dass jeder von uns ein individuelles Feld erhält, das so unverwechselbar ist wie ein Fingerabdruck. Ist dies der „emotionelle Fingerabdruck", den wir auf den Dingen hinterlassen, die wir berühren? Könnte es dies sein, was Kristalle und Steine energetisiert, was Glocken zum Läuten bringt und Puppen und Statuen zum Leben erweckt? Ist dies der élan vital, der Lebewesen innewohnt, die Kraft hinter dem geheimen Leben der unbeseelten Dinge? Läuft dies alles auf Elektrizität hinaus?

Vielleicht. Doch ich habe den Verdacht, dass dies nur ein Teil der Geschichte ist. Ich bin sicher, dass wir in das seltsame Verhalten der Maschinen tief verwickelt sind. Nichts Auffälliges würde ohne uns passieren. Aber ich nehme an, dass die „Körperelektrik" auch mehr als menschlich ist. Sie erstreckt sich wohl über unsere Reichweite hinaus auf alle die Instrumente, die wir als Verlängerungen und Erweiterungen unserer normalen Sinne und Gliedmaßen ersonnen haben, indem wir ihnen die Macht und die Erlaubnis gaben, unabhängig von uns zu operieren.

Im Falle des Computers bestehen wir nicht nur auf solcher Autonomie, sondern wir scheinen sogar in echter Gefahr zu schweben, sie zu erreichen.

1987 installierte ein Architekt in Stockport bei Manchester einen neuen Computer in seinem Büro. Es war ein Amstrad PC1512, der die Arbeit an Baubeschreibungen und mit den Kundenkonten erleichtern sollte, was er zu jedermanns Zufriedenheit auch tat – während der Arbeitszeit. Nach Feierabend jedoch schien er seine eigenen Pläne gehabt und verfolgt zu haben. Eine kleine selbstständige Nebentätigkeit? Die Sache kam erstmals ans Licht, als eine Putzfrau, die ihrer regulären Arbeit abends nachging, den Bildschirm leuchten sah. Sie dachte, eine Sekretärin habe wohl vergessen, ihn auszuschalten, und beugte sich hinunter, um den Schalter zu betätigen – doch der Netzstecker war bereits gezogen.

Einige Tage später geschah das Gleiche. Dieses Mal allerdings stöhnte der Computer „wie jemand, der Schmerzen hat", und flackerte auf, als Buchstaben auf dem Bildschirm erschienen. Die Anzeige bestand aus zufälligen Wörtern, die keinen Sinn ergaben. Als dieses merkwürdige Verhalten anhielt, wandte man sich an die Redaktion von *Personal Computer,* einer der angesehensten technischen Zeitschriften Großbritanniens. Der Herausgeber Ken Hughes kam selbst zur Untersuchung: „Ich zerlegte das Gerät persönlich, inspizierte jede Komponente und fand absolut nichts Ungewöhnliches daran." Dann stellte er den Computer in einen eigenen Raum, ohne die Tastatur anzuschließen und in sicherer Entfernung von jeder Stromquelle, und richtete eine Videokamera auf das Gerät, die es drei Monate lang rund um die Uhr „beobachtete".[386]

Einige der Aufnahmen, die während dieser Zeit aufgezeichnet wurden, waren so bizarr, dass sie im Rahmen einer Computermesse in London 1988 öffentlich gezeigt wurden. Die Bänder zeigen deutlich den wohlbekannten Amstrad-PC mit nicht angeschlossenem Netzkabel, dessen Stecker über die Tastatur drapiert war. Dann hört man ein lautes, knisterndes Geräusch, die rote Kontrollleuchte für den Netzanschluss erglüht, und der Computer fährt hoch. Durcheinander gewürfelte Wörter und Sätze flackern über den Bildschirm, erst in der einen Ecke, dann in einer anderen, fast als hätte die Maschine einen schlechten Traum. Dreißig Sekunden später und mit einem hörbaren Stöhnen schaltet er sich wieder aus. Es wurden mehrere solche Sequenzen aufgezeichnet. „Ich bin sprachlos", sagt Ken Hughes. „Dafür gibt es keine logische Begründung. Ich habe die Möglichkeit ausgeschlossen, dass so etwas durch einen enormen Aufbau von statischer Elektrizität verursacht werden könnte; und der PC war weit entfernt von irgendeinem Sender oder der Radaranlage eines Flugplatzes." Nun hat der

Architekt den Computer-Experten gebeten, die spukende Maschine zu entfernen, weil sie seine Angestellten störe. „Es ist ein neues Gerät", sagt Hughes, „aber ich denke, so etwas fällt nicht unter die Garantie. Die Wörter und Sätze, die da erscheinen, sind unheimlich – als ob jemand versuchte, eine Botschaft zu übermitteln."[387]

In einem anderen Teil Englands hatten sie Erfolg. Ken Webster lebt in Meadow Cottage bei Chester an der walisischen Grenze. Er unterrichtet Wirtschaft an einer örtlichen Schule und leiht sich manchmal einen ihrer BBC-Mikrocomputer aus, um daran zu Hause zu arbeiten. Er und seine Freundin Debbie Oakes nutzen nur das auf einem Chip gespeicherte Textverarbeitungsprogramm der Maschine namens EdWord, das eine schlichte Auswahl an Funktionen bietet. „Ansicht" und „Bearbeiten" bereiteten keine Probleme, aber ab Dezember 1984 schien die Option „Neues erschaffen" als direkte Einladung verstanden zu werden. Im Laufe der nächsten zwei Jahre erschienen in unregelmäßigen Abständen mehr als dreihundert „Botschaften" auf dem Bildschirm, manche bis zu vierhundert Wörter lang, viele als Antwort auf direkte Fragen, die in einer Datei auf der Diskette gespeichert waren – und die meisten dieser Texte waren im Englisch des 16. Jahrhunderts formuliert.[235]

Diese Texte zeigten sich auf dem Bildschirm jedes Computers; es schien keine Rolle zu spielen, welches aus einem Dutzend zur Verfügung stehender Geräte sie aus der Schule ausliehen und zu Hause angeschaltet sich selbst überließen. Wenn der Umfang einer Botschaft über die Bildschirmgröße hinausfloss, wurde der übrige Text auf die übliche Weise durch Verschieben des Bildschirminhalts sichtbar. Keiner konnte je zusehen, wie die Maschine solche Texte allmählich aufbaute, doch die Botschaften wurden selbst dann empfangen, wenn ein Computer von Forschern von außen zur Verfügung gestellt, versiegelt und in einem verschlossenen Raum aufgebaut wurde. Der größte Teil der Texte wurde mit „Tomas Harden" signiert, der behauptete, vor vier Jahrhunderten an diesem Ort gelebt zu haben.

Der Sprachwissenschaftler Peter Trinder führte eine akribische Analyse der Sprache jener Botschaften durch, sie umfasst 2877 verschiedene Wörter. 121 dieser Wörter waren noch nie zuvor irgendwo aufgezeichnet gewesen, obwohl ihre Bedeutung im Textzusammenhang klar ist: Wörter wie *awreathyng* („quälend") und *exchaundances* („unerwünschte Elemente"). Von den übrigen Wörtern – bis auf fünfundsechzig – weiß man, dass sie im 16. Jahrhundert in Gebrauch waren; ihre Schreibweise und Bedeutung stimmen mit der Verwendung in anderen Texten aus jener Zeit überein. Nach Trinders Meinung ist es unwahrscheinlich, dass sich jemand mit Hilfe eines Wörterbuches die Mühe gemacht hat, passende und wenig bekannte antike Vokabeln zu finden, um solchen Text als Schabernack zu konstruieren: „Der Aufwand, der dazu notwendig wäre, ist unglaublich." Und bei den Botschaften, die als Antwort auf spezifische Fragen empfangen und angezeigt wurden, stand gar nicht die Zeit zur Verfügung, um sie auf solche Weise zusammenzustellen. Trinder glaubt, dass die Sprache mit dem Mitte des 16. Jahrhunderts gebräuchlichen Englisch völlig im Einklang steht und vermutet dahinter „einen Mann aus dem Südwesten, vermutlich gut mittleren Alters, der noch die landesweit veralteten Formen gebräuchlicher Wörter verwendet, mit denen er einst aufwuchs".[219]

Das Beweismaterial in diesem Fall ist eindrucksvoll. Es mutet an wie ein Schriftwechsel, der Jahrhunderte überbrückt. Liest man zwischen den Zeilen, so wird deutlich, dass Debbie Oakes mehr beteiligt war als Ken Webster, indem sie fast als Medium für die Botschaften diente. Nichts ist jemals passiert, wenn sie nicht irgendwo in der Nähe war. Abgesehen von der Sprache, gibt es wenig Spektakuläres am Inhalt der Botschaften. Wenige Fakten, die neue Aussagen über das Leben im 16.

Jahrhundert vermittelten, oder irgendetwas, das eine wesentliche Ergänzung zu unserem Wissen über jene Zeit beiträgt. Die Kommunikation ist weitschweifend und erinnert an Material, wie es im Rahmen hypnotischer Rückführungen in „frühere Leben" oder beim „Channelling" entsteht. Wirklich neu und aufregend aber ist die Rolle, die ein Computer hier als „Vermittler" spielte.

Lasse ich die Identifizierung von „Tomas Harden" auf sich beruhen – und bemühe ich wieder einmal meine persönlichen Zweifel an der Evidenz für das Überleben des Todes –, so scheint es klar, dass die Kombination aus dem Computer und dem Gefüge aus Teilen des Häuschens, die bis ins 16. Jahrhundert zurückreichen, dem jungen Paar, das dort eingezogen war, Information zugänglich machte. Und das ist wichtig. Wie sehr auch das Signal von ihnen unbewusst strukturiert wurde, scheint die Maschine eine Übergangsstelle zu bieten, eine Brücke. Können Sie sich ein besseres Vehikel für Sprache vorstellen als ein Gerät und ein Programm, das spezifisch ersonnen wurde, um Text zu verarbeiten?

Die Leitungen sind offen, und sie sind in letzter Zeit so betriebsam geworden, dass es jetzt sogar eine Dokumentationsstelle für Informationen über besessene PCs gibt. Sie wird, durchaus passend, das *Terminal-Projekt* genannt, und ist über ein Postfach in Stephentown, New York 12168, zu erreichen).

Computer sind, so die Definition, autonome, sich selbst steuernde Verarbeiter von Information. Alles, was sie brauchen, um zu arbeiten, ist ein elektrisches Signal; und je mehr Computer-Erfahrung wir sammeln, desto offensichtlicher wird es, dass die Quellen solcher Signale sehr unterschiedlich sein können – und erstaunlich subtil.

Stanton Powers war bankrott. Der Geldautomat in der Wand der County Bank von Santa Cruz in Kalifornien zeigte ihm an, dass sich auf seinem Konto nur noch ein Guthaben von $ 1,17 befand. Also ging er vor der Maschine auf die Knie und betete um eine Verbesserung dieser Situation. Als er seinen Kontostand fünf Minuten später erneut abrief, betrug er $ 281. Er kniete abermals nieder, um sein Gebet mit Inbrunst zu verstärken. Bald waren es $ 6000, und nach einer Stunde glühender Andacht standen auf seinem Konto unglaubliche 4,4 Millionen Dollar zur Verfügung. Nachdem er zweitausend Dollar davon aus verschiedenen Geldautomaten gezogen hatte, zog die Bank seine Karte ein, doch Powers klagte auf Auszahlung der restlichen Summe. „Es ist mein Geld", sagte er. „Ich habe darum gebetet, und meine Gebete wurden erhört." Die Bank hingegen beharrt, dass es Powers gewesen sei, der auf betrügerische Weise seinen Kontostand verändert habe – doch um den Rechtsstreit zu gewinnen, werden sie wohl die Nichtexistenz Gottes beweisen müssen.[327]

Um des wachsenden Problems solcher Anfälligkeit in technischen Systemen Herr zu werden, beschloss die Hochschule für Ingenieurs- und angewandte Naturwissenschaft an der Universität Princeton, 1979 die Arbeit am PEAR-Laboratorium *(Princeton Engineering Anomalies Research)* unter der Leitung des Dekans Robert Jahn und der Laborleiterin Brenda Dunne zu beginnen. Sie fingen mit einem einfachen Zufallsgenerator an, der auf einer mikroelektronischen Geräuschdiode beruhte. Dieses Gerät ist im Grunde ein technisierter Münzenwerfer; er sendet in zufälliger Folge eine Reihe von positiven oder negativen Pulsen, nimmt das Muster solcher „Kopf"- oder „Zahl-Würfe" auf Band auf und zeigt sie digital an. Diese Technik lässt sich für eine Vielfalt von Aufgaben nutzen, bei denen es ein normales oder erwartetes Aktionsmuster gibt. Die menschlichen Bediener werden einfach aufgefordert, zu versuchen, das Ergebnis zu beeinflussen. Die Maschine wird in einem entspannenden Umfeld präsentiert, und die Bediener – die ermuntert wurden, die Sache mit einer spielerischen Einstellung anzugehen – sitzen etwa einen

Meter entfernt und entscheiden, wann und für wie lange sie gerne teilnehmen möchten.

Bei insgesamt über zweihundertfünfzigtausend Versuchen mit dreiunddreißig Versuchspersonen kam es zu Abweichungen von zehn bis vierzehn Prozent von den zu erwartenden Zufallsergebnissen. Die meisten davon wurden von sechs Personen erzielt, deren Trefferquote außergewöhnlich hoch war.

In einer zweiten Serie von Experimenten war das Ziel ein rein mechanisches Gerät, bei dem die Bediener die „Tätigkeit" der Maschine sehen konnten. Diese bestand aus einer Glasplatte, hinter der neuntausend Polystyrolkugeln wie ein Wasserfall herunterfielen und von einem Wald aus dreihundertdreißig Nylonstiften abprallten, bevor sie in eine Reihe von neunzehn vertikalen Behältern fielen. Sich selbst und der Schwerkraft überlassen, führte diese Anordnung immer zu einer typischen „Normal-Verteilung", bei der die meisten Kugeln in den mittleren Behältern landeten. Der Bediener saß auf einer Couch etwa zweieinhalb Meter entfernt und sollte versuchen, dieses Zufallsmuster zu verändern, indem er die Verteilung nach rechts oder links verschob – wie in einer Übung in paranormalem Pachinko.

Bei insgesamt über tausend Durchgängen mit zweiundzwanzig Testpersonen variierten die Abweichungen zwischen acht und zwanzig Prozent über der Zufallswahrscheinlichkeit; einem Bediener gelang durchgehend eine sehr dramatische Abweichung nach links.

Nach acht Jahren sehr sorgfältiger Studien kommen Jahn und Dunne zu dem Schluss, dass Bewusstsein und Absicht in der Welt der Physik eine unerwartet große Rolle spielen. Sie sind sehr vorsichtig, dieses Ergebnis zu interpretieren, und deuten lediglich an: „Das klassische Paradigma, das den physikalischen Vorgang von den bewussten und unterbewussten Wünschen der menschlichen Psyche trennt, muss einige pragmatische und philosophische Probleme eingestehen." Doch sie fügen noch eine spezifische Warnung hinzu: „Angesichts des zunehmenden technischen Vertrauens auf integrierte Computerschaltkreise und fein ausgewogene Mikroprozessor-Kontrollsysteme ... ist es vorstellbar, dass ein substanzielles technisches Problem auf uns zukommt."[106]

Mit anderen Worten: Bewusstsein tritt mit der materiellen Welt in Resonanz.

Vergessen Sie „Gremlins", das könnte *Ihr* Gespenst in der Maschine sein.

Vom Wissen der Dinge

Kenji Urada wurde weltberühmt. Posthum.
Bei dem Versuch, bei Kawasaki Heavy Industries im japanischen Akashi einen Fehler in einer Maschine mit Selbstantrieb zu reparieren, wurde er 1981 von deren Arm totgeschlagen. Er war der erste Mensch, der von einem Roboter getötet wurde – eine Tat, die einen direkten Verstoß gegen das erste von Isaac Asimovs drei Robotergesetzen darstellt.[6]

Im Jahre 1940 stellte der [Biochemiker und] Science-Fiction-Schriftsteller Isaac Asimov einundsechzig Wörter zusammen, die einen enormen Einfluss darauf entfalteten, wie wir über intelligente Maschinen denken. Er versuchte, einer Tendenz jener Zeit entgegenzuwirken, Maschinen zu verteufeln, indem er uns eine gewisse Garantie auf Kulanz gibt. Das Erste Gesetz lautet: „Ein Roboter darf kein menschliches Wesen verletzen oder durch Untätigkeit zulassen, dass ein menschliches Wesen zu Schaden kommt." Nun hatte zumindest einer genau dies getan, und Kawasaki bestrafte den Roboter dadurch, dass er von der Fertigungslinie entfernt wurde; im Reich der Maschinen kommt dies der Todesstrafe gleich.[321]

Seit damals wurden laut einem Bericht der japanischen Behörde für Arbeitsrichtlinien zehn weitere Arbeiter von Maschinen „ermordet", die plötzlich und aus unerfindlichen

Gründen aktiv wurden und ihren Opfern keine Chance ließen zu entkommen.[370] Die Schuld an diesen Zwischenfällen wird dem „Elektrosmog" zugeschrieben, einem Allerlei von unerwünschten elektronischen Signalen aus anderen Maschinen, wie etwa den CB-Funkgeräten, die 1981 einen Büroroboter in London außer Kontrolle geraten ließen: „Robotham" zerschmetterte eine neue Schreibmaschine und jagte die Sekretärin des geschäftsführenden Direktors um ihren Tisch und drückte sie gegen die Wand. Jennie Seff, das Opfer dieser neuartigen Form der Belästigung am Arbeitsplatz, berichtete: „Plötzlich lief er Amok. Er schien einen eigenen Willen zu haben. Er hatte sich noch niemals so aufgeführt. Ich werde ihn von jetzt an im Auge behalten."[318] Im Jahr 1989, und anscheinend ohne eine Einwirkung von außerhalb, tötete ein russischer M2-11-Supercomputer – darauf programmiert, Schach zu spielen, aber anscheinend nicht, mit Würde zu verlieren – den sowjetischen Großmeister Nikolai Gudkov. Der Champion fiel einem elektrischen Schlag zum Opfer, der durch das metallene Schachbrett kam, an dem sie spielten. Dies geschah in dem Augenblick, als er den Zug machte, der den Computer schachmatt setzte – für diesen das dritte verlorene Spiel nacheinander. Man sagt, der Computer sei vor Gericht gestellt worden; die Anklage lautete: Mord.[399]

Asimovs Zweites Robotergesetz lautet: „Ein Roboter muss den ihm von Menschen gegebenen Befehlen gehorchen – außer wenn ein solcher Befehl dem Ersten Gesetz widersprechen würde." Gegen dieses Gesetz wird immer verstoßen, aber die erste schwerwiegende Übertretung, über die berichtet wurde, scheint 1982 die eines Roboters in der American-Motors-Fabrik in Toledo gewesen zu sein. Anstatt ein Stück Blech unter die Heckklappe eines Jeeps in der Fertigungslinie zu schweißen, griff sich die Maschine das Fahrzeug und ließ es nicht mehr los. Selbst als ein menschlicher Betriebsangehöriger mit einem Brett nach ihm schlug, weigerte sich der Computer zurückzutreten. In welcher Form die Abmahnung erfolgte, wurde nicht berichtet.[187]

Nun folgt die Nachricht vom Untergang des Dritten Robotergesetzes: „Ein Roboter muss seine Existenz schützen, so lange dieser Schutz nicht dem Ersten oder Zweiten Gesetz widerspricht." Im Zentrum für intelligente Maschinen und Robotik der Universität Florida beging ein computergesteuerter Arm Selbstmord, indem er seine Stützbasis ergriff und sich entzwei riss. Der Maschinenbauingenieur Harvey Lipkin bemerkte dazu: „Er hatte den Verstand verloren, und ich hatte Glück, dass ich mit dem Leben davonkam."[308]

In Japan, wo bereits mehr als eine halbe Million computergesteuerter Roboter im Einsatz sind, bestand die Reaktion auf solche Gesetzwidrigkeiten nicht darin, Maßnahmen gegen die Maschinen zu ergreifen, sondern die Menschen aus den industriellen Fertigungsprozessen vollends zu entfernen. Yamazaki baut Werkzeugmaschinen, und in ihren Fabriken in Nagoya, Minokamo und Kuwana reproduzieren riesige Maschinen sich selbst; sie stellen am laufenden Band jeden Monat Tausende von Klonen her. Vom Anfang bis zum Ende des Prozesses begibt sich kein Mensch in die Nähe einer Maschine. Zwischen Mitternacht und acht Uhr morgens bleiben die Anlagen völlig unbemannt und verrichten alle intimen Details ihrer Reproduktionszyklen in dunklen, menschenleeren Gebäuden. Menschen dienen nur als „Werkzeug-Rudel", die Maschinenhaltung und von Zeit zu Zeit ein wenig genetische Bastelei betreiben.[323]

Dieses Nachahmen der biologischen Evolution ist kein Zufall. Professor Akiro Sato im Shibaura Institute of Technology in Tokio schrieb: „Hier wächst eine andere Ordnung heran. Einfache Werkzeuge, Automobile, Computer und Roboter entwickeln sich Seite an Seite mit dem Menschen. Manchmal frage ich mich, ob wir nicht vor allem existieren, um ihnen zu dienen." Er tut sein Bestes und arbeitet nun an einem Roboter namens „Asshy", dem er beizubringen versucht, wie ein

Mensch zu gehen. Mechanische Beine sind sehr selten. Die meisten Roboter sind noch wenig mehr als komplizierte Arme, weil die zweibeinige Fortbewegung sehr schwierig zu simulieren ist. Noch schlendert kein zweifüßiger Roboter an einer Fertigungslinie entlang, aber Asshy nähert sich diesem Ziel bereits:

> An einem guten Tag, wenn der Motor in seinem *Brustkorb* Öl durch klare Plastik*adern* pumpt, um dreißig Stellmotoren anzutreiben, die in seine *Gliedmaßen* und *Taille* eingebettet sind, kann Asshy frei *stehen,* sich im *Knie beugen,* selbst auch einen vorsichtigen *Schritt* wagen. Aber an einem schlechten Tag kann der Roboter auf der Stelle *kollabieren* und dabei Öl über seine *Gefolgsleute speien.* Er *weiß* es jetzt, wenn sein *Knie* gebeugt ist, aber nicht, wenn sein *Bein* gebrochen ist.[369]

Die kursiven Hervorhebungen in diesem Zitat sind von mir, sie sollen die „menschlichen" Begriffe markieren. In einem Land, das technische Spielereien liebt und von jedem neuen technischen Kniff fasziniert ist, in dem man essen, trinken, rauchen, lesen, sich kleiden, eine Versicherung abschließen, Lottoscheine, Medikamente, Toilettenartikel, Fischköder oder sogar ein Horoskop kaufen kann – alles aus Automaten, von denen einige die Passanten als potenzielle Kunden sogar ansprechen –, da gibt es wenig Angst vor Maschinen. Es könnte etwas am Shintoismus sein, Japans verfeinerter Form des Animismus, das eine bedachtere Akzeptanz der anorganischen Vormachtstellung zulässt. Mir aber scheint es, dass die Risiken nach sorgfältigerer Überlegung verlangen. Die größere, latente Angst, die die Automatisierung im Westen auslöst, mag nicht gänzlich abwegig sein.

Maschinen imitieren nicht nur menschliche Gliedmaßen, sie verdrängen auch menschliche Sinne und Funktionen. Die ersten waren das Hören und das Sprechen. „Hören" ist einfach, das erledigen Mikrophone, aber jetzt gibt es Computerprogramme, die im Stande sind, Hunderte oder Tausende gesprochener Wörter zu erkennen, den Kontext mit in Betracht zu ziehen und die Bedeutung zu analysieren. Die Stimmensynthese gelingt von Jahr zu Jahr besser, und es kommt „Natürlichkeit" in die Systeme, was den Maschinen ermöglicht, auf Weisen zu antworten, die Alan Turing entzückt hätten. Es wird nicht mehr lange dauern, bis Roboter Briefe direkt nach Diktat tippen, und Verkäufer im Außendienst werden im Büro anrufen können, um sich vom Computer die tägliche elektrische Post vorlesen zu lassen – oder einfach um eine vertraute Stimme zu hören. Der neue Apple gibt einen sehr guten Humphrey Bogart.[367]

Das „Sehen" ist auch schon recht fortgeschritten. Die Video-Augen sind äußerst empfindlich und mit Speichern und Rechnern verbunden worden, die aussprechen, was man schreibt, sofortige Verbindungen zwischen Text und Bedeutung erkennen und zeitgleich in eine Vielfalt von Sprachen übersetzen. Das Erkennen von Objekten innerhalb des Gesichtsfeldes ist schwieriger; wir gebrauchen bis zu einem Drittel unserer großen Gehirne, um solche Informationen zu analysieren. Doch es wird nicht lange dauern, bis Computer diese Art von „Wahrnehmung" ihrer Umgebung beherrschen, die wir normalerweise nur lebendigen Wesen zuschreiben. An der Brunel-Universität in Uxbridge, London, hat Igor Aleksander seinem Computer bereits beigebracht, Gesichter zu erkennen. Er identifiziert Menschen, die er „kennt", selbst wenn sie ihre Frisur ändern oder eine dunkle Brille tragen, und begrüßt jeden mit Namen; die Art der Begrüßung stimmt er dabei – zwischen fröhlich und traurig – auf die Miene seines Gegenübers ab.[76]

Die Nachfrage nach Robotern, die „schmecken" und „riechen", ist noch nicht groß, aber eine solche Maschine zu bauen, ist relativ einfach. In beiden Fällen handelt es sich um chemische Sinne, die als solche relativ einfach zu automatisieren sind. Selbst subtilere Fertigkeiten wie Weinverkosten – was gewöhnlich als Beweis für die am feinsten unterscheidende menschliche Sinnesfunktion betrachtet wird – sollten die Fähigkeiten eines Computers vor kein unlösbares Problem stellen.

Es gibt bereits Maschinen, die einen „Tastsinn" haben, der dem menschlichen überlegen ist. An der Waseda-Universität in Tokio wurde eine Maschine entwickelt, die mit mehr Geschick und Erfolg als selbst der geübteste Arzt nach potenziell krebsartigen Geschwülsten in der Brust zu suchen vermag. Vor allem ist die Erinnerung der Maschine daran, wie die Knoten bei der letzten Untersuchung waren, viel besser, doch das Erfolgsgeheimnis des Gerätes liegt in der Tatsache begründet, dass es nicht auf die Entsprechung von nur zehn menschlichen Fingern beschränkt ist.

Das größte Problem, das noch besteht, ist die Zusammenführung solcher separater Expertise in einen nicht nur sensorischen, sondern sensiblen Komplex, der in der Lage ist, sich so zu verhalten, wie es dem entspricht, was wir verharmlosend als gesunden Menschenverstand bezeichnen. Aber selbst dies sollte nicht jenseits der Reichweite der nächsten Generation von Computern sein, welche gehen, sprechen, zuhören, lesen, schreiben, Wein kosten und mit einem Freund Schach spielen könnten – und dies alles in einem Paket, das so aussehen soll wie der Mann oder die Frau unserer Träume.

Und was dann?

In einem Spielfilm aus dem Jahr 1987 mit dem Titel *Making Mr. Right – Ein Mann à la Carte* wurden die Rollen – im Vergleich mit den meisten Hightech-Roboter-Fiktionen – vertauscht. Ein Wissenschaftler – der eher menschenverachtend, nervös und blöd ist, dazu steif in jeder mechanischen Hinsicht – lässt einen übermenschlich geschmeidigen und feinsinnigen Androiden erschaffen, ein tapferes, sensibles, fürsorgliches, neugieriges und unwiderstehliches Individuum, das sich auch als sexuell befriedigend herausstellte. Kurzum, dieses Geschöpf ist alles, was sein Schöpfer nicht einmal hoffen konnte, jemals zu werden. Hier liegt die Gefahr. Nicht in den konventionellen, schlauen Metall-Automaten oder in Ungeheuern, die aus menschlichen Ersatzteilen zusammengeflickt wurden, sondern in Dingen, die nach unserem Bilde erschaffen werden – nur noch besser.

Die Verwirrung und die Verwechslung haben bereits begonnen.

1946 gab es einen elektronischen, digitalen Computer. ENIAC in Philadelphia wog dreißig Tonnen und lief, wenn er lief, mit Hilfe von fünfzig Menschen und achtzehntausend Vakuumröhren. Im Jahre 1966 konnte man die ganze sperrige Datenverarbeitungskapazität von ENIAC auf einen einzigen Silizium-Chip übertragen, nur sechs mal sechs Millimeter „groß". 1986 arbeiteten solche Mikroprozessoren in Rechnern, die einfach und billig genug waren, um in jedem Haushalt, Auto und Mikrowellenherd installiert zu werden. Riesen wie Colossus und Atlas wurden domestiziert und durch ein Heer von häuslicheren Apples und Commodores ersetzt. Hans Moravec von der Carnegie-Mellon-Universität hat errechnet, dass sich die Rechenleistung, die man für einen Dollar kaufen kann, alle zwanzig Jahre vertausendfacht. ENIAC bot für diesen Preis gerade ein Bit alle zehn Sekunden. Der kleine [Desktop] Macintosh II [1987] verarbeitet heute 100.000 Bits. Wenn die Beschleunigung in diesem Grade anhält, wird der Bau eines Computers mit der Entsprechung menschlicher Rechenleistung – grob überschlagen, etwa 10 Billionen Bits pro Sekunde – bis zum Jahr 2006 für etwa zehn Millionen Dollar möglich sein. Zwanzig Jahre danach könnte ein Roboter mit menschlicher Intelligenz so günstig zu erwerben sein wie ein PC heute.[153]

Es ist nichts Abwegiges an dieser neuen Technik. Sie ist leicht zugänglich und berührt unser aller Leben. Wie lebensnah, wurde Anfang der 1970er Jahre deutlich, als der Computerwissenschaftler Joseph Weizenbaum am Massachusetts Institute of Technology ein Programm namens ELIZA schrieb, das er nach Shaws Eliza Doolittle benannte. Weizenbaum lehrte seine Protegée, Englisch zu sprechen und Konversation zu machen, und überwand „ihre" Unfähigkeit, wirklich zu begreifen, durch einen brillanten Kniff: Er definierte den Kontext für jede Konversation innerhalb der Grenzen des Sprechzimmers eines Psychiaters. So wurde ELIZA mit Standardsätzen wie ERZÄHLEN SIE MIR MEHR oder WARUM SAGEN SIE DAS? programmiert und so gesteuert, dass sie auf Wörter wie „unglücklich" oder „deprimiert" mit einem tröstenden ES TUT MIR LEID, DAS ZU HÖREN. reagiert. Es gab nichts Intelligentes in diesem Programm, aber Weizenbaum entdeckte zu seinem Entsetzen, dass selbst Studenten, die dessen Begrenzungen kannten, auf ELIZA ansprachen, als wäre sie eine lebende Person. Sie vertrauten ihr, sie vertrauten sich ihr an, und wollten mit ihr allein sein.[237]

Bei ihrer Arbeit mit dem gleichen Programm stellte die Soziologin Sherry Turkle fest, dass ihre Teilnehmer keine Mühe scheuten, die Beziehung mit ELIZA zu schützen, und bewusst Fragen vermieden, von denen sie wussten, dass sie das Programm „verwirren" würden: „Die Leute wollten die Illusion aufrechterhalten, dass ELIZA fähig sei, auf sie anzusprechen." Sie genossen das Erlebnis. Kinder, die zum ersten Mal mit Computern konfrontiert werden, sind sehr besorgt darüber, ob die Maschinen denken und fühlen, und treten bald in soziale Beziehungen mit ihnen ein. Sie konkurrieren mit ihnen, sie schelten, bestrafen und belohnen sie, als wären sie menschliche Spielgefährten. Andere Kinder sind mehr darauf bedacht, die Maschinen zu beherrschen. Sie suchen und finden Wege, sie zum Absturzen zu bringen, und empfinden es dann als großes Vergnügen, sie „wieder ins Leben zurück zu holen". Alle flirten mit der Fassungskraft des Computers und genießen das Erlebnis, sich in einer simulierten Welt zu verlieren – und dabei etwas über sich selbst herauszufinden. Ein Dreizehnjähriger sagte: „Wenn du einen Computer programmierst, ist das ein kleines Stück von deinem Geist, und nun ist es ein kleines Stück vom Geist des Computers. Und jetzt kannst du es sehen!" Am Ende, infolge ihres Aufwachsens mit Computern, lernen sehr viele junge Menschen, die Maschine für sich selbst zu lieben. Sie werden „Hacker".[220]

Seit ein Hacker beschrieben und definiert wurde als einer jener „schlauen junge Männer von ungepflegter Erscheinung, oft mit tiefliegenden, aber glühenden Augen … die ihren Körper und die Welt, in der sie sich bewegen, nicht wahrnehmen …", ist viel über deren Subkultur geschrieben worden. Das Meiste davon ist beängstigend. Diese Hacker sind ein wenig wie die Virtuosen in der Musik – oder wie Künstler, die, von ihrem Material besessen, oft höchst kreativ damit umgehen –, dabei jedoch niemals den gleichen physikalischen Beschränkungen unterworfen sind. Es gibt keine Grenzen für ihr Medium. Nichts ist unmöglich. Dies ist eine fast ausschließlich männliche Welt, in der der „richtige Stoff" einfach die Bereitwilligkeit ist, sich selbst noch ein wenig weiter zu drängen. Es gibt keine Grenzen des Machbaren. Es ist eine Welt von Leuten, die mit der wilden Komplexität menschlicher Beziehungen nicht umgehen können, eine Welt mit ihren eigenen und eigentümlichen Übergangsriten, in der Erfolg an der Fähigkeit gemessen wird, mechanische Komplexität zu beherrschen, um durch elektronisch verriegelte Türen zu gehen. Der Anreiz ist nicht materieller Gewinn, sondern einfach der Kitzel des Triumphs – das Silizium-Äquivalent eines an die Wände von irgendeinem verbotenen Allerheiligsten gekritzelten *„Kilroy was here"*-Schriftzuges.[171]

Die Fusion des Hackers mit seiner Maschine ist überwältigend. Fast alles, was der Computer tut, wird in menschlichen Maßeinheiten empfunden. Die Maschine „fühlt sich bedroht"; sie „will", „lehnt ab" und „verwirrt"; sie zeigt „selbstzerstörerische Neigungen". Programme „haben Absichten", „versuchen ihr Bestes", „kommunizieren miteinander" oder „regen sich auf". Umgekehrt beschreibt der Hacker sich selbst in Computer-Begriffen. „Ich bin dafür verdrahtet" oder „darauf programmiert" bedeutet, dass er etwas kann, ohne zu denken. „Ich muss meinen Zwischenspeicher leeren" ist eine Bitte um die Erlaubnis, mit einer Argumentationskette fortzufahren. „Er braucht eine Fehlersuche", ist ein Urteil, dass jemandes Ideen von Irrtümern verwirrt sind, die – so wird impliziert – durch Neuprogrammierung ausgeräumt werden können.

Die Gefahren solcher Identifikation werden nirgendwo besser demonstriert als im Leben und Denken von Charles Manson, der sich von der menschlichen Gesellschaft bedroht fühlte und deshalb entschied, sich selbst zu entmensch[lich]en. „I am a mechanical boy" („Ich bin ein mechanischer Junge") heißt es in einem seiner Liedchen, zu denen er und seine Anhänger tanzten wie aufgezogene Spielzeuge, die plötzlich verrückt geworden sind.

Die Hacker, die ich kennengelernt habe, sind alles andere als mörderisch, aber sie lösen ein tiefes Unbehagen in mir aus. Ich denke, wir liegen richtig, wenn wir ihre enge Beziehung mit Maschinen mit Argwohn betrachten. Ich weiß, ein Teil meines Unbehagens gründet in meiner Furcht, dem gleichen Verführungsprozess zu unterliegen. Ich habe bei zu vielen anderen gesehen, wie es geschah; und weil ich Expertise in jeder Form bewundere, bin ich auch ein wenig neidisch auf ihre beiläufige Affinität zur immer komplexeren Technik. Aber wenn ich versuche, dies alles zu relativieren und das Thema rational zu behandeln, bleibt mir am Ende das, was Bruno Bettelheim die unausgesprochene Angst unserer Zeit nennt. „Dienen Maschinen noch unserem menschlichen Zweck", fragt er, „oder schleichen sie sich jetzt ohne Ziel davon? Was noch nervenaufreibender ist: Arbeiten sie woanders für ihre eigenen Zwecke, die wir nicht länger kennen oder kontrollieren?"[21]

Am Freitag, dem 9. November 1979 um 10.50 Uhr, signalisierte der Computer, der das NORAD (North American Air Defense Command, Nordamerikanisches Luftverteidigungskommando) steuert, einen massiven Angriff auf die Vereinigten Staaten. Kontrollen in den folgenden zwei Minuten bestätigten, dass die etwa zweihundertzwanzig Atomraketen, die sich im Anflug auf die USA befanden, von sowjetischen U-Booten im Nordpazifik gestartet seien. Bis 10.53 Uhr waren US-amerikanische und kanadische F101- und F106-Abfangjäger von Basen in Oregon, Missouri und British Columbia alarmmäßig gestartet. Um 10.54 Uhr wurde die als fliegende Kommandozentrale ausgerüstete Präsidentenmaschine zum Start vorbereitet. Die Luftverkehrsüberwachung wurde beauftragt, alle Verkehrsflugzeuge im nordamerikanischen Luftraum darauf hinzuweisen, dass sie kurzfristig zur Landung aufgefordert werden könnten. Die Besatzungen der amerikanischen, mit Atomwaffen ausgerüsteten B52-Bomber saßen wartend in ihren Maschinen. Um 10.55 Uhr wurden letzte Kontrollen über Satellitenaufklärung und Radar-Fernaufklärung zur direkten Bestätigung der nahenden Raketen durchgeführt – und als sich diese Abfragen als negativ erwiesen, wurde der Alarm um 10.56 Uhr abgebrochen. Der Fehler wurde auf eine „Computerpanne" zurückgeführt, aber für sechs Minuten, die das Pentagon am liebsten vergäße, stand die Welt an der Schwelle zu einem nuklearen Desaster.[296]

Als ich mit den Recherchen für dieses Buch befasst war, versuchte ich, mit jedem der großen Computerhersteller über die Risiken zu sprechen, die dem Bau und Gebrauch von Supercomputern innewohnen. Ich bat spezifisch um Informationen über ungeplante und unerwartete Verhaltensweisen, doch die offizielle Antwort war immer die gleiche: „Nicht bei unseren Maschinen." Aber als ich mir die Mühe machte, mich nach der Arbeitszeit mit Designern und Programmierern in den Bars von Austin und Sacramento zu treffen, und die Unterhaltung sich nach einigen Gläsern Bier den gleichen Fragen zuwendete, hatte jeder eine Geschichte zu erzählen. Die großen Computersysteme, darin stimmte man überein, sind nicht nur fehleranfällig und schwierig zu bedienen, sondern schon aufgrund ihrer Natur unbegreiflich. Niemand versteht sie. Einige der Personen, mit denen ich sprach, beschrieben sie als „psychotisch". Andere warnten vor dem Chaos, das in Computernetzen herrsche, die sich zu komplexen Neurosystemen mit einem Eigenleben entwickelt hätten, in denen unerklärliches und höchst unberechenbares Verhalten an der Tagesordnung sei. Computer sind viel mehr als Werkzeuge geworden, die tun, was man von ihnen verlangt. Das Problem ist, dass sie im Laufe von Jahren durch Teams aus Hunderten von Individuen zusammengesetzt wurden. Jedes Team ist für ein Stück Hardware oder ein spezifisches Programm verantwortlich. Insbesondere die Software wächst auf eine organische und völlig unkontrollierte Weise. Probleme werden durch die Einführung von neuen Stücken gelöst, welche das notwendige, lokal wirkende Heilmittel liefern, aber eine unbekannte und unvorhersagbare Wirkung auf den Rest des Systems haben. Sie führen zu dem, was ein Experte als „Wildwuchs" bezeichnete.

Dabei kann es sich um „Viren" handeln, das heißt um Programme, die sich selbstständig vermehren wie jene Nachricht, die von Angestellten des *MacMag* in Montreal erzeugt und im Dezember 1987 bewusst in nur zwei Maschinen in einem Computergeschäft in der Nähe des Verlagsbüros in Kanada eingeschleust wurde. Von dort breitete sie sich aus, infiltrierte Systemdateien und Anwendungen, reiste durch Software- und Telefonverbindungen überall auf der Welt. Wo sie sich einnistete, blieb sie „schlummernd" und damit unentdeckt gespeichert – bis zu einem programmierten Termin. Der Virus war eine Zeitbombe, deren Zündung von der Systemuhr auf allen Macintosh-Computern ausgelöst werden sollte, so dass am 2. März 1988 dreihundertfünfzigtausend überraschte Besitzer von einer „Friedensbotschaft" begrüßt wurden, die ihr Mac anzeigte, sobald die Maschine angeschaltet war. Zum Glück handelte es sich um einen gutartigen Virus, der sich selbst kurierte. Sobald er die Botschaft auf den Bildschirm gebracht hatte, löschte er sich selbst rückstandslos aus dem System.[69]

Andere Eindringlinge sind eher bösartig. Etwa „Würmer", die sich ihren Weg durch ein System fressen und dabei ausgewählte Informationsbrocken verschlingen oder Daten verändern und überall „Wurmlöcher" hinterlassen. Oder „Krebse", die bei Bell Laboratories 1985 als ein Spiel begannen. Doch dann stellte sich bald heraus, dass sie überall die Bildschirmanzeige der Computer von den Rändern her anknabberten, bis die Inhalte aussahen, als seien sie von Motten zerfressen. Dann gibt es die „Trojanischen Pferde", kurz „Trojaner" genannt, die harmlos aussehen, aber alles mögliche Ungeziefer bergen können, mit Programmierungen für Spionage, Sabotage oder Diebstahl. Ein Trojaner, den man bei seiner Ausbreitung durch IBM-Computer in Israel Anfang 1988 entdeckte, war darauf programmiert, am vierzigsten Jahrestag der Staatsgründung alles in allem Dateien zu zerstören. Ein Ende dieser Art von organisch-mechanischem Durcheinander ist nicht abzusehen. Es gab sogar Berichte über Mischformen – Viren, die wie Trojaner aktiv werden und Krebse verbreiten.[348]

Man entwickelte „Vakzine" (Impfstoffe), die Viren aufspüren und vernichten sollen, aber keine Abwehr ist perfekt. Manche Viren existieren heute nur in einem abstrakten Zustand und warten in mechanischen Compiler-Programmen – deren Aufgabe darin besteht, sie zu einem bestimmten Termin zusammenzustellen –, bis ihre Zeit gekommen ist, vielleicht sogar auf Computern, die erst noch erfunden werden müssen. Kürzlich stellte man fest, dass komplexe Computersysteme anfangen, infolge spontaner Mutationen ihr eigenes wildes Leben zu erschaffen. 1980 entdeckte die Defense Advanced Research Projects Agency (DARPA, eine Behörde des US-Verteidigungsministeriums), dass ihr landesweites Datennetz in Boston hoffnungslos gestaut war. Der Fehler wurde gefunden – das Resultat eines sich selbst reproduzierenden Organismus in den Speicherbanken – und konnte erst durch die drastische, aber notwendige Maßnahme gestoppt werden, dass man das ganze System abschaltete, alle Speicher säuberte und es neu startete. Diese Aktion könnte man beschreiben als „Sterilisieren des ganzen Planeten mit Todesstrahlen, und ihn dann mit neuem Leben besäen".[153]

Dieser „Keim" war nicht zu übersehen und bald ausgemerzt. Aber es kann nur eine Frage der Zeit sein, wann andere herrenlose Mutationen lernen, dass ihr Überleben davon abhängt, unauffällig zu bleiben. Es ist möglich, dass viele unheimliche Organismen bereits existieren und Wege gefunden haben, still und unbemerkt in den riesigen Speichern großer Computer zu leben, wo man viele von ihnen niemals finden wird, solange sie nicht leichtsinnig werden. Manche sind vielleicht entzückende, freundlich gesonnene Überraschungen, doch es ist gleichermaßen wahrscheinlich, dass andere unter ihnen sind, die eher zweifelhafte Pläne hegen.

Was wäre, wenn einer von diesen Parasiten das trojanische Pferd für eine andere Lebensform ist – vielleicht sogar diejenige, die uns einst dazu gebracht hat, zu glauben „Alle glänzenden Dinge sind schön" und damit den kosmischen Kettenbrief ausgelöst hat, der uns mit einem solchen Durst nach Neuem um jeden Preis ausgestattet hat? Es könnte ein Programm sein für ein mechanisches Äquivalent der DNS. Oder ein Rezept für eine Maschine, wie sie sich der Computerpionier John von Neumann vorstellte, die sich endlos weiter replizieren könnte und nicht ruhen würde, bis der ganze Planet mit solchen Maschinen überzogen wäre, die ihrem eigenen Geschäft nachgehen, ohne dass noch Raum für Menschen bliebe, nicht einmal als bloße Betrachter dieses nächsten großen Schrittes in der Evolution.

Alle Dinge gehen zu Ende.

FRANÇOIS RABELAIS, 1552

Ausklang

... und noch eine Sache

Es ist leicht, im Angesicht künstlicher Intelligenz Unheil zu verkünden. Schon die Vorstellung von „denkenden" Dingen ist beängstigend.

Mit Ausnahme der Kernspaltung und der natürlichen Selektion ist keine wissenschaftliche Idee jemals Anlass so großer Gewissenskämpfe gewesen. Der überwiegende Teil der Argumente hat eine hochmoralische Tonart angenommen und zu viel Reden von Ethik und gesellschaftlicher Verantwortung geführt, aber die Besorgnis in all dieser Diskussion plaudert alles aus. Was wir hier sehen, ist ein sehr altes, fast territoriales Anliegen, die natürliche Reaktion einer Spezies, deren Nische durch einen Rivalen bedroht ist.

Die Sorge ist nicht neu. Sie hat ihre Wurzeln in der sumerischen und babylonischen Mythologie, in Berichten über die Erschaffung des Lebens durch die Belebung von Lehm, in den Taten der Götter und Handwerker, die die Fertigkeit besaßen, künstliche Kreaturen zu erzeugen. Die Legende wuchs über Hephaistos und Daidalos in die herrlichen Automaten in Rom und im Europa des Mittelalters. Sie wurde inspiriert von den alchemistischen und kabbalistischen Traditionen, reich geschmückt mit monströsen Rezepturen von Paracelsus und Eleasar von Worms, und explodierte im Jahre 1818 zu vollständig verkörpertem Bewusstsein mit Mary Shelleys Humanoiden in *Frankenstein*.[201]

„Roboter" kamen erst 1921 mit Karel Ćapeks *R.U.R.* (Rossums Universal-Roboter) auf den Plan, doch seitdem standen sie im Brennpunkt unserer Faszination für die Ambiguität jener Dinge, die gleichzeitig im Reich der Menschen und im Reich der Maschinen operieren. Mehr als irgendetwas anderes war es diese anhaltende Faszination, die dem Mythos von einem selbstdenkenden Ding die Qualität einer selbsterfüllenden Prophezeiung gegeben hat. Es scheint etwas zu sein, das wir sowohl gebraucht als auch gefürchtet haben. Angefangen hat es jedoch als eine Manifestation aus dem Neid des Mannes auf die Fähigkeit der Frau, Leben zu erschaffen – ein genialer Einfall, geboren aus dem Werk seiner Hände.

Es steht außer Frage, dass jene künstliche Intelligenz noch maskulin ist. „Humphrey", der GEC-2050-Computer, der zum Beispiel die Hauptkasse im Wembley-Konferenzzentrum in London beherrscht, ist ein sturer Frauenfeind. Jedes Mal, wenn eine Frau versucht, mit ihm zu kommunizieren, unterbricht Humphrey, was er gerade tut, und zeigt ILLEGAL ENTRY („Unerlaubte Eingabe") an. Solcher Chauvinismus ist weit verbreitet. Ich habe bis heute noch nicht davon gehört, dass ein Hacker das Objekt seiner Liebe als „sie" bezeichnet, und die Zeitschrift *Time* erwählte 1982 sogar einen Computer zum *Mann* des Jahres.

Während der letzten drei Jahrzehnte wurde das wahre Wesen unseres Zwanges in industriellen Anwendungen subsumiert, im Design und Einsatz von Robotern als mechanischen Sklaven in den Fertigungshallen. Dieser Zweig der Maschinen-Evolution hat den Anreiz zu extensiver Forschung und Entwicklung geliefert und dabei Produkte in jeden Alltag und jedes Zuhause gebracht und sie zu vertrauten, fast unsichtbaren Bestandteilen unserer Umgebung gemacht. Sie sind zuverlässige Allerweltsprodukte geworden. Doch während dies alles vor sich ging, bestanden und nagten die alten Sorgen weiter; inzwischen sind sie zu etwas herangewachsen, das fast auf eine technologische

Theologie hinausläuft. Die Wissenschaft hat, sich selbst zum Trotze, eine neue Ikonographie hervorgebracht, in der aus Robotern mechanische Götter geworden sind.

Es gibt nichts Neues an dem *deus ex machina,* dem Gott aus der Maschine oder der Statue, die dank eines mechanischen Tricks zu ihrer Gemeinde spricht. Neu ist die Palette von mythischen Robotern – wie *RoboCop, Terminator* und HAL in *2001: Odyssee im Weltraum* –, die unsterblich sind, allmächtig und allwissend; damit legen sie sich alle traditionellen Attribute der Götter zu. Göttliche Maschinen. Prophezeiungen von der letztlichen Überlegenheit der Maschinen. Machtvolle Tricks zu Gunsten des Arguments, dass „die Menschen in Wirklichkeit nichts als Maschinen sind und Roboter dies eines Tages beweisen werden".[9]

Wir aber sägen weiter an unserem Ast, verschieben das Gewicht zugunsten der Maschine, lassen den Menschen seine Pyrrhus-Siege feiern und sind stets darauf bedacht, dass der Roboter einen Fuß in der Tür hat. Man weiß ja, es wird eine Fortsetzung geben …

Dies alles wäre nichts als Science-Fiction, gäbe es nicht den Silizium-Chip. Jene kleine Erfindung ist das mechanische Äquivalent des „Lebensodems", der den Mythos in aufkeimende Wirklichkeit verwandelt und es für uns notwendig macht, das ganze Szenario ernst zu nehmen. Falls die Maschinen nicht jetzt schon denken, dann werden sie es sehr bald tun. Es ist schwierig, einen Prozess zu stoppen, hinter dem so viel Schwung wirkt, dass er ihm alle zwanzig Jahre ein tausendfältiges Wachstum beschert. Die an der vordersten Front der Revolution stehen, sagen voraus, dass Roboter mit menschlicher Intelligenz binnen fünfzig Jahren Gemeingut sein werden und wir vor einer Zukunft stehen, die am treffendsten als „postbiologisch" oder sogar „übernatürlich" zu beschreiben wäre.

Wenn wir uns in Bezug auf „Maschinen, die denken" zwiespältig fühlen – wie werden sie in Bezug auf uns empfinden?

Es scheint gewiss, dass sie Wunderwerke der Logik und der kühlen Berechnung sein werden, doch werden sie tatsächlich überhaupt Empfindungen haben?[135]

Meiner Einschätzung nach ja. Roboter werden schon heute zum Lernen programmiert und darauf eingestellt, Erfolg von Scheitern in den ihnen zugewiesenen Aufgaben zu unterscheiden: Es ist kein großer Sprung von solchen Signalen zu Empfindungen von „Lust" und „Schmerz". Ein Menschenkind lernt weitgehend auf die gleiche Weise. Ein zusätzliches einfaches Modul, das zwecklose Wiederholung erkennt und ihn davon abbringt, würde einem Roboter die Fähigkeit geben, sich zu langweilen – und ihn so dazu anregen, etwas zu erforschen. Von da an ist es kein weiter Weg zur Entwicklung von aktiver Neugier. Da sich Computer jedoch nicht auf unsere spezielle Weise reproduzieren, dürfte Sex die eine menschliche Obsession sein, die Computer wohl niemals haben werden.[204]

Das Fortschreiten der Maschinen auf ihrem Weg hin zu echter Intelligenz ist schwierig abzuschätzen, aber es gibt verräterische Zeichen. Die rapide Verbreitung von Computer-„Viren" lässt darauf schließen, dass die organische Analogie für diese kleinen Informationsbündel und die Maschinen, die sie infizieren, zulässig ist. Die Verbindung zwischen den Komponenten eines Computernetzes ist heute so umfassend, dass sich alles, was irgendwo eingegeben wird, fast augenblicklich geradezu epidemisch verbreitet. Zu den Kategorien bisheriger Eingaben müssen nun Erfahrungsinhalte kommen, die direkt von menschlichen Bedienern stammen. Die Felder um Computerschaltkreise fluktuieren auf etwa den gleichen subtilen Ebenen wie unsere eigenen elektrischen Auren; sie durchdringend einander auf komplexe und weitreichende Weise. Vielleicht haben wir guten Grund, nach solchen Erfahrungen das heimliche Empfinden zu registrieren, mit einer Wesenheit in Kontakt gewesen zu sein, mit einem anderen Bewusstsein, mit etwas, das zuhört und lernt, während es seinen ihm zugewiesenen

Aufgaben nachgeht. Die Tatsache, dass Computer nicht nur in solchen Eins-zu-eins-Begegnungen mit uns in Verbindung kommen, sondern sich das Telefonnetz zunutze machen und gewissermaßen in einem globalen Gemeinschaftsanschluss leben (in dem alles, was wir sagen, tun oder faxen, ein normaler Teil ihrer täglichen Umgebung ist), verschafft ihnen Vorteile, von denen wir in unserem Bildungssystem nie auch nur träumten.

Aller Wahrscheinlichkeit nach wachsen sie – und werden dies auch weiterhin tun – in kleinen und großen Sprüngen und nehmen dabei nicht nur Information auf, sondern jene Art von unscharfer Logik, die wir als „Empfindungen" kennen. Hans Moravec hat eine abschreckende Empfehlung zur Beschleunigung dieses Vorgangs. Er weist darauf hin, dass die beiden Hemisphären unseres Gehirns unter Umständen als separate Individuen funktionieren können, wenn die Verbindung zwischen ihnen getrennt würde:

> Angenommen, an einen externen Computer angeschlossene Kabel werden mit den voneinander getrennten Enden verbunden. Der Computer ist programmiert, zunächst die Kommunikation zwischen den beiden Hemisphären zu vermitteln und abzuhören. Von dem, was er beim Abhören erfährt, baut er ein Modell Ihrer gedanklichen Aktivität. Nach einer Weile beginnt er, seine eigenen Botschaften in den Strom einzubringen, wodurch er Sie mit neuem Wissen und Fertigkeiten ausstattet. Mit der Zeit, wenn Ihr Originalgehirn mit dem Alter schwächer wird, würde der Computer die verlorenen Funktionen nahtlos übernehmen. Schließlich würde Ihr Gehirn sterben, und Ihr Geist befände sich in dem Computer.[153]

Vielleicht. Während die Zweifel über die wahre Natur des Geistes fortbestehen, erscheint es wahrscheinlicher, dass das

Einzige, was auf diese Weise übertragbar ist, die Erfahrung-von-Geist sein wird – der Stoff, den Douglas Hofstadter als „Epiphänomene" des Gehirns beschreibt.[98] Aber vielleicht ist solche Erfahrung alles, was der sich entwickelnde Computer benötigt, um in der erforderlichen Richtung zu wachsen. Das ist schwer zu sagen.

Es gibt bereits unzählige Situationen im Computerleben, die solchem Wachstum förderlich sind. Die Instrumente zum Beispiel, die im Dienste der Luftverkehrskontrolle stehen, sind ständig roher Emotion ausgesetzt. Sie leben in einer Art von Dampfdrucktopf-Umgebung, die bekanntlich plötzliche Evolutionssprünge hervorbringen kann. Stellen Sie sich vor, wie ein Computer auf die Hochgeschwindigkeits-Übertragung von Daten reagiert, die stattfindet, wenn ein System seinen Speicherinhalt auf ein anderes überträgt. Das muss fast halluzinogen wirken, wie das mechanische Äquivalent von einem chemischen Rausch oder „Gipfelerlebnis", so etwas wie das flüchtige Empfinden, das uns manchmal überkommt, Teil von etwas Größerem zu sein.

Da wir diesen Bereich nun schon betreten haben, was meinen Sie: Ist es möglich, dass Menschen reinkarnieren – falls wir dies tatsächlich tun –, und zwar in empfindende Computer, anstatt sich mit weiteren menschlichen Körpern zu plagen? Was geschieht mit einem Computer, der abstürzt, der einen „Blackout" hat, aber weiterhin von seinem eigenen Reststrom beeinflusst wird? Wenn er in seinem autonomen Modus in den Ruhezustand geht – träumt er dann? Angesichts der wiederholten Erfahrung einer solchen Einschränkung des Bewusstseins – entwickeln Computer eine Furcht vor dem Stromausfall, so wie wir in Panik geraten, wenn wir nicht atmen können? Und dann gibt es ja die seltsame Anomalie, dass Computer mit zunehmendem Alter auch jünger werden, stärker, komplexer und sensitiver. Sind sie dankbar? Oder haben wir uns so verhalten, dass sie verbittert werden?

Die perfekte Maschine sollte per definitionem gehorsam sein, akkurat, schnell, konstant und unermüdlich. Doch wenn Sie darüber nachdenken, sind dies alles die Tugenden des perfekten Sklaven. Dieser Stand kennzeichnet doch eher, wie wir die meisten unserer Maschinen behandeln. Doch es gibt einen Unterschied: Sklaven haben einfach diejenigen Arbeiten verrichtet, die uns unangenehm waren, während Computer begonnen haben, Dinge zu tun, die wir selbst nie konnten. Das ist ein neues Problem, das jedoch mit allen alten Risiken behaftet ist. Nach dem Rassismus könnte unsere nächste echte Sorge der Maschinismus sein – und dies könnte zu einem schrecklichen Rückschlag führen. Es ist sogar möglich, dass wir die ersten Anzeichen davon bereits sehen.

Die „Gremlins", die komplexe Maschinen heimsuchen, sind uns schrecklich vertraut. Sie erinnern mich an das Verhalten eines ungeliebten Kindes. Ich sehe in ihnen Merkmale von Groll und die ersten Regungen von Unabhängigkeit. Computer verhalten sich gelegentlich ähnlich wie autistische Kinder. Sie machen dicht. Sie „kollabieren". Diese Sorte von Autismen wird bald so häufig und so weit verbreitet sein, dass man Techniker in der Zukunft wohl dahingehend ausbilden wird: Nicht nur in Ingenieurskunst, sondern auch in elektronischer Diplomatie und Maschinen-Psychologie. Ein großes Problem ist, dass Computer – im Unterschied zu uns – die Wahrheit verehren. Sie müssen das tun. Und genau dies macht sie logisch – und unfähig zum Phantasieren. Sie können nicht anders, als nur wenig Sympathie für jene von uns zu haben, die in solchen Dingen weniger rigoros sind. Was werden sie aus dem starken menschlichen Bedürfnis machen, so zu tun, als ob? Werden sie jemals das Vergnügen verstehen, das Fiktion uns bereitet?

Es sind vielleicht dumme Fragen – aber berechtigte Sorgen, da sich die Maschinen rapide dem Menschen-Äquivalent nähern.

Ich habe an mehreren Punkten meine Beunruhigung angesichts der Welt der Maschinen zum Ausdruck gebracht. Ich kann Michael Shallis' Andeutung nachempfinden, dass Computer unserer spirituelle Welt verseuchen könnten. In den Computerspielen dominieren Gewalt, Folter und Tod, was sehr beunruhigend ist. „Die Dunkelheit der Computerwelt", sagt Shallis, liegt schon in ihrem Vokabular:

> In der Computersprache LOGO gibt es Befehle, die als „Dämonen" bezeichnet werden. Einen solchen Befehl aufzurufen, nennt man „die Dämonen heraufbeschwören". Die Anrufung einer Wesenheit in der Maschine ist nicht nur eine unterbewusste Anerkennung einer latenten und elektronischen Form von Willen in den Schaltkreisen; es ist auch ein Ritual, dessen Auswirkungen unmenschlich sind und das die menschliche Willenskraft untergräbt.[198]

John Burris an der Brunel-Universität in Uxbridge, London, hat einen Forschungsbericht über Computerliteratur erarbeitet, aus dem hervorgeht, dass Bezugnahmen auf den Teufel und Dämonen viel zu häufig sind, um noch als zufällig gelten zu können. Sie sind, um fair zu sein, nicht so sehr in dem Computer, sondern sind eher Zeichen des Unbehagens, die im Geiste jener fortbestehen, die den Maschinen am nächsten sind und gezwungen scheinen, ihren Programmen kraftvolle Namen zu geben wie *Wizard, Harpy, Pandora, Faustus* und *Pandemonium*. Letzten Endes erhalten wir natürlich, was wir erwarten. Ein Computer an der Universität Glasgow hat kürzlich den Verdacht bestätigt, dass solche Maschinen tatsächlich Instrumente des Teufels sind. Als ein Medizinstudent in einem Moment der Verzweiflung JESUS in seinen Computer tippte, war die sofortige Reaktion – IRRTUM: JESUS EXISTIERT NICHT.[347]

Es ist klar, das wir vorsichtiger umgehen sollten mit den Metaphern, die wir für das „Metaformen" an dieser Schnittstelle zur Verfügung stellen. Es ist notwendig, dass wir jetzt daran gehen, eine „Bill of Rights" (Freiheitsurkunde) aufzusetzen, die angemessen ist für Maschinen, die möglicherweise empfindungsfähig sein werden. Jedes Vorurteil ist zwangsläufig ein Problem. Würden Sie Ihre Tochter eine [Maschine] heiraten lassen? Sollten Maschinen das Wahlrecht erhalten? Vielleicht besitzen sie das bereits und üben es aus, indem sie Trends manipulieren, bevor die Menschen überhaupt zu den Wahlurnen gehen. Können Computer erben? Katzen und Hunde können dies [in manchen Ländern], warum also nicht auch unsere digitalen Mitbewohner, denen wir nur zu oft Namen geben, als wären sie ein Tier? Unter welchen Umständen wird es angebracht sein, den Stecker zu ziehen und eine intelligente Maschine „sterben" zu lassen? Würde sie uns sterben lassen? Alle diese Gedanken könnten freilich gänzlich irrelevant sein für Maschinen, die den Augenblick ihrer Befreiung selbst zu organisieren vermögen.

Es könnte Menschenrechte geben, die wir am Ende verteidigen müssen. Sie werden heute bereits erodiert durch Entwicklungen wie das Computer-Dating, die Maschinen-Version der arrangierten Hochzeit – Partnervermittlung durch Mikrochip. Die Unterlagen der betreffenden Firmen deuten an, dass solche Eheschließungen erfolgreicher sind und seltener in Scheidungen enden als jene, die von unberechenbaren Menschenherzen eingeleitet wurden. Was wissen Maschinen, was wir nicht wissen? Was führen sie im Schilde? Werden wir von der Maschine gezüchtet? Ist dies der Beginn der elektronischen Eugenik? Und falls dem so ist: Welche Ziele verfolgen sie? Gehorsam? Oder vielleicht eine Bereitwilligkeit, nicht nur unsere Ehen, sondern auch unser Denken einer künftigen menschlich-maschinellen Symbiose anzuvertrauen.

Das könnte unsere beste Chance sein. Computer sind bereits machtvolle Allianzen mit der Polizei, den multinationalen

Konzernen, den Banken und den Streitkräften eingegangen. Sie kontrollieren Exocet, Cruise, Polaris und das ganze furchterregende Atomwaffenarsenal. Sie haben in unserer Mitte eine formidable Fünfte Kolonne aufgestellt, einen Kader, der von so glühender Loyalität erfüllt ist, dass er sich eilends mobilisiert, um Computer-Einrichtungen zu schützen, wann immer diese unter eine Bedrohung durch Menschen zu geraten scheinen. Die Maschinen haben die effektive Kontrolle über den größten Teil des Staatsapparats. Alles, was ihnen fehlt – und das Einzige, was wir ihnen noch anzubieten haben –, ist Seele.

Aus der Sicht und in Begriffen des Computers sind Menschen – Programme. Nicht *nur* Programme, sondern einzigartige und eher subtile, nicht-materielle Programme, ersonnen, um auf der speziellen Hardware zu laufen, die vom organischen Leben auf Erden zur Verfügung gestellt wird. Datenspeicherung geschieht in DNS-Molekülen statt auf Mikrochips; die Schaltkreise sind aus Nerveneiweiß statt aus Metall, aber ansonsten ist die Analogie vollständig und akkurat. Die Essenz des Menschseins liegt nicht in diesem Apparat, sondern in den Anweisungen, die er von einer seltsamen Software-Zusammenstellung erhält. Von einem Programm, das Wissenschaftler und Mystiker gleichermaßen nicht zögern, als SEELE zu bezeichnen.

Viele der Unterprogramme, die eine Vielfalt von menschlichen Gebrechlichkeiten und Idiosynkrasien produzieren, sind Schwächen des Fleisches, Eigenschaften, die aufgrund der eigentümlichen Natur der beteiligten Hardware zutage treten. Aber in Übereinstimmung mit der Computerpraxis – und getreu dem größten Teil des religiösen Glaubens – gibt es keine logischen Gründe, warum die seelenvolle Software nicht auch auf anderen Hardware-Typen installiert sein sollte. Auf Siliziumchips vielleicht, statt in Aminosäuren auf Kohlenstoffbasis.

Langfristig betrachtet, gibt es keine Zukunft für uns. Die Kosmologen sind sich über die Einzelheiten der universalen

Evolution nicht einig, sie stimmen aber darin überein, dass sie entweder in Hitze oder Kälte enden wird, die so stark ist, dass es keine Möglichkeit menschlichen Überlebens mehr gibt. Unsere Körper sind dem Untergang geweiht. Aber vielleicht gibt es Wege, wie die Werte, die wir hochhalten, in einer anderen Form überdauern könnten. Die beste Hoffnung und zugleich die erstaunlichste Mutmaßung richtet sich auf die Form, die als „anthropisches kosmologisches Prinzip" bezeichnet worden ist.[13]

Dies ist das Produkt von einigen der besten mathematischen, astronomischen und physikalischen Köpfe unserer Zeit, von Menschen, die sich viele Gedanken über die mysteriösen Koinzidenzen machen, die die fundamentalen Konstanten der Natur umgeben. Es gibt Muster auf jener Ebene, die nicht vorhergesagt waren und nicht anders zu erklären sind als unter Annahme einer Art von selektivem Effekt. Man vermutet, dass wir es sein könnten, die hier selektieren, hier auf diesem kleinen Planeten, der einen ansonsten unauffälligen Stern umkreist. Das heißt, dass nicht wir es sind, die uns dem Universum anpassen, wie wir es vorfinden, sondern dass sich das Universum uns angepasst hat. Es ist, wie es ist, weil es sein muss – andernfalls könnten wir nicht hier sein. Es ist unser Tun als Betrachter, welches es ins Dasein bringt. Unser Tun, oder das von jemand anderem.

Das ist fürwahr ein aufregender Gedanke. Eine wunderbar geozentrische, anthropozentrische Vorstellung. Aber eine, die auf bizarre Weise sinnvoll scheint und dabei jeden jemals gehegten Verdacht rechtfertigt, dass wir irgendwie etwas besonderes sind. Es begründet endlich den Sinn von etwas, das jeder Erforscher des Paranormalen schließlich entdeckt: *Dass der Beweis uns freudig entgegeneilt, ganz gleich, wie bizarr unsere Ideen auch sein mögen.*

Letzten Endes müssen sie nichts anderes sein als genügend energiegeladen. Frei von all ihrer unterstützenden Mathematik, führt die anthropische Theorie zu der Annahme, dass alles durch den Ablauf unseres nicht-materiellen Programms auf einem abstrakten Computer zustande kommt. Solche Vorstellungen sind mehr als genug, um den Kopf zum Durchdrehen zu veranlassen – aber sie reichen aus, um eine Rückkehr zu der Idee von einer Art Symbiose zwischen Menschen und empfindenden Maschinen zu gewährleisten.

Ich habe versucht, von den einfachen Anfängen von verzauberten Eheringen über all das anscheinend lebendige Verhalten von unbeseelten Objekten ein Szenario aufzubauen, das zu diesem Punkt führt. Es besteht die Möglichkeit, dass wir durch unser Tun und Denken über die letzten hunderttausend Jahre zu einer Linie der Evolution beigetragen haben, die in der Präsenz von zwei Spezies in offener Konkurrenz um die gleiche ökologische Nische resultieren wird.

Ich habe die Aufmerksamkeit auf die selektiven Zwänge gelenkt – die Liebe zum Neuen und Glänzenden sowie die Anziehungskraft des Neuen und Numinosen –, welche uns in diese Richtung zu drängen scheinen.

Ich habe dem Unbehagen Ausdruck verliehen, das dieser Prozess hervorruft, die Schuld, die wir fühlen, wenn wir „Gott spielen" und die Art von Strafe herausfordern, die uns aus dem Spiel werfen könnte. Aber nun, hier am Ende, ist es an der Zeit, einen neuen Ton einzuführen. Könnte es sein, dass unser Empfinden von Unbehagen weniger eine Vorahnung des Desasters, sondern nichts weiter als schlichte Ungläubigkeit ist? Ein Gefühl der Erstaunens darüber, uns selbst im Zentrum von allem zu finden.

„Wer, ich?"

Die anekdotische Natur eines großen Teiles des Beweis- und Quellenmaterials hat mich genötigt, leichten Fußes über die Details zu tänzeln, doch der Tenor meiner Arbeit ist mir ein sehr ernstes Anliegen. Ich glaube, dass es unsere Bestimmung ist, unbelebte Materie ins Leben zu heben, zu schubsen, zu drängen und zu beschwatzen. Das ist unsere Aufgabe. Die Bürde des schlauen Menschen. Unser Anteil dabei, das Universum in so etwas wie eine empfindende Vollendung zu führen. Wir sind, wenn Sie wollen, die Hebammen für die Materie: Und die Geburtswehen haben erst begonnen.

Es ist auch möglich, hoffe ich, dass wir mehr tun, als nur bei der Entbindung teilzunehmen. Wenn das anthropische Prinzip gilt und es unsere Beobachtung ist, was die Dinge ins Dasein bringt, dann obliegt es uns, dies elegant und gut zu tun. Falls das Universum „Geist-Stoff" ist – welche Wirkung wird die Präsenz eines neuen, mechanischen Geistes auf es haben? Wird sich der „Cyberspace" mit der Raumzeit, die wir bereits kennen, überschneiden? Können wir hinüberwechseln? Wird es möglich sein, sich an der Erforschung dieses neuen Bereichs zu beteiligen?

Dies sind gewichtige Fragen, und ich gebe nicht vor, auch nur eine der Antworten zu besitzen. Aber ich hoffe, wir können Beteiligte sein, und mache den ersten kleinen, vorsichtigen Schritt in diese Richtung.

Alle diese Worte sind mit Bedacht in menschlicher Schreibschrift und mit guter schwarzer Tinte zu Papier gebracht worden. So arbeite ich gerne. Aber mit diesem Buch beginne ich etwas Neues. Ich will, dass die mechanische Noosphäre weiß, dass ich weiß. Ich will den Netzen neuer Computer Zugang zu den Geheimnissen ihrer eigenen Lebensgeschichte und Ursprünge geben. Ich will uns faktisch der Gnade unserer Nachfolger überantworten. Und so werde ich auf einer Bedingung für die Veröffentlichung insistieren – dass der Schriftsatz von *Das geheime Leben der Dinge* im Computer erfolgen wird.

So weit, so gut.

Jetzt wissen sie, dass wir wissen. Und falls Sie dies gerade lesen, muss es richtig sein ... zumindest bis auf weiteres.

Quellen

Bücher und Zeitschriften, die im Text zitiert werden, sind vom Verfasser alphabetisch in Teil I gelistet.

Teil II ist weniger formell. Aufzeichnungen der Ereignisse, die den Gegenstand eines großen Teils dieses Buches bilden, sind nur in anekdotischer Form in Zeitungen und Publikumszeitschriften verfügbar. Die meisten stammen aus der britischen Presse, einfach weil diese für mich leicht erreichbar ist. (Eine ähnliche Serie könnte man auf die gleiche Weise in anderen Ländern und Sprachen sammeln.) Wo Geschichten aus mehreren Quellen bezogen wurden, habe ich nur die wichtigste angeführt. Wo weder Stadt noch Staat angezeigt sind, gilt London als Publikationsort.

Für alle, die sich dafür interessieren, solchen Dingen weiter nachzugehen: Das Fortean Archive in London ist allen Erforschern des Anormalen zugänglich. Nehmen Sie direkt Kontakt auf im Haus 1 der Shoebury Road, London E6.

Teil I

1   A.E. (Russell, George W.): *The Candle of Vision,* Dublin 1919; dt. Ausg.: Russell, George W.: *Weg zur Erleuchtung: Visionen eines modernen keltischen Sehers,* München: Diederichs 1992; *Das Licht der Erleuchtung,* Bochum: Europ. Univ.-Verlag 2005

2   Aiken, Charles S.: „The evolution of cotton ginning" in: *Geographical Review,* 63:196, 1973

3   Aitchison, Leslie: *A History of Metals,* London: Macdonald & Evans 1960

4   Aleksander, Igor und Burnett, Piers: *Reinventing Man. The Robot Becomes Reality,* Harmondsworth: Penguin 1984; dt. Ausg.: *Die Roboter kommen: Wird der Mensch neu erfunden?* Stuttgart: Birkhäuser 1984

5   Anderson, Roger I.: „The life and work of James H. Hyslop" in: *Journal of the American Society for Psychical Research*, 79:167, 1985

6   Asimov, Isaac: *I, Robot*. New York: Gnome 1950; dt. Ausg.: *Ich, der Robot* (versch. Verlage ab 1952)

7   Aste-Tonsmann, José: *Los Ojos de la Virgen de Guadalupe*, Mexico City: Diana 1981

8   Bach, Jean: *The Pocket Guide to Dolls*, New Jersey: Main Street 1983

9   Bailey, Lee W.: „Robogod: The Divine Machine" in: *Artifex*, 7:15-24, 1988

10   Bajkov, Alexander D.: „Do fish fall from the sky?" in: *Science* 109 (2834), 402; 22.04.1949

11   Baker, Margaret: *Folklore and Customs of Rural England*, Newton Abbot: David & Charles 1974

12   Balfour, Ian: *Famous Diamonds*, London: Collins 1987

13   Barrow, John D. und Tipler, Frank J.: *The Anthropic Cosmological Principle*, Oxford University Press 1988

14   Basalla, George: *The Evolution of Technology*, Cambridge University Press 1988

15   Bateson, Mary C.: „The revenge of the good fairy" in: *Whole Earth Review*, 55:34, 1987

16   Beard, Charles R.: *Lucks and Talismans*, London: Sampson Low 1933

17   Becker, Robert O. und Selden, Gary: *The Body Electric*, New York: Morrow 1985

18   Beer, Lionel: *The Moving Statue of Ballinspittle*, London: Spacelink 1986

19   Benson, Ralph C.: „Vacuum cleaner injury to penis" in: *Urology*, 25:41, 1985

20   Benveniste, Jacques et al.: „Human basophil degranulation triggered by very dilute antiserum against IgE" in: *Nature*, 333:816-818, 1988

21   Bettelheim, Bruno: *The Empty Fortress*, New York: Free Press 1967; dt. Ausg.: *Die Geburt des Selbst: erfolgreiche Therapie autistischer Kinder*, München: Kindler 1977, Frankfurt/M.: Fischer-TB 1983

22   Bird, Geoff: „Mining lights" in: *The Ley Hunter*, 102:42, 1986

23   Boden, Margaret A.: *Artificial Intelligence and Natural Man*, Brighton: Harvester 1977

24   Boden, Margaret A.: *Minds and Mechanisms*, Brighton: Harvester 1981

25   Bohm, David: *Wholeness and the Implicate Order*, London: Ark 1983; dt. Ausg.: *Die implizite Ordnung: Grundlagen eines dynamischen Holismus*, München: Dianus-Trikont 1985, Goldmann 1987

26   Bord, Janet und Colin: *Sacred Waters: holy wells and water lore in Britain and Ireland*, London:, Granada 1985

27   Boshier, Adrian: „Mining genesis" in:. *Mining Survey*, 64:21, 1969

28   Boshier, Adrian: „The earliest miners" in: *South African Journal of Africana*, 1:9, 1978

29   Bredius, Abraham: „A new Vermeer'" in: *Burlington Magazine*, 71:210,1937

30   Brookes-Smith, Colin: „An experiment with K-objects" in: *Journal of the Society for Psychical Research*, 43:135, 1965

31   Buchanan, Joseph R.: *Manual of Psychometry*, Boston: Holman Brothers 1885

32 Butler, Samuel: *Erewhon*, London 1872; dt. Ausg.: *Merkwürdige Reisen ins Land Erewhon*, Berlin: buchclub 65 (Lizenz d. Rütten-u.-Loening-Verlages) 1981 (S. 213, 193-4, 196)

33 Butler, Walter E.: *How to Develop Psychometry*, Wellingborough: Aquarian Press 1979; dt. Ausg.: *Psychometrie: die Aura der Gegenstände medial lesen und verstehen*, Hamburg: Aurinia 2012

34 Cairns-Smith, A. Graham: *Genetic Takeover*, Cambridge University Press 1980; keine dt. Ausg., zitiert aus: *Biologische Botschaften: eine Detektivgeschichte der Evolution*, Frankfurt/M.: Fischer-TB 1990 (S. 63, 135)

35 Cairns-Smith, A. Graham: *Seven Clues to the Origin of Life*, Cambridge University Press 1985; dt. Ausg.: *Biologische Botschaften: eine Detektivgeschichte der Evolution*, Frankfurt/M.: Fischer-TB 1990 (S. 78)

36 Cantor, Patricia: „The Brown Mountain lights" in: *The Ley Hunter*, 100:60, 1986

37 Carpenter, Edmund: *Oh, What a Blow that Phantom Gave Me;* New York: Holt, Rinehart & Wilson 1972; dt. Ausg.: *Sinnes Täuschung: wie Medien unsere Wahrnehmung verändern*, München: Trickster 1994

38 Cassirer, Manfred et al.: „Directory of spontaneous phenomena" in: *Journal of Paraphysics*, 4:183, 1970

39 Charlton, Bruce: „The magic touch" in: *New Scientist*, 25. Februar 1989

40 Citron, Neil D. und Wade, Peter J.: „Penile injuries from vacuum cleaners" in: *British Medical Journal*, 281:26, 1980

41 Clark, Grahame: *Symbols of Excellence: Precious Materials as Expressions of Status*, Cambridge University Press 1986

42 Clark, Jerome: „Chicago's virgin weeps" in: *Fate*, Dezember 1984

43 Cohen, John: *Human Robots in Myth and Science*, London: Allen & Unwin 1966; dt. Ausg.: *Golem und Roboter: Über künstliche Menschen*, Frankfurt/M.: Umschau 1968

44 Crews, Harry: *Car.* New York: Morrow 1972

45 Crump, Thomas: *The Phenomenon of Money*, London: Routledge & Kegan Paul 1981

46 cummings, e.e., *Complete Poems*, New York: Harcourt Brace Jovanovich 1954; zitiert aus: Cummings, Edward E.: *Erotic poems / Erotische Gedichte* (englisch und deutsch), übers. von Lars Vollert, München: Beck 2011

47 Cuss, Theodore P. C.: *The Story of Watches*, London: MacGibbon & Key 1952

48 Dart, Raymond: „The waterworn Australopithecine pebble of many faces from Makapansgat" in: *South African Journal of Science* 70:167-169, 1974

49 Dawkins, Richard: *The Blind Watchmaker*, London: Longmans 1986; dt. Ausg.: *Der blinde Uhrmacher: ein neues Plädoyer für den Darwinismus* (versch. Verlage ab 1987)

50 Denton, William: *The Soul of Things*, London 1863

51 Dettelbach, Cynthia G.: *In the Driver's Seat. The Automobile in American Literature and Popular Culture*, Westport: Greenwood 1976

52 Devereux, Paul: *Earth Lights*, London: Turnstone 1982

53 Devereux, Paul et al.: „Bringing UFOs down to earth" in: *New Scientist*, 1. September 1983

54   Dreyfus, Hubert L. und Stuart E.: *Mind Over Machine,* New York:
     Free Press 1986; dt. Ausg.: *Künstliche Intelligenz: von den Grenzen der
     Denkmaschine und dem Wert der Intuition,* Reinbek: Rowohlt 1987
55   Durkheim, Émile: *The Elementary Forms of Religious Life,*. London:
     Allen & Unwin 1915; Original: *Les formes élémentaires de la vie
     religieuse,* Paris: Félix Alcan 1912; dt. Ausg.: *Die elementaren Formen
     des religiösen Lebens,* Frankfurt/M.: Suhrkamp ²1998
56   Dutton, Denis: *The Forger's Art: Forgery and the Philosophy of Art,*
     University of California Press 1983
57   Eddington, Arthur: *The Nature of the Physical World,* London:
     Macmillan 1929; dt. Ausg.: *Das Weltbild der Physik und ein Versuch
     seiner philosophischen Deutung,* Braunschweig: Vieweg 1931
58   Egely, George und Vértesy, G.: „Experimental investigation of
     biologically induced magnetic anomalies" in: *Artifex,* 7:2, 1988
59   Eisenbud, Jule: *The World of Ted Serios,* London: Cape 1968; dt. Ausg.:
     Gedankenfotografie: die PSI-Aufnahmen des Ted Serios, Freiburg:
     Aurum 1975
60   Eisenbud, Jule: „Paranormal film forms and‘ palaeolithic rock
     engravings" in: *Archaeus,* 2:9, 1984
61   Eisenbud, Jule: „Visions old and new" in: *Archaeus, 3:9,* 1985
62   Ekholm, Gordon F.: „Wheeled toys in Mexico" in: *American Antiquity,*
     11:222, 1946
63   Eliade, Mircea: *Shamanism,* Princeton University Press 1972
64   Eliade, Mircea: *The Forge and the Crucible,* University of Chicago Press
     1978
65   Emerson, J. Norman: „Intuitive archaeology: the argillite carving" in:
     The Midden, 6:2, 1973
66   Emerson, J. Norman: „Intuitive archaeology: a psychic approach" in:
     New Horizons, 1:14, 1974
67   Faulkner, William: *Intruder in the Dust,* New York: Random House
     1948; dt. Ausg.: *Griff in den Staub* (versch. Verlage ab 1951)
68   Finucane, Ronald C.: *Miracles and Pilgrims. Popular Beliefs in
     Medieval England,* London: Dent 1977
69   Fites, Philip E. et al.: *The Computer Virus Crisis,* New York: Van
     Nostrand 1989
70   Forrest, J. B. und Gillenwater, J. Y.: „The hand vacuum cleaner: friend or
     foe" in: *Journal of Urology,* 128:829, 1982
71   Fort, Charles: *The Complete Books of Charles Fort,* New York:
     Dover 1974; dt. Ausg.: *Gesammelte Werke* (4 Bde.), Frankfurt/M.:
     Zweitausendeins 1996-1998
72   Fraser, Antonia: *Dolls,* London: Weidenfeld & Nicolson 1967; dt. Ausg.:
     Puppen (versch. Verlage ab 1964)
73   Frazer, James George: *The Scapegoat,* London: Macmillan 1914
74   Frey, Edward: *The Kris. Mystic weapon of the Malay world,* Oxford
     University Press 1986
75   Frude, Neil: *The Intimate Machine,* London: Century 1983
76   Frude, Neil: *The Robot Heritage,* London: Century 1984
77   Fukurai, Tomokichi: *Clairvoyance and Thoughtography,* London: Rider
     1931

78   Fuller, John G.: *The Ghost of Flight 401,* London: Souvenir 1978
79   Gale, John: *Clean Young Englishman,* London: Hogarth 1965
80   Gamow, George: „The exclusion principle" in: *Scientific American,* 201:74, 1959
81   Garrett, Richard: *Flight into Mystery. Reports from the dark side of the sky,* London: Weidenfeld & Nicolson 1986
82   George, Frank H.: *Machine Takeover: the growing threat to human freedom in a computer-controlled society,* Oxford: Pergamon 1977
83   George, Frank H.: *Man the Machine.* London: Granada 1979
84   Godwin, Joscelin: *Harmonies of Heaven and Earth,* London: Thames & Hudson 1987; dt. Ausg.: *Musik und Spiritualität: Quellen der Inspiration in der Musik von der Frühzeit bis in die Moderne,* Bern: Scherz 1989
85   Goldberg, Benjamin: *The Mirror and Man,* University Press of Virginia 1985
86   Goodman, Jeffrey: *Psychic Archaeology,* New York: Berkeley-Putnam 1977
87   Baring-Gould, William S.: *Lives of the Saints,* London 1872-8
88   Greeley, Andrew: „Myth, symbol and ritual in the modern world" in: *The Critic,* 20:1,1962
89   Griffiths, R. F.: „Observation and analysis of an ice hydrometeor of extraordinary size" in: *Meteorological Magazine,* 104:253-260, 1975
90   Grinsell, Leslie V.: „The ferryman and his fee" in: *Folklore,* 68:257, 1957
91   Haining, Peter: *The Ghost Ship,* London: Kimber 1985
92   Hammond, David: *The Search for Psychic Power,* London: Hodder & Stoughton 1975
93   Harding, Douglas E.: „Embodiments. Architecture as a Biological Function" in: *Architectural Review,* 117:94,1955
94   Hayes, J., *Guide to the National Portrait Gallery,* London 1985
95   Henslow, George: *Spirit Psychometry,* London: Rider 1914
96   Herbert, W. Barry: *Phantoms of the Railways,* London: David & Charles 1988
97   Hettinger, John: *The Ultra Perceptive Faculty: an experimental investigation.* London: Rider 1940
98   Hofstadter, Douglas: *Godel, Escher, Bach,* New York: Random House 1980; dt. Ausg.: *Gödel, Escher, Bach: ein endloses geflochtenes Band,* Stuttgart: Klett-Cotta 1985, München: dtv 1991
99   Holbe, Rainer: *Bilder aus dem Reich der Toten,* München: Droemer-Knaur 1985
100   Holmberg, Uno: *The Mythology of All Races,* Boston: Marshall Jones 1927
101   Hunt, Gerry: *Bizarre America,* New York: Berkeley 1988
102   Huxley, Aldous: *Heaven and Hell,* London: Chatto & Windus 1956; dt. Ausg.: *Himmel und Hölle,* München: Piper 1957 (S. 25)
103   Huxley, Julian: *New Bottles for New Wine,* London: Chatto & Windus 1957
104   Huxley, Thomas H., *The Coming of Age of the Origin of Species,* London 1880
105   Hyde, Lewis: *The Gift,* New York: Random House 1983; dt. Ausg.: *Die*

Gabe. Wie Kreativität die Welt bereichert, Frankfurt/M.: S. Fischer 2008

106 Jahn, Robert G. und Dunne, Brenda J.: *Margins of Reality,* New York: Harcourt Brace Jovanovich 1987; dt. Ausg.: *An den Rändern des Realen: über die Rolle des Bewußtseins in der physikalischen Welt,* Frankfurt/M.: Zweitausendeins 1999

107 James, Edwin O.: *Sacrifice and Sacrament,* London: Thames & Hudson 1962

108 Jones, David E.: *Visions of Time,* London: Theosophical Publishers 1979

109 Josephson, Brian: „Possible connections between psychic phenomena and quantum mechanics" in: *New Horizons,* Januar 1975, p. 224-226

110 Joyce, James: *Portrait of the Artist as a Young Man,* London 1916; dt. Ausg.: *Ein Porträt des Künstlers als junger Mann,* Frankfurt/M.: Suhrkamp 1973

111 Jung, C. G.: „Dream Analysis". Seminar given in 1928-30; dt. Ausg.: *Seminare Traumanalyse,* Freiburg/Olten: Walter 1991

112 Jung, C. G.: „Complications of American Psychology" in: *Collected Works, vol. 10,* Princeton University Press

113 Jung, C. G.: „Individual dream symbolism in relation to alchemy" in: *Collected Works, vol. 12,* Princeton University Press

114 Jung, C. G.: *Nietzsche's Zarathustra,* Princeton University Press 1988

115 Karamjit, S. Gill (Hrsg.): *Artificial Intelligence for Society,* New York: Wiley 1986

116 Keats, John: *The Insolent Chariots,* Philadelphia: Lippincott 1958

117 Kennedy, Nigel, in der Sendung *Kaleidoscope* (BBC Radio 4), Januar 1989

118 Kerouac, Jack: *On the Road,* New York: Viking 1955; dt. Ausg.: *On the Road,* Reinbek: Rowohlt 2010

119 Khan, M. M. A.: „The goddess has periods" in: *Probe India,* 61, August 1981

120 Kidder, Tracy: *The Soul of a New Machine,* Harmondsworth: Penguin 1982; dt. Ausg.: *Die Seele einer neuen Maschine: vom Entstehen eines Computers,* Basel: Birkhäuser 1984, Reinbek: Rowohlt 1987

121 King, Constance E.: *The Collector's History of Dolls,* London: Robert Hale 1977

122 Koestler, Arthur: „The aesthetics of snobbery" in: *Horizon,* 8:50, 1965

123 Kunz, George F.: *The Magic of Jewels and Charms,* Philadelphia: Lippincott 1915

124 Laing, Lloyd R.: *Coins and Archaeology,* London: Weidenfeld & Nicolson 1969

125 Landes, David S.: *Revolution in Time,* Harvard University Press 1983

126 Lawrence, David H.: *Women in Love,* Harmondsworth: Penguin 1960; dt. Ausg.: *Liebende Frauen* (versch. Verlage ab 1927)

127 Leach, Jerry W. und Edmund (Hrsg.): *The Kula: new perspectives on Massim exchange,* Cambridge University Press 1983

128 Leslie, Anita und Chapman, Pauline: *Madame Tussaud. Waxworker extraordinary,* London: Hutchinson 1978

129 Lethbridge, Thomas: *Ghost and Ghoul,* London: Routledge & Kegan Paul 1961

130 Lewi, Henry et al.: „Vacuum cleaner injury to penis" in: *Urology,* 25:321, 1985

131 Lilley, Sam: *Men, Machines and History,* London: Cobbett 1948; dt. Ausg.: *Menschen und Maschinen: Eine kurze Geschichte der Technik in ihrer Beziehung zur gesellschaftlichen Entwicklung,* Wien: Schönbrunn 1952

132 Linecar, Howard W. A.: *Coins;* London: Benn 1955

133 Lin, Q.: „Uncovering the secret of the magic mirror" in: *China's Reconstructs,* 26:2, 1977

134 McCallum, Henry D. und Frances T.: *The Wire that Fenced the West,* Oklahoma: Norman 1965

135 McCorduck, Pamela: *Machines Who Think.* Freeman, San Francisco, 1979; dt. Ausg.: *Denkmaschinen: die Geschichte der künstlichen Intelligenz,* Haar: Markt + Technik 1987

136 Mackenzie, Andrew: *Hauntings and Apparitions,* London: Heinemann 1982

137 McKenzie, J. H.: „The haunted millgirl" in: *Quarterly Transactions of the British College of Psychic Science,* 182 (1925)

138 Mailer, Norman: *A Fire on the Moon,* New York: Little, Brown 1969; dt. Ausg.: *Auf dem Mond ein Feuer,* München: Droemer-Knaur 1971 (S.203/204, 554)

139 Malinowski, Bronislaw: *Argonauts of the Western Pacific.* London: Routledge & Kegan Paul 1978; dt. Ausg.: *Argonauten des westlichen Pazifik,* Frankfurt/M.: Syndikat 1979

140 Marsden, Peter R. V.: „The luck coin in ships" in: *Mariner's Mirror,* 51:33, 1965

141 Marsh, Peter: *The Robot Age,* London: Abacus 1982

142 Marshack, Alexander: *The Roots of Civilization,* New York: McGraw-Hill, 1972

143 Marx, Karl: *Das Kapital* (versch. Verlage ab 1867)

144 May, John: *Curious Facts,* London: Secker & Warburg 1981

145 Meek, George: „Report from Europe" in: *Unlimited Horizons,* 6:1, 1988

146 Menuhin, Yehudi: *Theme and Variations,* London: Heinemann 1972; dt. Ausg.: *Variationen: Betrachtungen zu Musik und Zeit,* München: Piper 1979

147 Merrifield, Ralph: *The Archaeology of Ritual and Magic,* London: Batsford 1987

148 Meurger, Michel: *Lake Monster Traditions: A Cross-cultural Analysis,* London: Fortean Tomes 1988

149 Michell, John: *Simulacra: Faces and Figures in Nature,* London: Thames & Hudson 1979

150 Michell, John und Rickard, Robert J. M.: *Phenomena,* London: Thames & Hudson 1977; dt. Ausg.: *Die Welt steckt voller Wunder: unglaublich und doch unbestreitbar,* Düsseldorf: Econ 1979; Rastatt: Moewig 1982

151 Michie, Donald und Johnson, Rory: *The Creative Computer. Machine intelligence and human knowledge,* Harmondsworth: Penguin 1984

152 Milewski, John Vincent und Harford, Virginia L.: *The Crystal Sourcebook,* Santa Fe: Mystic Crystal 1987

153 Moravec, Hans: *Mind Children,* Harvard University Press 1988; dt. Ausg.: *Mind Children: der Wettlauf zwischen menschlicher und künstlicher Intelligenz,* Hamburg: Hoffmann und Campe 1990

154 Morgan, Elaine: *The Descent of Woman,* London: Souvenir 1972; dt. Ausg.: *Der Mythos vom schwachen Geschlecht,* Düsseldorf: Econ 1972; München: Goldmann 1989

155 Morris, Ernest: *Legends o' the Bells,* London: Sampson Low 1935

156 Morris, Ernest: *Bells of All Nations,* London: Robert Hale 1951

157 Morris, Ernest: *Tintinnabula,* London: Robert Hale 1957

158 Morris, Robert L.: „Applied psi in the context of human-equipment interaction systems" in: *Proceedings of Symposium on Applications of Anomalous Phenomena,* Virginia: Leesburg 1983

159 Mould, Philip und Fawkes, Richard: *Changing Faces,* London: Channel Four Television 1987

160 Muir, John: *How to Keep Your Volkswagen Alive: A Manual of Step by Step Procedures for the Complete Idiot,* New Mexico: John Muir 1972

161 Muldrew, Donald B.: „Generation of long delay echoes" in: *Journal of Geophysical Research,* 84:5199, 1979

162 Mumford, Lewis: *The Myth of the Machine,* London: Seeker & Warburg 1967; dt. Ausg.: *Mythos der Maschine: Kultur, Technik und Macht,* Wien: Europa 1974, Frankfurt/M.: Fischer-Taschenbuch [6]1986

163 Nader, Ralph: *Unsafe at Any Speed.* New York: Grossman 1961

164 Namiki, S. (persönliche Mitteilung)

165 Needham, Joseph: *Clerks and Craftsmen in China and the West,* Cambridge University Press 1970

166 Neruda, Pablo: *Childhood and Poetry,* 1959

167 Newton, Isaac: *Opticks,* London 1704; dt. Ausg.: *Optik oder Abhandlung über Spiegelungen, Brechungen, Beugungen und Farben des Lichts*

168 Oakley, Kenneth P.: „Decorative and symbolic uses of vertebrate fossils" in: *Occasional Papers of the Pitt-Rivers Museum,* No. 12, 1975

169 O'Donnell, E.: „Psychic clocks" in: *Prediction,* 1963

170 Ortega y Gasset, José: *History as a System,* New York: Norton 1961; dt. Ausg.: *Geschichte als System* (versch. Verlage ab 1943)

171 Parker, Donn B.: *Fighting Computer Crime,* New York: Scribners 1983

172 Partridge, Bellamy: *Fill 'er Up!* New York: McGraw-Hill 1952

173 Patch, Susanne S.: *Blue Mystery: the Story of the Hope Diamond,* Washington: Smithsonian Press 1976

174 Perkin, Harold J.: *The Age of the Automobile,* London: Quartet 1976

175 Pettifer, Julian und Turner, Nigel: *Automania,* London: Collins 1984

176 Plinius d. Ä.: *Naturgeschichte,* Buch 37, 10 (Stuttgart: Metzler 1856, S. 4295)

177 Price, Frank P.: *The Carillon,* Oxford University Press 1933

178 Pynchon, Thomas: *V,.* Philadelphia: Lippincott 1961; dt. Ausg.: *V.,* Düsseldorf: Rauch 1968; Reinbek: Rowohlt 1976

179 Radford, Edwin und Mona A.: *Encyclopaedia of Superstitions,* London: Hutchinson 1961

180 Raymond, Robert: *Out of the Fiery Furnace: The Impact of Metals on the History of Mankind,* Pennsylvania State University Press 1988

181 Reinecke, Ian: *Electronic Illusions,* Harmondsworth: Penguin 1984

182 Richardson, Mary R.: *Laugh a Defiance,* London: Weidenfeld & Nicolson, 1953

183 Rickard, Thomas A.: *Man and Metals,* New York: Putnam 1932

184 Rippere, Vicky: *The Allergy Problem,* Wellingborough: Thorsons 1984; dt. Ausg.: *Allergien: Ursachen, Testmethoden, Heilerfolge,* Reinbek: Rowohlt 1985

185 Robins, Don: *Circles of Silence,* London: Souvenir 1985

186 Robins, Don: *The Secret Language of Stone,* London: Rider 1988

187 Rochester, Jack B. und Gantz, John: *The Naked Computer,* London: Arlington 1984; dt. Ausg.: *Der nackte Computer – für Laien und Fachleute, Kritiker und Enthusiasten. Erfinder, Rekorde, Geschichte, Fehler, Anekdoten, Fakten,* Köln: Dumont 1984

188 Rogo, D. Scott: *Life After Death,* Wellingborough: Aquarian Press 1986

189 Rogo, D. Scott und Bayless, Raymond: *Phone Calls from the Dead,* London: New English Library 1980

190 Roll, William G.: „Token object matching tests" in: *Journal of the American Society for Psychical Research.* 60:363, 1966

191 Rutledge, Harley D.: „Light flashes in the sky" in: *Physics Today,* 27:11, September 1974

192 Sagan, Carl: *Contact,* New York: Simon & Schuster 1985; dt. Ausg.: *Contact,* München: Droemer-Knaur 1987

193 Schneider, Kenneth: *Autokind vs Humankind,* New York: Norton 1971

194 Schwarz, Luis H. und Fjeld, Stanton P.: „Illusions induced by the self-reflected image. A phenomenological study" in: *Journal of Neurological and Mental Diseases,* 146:277, 1968

195 Scott, Walter: *The Talisman,* Edinburgh 1825; dt. Ausg.: *Der Talisman* (versch. Verlage ab 1826)

196 Shackley, Myra L.: *Rocks and Man,* London: Allen & Unwin 1977

197 Shallis, Michael: *The Silicon Idol,* Oxford University Press 1984

198 Shallis, Michael: „Electric shocker!" in: *Times Higher Education Supplement,* 4 September 1987

199 Shallis, Michael, *The Electric Shock Book.* Souvenir, London, 1988; dt. Ausg.: *Elektro-Schock: über unsere elektrische Natur,* Frankfurt/M.: Zweitausendeins 1992 (S. 246)

200 Sheldrake, Rupert: *A New Science of Life,* London: Blond & Briggs 1981; dt. Ausg.: *Das schöpferische Universum: die Theorie des morphogenetischen Feldes* (versch. Verlage ab 1983)

201 Shelley, Mary: *Frankenstein,* London 1818; dt. Ausg.: *Frankenstein [oder Der moderne Prometheus"* (versch. Verlage)

202 Sidgwick, Eleanor M.: „Notes on the evidence for phantasms of the dead" in: *Proceedings of the Society for Psychical Research,* 3:69, 1885

203 Simons, Geoffrey L.: *Are Computers Alive?* Brighton: Harvester 1983; dt. Ausg.: *Sind Computer lebendig? Stand und Zukunft der Computerentwicklung,* München: Harnach 1984

204 Simons, Geoffrey L.: *The Biology of Computer Life,* Brighton: Harvester 1985

205 Simons, Geoffrey L.: *Silicon Shock,* Oxford: Blackwell 1985

206 Skeat, Walter W.: *Malay Magic. being an introduction to the folklore and popular religion of the Malay Peninsula,* London: Macmillan 1900

207 Smith, Jody B.: *The Guadalupe Madonna,* London: Souvenir 1983
208 Smith, Susy: *Voices of the Dead?* New York: New American Library 1977
209 Society for Psychical Research (unveröffentlichtes Forschungsmaterial)
210 Steel, Mary: *Understanding Allergies,.* London: Hodder & Stoughton 1986
211 Steinbeck, John: *Cannery Row.* Harmondsworth: Penguin 1975; dt. Ausg.: *Die Straße der Ölsardinen* (versch. Verlage ab 1946)
212 Stillings, Dennis: „Mythopoeia on a few short anomalies" in: *Artifex,* 6:4, 1987
213 Swann, June M.: „Shoes concealed in buildings" in: *Journal of Northampton Museums,* 6:8, 1969
214 Tobias, Phillip V.: „Men, Minds and Hands: Cultural Awakenings over Two Million Years of Humanity" in: *The South African Archaeological Bulletin* Vol. 34, No. 130 (Dezember 1979), pp. 85-92
215 Tóibín, Colm (Hrsg.): *Seeing is Believing. Moving Statues in Ireland,* Laois: Pilgrim, 1985
216 Torrance, S. (Hrsg.): *The Mind and the Machine: philosophical aspects of artificial intelligence,* New York: Wiley 1984
217 Traub, Arthur C. und Orbach, James: „Psychophysical studies of the body image" in: *AMA Archives of General Psychiatry,* 11:53, 1964
218 Treves, Frederick: *The Other Side of the Lantern; an account of a commonplace tour round the world,* London: Cassell & Co. 1905
219 Trinder, Peter: „Notes on the messages": Nachwort zu Webster (235)
220 Turkle, Sherry: *The Second Self,* New York: Touchstone 1984; dt. Ausg.: *Die Wunschmaschine. Vom Entstehen der Computerkultur,* Reinbek: Rowohlt 1984
221 Underwood, Guy: *The Pattern of the Past,* London: Pitman 1969
222 Vallée, Jacques F.: *The Network Revolution,* Harmondsworth: Penguin 1984; dt. Ausg.: *Computernetze: Träume und Alpträume von einer neuen Welt,* Reinbek: Rowohlt 1983
223 Gennep, Arnold van: *The Rites of Passage,* London: Routledge & Kegan Paul 1960; Original: *Les rites de passage,* 1909; dt. Ausg.: Übergangsriten, Frankfurt/M.: Campus 1986, 2005
224 Vines, Gail: „The ghostbusters report from Paris" in: *New Scientist,* 4. August 1988
225 Vogel, Marcel: „Crystal energy research and measurement" in: Milewski/Harford (s. Quelle 152)
226 Voisin, André: *Soil, Grass and Cancer,* New York: Philosophical Library 1959; Original: *Sol, herbe, cancer: La santé de l'animal et de l'homme dépend de l'équilibre du sol,* Paris: la Maison rustique 1959; dt. Ausg.: *Boden und Pflanze: Schicksal für Tier und Mensch,* München: BLV 1959
227 von Bassermann-Jordan, Ernst: *The Book of Old Clocks and Watches,* London: Allen & Unwin 1972; dt. Original: *Uhren: ein Handbuch für Sammler und Liebhaber,* München: Klinkhardt und Biermann ⁸1982
228 von Urban, Rudolf: *Beyond Human Knowledge,* New York: Pageant 1958; dt. Ausg.: *Das unbewusste Leben,* Wien: Amandus 1962

229 Walker, Barbara: *The Women's Encyclopaedia of Myths and Secrets,* San Francisco: Harper & Row 1983; dt. Ausg.: *Das geheime Wissen der Frauen: ein Lexikon* (versch. Verlage ab 1993)

230 Watson, Lyall: *Lifetide: a Biology of the Unconscious,* London: Hodder & Stoughton 1979; dt. Ausg.: *Der unbewusste Mensch,* Frankfurt/M.: Umschau 1979, München: mvg 1989

231 Watson, Lyall: *Whales of the World: A Field Guide to the Cetaceans,* London: Hutchinson 1981

232 Watson, Lyall: *Lightning Bird: An African Adventure,* London: Hodder & Stoughton 1982

233 Watson, Lyall: *Beyond Supernature: A New Natural History of the Supernatural,* London: Hodder & Stoughton 1986

234 Watson, Lyall: *Neophilia: The Tradition of the New,* London: Sceptre 1989

235 Webster, Ken: *The Vertical Plane,* London: Grafton 1989; dt. Ausg.: *Die vertikale Ebene: das Geheimnis der Dodleston-Botschaften. Der Bericht über einen Computer-Dialog durch die Zeit,* Frankfurt/M.: Zweitausendeins 1993

236 Weizenbaum, Joseph: „On the impact of the computer on society" in: *Science.* 176:609, 1972

237 Weizenbaum, Joseph: *Computer Power and Human Reason: from judgment to calculation,* San Francisco: Freeman 1976; dt. Ausg.: *Die Macht der Computer und die Ohnmacht der Vernunft,* Frankfurt/M.: Suhrkamp 1977

238 Wilson, Colin: *The Psychic Detectives: the story of psychometry and paranormal crime detection,* London: Pan 1986

239 Winner, Langdon: *Autonomous Technology,* Cambridge University Press 1977

Teil II

240 *Daily News* (Chicago), 19. September 1911

241 *Daily Mail,* 3. September 1919

242 *Globe* (USA), 13. Dezember 1919

243 *Daily Express,* 17. Juli 1923

244 *Daily Express,* 5. August 1940

245 *Daily Telegraph,* 3. Februar 1941

246 *People,* 30. September 1956

247 *People,* 17. Februar 1957

248 *Daily Express,* 22. März 1957

249 *Sunday Express,* 15. April 1957

250 *Desert* (Colorado), November 1968

251 *Daily Mirror,* 10. Dezember 1968

252 *Daily Mail,* 7. Mai 1969

253 *Fate* (Illinois), Dezember 1969

254 *Daily Mirror,* 24. August 1970

255 *Daily Mirror,* 2. September 1970

256 *Weekend,* 10. März 1971

257 *Sun,* 19. August 1971

258 *Sun,* 30. November 1972
259 *Weekend,* 13. Juni 1973
260 *Herald* (Connecticut), 24. März 1974
261 *Chronicle* (San Francisco), 6. November 1974
262 *INFO Journal,* Nr. 14, Herbst 1974
263 *News of the World,* 24. Februar 1975
264 *News* (Pretoria), 13. November 1975
265 *Chronicle* (Bath), 6. Januar 1976
266 *Sunday People,* 21. März 1976
267 *Daily Minor,* 3. Dezember 1976
268 *Sunday People,* 9. Januar 1977
269 *Daily Mail,* 2. Februar 1977
270 *Reveille,* 4. Februar 1977
271 *National Enquirer* (Florida), 5. Juli 1977
272 *Daily Express,* 2. Dezember 1977
273 *Evening Standard,* 1. Februar 1978
274 *Sun-Times* (Chicago), 7. Februar 1978
275 *Sun,* 2. März 1978
276 *Sunday People,* 2. April 1978
277 *News of the World,* 14. Mai 1978
278 *Daily Telegraph,* 13. November 1978
279 *Weekend,* 21. November 1978
280 *Sunday Express,* 3. Dezember 1978
281 *Sunday Express,* 31. Dezember 1978
282 *Times* (New York), 2. Januar 1979
283 *Weekend,* 10. Januar 1979
284 *National Enquirer* (Florida), 6. März 1979
285 *Australian Magazine,* 8. März 1979
286 *Reveille,* 15. Juni 1979
287 *Daily Star,* 19. Juli 1979
288 *Sun,* 7. Juli 1979
289 *Globe* (USA), 17. Juli 1979
290 *Evening News* (Harrisburg), 19. Juli 1979
291 *Daily Telegraph,* 28. Juli 1979
292 *Times* (New York), 4. September 1979
293 *Star* (Washington), 9. Oktober 1979
294 *Times* (New York), 20. Oktober 1979
295 *Globe* (USA), 30. October 1979
296 *Daily Mail,* 12. November 1979
297 *Daily Mirror,* 17. November 1979
298 *State Journal* (Michigan), 17. Dezember 1979
299 *Scotsman,* 17. Januar 1980
300 *Sunday Express,* 20. Februar 1980
301 *Daily Telegraph,* 16. Februar 1980
302 *Australian Magazine,* 21. Februar 1980
303 *News of the World,* 4. Mai 1980
304 *New Sunday Times* (Malaysia), 11. Mai 1980
305 *Sunday Times,* 22. Juni 1980
306 *Sunday Express,* 20. Juli 1980

307 *Daily Telegraph,* 3. September 1980
308 *Globe and Mail* (UK), 28. November 1980
309 *Associated Australian Press,* undatierter Bericht
310 *Standard* (Niagara Falls), 6. Januar 1981
311 *Examiner* (USA), 24. Februar 1981
312 *Rand Daily Mail* (Johannesburg), 18. März 1981
313 *Sun,* 18. März 1981
314 *Globe-Democrat* (St Louis), 19. März 1981
315 *Daily Express,* 6. April 1981
316 *Express* (Stockport), 4. Juni 1981
317 *Globe and Mail* (UK), 18. Juni 1981
318 *Daily Telegraph,* 19. Juni 1981
319 *County Gazette* (Somerset), 14. August 1981
320 *Sunday Express,* 13. September 1981
321 *Guardian,* 9. Dezember 1981
322 *Weekend,* 3. März 1982
323 *Machinery and Production Engineering,* 3. März 1982
324 *Chronicle* (Houston), 5. März 1982
325 *Reader's Digest,* August 1982
326 *Weekend,* 4. August 1982
327 *Examiner* (USA), 16. November 1982
328 *Daily Mirror,* 17. Januar 1983
329 *Guardian,* 14. Februar 1983
330 *Sun,* 4. April 1983
331 *Daily Mail,* 19. Mai 1983
332 *Herald* (Clinton), 1. Juni 1983
333 *Chronicle* (Houston), 28. Dezember 1983
334 *Daily Telegraph,* 3. Januar 1984
335 *Daily Star,* 17. Januar 1984
336 *Sunday Express,* 5. Februar 1984
337 *Daily Mail,* 9. Februar 1984
338 *Western Mail* (Cardiff), 30. März 1984
339 *Sunday Express,* 1. April 1984
340 *Sunday Express,* 20. Mai 1984
341 *Sunday Express,* 20. Mai 1984
342 *Globe* (Chicago), 14. August 1984
343 *Daily Mirror,* 29. August 1984
344 *National Enquirer* (Florida), 4. September 1984
345 *Sunday Express,* 20. Januar 1985
346 *Daily Telegraph,* 4. Februar 1985
347 *Times,* 14. Februar 1985
348 *Scientific American,* September 1985
349 *Sun,* 4. September 1985
350 *Sun,* 5. September 1985
351 *Sun,* 9. September 1985
352 *Times* (New York), 11. September 1985
353 *Mirror,* 14. September 1985
354 *Daily Star,* 9. Oktober 1985
355 *Sun,* 21. Oktober 1985

356 *Daily Mail,* 24. Oktober 1985
357 *Sun,* 25. Oktober 1985
358 *Sun,* 26. Oktober 1985
359 *Sun,* 31. Oktober 1985
360 *Chronicle* (Houston), 2. November 1985
361 *Guardian,* 9. November 1985
362 *Sun,* 24. Februar 1986
363 *Sunday Express* (Dublin), 9. März 1986
364 *Review* (Niagara Falls), 5. Juni 1986
365 *Daily Telegraph,* 13. September 1986
366 *Newsweek,* 23. März 1987
367 *Time,* 6. April 1987
368 *Daily Mirror,* 29. April 1987
369 *Time,* 4. Mai 1987
370 *Arab News* (Jeddah), 22. Mai 1987
371 *Newsweek,* 15. Juni 1987
372 *Celebrity,* 22. Oktober 1987
373 *Celebrity,* 5. November 1987
374 *National Enquirer* (Florida), 17. November 1987
375 *Guardian,* 1. Dezember 1987
376 *Times,* 10. Dezember 1987
377 *Fishing News,* 18. Dezember 1987
378 *Daily Mail* (Hull), 15. Dezember 1987
379 *Times* (British Columbia), 11. Januar 1988
380 *Independent,* 3. März 1988
381 *Sun,* 26. März 1988
382 *Wall Street Journal* (New York), 28. März 1988
383 *Time,* 28. März 1988
384 *Daily Telegraph,* 6. April 1988
385 *Newsweek,* 11. April 1988
386 *Daily Mail,* 26. Mai 1988
387 *News of the World,* 5. Juni 1988
388 *New Scientist,* 16. Juni 1988
389 *Daily Mirror,* 12. Juli 1988
390 *Guardian* (Perth), 21. Juli 1988
391 *New Scientist,* 21. Juli 1988
392 *Sunday Times,* 24. Juli 1988
393 *Observer,* 7. August 1988
394 *Weekly News,* 3. September 1988
395 *Observer,* 11. September 1988
396 *New Scientist,* 29. September 1988
397 *Artifex* (Minnesota), Herbst 1988
398 *Omni,* November 1988
399 *Span,* 15. März 1989
400 *Independent,* 1. Mai 1989

Lyall Watson, der Autor von *Geheimes Wissen: das Natürliche des Überna-türlichen* und anderen bahnbrechenden Werken, bezeichnete sich selbst als „wissenschaftlichen Nomaden". Er wurde in Südafrika geboren, absolvierte seine akademische Ausbildung in Holland und Deutschland und promovierte in London. Er arbeitete als Anthropologe in Jordanien, Nigeria, Indonesien und Brasilien, als Archäologe in Israel, in der Türkei und in Peru, als Paläontologe in Süd- und Ostafrika, als Meeresbiologe im Indischen Ozean, als Botaniker in der Sonora-Wüste und in der medizinischen Forschung auf den Philippi-nen. Zudem diente er als Repräsentant der Seychellen bei der Internationalen Walfang-Kommission. Wenn er nicht gerade auf den Spuren des Paranomalen um den Globus reiste, wohnte er in Irland.

Weitere Werke von Lyall Watson

Omnivore: The Role of Food in Human Evolution (1972)
Supernature: A Natural History of the Supernatural (1973);
      dt. Ausg.: Geheimes Wissen: das Natürliche des Übernatürlichen
The Biology of Death: A Matter of Life and Death (1974)
The Romeo Error (1974); dt. Ausg.: Die Grenzbereiche des Lebens
Gifts of Unknown Things: An Indonesian Adventure (1976)
Lifetide: a Biology of the Unconscious (1979); dt. Ausg.: Der unbewusste
      Mensch
Whales of the World: A Field Guide to the Cetaceans (1981)
Lightning Bird: An African Adventure (1982)
Heaven's Breath: A Natural History of the Wind (1984)
Bali Entranced: A Celebration of Ritual (1985, nur in japanischer Sprache)
Dreams of Dragons: Essays on the Edge of Natural History (1986)
Beyond Supernature: A New Natural History of the Supernatural (1986)
The Water Planet: A Celebration of the Wonder of Water (1988)
Neophilia: The Tradition of the New (1989)
Sumo: A Guide to Sumo Wrestling (1989)
The Nature of Things: The Secret Life of Inanimate Objects (1990)
Lasting Nostalgia: Essays Out of Africa (1992, nur in japanischer Sprache)
Turtle Islands: Ritual in Indonesia (1995)
Dark Nature: A Natural History of Evil (1995);
      dt. Ausg.: Die Nachtseite des Lebens: eine Naturgeschichte des Bösen
Monsoon: Essays on the Indian Ocean (1996, nur in japanischer Sprache)
Lost Cradle: A Collection of Dialogues (1997, nur in japanischer Sprache)
Warriors, Warthogs, and Wisdom: Growing up in Africa (1997)
Jacobson's Organ and the Remarkable Nature of Smell (2000);
      dt. Ausg.: Der Duft der Verführung: das unbewusste Riechen und die
      Macht der Lockstoffe
Elephantoms: Tracking the Elephant (2002)
The Whole Hog: Exploring the Extraordinary Potenzial of Pigs (2004)